U0487669

# 重塑文化政策

为发展而推动文化多样性的十年

联合国教科文组织 / 编
意娜 / 译　张晓明 / 审校

本报告由联合国教科文组织（UNESCO）(7, place de Fontenoy, 75352 Paris 07 SP, France)；社会科学文献出版社（北京市西城区北三环中路甲29号院3号楼"华龙大厦"A/B座13层、15层，邮编：100029）、太湖世界文化论坛（北京市朝阳区秀水街1号建外外交公寓1-1-21，邮编：100600）、南光文化创意产业有限公司（澳门罗利基博士大马路南光大厦13层）共同出版于2016年。

© UNESCO/Chinese Academy of Social Sciences/Taihu World Cultural Forum/ Nam Kwong Culture and Creativity Industry Co., LTD 2016

ISBN 978-92-3

本出版物可通过 Attribution-ShareAlike 3.0 IGO（CC-BY-SA 3.0 IGO）许可从开放来源获取（http://creativecommons.org/licenses/by-sa/3.0/igo/）。如果要使用本出版物内容，则使用者必须遵守 UNESCO 开放信息库使用条款（www.unesco.org/open-access/terms-use-ccbysa-en）。现有条款仅适用于本书。若使用未明确标明属于联合国教科文组织的材料，请先提出申请：publication.copyright@unesco.org or UNESCO Publishing, 7, place de Fontenoy, 75352 Paris 07 SP France.

本出版物中采用的名称和资料不代表 UNESCO 对任何国家、地区、城市或区域或其机构法定地位，或其边界划分的看法。

本出版物中表达的意见看法仅为作者观点；他们不一定是 UNESCO 职员，UNESCO 不对其承担义务。

封面照：Anh Sang-soo，"第559个韩文日"海报，2005年
图形设计 & 封面设计：Corinne Hayworth

译者前言

本报告历时 4 年才完成,2015 年 12 月由联合国教科文组织发布,内容是对 2005 年颁布的《保护和促进文化表现形式多样性公约》各缔约国履约状况的评估。报告委托了 14 位著名专家,综合了 71 份履约报告内容,对公约的履约状况做出了全面分析,被认为"可能成为推进世界文化政策研究的里程碑事件"。

2005 年 10 月,第 33 届联合国教科文组织大会高票通过《保护和促进文化表现形式多样性公约》,公约的颁布"改变了文化和文化产品及服务的全部方法"(博科娃前言),堪称是"人类文化史上一次特别重要的整体性观念转变"(李河《中国社会科学报》2014 年 9 月 24 日访谈)。此次公约十周年的评估报告的发布时间与《2030 年联合国可持续发展议程》通过几乎同时,正如博科娃所说,议程"首次从全球层面上承认文化、创意和文化多样性对解决可持续发展挑战的重要性",这就恰如其分地揭示公约与"可持续发展"这一国际社会的发展共识的本质联系,成为对公约十周年的最好评价。

我们应该从这一背景理解文化多样性公约的这十周年。

一 从"千年发展目标"到"2030 可持续发展议程":文化创意产业推动政策转型

在全球层面承认文化、创意和文化多样性在应对可持续发展挑战中的关键作用,是世纪之交以来国际文化创意产业发展的必然结果。15 年来,全球性文化创意产业的迅猛发展,使得世界各国最终认识到文化创意产业对于可持续发展的重大意义,并将其写进了《2030 年联合国可持续发展议程》。

从 2008 年开始一直到 2015 年,联合国教科文组织或者参与或者主持,连续发布了《创意经济报告 2008》《创意经济报告 2010》《创意经济报告 2013》(专刊),以及《文化时代——第一张文化创意产业全球地图》,持续关注并评估全球文化贸易和文化创意产业的发展状况。这些报告中显示出来的数据表明,文化创意产业已经成为全球可持续发展的最重要的驱动力。

《创意经济报告 2008》指出,全球创意产业的出口额从 1996 年的 2275 亿美元升至 2005 年的 4244 亿美元,占全球贸易总额的 3.4%,增长率达到了前所未有的年均 8.7%。其中,创意服务的出口增长尤为迅速,1996~2005 年始终保持每年 8.8% 的增长率。《创意经济报告 2010》显示,2008 年的世界金融危机导致全球需求的急剧缩减,国际贸易额减少 12%,然而创意产品与服务的出口额在这一年仍保持增长态势,达到了 5920 亿美元。报告证明,创意产业已经成为世界经济最具活力的产业之一。《创意经济报告 2013》(专刊)援引联合国贸发会议 2013 年 5 月公布的数据:2011 年世界创意商品和服务贸易总额达到创纪录的

6240亿美元，在2002年至2011年间增长了一倍有余，年均增长率为8.8%[①]。2015年12月3日，联合国教科文组织、国际作家与作曲家联合会和安永会计师事务所共同发布文化与创意产业最新报告：《文化时代——第一张文化创意产业全球地图》。报告显示，文化创意产业平均每年创造产值22500亿美元，占全球GDP的3%；雇用约3000万员工（占全世界工作人口的1%），提供的工作岗位数已超过欧洲、日本和美国三地汽车产业工作岗位数的总和（2500万个）；创造的效益已超过电信业。这些报告得出结论，文化创意产业已经成为国家和地区经济的战略性资产，以及世界经济发展的主要贡献者。

更重要的是，创意产业发展的意义远远超出经济范畴之外。《创意经济报告2013》（专刊）的结论是：创意经济影响着人们"认识世界、定位自身、确定其人权以及与他人构建有效的生产性关系的方式"，集中代表了联合国对于"鼓励创新，寻求公平、包容性和可持续性增长及发展的新型发展道路"的理解。博科娃在《文化时代——第一张文化创意产业全球地图》的序言中说，"除了经济收益之外，文化创意产业还创造了非货币价值，对于获得以人为中心的、包容性的和可持续的发展具有极其重要的作用"。

二 从"文化例外"到"文化多样性"：各国文化政策的转变

正是由于全球性文化贸易的迅猛发展，令世界各国政府开始高度重视文化政策问题。世纪之交以来，为应对文化贸易全球性增长的挑战，文化多样性逐渐成为世界各国主导性文化政策。2001年，联合国教科文组织发布《文化多样性宣言》；2005年，《保护和促进文化表现形式多样性公约》通过；2015年，公约十周年之际，迎来了"2030可持续发展议程"的出台。可以说，从"千年发展目标"到"2030可持续发展议程"这15年，是世界各国在文化政领域形成共识，"为发展而推动文化多样性"的十年。

文化多样性是世界各国在应对全球文化贸易竞争过程中逐步形成的政策。20世纪90年代，由法国和加拿大政府提出的"文化例外"政策可以视为文化多样性政策的前身。在国际文化贸易方面，法国是美国自由贸易政策的坚决反对者。在乌拉圭回合谈判中，法国以"文化例外"为由，坚决反对文化市场的自由贸易，几乎为此退出整个GATT谈判。在WTO谈判中，法国进一步将"文化例外"演变为"文化多元化"原则，提出文化产业不同于一般产业，指责美国低俗化的文化产品和文化发展方面的商业倾向对于别国文化构成了毁灭性的威胁，全球的"美国化"趋势令人担忧。

本评估报告中引了加拿大前副总理Sheila Copps的一段话，清晰地回顾了这个过程。他说："当我在国家政府任职时，加拿大正请求世界贸易组织为国内杂志提供税收优惠。世贸组织以用于猪肚销售的同样的商业视角来看待杂志。面对这一不可撤销的错误决策，我认为有必要创建世贸组织以外的国际文化组织。事实表明，UNESCO是在国际法中承认的文化产品和服务特殊性质（包含经济和文化维度）的理想机构。随着国际贸易规则延伸到文化部门，通过公约的必要性在当前看来甚至更为紧迫。公约将文化视为可持续发展的基石，而不仅仅是可交易

---

① 贸发会议（2013年5月），2011年创意产品贸易再创新高，新闻稿。见本报告"前言"。

的产品。"

"文化例外"与"文化多样性"是应对全球文化生产、分销、展示和推广逐渐垄断化的不良趋势的两种文化政策，在面对"文化全球化"趋势时，两种政策具有共同的理念：文化具有商品的属性，但是更重要的是具有文化的属性。但是相比较而言，"文化例外"政策偏重于文化保护，具有一定的消极倾向，"文化多样性"则是旨在促进发展的、更为积极的政策。在评估报告中我们看到专家们基于公约指导原则提炼出的四大履约目标用以测评履约状况，其中包括：支持可持续的文化治理制度，实现文化产品和服务的平衡流动，提高艺术家和文化专业人员的流动性，将文化纳入可持续发展框架，以及促进人权和基本自由，等等，每一个目标都包含了具体的政策要求，对经济社会可持续发展总目标的实现具有重大意义。

正如在博科娃在评估报告的前言中所说的："公约承认政府出台保护和促进文化表现形式多样性政策的主权，强调文化活动、产品及服务的双重性：其具有经济和文化维度——提供就业和收入、推动创新和可持续经济增长，同时传递身份认同和价值观，培养社会包容度与民众的归属感。当前，我们可见证这一组合的多种优势，其既作为社会和经济可持续发展的动力，也作为促进人权和基本自由的动力。"

三　发展范式的转变：任重而道远

《创意经济报告 2008》中有一段话，在某种程度上概括了世纪之交以来，特别是在 2005 年到 2015 年公约履约十周年间在全球范围内发生的变化的本质。报告是这样说的，"一种新的发展范式正在全球兴起，它连接了经济和文化，在宏观与微观层面上涵盖了经济、文化、科技和社会的发展。这一新发展范式的核心就是——创意、知识与信息逐渐被人们认识到是全球化的世界中推动经济增长、促进发展的强大动力。"

的确，从"千年发展目标"到"2030 可持续发展议程"是个大背景，在这个背景上理解文化创意产业的发展，以及文化多样性公约的履约状况，应该本质上将其看作是一种发展战略的范式转化。这个转换刚刚开始，任重而道远。相比较而言，"千年发展目标"重点是"减贫"，是着眼于存量财富的再分配，而"发展"则着眼于增量财富的新增加；"减贫"依靠的是政府公共资金，特别是依靠西方发达国家的善款，但是"可持续发展"依靠的是公共和私人部门的合作，是私人部门的积极参与；特别是，"减贫"的衡量指标是客观的、外在的、经济的指标，但是可持续发展的衡量指标也包括主观的、精神的、内在的指标，比如说文化的发展、社会的和谐、幸福感，等等。博科娃在《创意经济报告 2013》（专刊）前言中说的，"15 年前，当联合国大会 55/2 决议于 2000 年通过千年发展目标时，文化对发展的重要性并未清晰认识到。"联合国秘书长潘基文在 2013 年 6 月纽约召开的联合国大会文化和发展专题讨论的开幕词中也说，"太多好的发展计划以失败告终的原因在于未考虑文化环境，发展也并非总是以人为本。为了调动人们的积极性，我们需要理解和接纳他们的文化。而这需要鼓励对话，倾听个体的声音，并保证可持续发展新进程尊重文化和人权。"

发展范式的转变刚刚开始，这从全球文化贸易发展极不平衡可以明显看出。首先是支配文化产品与服务出口的仍然是发达国家。《文化时代：第一张文化创意产业全球地图》中的数据显示，在2013年的全球文化产品出口中，46.7%都来自发展中国家，这个比例貌似比2004年时候的25.6%提高了不少，但是其中大部分都是由中国和印度这两个比较发达的发展中国家提供的。除这两个国家以外，发展中国家自2004年以来的文化产品出口额的年均增长值不到5%。其次是文化产品与服务贸易之间的不平衡，发展中国家文化服务出口的数字惨不忍睹，在2012年全球1285亿美元的文化服务出口份额中，发展中国家只占了1.6%[②]，这个数字可以用"微不足道"来形容。从整体上看，发展中国家还不具备与发达国家竞争的可能性。

认识也没有完全到位。在2030年可持续发展目标中，尽管文化被多次提及，只有与教育相关的目标4中专门提及了文化对可持续发展的贡献，另外在与可持续旅游相关的目标（目标8和目标12）中提及了文化产品生产和销售。换句话说，联合国2030年可持续发展目标对文化创意产业发展重视程度并不太高。结论很清楚，文化创意产业还没有在全球性的可持续发展中发挥应有的作用。文化创意和产业已经登上了历史舞台，但是还很弱小。

四　中国的发展：位置和展望

为实现可持续发展而大力推动文化创意产业，并为此而实行文化多样性的政策，是国际社会已经形成的共识，中国在这一轮发展中所处地位特殊，既有重大机遇，也面临一系列挑战。

自从世纪之交以来，中国文化产业取得重大进步，形成了特殊的国际位置。从权威数据看，从2004年到2014年，我国文化产业增加值从3440亿元增加到23940亿元，年均增长率为21.4%。另根据《创意经济报告2010》中的统计数字，从2003年到2008年，中国大陆创意产品出口年均增长16.9%，从323.48亿美元增长到848.07亿美元，在全球市场占有率达到20.8%。如果加上香港，2008年中国创意产品出口将达到1180.61亿美元，在全球市场占有率将达到29.01%。正如"文化地图"报告中所说，如果没有中国的增长，发展中国家难以交出一张像样的，可以称得上是在可持续发展中起到了关键性作用的文化创意产业发展答卷。

中国显然在国际文化创意产业地图中占据了发达国家和发展中国家的"居间"的非常特殊的位置。再加上中国本身就是一个有着东西部差距，发展不平衡的大国：东部已经超越工业化，接近发达国家的水平，中西部尚处于工业化，甚至前工业化发展水平，国家治理强调统筹东西部发展，利用多级发展空间回旋余地大的优势，积累起了重要的管理经验，形成了独特的"中国式发展道路"，对这些经验善加总结利用，将极其有利于中国和世界的发展。

2016年4月，中国政府发表了"落实2030可持续发展中方立场文件"，文件在"中国的政策"一节中提到："中国是世界上最大的发展中国家，始终坚持发展是第一要务。未来一段时间，中国将以创新、协调、绿色、开放、共享的发展理念为指导，统筹推进经济建设、政治建设、文化建设、社会建设和生态文明建设，确保如期全面建成小康社会。"这一政策立场展

---

② 参见 Re|shaping Cultural Policies: A Decade Promoting the Diveristy of Cultural Expressions for Development: 2005 Convention 2015 Global Report 第121页。

现出中国将继续引领发展中国家，以发展文化创意产业推动可持续发展的前景。

过去 15 年，中国全力落实千年发展目标，取得了举世瞩目的成就，已经实现或基本实现了 13 项千年发展目标指标，进入了高人类发展指数国家行列。中国已经做好了准备为实施 2030 可持续发展议程做出较大贡献。更重要的是，中国可能以自身的实践，为发展中国家做出示范，通过发展文化创意产业，实现经济、社会、文化的协调和可持续的发展，走出一条后发国家的新型发展道路。

意娜

前言

近期通过的《2030年联合国可持续发展议程》首次从全球层面上承认文化、创意和文化多样性对解决可持续发展挑战的重要性。这一认识与联合国教科文组织《保护和促进文化表现形式多样性公约》正相呼应，2015年正好是公约出台十周年。

在过去的十年间，这一里程碑式的公约（目前有140个缔约方）改变了文化和文化产品及服务的全部方法。公约承认政府出台保护和促进文化表现形式多样性政策的主权，强调文化活动、产品及服务的双重性：其具有经济和文化维度——提供就业和收入、推动创新和可持续经济增长，同时传递身份认同感和价值观，培养社会的包容度与民众的归属感。当前，我们可见证这一组合的多种优势，其既可作为社会和经济可持续发展的动力，也可作为促进人权和基本自由的动力。

新的2030年议程提出了较高期望，这也是其作为首份教科文监测报告的意义所在，这份报告收集、分析和传播了世界各国将文化纳入可持续发展政策和措施的许多不同方法的信息。本报告的推出恰逢其时，支持了新议程的实施，确保了其生效，最大化了其影响，还能帮助各国评估目标、解决政策问题，以及设计满足人们需求的新措施。

本报告深入分析了当前趋势、进展及所有相关政策主体面临的挑战，还给出了处理当代问题的创新政策和措施的示例，包括跨国流动、艺术自由、进入国际市场，以及数字环境。本报告还首次提供了文化领域的综合监测框架，列出了变化和进程的建议指标。

我特别要感谢瑞典政府与瑞典国际发展合作署提供的鼎力支持[①]。自1998年斯德哥尔摩文化政策促进发展政府间会议召开后的近二十年时间里，这是瑞典为拓展全球文化政策分析视野做出的另一次突破性贡献。这本首次推出的两年期报告为把文化表现形式多样性置于可持续发展工作的核心位置提供了强有力的论据。在缔约方、捐助方和发展合作伙伴的进一步支持下，我打算定期推出本报告。

文化政策需要获得新的话语和方法论的指导。这些话语和方法论必须辅以各领域的文化治理和管理制度，以及结构变革。这种变革必须建立在可靠规划、数据收集和分析、监测、评估的基础上，以及建立在国家层面实证性的、参与式的、透明的政策制定的基础上。这将需要开展更全面的能力建设活动，包括通过南南合作和三角合作。本报告将为这一全球行动做出贡献，我相信这将激励更多人采取行动。如今恰逢其时。

伊琳娜·博科娃
联合国教科文组织总干事

---

① 译者注：本报告的英文版课题研究是由瑞典政府与瑞典国际发展合作署资助的。

致谢

如果没有很多人的鼎力支持,这本监测 2005 年公约的全球报告不可能顺利编制完成。教科文文化多样性部门(创意部,文化处)在此致谢,感谢大家提供宝贵的时间和精力来完成本报告。

全球报告小组由 Danielle Cliché(文化多样性部门主任,2005 年公约负责人)、Anthony Krause(文化多样性部门政策与研究主任,项目协调员)、Lindsay Cotton(制作协调员)和 Emanuele Cidonelli(知识管理人员)组成。

Yudhishthir Raj Isar 教授(巴黎美国大学、西悉尼大学社会和文化研究所)担任主编。

为本报告撰稿的独立作者也构成编委会:Helmut K. Anheier、Lydia Deloumeaux、Mike van Graan、Véronique Guèvremont、Yudhishthir Raj Isar、Ammu Joseph、Carl-Johan Kleberg、OLga Kononykhina[①]、Octavio Kulesz、Christine M. Merkel、Nina Obuljen Koržinek、Ole Reitov、Sophia Sanan、Mikael Schultz 和 David Throsby。

十分感谢柏林赫尔梯行政学院,其与教科文在指标构建、数据收集和信息图表等领域开展合作。特别感谢柏林赫尔梯行政学院董事长兼院长 Helmut K. Anheier 及其员工 Jessica Leong Cohen、Christopher Ellis、Olga Kononykhina、Regina A. List 和 C. J. Yetman。

我们十分荣幸将以下人员提供的信息纳入本报告:Christiane Amanpour(CNN 首席国际记者与教科文自由表达和记者安全亲善大使,英国)、Eric Chinje(非洲媒体倡议首席执行官,喀麦隆)、Sheila Copps(加拿大前副总理)、Sergio Fajardo(哥伦比亚安蒂奥基亚省省长和麦德林市前市长)、Gilberto Gil(巴西文化部前部长和 UNESCO 亲善大使)、Park Geun-hye(韩国总统)、Angélique Kidjo(国际作者与作曲家协会联合会副会长,贝宁)、Alice Bah Kuhnke(瑞典文化和民主事务大臣)、Pascal Lamy(世界贸易组织前总干事,法国)、Edison Lanza(美洲人权委员会言论自由特别报告员,乌拉圭)、Neven Mimica(欧盟委员会国际合作与发展专员,克罗地亚)、Jason Njoku(iROKO Partners 首席执行官,尼日利亚)、Rasmané Ouedraogo(文化多样性国家联盟主席,布基纳法索)、Oussama Rifahi(阿拉伯文化艺术基金会执行主任,黎巴嫩)、Farida Shaheed(联合国前文化权利特别报告员,巴基斯坦)及 Maria Tuerlings(TransArtists 项目主任,荷兰)。

十分感谢瑞典政府和瑞典国际发展合作署(SIDA)为本研究提供的资金支持。特别感谢 Maria Arnqvist(SIDA 国际组织和政策支持部项目专家)和 Mikael Schulz(瑞典文化和民主部国际协作主管)。

---

① 译者注:原文遗漏了作者 OLga Kononykhina。

以下两位外部评审人员为本报告提出了建议：Avril Joffe（南非韦茨艺术学院文化政策和管理中心教授）和 Justin O'Connor（澳大利亚莫纳什大学传播与文化经济学教授）。

一些教科文工作人员组成了内部评审委员会，并提出了相关建议。为此，感谢以下人员提供的意见建议：Guy Berger、Sylvie Coudray、Jane Freedman、Mathieu Guevel、François Langlois、Lynne Patchett、Ann-Belinda Preis、Marie-Ange Theobald 和 Barbara Torggler。

感谢文化多样性部门同事提供的意见建议及撰稿，尤其是以下人员：Denise Bax、Melika Caucino Medici、Doyun Lee、Laurence Mayer-Robitaille、Anahit Minasyan、Rochelle Roca-Hachem、Reiko Yoshida、Marlène Zenie Raffin、Samira Zinini 和 Salma Zulfiqar；同时也感谢我们的实习生支持团队完成各种工作：Katherine Dagg、Stéphanie Faucher、Vincenza Ferrigno、Anna Ewa Ruszkiewicz 和 Clémence Varin。

此外，也感谢所有艺术家慷慨授权我们使用其作品。

最后，特别感谢 Corinne Hayworth 为本报告提供设计和编排。Julie Wickenden 负责校正本报告。信息图表由 Katharina M. Reinhold、Severin Wucher（柏林 Plural）、Frank Hellenkamp、Georg Hübler、Martin Stolz 和 Sebastian Völker 组成的小组负责编制。Denis Pitzalis 帮助处理地图视图。

UNESCO 内外的许多同事参与了本报告的翻译和创作工作，对此，我们向所有人员致以诚挚感谢。

摘要

本报告是 14 位独立专家、公约秘书及主编的呕心沥血之作，他们分析了《保护和促进文化表现形式多样性公约》的实施情况。本报告旨在推进按照 2011 年公约缔约方大会批准的四年一次定期报告（QPRs）机制实施的履约监测进程。撰稿者参考了缔约方提交的 71 份报告，同时使用了来自其他非官方来源的数据，并结合了自身的专家经验。

公约秘书撰写的引言部分解释了本报告的目标，介绍了支撑公约的指导原则与价值观，以及监测公约长期影响的方法论。引言部分结束后，专家们将当前工作置于五十年文化政策研究与评估的背景下，介绍了 20 世纪 60 年代末以来 UNESCO 的工作，并指出本报告可能成为推进世界文化政策研究的里程碑事件。第二章提出了履约监测指标系统的概念框架，其中基于公约指导原则提炼出了以下四大履约目标。

1. **支持可持续的文化治理制度**
2. **实现文化产品和服务的平衡流动，提高艺术家和文化专业人员的流动性**
3. **将文化纳入可持续发展框架**
4. **促进人权和基本自由**

接下来的章节顺序与以上四大目标相对应。第一也是最重要的目标是支持可持续的文化治理制度；这一目标将通过四章进行详细介绍，并构成第一部分。第一章关注促进文化表现形式多样性的政策措施。其中强调了各缔约方加强创作、生产、分销、传播与享有文化产品和服务的价值链的目标。技术将为新的声音和人才及新形式的大众参与提供新渠道，其将重新描绘价值链各环节之间的边界，对新政策措施的设计提出新的问题。尽管许多缔约方还继续执行报告公约范围以外相关领域的政策措施，如遗产。尽管许多缔约方改革了其文化政策，并因此创建了新的措施和机制，但要想实现公约的宏伟目标，仍需要实现更多进展。尤其是，建立民间社会与公共部门官员之间的参与模式，以为政策监测和影响评估提供有力的依据。

第二章介绍公共服务媒体，包括高品质文化内容的生产者、监管者、分销者、传播者与调解者。如果没有媒体自由，那么也不可能存在媒体多样性。为此，信息自由法及其有效实施十分重要。随着数字网络与网络平台的发展，促进网络自由也变得同样重要。传媒渠道的跨越式发展与可选范围的扩大并不意味着媒体内容本身更加自由。大量的平台本身也不能保证内容和表现形式的多样性。技术将为新的声音和人才提供新渠道，包括市民记者、业余电影制片人（其将重新界定新闻业边界），以及其他值得鼓励的人才。女性也在其列，但媒体内容或决策中的性别平等并未有所改善，女性仍或多或少被排除在外；因此，有必要采取措施来改变这一现状。

科技革命对媒体及文化价值链的各个方面均产生了深远的影响，为此，第三章分析了快速变化的数字环境的影响。在达到发达国家的数字接入水平之前，发展中国家仍有很长的一段路要走。当然，在过去的十年间，发展中国家取得了显著进展，尤其是在移动互联方面。越来越多的创作者正使用新技术来创作网络内容。电子商务也得到快速发展，对于地方文化产业而言无疑是一大福音，但是考虑到大平台的进展，电子商务对于中小企业也构成了威胁。社交网络自 2004 年起的蓬勃发展为民间社会参与提供了机会，尤其当涉及共享文化内容时。

公约的开创性在于，其重视民间社会组织对履约的贡献。第四章就分析了这一问题。分析得出的主要结论是，绝大多数缔约方都将民间社会组织纳入政策制定过程中。尽管政府和民间社会组织双方都存在有效合作能力不足的问题。尽管许多民间社会组织确实参与了四年一次定期报告的编制，但我们仍需要更多来自民间社会的声音。民间社会的"文化监督"角色仍发展不足，但目前已在 43 个国家运行的文化多样性国家联盟将可能弥补这一不足。

本报告的第二部分与以下目标有关：实现文化产品和服务的平衡流动，提高全球范围内的艺术家和文化专业人员的流动性。艺术家和文化专业人员的流动性（第五章）对于维持一个创造力、价值观和世界观多样化的世界是至关重要的。对于艺术家和文化专业人员来说，进入国际市场对于促进文化创意产业的可持续发展，及其对人类、社会在经济发展的潜在贡献也是十分重要的。然而，从南方国家艺术家和文化专业人员的流动性来看，公约原则在理想与现实之间仍存在很大差距。这一问题面临的主要障碍包括发达国家不断增加的安全、经济和政治约束。这需要更加有效地利用公约来克服这些约束条件。

第六章分析了文化产品和服务的流动，指出目前尚未实现足够公平的平衡。然而，2004～2013 年，发展中国家的文化产品出口比重持续上升，尤其是在视觉艺术领域，发展中国家向发达国家的出口比重增长了一倍。除了音乐和视听产品的出口较少外，同期发展中国家的图书产品出口比重也是增加的。发达国家在视听媒体等文化服务的流动中仍占据主导地位。2012 年，美国在全球文化服务出口中排名第一，占全球出口总量的 52.4%，略低于 2004 年的 58%。这一产品类别的其他出口国家均为欧洲和北美的发达国家。在 2004～2013 年，美国向发展中国家出口的视听产品及相关服务与复制权比重从 11.34% 增加到 20.28%。同期，安第斯共同体（ANDEAN）成员国之间的文化产品出口量略有增长（12.3%～18%），泛阿拉伯自由贸易区（PAFTA）成员国之间的贸易量则出现显著增长（15%～58%）。然而，西非国家经济共同体（ECOWAS）或《南亚自由贸易协定》（SAFTA）成员国之间的文化产品和服务交流很少。

保护和促进文化表现形式的多样性还必须依靠公约对其他国际法定条约和协定的影响力，尤其是对贸易领域的相关条约和协定。接下来的章节（第七章）便强调了这一问题，其中发现，欧盟自 2005 年以来缔结的七项贸易协定均明确提及了该公约。与此同时，越来越多地使用"文化例外"措施来从贸易协定中排除某些文化产品和/或服务。此外，随附于贸易协定的文化合作协议承认了文化产品和服务的特殊性（同时为来自发展中国家的艺术家和文化专业人员提供优惠待遇）。在贸易领域之外，自 2005 年起，数十家国际、区域和双边组织的 250 多篇文章提到了公约。

第八章分析了公约如何对有利于促进文化可持续发展的政策、规划和项目产生积极影响：尽管取得了显著进展，在可持续发展框架中纳入文化问题仍面临诸多挑战。第八章指出，文化创意产业在经济和文化可持续发展政策中应该是一个主要发展目标。捐助国仍有很大的空间，通过其官方发展援助（ODA）战略和计划来推动这一目标的实现。应竭力说服规划者认识落实相关发展规划的文化环境，以及文化创意产业在满足国家经济、社会发展目标中所扮演的能动作用。文化可持续发展的一个根本原则是，公平对待社会中的弱势群体；这一原则不仅要求制定克服文化参与障碍的特定策略，还需要注意确保其他区域的文化政策不产生副作用。

本报告的最后一部分介绍了公约到目前为止还没有得到落实的整体性原则，即促进人权和保护基本言论、信息和沟通自由。性别平等在这里是一个关键方面，因为公约在呼吁采取促进性别平等、认可和支持女性作为艺术家与文化产品和服务创作者的政策措施方面的立场是坚定的。

第九章分析了性别平等问题，其中指出，尽管女性在世界大部分地区的创意产业中具有很强的代表性，但她们在很多文化专业领域和决策岗位上依然不受重视。这一情况削弱了文化多样性，使得人们无法见证占艺术界人数一半的女性的创造力潜能。许多国家已采取措施为女性提供更多机会，甚至激励女性对创意经济做出贡献。然而，在文化部门确保性别平等的问题仍未得到充分解决。其中面临的一大障碍是性别分类统计数据不足。认识性别平等、文化权利与文化多样性之间的共生关系的综合方法也很缺乏。

最后，第十章分析了艺术自由问题，这不仅与艺术家的生存和创造性实践密切相关，也与所有文化创作者的权利密切相关。艺术自由是对市民和全体社会福祉至关重要的基本自由的一个方面。这一章将分析导致艺术表现自由或获取艺术表现形式自由限制的政府和非政府的因素和力量。此外，这章还将概述缔约方在这一领域采取的一些措施及其他救助面临风险的艺术家的公私举措。本章还指出，对艺术表现和创造力不可或缺的自由是联合国人权理事会2013年3月发布的首份《联合国言论自由特别报告》的主题。

本报告的结语部分概述了报告的主要分析结果，同时对未来进行了展望。很明显，2005年的公约有利于文化表现形式多样性的政策制定，即使是那些在公约生效前已经制定了完善的文化政策框架的缔约方也受益匪浅。然而，履约要求已经毫无疑问地推动了新框架或新机制的制定。这些进展和创新将大有裨益，但仍不足以满足要求，仍需取得显著进展。如果所有利益相关方都从当前实践中吸取经验教训，就能实现这一进展。特别是数据收集和指标建构方面的建议，使我们在不远的将来有可能做出更有意义的监测、评估和评价。

UNESCO 拥护自由表达

自由表达是民主的前提，也构成了文化多样性的基础，以及我们跨越边界、在不同文化和民族之间实现交流的方式。

当今世界，新闻界的变化日新月异。信息和创意的自由流动依旧十分重要。新的思想和观点的交流有助于我们倾听不同的、多样化的声音，进而确保存在可持续发展的实现环境。

通过UNESCO 2005年公约开展的政府间工作是进一步加强全球文化政策对文化多样性的促进作用的一种途径。这一工作对于确保建设性的跨文化对话至关重要。

瑞典对UNESCO"通过促进文化表现形式多样性加强基本自由"计划（本全球监测报告是其中一部分）的支持，体现了瑞典对UNESCO工作的贡献及对UNESCO的信任。

本全球报告强调了最佳实践，识别了需要改善的领域，呼吁关注当前全球趋势。本报告是国家文化政策领域的一项工具。我希望本报告的分析结果将提高我们的常识，帮助提出可用于更广泛背景下的解决方案。

瑞典的支持也表达了一种确信，UNESCO的工作通过其核心项目和公约得到了最佳实施。

UNESCO 2005年《保护和促进文化表现形式多样性公约》是在全球层面处理促进文化表现形式多样性政策事宜的唯一文化政策手段。公约以尊重人权和基本自由（即自由表达）的原则为基础，而这是实现真正的文化多样性的前提。

为此，作为瑞典文化和民主事务大臣，我需要承担的最艰巨同时也是最自豪的任务是，促进独立和平等参与的文化生活。

Alice Bah Kuhnke
瑞典文化和民主事务大臣

目录

引　言 1

评估文化政策：回顾性思考 9

制定监测框架 15

目标 1　支持可持续的文化治理制度 29

第一章	政策制定的新趋势	31
第二章	新声音：鼓励媒体多样性	45
第三章	数字时代的挑战	59
第四章	与民间社会合作	73

目标 2　实现文化产品和服务的平衡流动，提高艺术家和文化专业人员的流动性 87

第五章	关注差距：促进流动性	89
第六章	确保平衡：文化产品和服务的流动	105
第七章	在国际场合倡导公约	119

目标 3　将文化纳入可持续发展框架 133

| 第八章 | 将文化纳入可持续发展 | 135 |

目标 4　促进人权和基本自由 155

| 第九章 | 作为创作者的女性：性别平等 | 157 |
| 第十章 | 艺术自由挑战 | 173 |

结语 2005年公约实施现状..187

附录..197
  作者简介 198
  2005年公约 202
  缩略语表 211
  参考文献 213
  照片引用 219

图片、表格、地图、专栏、信息目录

图片目录

图 1.1	各地区提交的QPRs比例（2012~2014年）	34
图 1.2	缔约方按照采纳年份报告的政策比例	35
图 2.1	媒体自我审查自由	48
图 2.2	使用过社交网站的人口比例（2013~2014年）	49
图 2.3	用于观看电视的设备比例	49
图 2.4	发展中国家、转型国家及发达国家中从某些来源获取日常新闻的平均人口比例（2010~2014年）	49
图 2.5	认为本国媒体免费的人口比例（2010~2014年）	50
图 2.6	不知道本国媒体是否免费的人口比例（2010~2014年）	50
图 2.7	记者免受骚扰（诽谤、被捕、监禁、被打及致死威胁）的自由（2005~2014年）	52
图 2.8	2005年、2010年及2013年发达国家与发展中国家拍摄的剧情片、动画片或纪录片平均比例	54
图 3.1	每100位居民的活跃移动宽带订购量（2007~2014年）	62
图 3.2	发展中国家不同年龄段智能手机拥有比例（2013年）	62
图 3.3	发达国家不同年龄段智能手机拥有比例（2013年）	63
图 3.4	2014年全球唱片行业的数字收入比例	66
图 3.5	分享音乐和/或电影内容的社交媒体（Facebook、Twitter）用户比例	68
图 4.1	报告缔约方促进民间社会参与履约的活动的QPRs比例	81
图 4.2	报告CSOs直接开展的履约活动的QPRs比例	81
图 4.3	参与编写QPRs的CSOs的特征	82
图 5.1	外国人平均入境自由度与侨民平均出境自由度	94
图 5.2	缔约方报告的解决流动性问题的政策总数（2012~2014年）	96
图 5.3	南北方国家采纳的有关国际合作与优惠待遇（及流动性）的平均政策数（2012~2014年）	96
图 5.4	不同地区为艺术家流动和发展提供的公私资助来源数量	98
图 5.5	为不同流动类型提供支持的公私资助计划数量	99
图 5.6	为不同学科类型文化专业人员提供支持的公私资助计划数量	99
图 5.7	派驻项目支持的艺术学科	102
图 6.1	全球文化产品出口额及发展中国家在全球文化产品出口中的比重（2004~2013年）	110
图 6.2	2004年和2013年自由贸易协定成员国的文化贸易	110

图 6.3	印度2013年拍摄的影片的语言多样性	113
图 6.4	2013年美国视听及相关服务与可复制权出口目的地	114
图 8.1	文化ODA在捐助国提供的ODA总量中的比重（2005~2013年）	149
图 8.2	文化ODA在发展中国家获得的ODA总量中的比重（2005~2013年）	149
图 8.3	文化多样性国际基金获得的捐资总额（2007~2014年）	150
图 8.4	为IFCD捐赠1万美元以上的缔约方（2007~2015年）	150
图 9.1	电影业的女性比例（2014年）	159
图 9.2	国内电影节女性导演的电影比例（2013年）	160
图 9.3	全球150大音乐指挥家	160
图 9.4	欧盟国家参与各种文化活动的男女比例	161
图 9.5	按照政策措施类型将女性作为政策目标的缔约方比例	165
图 9.6	拥有男性或女性文化部长的缔约方比例	168
图 10.1	按照不同部门和不同违法行为划分的言论自由违法案件总数（2014年）	176
图 10.2	艺术表达自由违法行为（2010~2013年）	181
图 10.3	2014年不同地区因文学或音乐作品而受拘禁、审判或迫害的艺术家比例	183
图 10.4	2014年不同职业因文学或音乐作品而受拘禁、审判或迫害的艺术家比例	183

表格目录

表 0.1	2005年公约的目标、指导原则和预期成果	18
表 0.2	公约目标与2005年公约监测核心领域	19
表 0.3	2005年公约指标框架	20
表 4.1	各国感知的民间社会影响	83
表 5.1	侨民不同地区国际出行的便利性	94
表 5.2	缔约方报告的处理国际合作与优惠待遇的国际政策总数（2012~2014年）	97
表 5.3	不同地区艺术派驻平均数量	102
表 6.1	2004~2013年发达国家和发展中国家（不包括中国和印度）的文化产品出口比重	109
表 6.2	2004~2013年发达国家和发展中国家的出版产品出口比重	109
表 6.3	国际贸易供应模式	112
表 6.4	2004~2012年发达国家和发展中国家文化服务出口比重	113
表 7.1	欧盟自2005年以来缔结的明确提及公约的七项贸易协定	125
表 8.1	UNESCO文化促进发展指标，部分国家（不同年份）	147
表 8.2a	2013年文化ODA前十大捐助国	148
表 8.2b	2013年文化ODA前十大受援国	148
表 10.1	QPRs中特别提及了艺术表达自由和一般自由表达的国家（2012~2014年）	180

地图目录

地图 3.1	YouTube 上各国视频上传总量	64
地图 4.1	民间社会有利环境指数，2013年	76
地图 4.2	国家–民间社会磋商实践	78
地图 4.3	2005年和2012年国家–民间社会磋商能力稳定性变化	78
地图 4.4	各国文化多样性国家联盟	83
地图 5.1	南北方国家划分	91
地图 5.2	侨民出行便利性（无须获得签证）	93
地图 6.1	2013年文化产品出口	108

专栏目录

专栏 1.1	挪威政府的艺术家津贴与保障收入计划	35
专栏 1.2	丹麦支持国内电影业	36
专栏 1.3	阿根廷文化产业市场（MICA）	36
专栏 1.4	在科特迪瓦推广和培育出版、书籍和阅读	37
专栏 1.5	越南缩小内部文化差距的措施	37
专栏 1.6	IFCD支持文化政策	39
专栏 1.7	促进奥地利跨部委协调机制	40
专栏 2.1	最佳博客新声音	52
专栏 2.2	缩小鸿沟：为阿根廷的儿童和青少年创作高品质的内容	53
专栏 2.3	新西兰毛利电视台	55
专栏 3.1	国家数字知识计划/MEC中心（乌拉圭）	64
专栏 3.2	巴西文化创业、原有居住者创作者和数字文化	65
专栏 3.3	荷兰电影业的数字化	67
专栏 4.1	奥地利文化多样性工作组（ARGE）	79
专栏 4.2	布基纳法索政府为民间社会提供履约支持	80
专栏 4.3	巴西民间社会参与文化政策与履约监测	82
专栏 5.1	支持南方国家艺术家流动的政策	97
专栏 5.2	描绘亚洲流动资助机会	98
专栏 5.3	非洲艺术流动（Art Moves Africa）	100
专栏 6.1	IBERESCENA：伊比利亚美洲艺术家交流平台	115
专栏 6.2	葡萄牙对葡语非洲国家视听部门的支持	116
专栏 7.1	欧盟法院对税收机制与数字或电子图书的裁决（2015年）	121
专栏 7.2	在公约支持下，促成通过电影、出版、视频游戏和音乐相关公共政策的法律依据	122
专栏 7.3	民间社会在实施第16条和第21条中的贡献（2008~2015年）	128
专栏 8.1	马拉维将文化纳入可持续社会经济发展中的策略	138
专栏 8.2	肯尼亚将文化纳入可持续发展规划	139
专栏 8.3	巴西为微型文化项目提供支持	140

专栏 8.4	立陶宛的创意产业推广和发展策略	141
专栏 8.5	克罗地亚的文化和区域发展政策	144
专栏 9.1	赋权非洲年轻人	166
专栏 9.2	为女性文化创业者提供培训	167
专栏 10.1	104 EX/3.3 UNESCO有关人权和基本自由的程序	178
专栏 10.2	倡导艺术自由的艺术和艺术家组织	182

信息目录

Alice Bah Kuhnke
瑞典文化和民主事务大臣（见摘要） 14

Gilberto Gil
巴西文化部前部长和UNESCO亲善大使 11

Sheila Copps
加拿大前副总理 14

Sergio Fajardo
哥伦比亚安蒂奥基亚省省长 38

Park Geun-hye
韩国总统 43

Edison Lanza
美洲人权委员会（CIDH）言论自由特别报告员 51

Eric Chinje
非洲媒体倡议(AMI)首席执行官 57

Jason Njoku
iROKO Partners首席执行官 69

Rasmané Ouedraogo
文化多样性国家联盟主席，布基纳法索 77

Maria Tuerlings
TransArtists（荷兰文化）项目总监 95

Oussama Rifahi
阿拉伯文化艺术基金会执行主任 101

Brahim El Mazned
音乐节签证总监 111

Pascal Lamy
世界贸易组织前总干事 127

Neven Mimica
欧盟委员会国际合作与发展专员 143

Angélique Kidjo
歌手，国际作者与作曲家协会联合会（CISAC）副会长 ... 163

Christiane Amanpour
CNN首席国际记者与教科文自由表达和记者安全亲善大使 ... 177

Farida Shaheed
联合国前文化权利特别报告员 185

引言

Danielle Cliche [1]

---

[1] UNESCO《保护和促进文化表现形式多样性公约》(2005)秘书。

周年纪念提供了反思和规划的机会。

UNESCO《保护和促进文化表现形式多样性公约》(2005)十周年为缔约方和非政府利益相关方提供了回顾其起源和批判性审查相关成果，并在此基础上形成未来十年、二十年，甚至三十年履约目标的重要机会。

在公约十周年期间提到的一个问题是，履约是否体现了公约起草人的愿景。换而言之，公约起草人设想的积极转变是否已经实现？还是根据经验调整了愿景本身？如果是，这一愿景是如何调整的？又是哪些更广泛的政治、社会经济和文化发展影响了这一转变？

新的履约监测全球系列报告尝试解决以上这些问题。本报告是系列监测报告的第一个，将尝试基于目前所了解的情况来评估现状。报告将分享各国采取的在国内外促进文化表现形式多样性的措施的信息；将了解成果，并通过分享经验来决定如何基于履约努力来重塑文化政策。本报告也要进一步讨论重塑未来文化政策的问题，以便2017年发布第二篇监测报告时，我们能够为提出的所有问题给出进一步的答案。

起源

要想正确理解公约实施十年后产生的影响，我们有必要回顾公约的起源。

公约通过后发布的首篇记录其起源的文章是，由Nina Obuljen和Joost Smiers编辑的，Culturelink于2006年发表的《UNESCO保护和促进文化表现形式多样性公约：让其发挥作用》。在引言部分，Obuljen和Smiers（2006）描述了当时的思想状态及有必要起草公约的一些原因。

全球文化生产、分销、展示和推广逐渐垄断化；更少的所有人主导着文化市场。与此同时，消费者在许多艺术领域的选择也变得越来越少。当受众和艺术作品购买者可获得的艺术表现形式的多样性减少时，文化生活也将遭到削弱。从人权角度来看，这并不是完善的发展。这一所有者人数与选择多样性的减少也对民主产生了威胁，因为丰富多样的声音和形象对于民主话语至关重要。

此外，在起草公约文书之前，不仅政府干预文化领域的程度引起激烈争论，就连国家采纳文化政策的主权也遭到质疑。Obuljen指出，有必要"设计新方法来为所有阶段的当代文化创作提供充分支持，包括文化产品和服务的生产、分销、消费和保护……这也是《保护和促进文化表现形式多样性公约》必须在维持现有政策之外，为寻找其他政策解决方案创造条件的原因"(Obuljen, 2006)。

这些潜在的"其他政策解决方案"将从"文化多样性"和"文化与发展"等新概念中获益，这些新概念源自世界文化与发展委员会的工作成果及报告《我们具有创造力的多样性》。世界文化与发展委员会指出，文化多样性不仅有关个体或群体差异，同时也是一种创造力来源。因此，政府对新的实验艺术形式和表现形式的支持不应仅被视为一种消费补贴，而应被视为人类发展投资。

UNESCO 1998年在斯德哥尔摩举办的政府间文化政策促进发展会议旨在推广世界文化与发展委员会的关键理念，其承认文化多样性可反过来推进经济、社会和人类发展进程。会上通过的《斯德哥尔摩行动计划》呼吁各国政府承认创造力对发展的重要贡献。与此同时，该行动计划还指出，文化专业人员和艺术家的作品，即文化产品和服务，具有重要的经济价值，但它们又不仅是可交易的商品或消费品。

世界文化与发展委员会与斯德哥尔摩会议传达的信息为UNESCO第31届大会（巴黎）通过的2001年《世界文化多样性宣言》奠定了基础。宣言指出，捍卫文化多样性是一个伦理命令，与尊重人的尊严密不可分，同时也是一种表达、创作和创新能力。宣言呼吁各国政府培育和加强在全球范围内创作和传播文化产品和服务的能力。

2005年的公约体现了多样性可视为一种创造力来源及文化表现能力。

> 公约呼吁实施新的文化治理制度，这一文化治理制度的实现不仅需要涉及公共、私营和民间社会利益相关方的国家层面的干预，还需要国际团结与合作。

公约将文化表现形式界定为个人、群体和社会具有文化内容的创造力的结果。这些表现形式体现为文化产品、服务及活动，为全球"创意经济"做出重要贡献。无论其具有多少经济价值，也无论其采用了何种创作、生产或分销手段和技术，公约将文化表现形式理解为身份认同、价值观和意义载体，将其与其他出售或交易的商品或消费品区分开来。

为了促进多样化的文化表现形式，公约呼吁缔约方努力创造环境，鼓励个人和社会群体创作、生产、传播、分销和展现他们自己的文化表现形式，以及了解世界其他国家的各种不同的文化表现形式。尽管公约并未列出文化表现形式或文化产品和服务清单，但它们理所当然地被理解为居于文化创意产业的核心部门及子部门，它们是书籍、影片、音像制品、广播电视节目，等等。

在论及监测方法和手段之前，有必要认识到《保护和促进文化表现形式多样性公约》（2005）是一种国际法律手段，为缔约方设计和实施政策设定了标准和参数。但这并不意味着为全球各国制定统一的全球政策，其是鼓励政府出台可反映保护和促进本国文化表现形式多样性的承诺的文化政策。

公约并不是 UNESCO 的独立工作成果，而是 2000~2005 年全球政府机构与民间社会组织相互协商的成果。目前，有 140 个缔约方批准了公约（139 个国家加上欧盟）。萨摩亚在 2015 年 10 月批准了公约，成为第一个加入缔约方的太平洋岛国。通过批准公约，缔约方承诺遵守人权和基本自由、平等享有文化产品和服务、确保全球文化产品和服务流动的开放性与平衡原则。缔约方也确认在国家层面制定政策措施（这些政策措施将支持创造力，为文化产品和服务进入全球市场创造机会，同时确保当地受众也可享有这些文化产品和服务）的权利和责任。公约认识到文化创意产业对经济和社会发展的贡献，鼓励将文化纳入国际发展援助计划。最后，公约鼓励开展国际合作，促进艺术家和文化专业人员的自由流动，尤其是来自发展中国家的艺术家和文化专业人员。

公约承认，所有这些承诺需要采取综合政策制定方法，包括不同政府部委/部门的参与，而不仅仅是文化相关部门。这意味着教育、社会事务、就业、税收、贸易和竞争、企业发展等部门需创建跨部门工作组。这并不意味着将责任从某一部门转移到另一部门，而是采用以文化为中心的政策制定方法来促进文化多样性。

这些承诺还需要制定旨在促进某一特定地区与世界其他地区文化表现形式多样性的策略。在这种情况下，结合贸易和文化问题的多边、区域和双边条约及国际合作协定和战略，不仅应侧重于通过出口驱动型战略推广文化产品和服务，还应通过进口驱动型战略，促进世界其他地区的多样化的文化表现形式在当地市场中的分销。

简而言之，公约呼吁实施新的文化治理制度，这一文化治理制度的实现不仅需要涉及公共、私营和民间社会利益相关方的国家层面的干预，还需要国际团结与合作。这一治理制度是多层面的，并且基于指导活动和措施的原则，以便世界各国的文化创意产业及其子部门能够充分发挥其潜能。这一文化治理制度的质量和运行与其制定同等重要，具体将取决于以下多种因素。

- 政府部门与广大社会对文化部门的政治意愿和重视程度；

- 民间社会与专业运营商的参与；

- 文化部门人力和资金资源的可用性；

- 不同政府机构与利益相关方制定相关和有效的行动导向型政策策略的能力和技能；

- 可提高促进知情、透明管理的信息和数据的可用性。

本报告讨论的问题是，公约是否对这些问题产生了积极影响。这是我们继续在全球层面履约所面临的一大挑战。

监测公约影响

当某一国际法律文书包含较少义务、具有法律约束力的实施机制或争议解决程序时，可以且应监测履约情况。建立监测机制的目标是，收集缔约方实际履约信息；签约国未执行国际法规定的情况。这一过程需要定期收集与缔约方采取的政策措施相关的信息和数据、统计数据及最佳实践案例。同时还需要政府和民间社会组织的充分参与；尽管其对监测内容和方法可能持有不同的观点和期望。

这对于以下相关决策至关重要：如何将国际准则性文书的基本原则和概念转化为实际政策措施；不同国家如何制定不同时期的政策措施；及缔约方如何找到应对利益相关方面临的挑战的政策解决方案。此类信息的积累和传播（知识生产、转移和吸收的周期性过程）对于评估目标、解决战略性政策问题、完善现有政策手段、设计新措施或做出满足利益相关方需求的相关管理决策而言也十分重要。

2004年公约的草案，即《保护文化内容和艺术表现形式多样性公约》（2005）中有一条提议建立全球监测平台，以收集、分析和传播与公约相关的政策措施的信息、统计数据和最佳实践案例。这一建议遭到了各国政府与民间社会组织的反对，因为建立新的行政管理结构可能需要花费高昂成本。为此，其呼吁加强收集和分析相关信息和数据的现有区域和国家行动，并在国际层面上促进现有区域和国家的合作。尽管这一受到争议的条款被删除，但制定和共享促进文化表现形式多样性政策措施相关信息的目标仍得以保留。事实上，这一目标包含在最终通过的公约的不同条款中。最主要的是在公约第9条（a）中，呼吁缔约方向UNESCO四年一度的报告，提供相关信息；以及公约第19条（1）中，呼吁交流、分析和传播信息，包括最佳实践案例。公约多个条款及其《操作指南》都指明了需要收集信息的政策措施类型。尽管公约中并未明确说明具体监测活动，但确实为落实监测流程（有民间社会组织的积极参与）提供了机会。

经验表明，创建大规模的统计监测系统是一项艰巨的任务。这主要是因为文化定义及数据收集方式存在差异。因此，制定传统意义上的综合性的和可比较的统计框架从一开始便是不可行的。采用混合方法来描绘可得的信息和数据并接受其中的空白或许可避免出现缺陷。另外一个重大挑战是，许多国家缺乏官方和独立的文化政策信息与数据收集机构。

任何全球监测系统都需要利用来自一个国家的数据，以及来自另一个国家的案例，来评估某一共同框架下政策措施的影响。创建此类监测系统的主要目标是，追求透明和参与，吸引和展示不同的观点，并促进尽可能多的利益相关方的参与。从收集的信息和数据中可得出一些对比信息，在此基础上，可提出一组新问题及监测某一时期趋势的指标。

如在"评估文化政策：回顾性思考"一章中所讨论的：多个评估文化政策和监测标准设定手段实施的模式已经出现。以下是其中一些重要的经验教训。

- 建立明确的监测目标，及指导定期收集信息和数据的标准问题和指标；

- 促进政府间、国家政府和民间社会组织的平等参与；

- 结合使用定性信息和定量数据方法来监测和评估那些围绕不同类型信息的标准设定条款，如叙述、法律、基础设施、政策和基本事实；

- 设计灵活的框架，考虑全球不同的政治、经济和社会现实与法律传统；

- 提供能力建设和培训机会，应对许多国家在收集信息和数据时面临的挑战；

- 创建机制，广泛传播成果，确保透明度，并鼓励利益相关方的讨论。

设计共享而非比较框架

近几年来，随着新信息技术的使用，信息来源日益多样化，更多的利益相关方得以参与数据验证过程，有意义的监测活动机会得到大大增加。为此，2011年6月举办的缔约方大会第三次例会通过了《第9条操作指南》与《四年期定期报告（QPR）框架》。在决定该框架时，采用了主题方法，而非要求缔约方逐一报告所有条款。此外，框架强调QPRs将随时间而不断演变，并承认并非所有缔约方均能够同样详细地回答所有问题。框架同意缔约方报告已经实施的履约措施，无论这些措施是在公约批准之前还是之后实施，这是考虑到并非所有国家在公约批准后都能马上出台相关措施。该框架决定，报告应包含定性和定量信息（包括可选统计附录），且应辅以示例，编制良好实践清单。最后，报告框架旨在为民间社会组织创造条件，方便其为促进公约目标而在全球层面开展活动，并推动其参与国家层面的政策设计与实施过程。在此背景下，QPR活动的目标是，共享信息，识别全球趋势与挑战，而不是对缔约方的履约现状进行比较和定级。

> *QPR活动的目标是，共享信息，识别全球趋势与挑战，而不是对缔约方的履约现状进行比较和定级。*

首批报告

首个QPR周期始于2012年，第二个QPR周期将于2016年开始。截至2015年年底，61%的缔约方递交了其首批报告。这些报告由国际专家组和公约秘书处进行分析，并由政府间委员会在其会议上进行审查（2012、2013、2014年12月）。2012~2015年提交的首批报告提供了大量数据和信息，这些数据和信息可用于分析关键趋势，并识别各国在实施促进文化表现形式多样性政策措施中面临的主要挑战。关键趋势证实了联合国《创意经济报告2013》（专刊）中的结论：世界各国正采取行动支持其创意部门的发展与增长。各国已开始出台一系列新政策，尤其是发展中国家，其采取的战略越来越符合人类发展理念，无论是一致的创意经济战略还是特定部门举措（UNESCO-UNDP, 2013）。

然而，仍存在各种挑战，尤其是对于未提交报告的缔约方而言。这些缔约方未创建政府与民间社会组织之间的对话平台或相关机制比较薄弱；这一新领域的可靠信息或数据资源缺乏，且政府部门与广大公众对促进文化表现形式多样性相关的政策问题的认识不足。

为了解决这些问题，缔约方表示需要提高报告能力，培养必要的人力和机构技能来履行其报告义务，同时促进知情、透明和参与式文化治理制度的构建，后者也是公约的最终目标。

监测框架与四大目标

在公约十周年之际，有必要更详细地重申公约的指导原则和价值观。具体如下。

- 各国拥有在其境内采取和实施促进文化表现形式多样性政策的主权，这些政策基于知情、透明和参与式流程与治理制度；
- 平等享有文化产品和服务，确保文化产品和服务流动的开放性与平衡及艺术家和文化专业人员的自由流动；
- 承认可持续发展的经济和文化层面的互补性；
- 尊重人权和基本言论、信息和沟通自由，这是创作、分销和享有多样化文化表现形式的前提。

在本报告中，这些指导原则和价值观表现为公约的履约目标。报告第二章"制定监测框架"中详细阐述了在这些目标基础上制定的指标体系，以识别预期成果、关键监测领域、核心指标及验证手段。后续章节分为四部分，每一部分均与四大目标主题相对应。

在第一部分中，有四章将专门分析以上确定的第一大目标。开篇章节分析各缔约方在过去十年间采取的支持创作、生产、分销和享有多样化的文化产品和服务的文化政策措施。缔约方采取了哪些措施来培养创造力？他们是否为艺术家和创作者提供直接支持，包括支持其创作新作品？或者他们是否提供间接支持，从而为新创意和愿景的形成创造了时间、空间和机会？他们采取哪些策略来支持文化产业的独立生产者和分销者，或使广大公众可以接近多样的文化表现形式？

接下来的两章（第二章和第三章）将分析缔约方确定的重点政策领域，即公共服务媒体和数字技术，这些领域对促进文化表现形式多样性产生了重要影响，而且未来的履约政策策略对这些领域必须加以考虑。这意味着不仅需要了解艺术家和文化专业人员、机构和企业可能采取的新路径（即回避价值链中的传统中介机构和/或渠道），还需要识别新的声音和人才。

实现可持续的文化治理制度目标的核心是多方民间社会利益相关方的参与。第四章将介绍与民间社会的合作，分析民间社会参与履约，尤其是政策设计与实施的方式和途径。有待解决的一个长期问题是，是否已经实现预期成果。我们所关注的领域中实施的政策措施是否有助于知情、透明和参与式文化治理制度的执行？

后续三个章节将分析第二大目标，探究缔约方是否采取优惠待遇措施来解决不对称条件，以满足公约的以下指导原则：平等享有文化产品和服务，确保文化产品和服务流动的开放性与平衡，及全球艺术家和文化专业人员的自由流动。公约的这一独特特征（如第16条和第21条所规定）是一种创新的文化合作发展方法。这一目标还考虑了当前与电子商务相关的全球性问题，电子商务一方面对文化产品和服务的流动构成了新的挑战，另一方面还将引发迁移和相关边境安全问题，将对艺术家和文化专业人员的自由流动产生影响。考虑到优惠待遇概念传统意义上一般用于贸易领域，需要采用新的方法来理解缔约方将如何实施优惠待遇政策措施来促进文化表现形式的多样性。为此，Keith Nurse 认为有必要认识优惠待遇政策措施。

- 从个人层面上来看，例如，通过简化签证流程或降低签证成本，促进艺术家和文化专业人员的流动和交流，尤其是来自发展中国家的艺术家和文化专业人员（参见第五章）；

- 从组织层面上来看，通过提高文化企业和组织促进文化产业经贸的能力，及通过特定支持方案（如，共同分销协议）来开放市场准入，为发展中国家的文化产品和服务而完善市场准入制度（参见第六章）；

- 从产业环境角度来看，在其他国际场合倡导公约目标和原则，尤其是通过双边、区域、多边贸易协定（参见第七章）。

将文化纳入可持续发展框架的第三大目标在当前仍适用。公约将可持续发展理解为这样一种发展，她将"增加人们选择、提高人们主宰他们珍视的生活的能力。从这一角度来看，创造力和文化将对发展做出多重贡献，包括创造社会潜能、信心和参与，使得个人和群体能够追求和想象可供选择的未来"（UNESCO-UNDP，2013）。

> 随着越来越多的缔约方参与满足公约报告要求，且更多的利益相关方参与这一过程，数据和信息将更具代表性。

缔约方2005年做出的均衡、协调地实现经济、社会和环境可持续发展的承诺，是《2030年联合国可持续发展议程》的核心内容。公约和新的2030年议程均承诺为包容性和可持续经济增长、共同繁荣与全民享有体面工作创造条件。为此，公约特别呼吁各缔约方，通过加强发展中国家的文化部门，引进发展国家能力、技术转移并为中小创意企业提供支持的项目，支持可持续发展和减贫方面的合作。公约还呼吁国际社会以新的形式参与私营部门和民间社会代表建立的合作伙伴关系，以实现其发展合作目标，同时强调及时、可靠的分拆数据对帮助评估的开展，以及为透明和知情的政策制定提供依据的重要性。

第八章探讨了这些问题，并分析了缔约方将文化纳入国家发展政策及国际发展援助计划的方式，证明"发展并不仅仅是发展中国家的问题，而是一项全球挑战"

（UNESCO-UNDP，2013）。

就承认经济和文化发展的互补性（参照公约指导原则）而言，作者建议监测缔约方出台的国家发展政策措施如何处理以下三个领域：带来经济、社会、文化和环境成果的文化产业增长；文化资源公平分配的公平，以及文化参与的公正与非歧视。

第四大目标可理解为前三大目标的基础，因为促进人权和保护基本言论、信息和沟通自由是创作、分销和享有多样化文化表现形式的前提。为此，公约呼吁各缔约方确保制度保障国际和国家人权和基本自由的相关法律。各缔约方还需要确保促进艺术自由及艺术家的社会、经济权利（参见第十章），促进女性作为文化产品和服务的创作者和生产者，及其享有文化活动、产品和服务（参见第九章）。实施这一基本目标的预期成果问题与实施联合国可持续发展目标（SDGs，促进人权和实现性别平等）的 2030 年预期成果相一致。与实现这一公约目标相关的 2030 年议程目标是："根据国家法律和国际协定，确保公众享有信息，保护基本自由"（目标 16.10）；"确保女性的充分、有效参与，平等享有政治、经济和公众生活各层次的决策领导机会"（目标 5.5）；"通过和加强健全的政策，实行促进性别平等的法律及在所有层面授予妇女和女孩权利"（目标 5c）。

本报告中包含的数据和信息主要来自缔约方向 UNESCO 提交的有关其如何履约的 QPRs。本报告中的案例也主要出自这一来源。各国还有许多其他案例也可作为缔约方和非政府利益相关方所开展工作的示例。随着越来越多的缔约方按公约要求提交履约报告，且更多的利益相关方参与这一过程，数据和信息将更具代表性。

本报告——监测框架、拟议指标及各章中给出的证据，可以视为更好地理解这一年轻的国际法律工具影响的第一步。为此，基于缔约方 QPRs 撰写的本报告将作为促进全球利益相关方在讨论无论国家还是全球层面措施效果的一项有效工具。在编制将于 2017 年发布的第二篇报告期间，对本报告相关的讨论将纷至沓来。

然而，公约的影响或成功与否不仅取决于法律程序的实施情况、信息或统计监测行动的建立或政府和非政府组织合作落实公约条款的程序，还取决于越来越多的市民是否了解公约，并是否采取了具体行动促进文化表现形式的多样性。

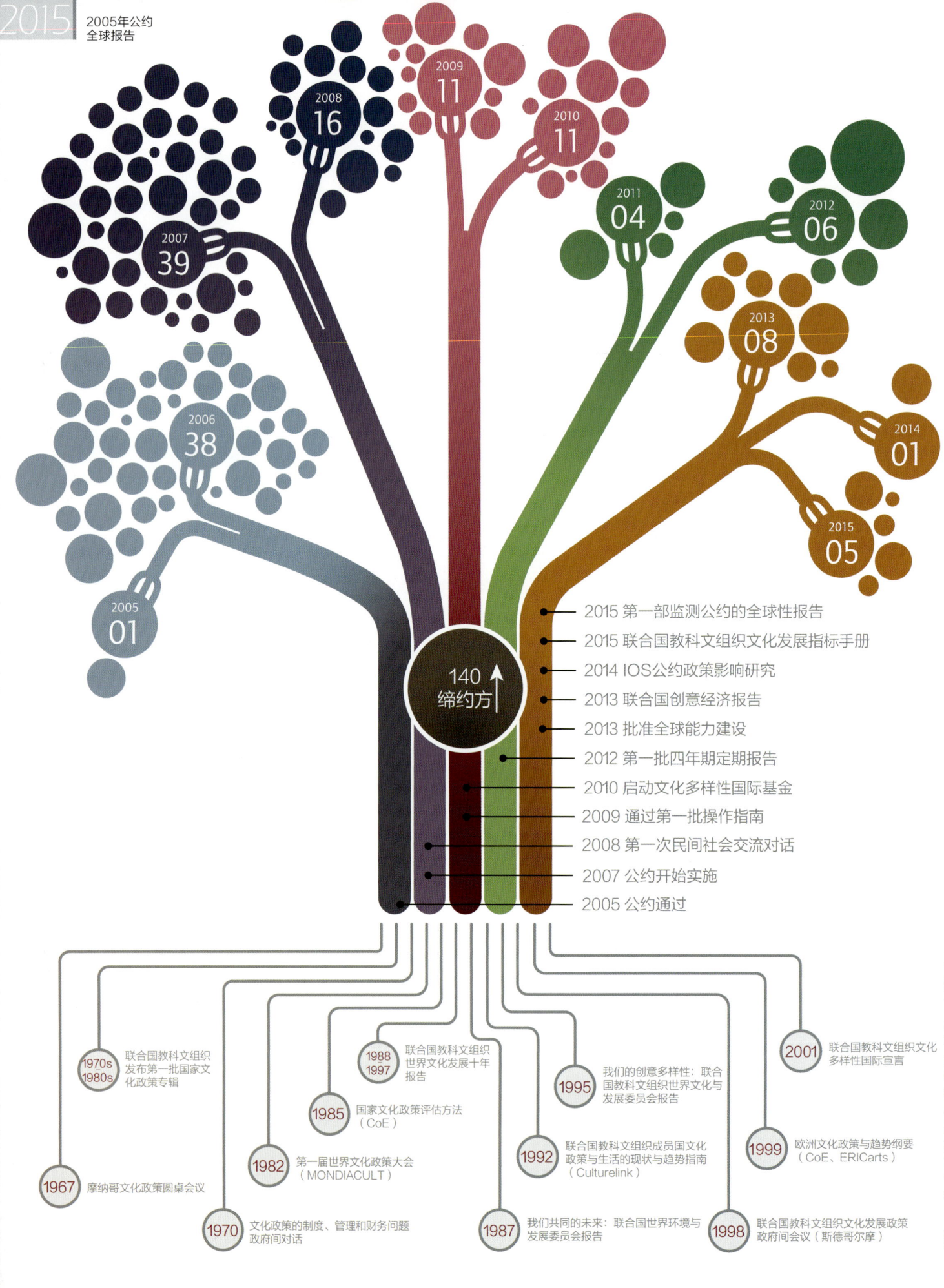

2015 2005年公约 全球报告

- 2007 **39**
- 2008 **16**
- 2009 **11**
- 2010 **11**
- 2011 **04**
- 2012 **06**
- 2013 **08**
- 2014 **01**
- 2006 **38**
- 2015 **05**
- 2005 **01**

140 缔约方

- 2015 第一部监测公约的全球性报告
- 2015 联合国教科文组织文化发展指标手册
- 2014 IOS公约政策影响研究
- 2013 联合国创意经济报告
- 2013 批准全球能力建设
- 2012 第一批四年期定期报告
- 2010 启动文化多样性国际基金
- 2009 通过第一批操作指南
- 2008 第一次民间社会交流对话
- 2007 公约开始实施
- 2005 公约通过

- 1970s/1980s 联合国教科文组织发布第一批国家文化政策专辑
- 1967 摩纳哥文化政策圆桌会议
- 1970 文化政策的制度、管理和财务问题政府间对话
- 1982 第一届世界文化政策大会（MONDIACULT）
- 1985 国家文化政策评估方法（CoE）
- 1988/1997 联合国教科文组织世界文化发展十年报告
- 1987 我们共同的未来：联合国世界环境与发展委员会报告
- 1992 联合国教科文组织成员国文化政策与生活的现状与趋势指南（Culturelink）
- 1995 我们的创意多样性：联合国教科文组织世界文化与发展委员会报告
- 1998 联合国教科文组织文化发展政策政府间会议（斯德哥尔摩）
- 1999 欧洲文化政策与趋势纲要（CoE、ERICarts）
- 2001 联合国教科文组织文化多样性国际宣言

评估文化政策：回顾性思考

评估文化政策：
回顾性思考

Carl-Johan Kleberg[①] 和 *Mikael Schultz*[②]

---

① 教授 & 瑞典艺术委员会前副理事，瑞典斯德哥尔摩。
② 文化部国际协调主管／高级顾问，瑞典斯德哥尔摩。

如今的2005年《保护和促进文化表现形式多样性公约》履约报告成为推进全球文化政策研究的里程碑事件，因为本报告关注的是"评估公约影响"，既新颖又很关键。过去的五十年间涌现了大量的报告和研究，其中许多报告和研究用于比较目的。然而，目前尚没有为国家文化政策的制定和实施提供可靠评估的框架。尽管存在一些不足之处，但这些早期工作为公约后开始的工作提供了经验和知识，换而言之，这是一个将帮助缔约方识别和追求自身的文化政策（保护和促进文化表现形式的多样性）路径的新知识构建过程。因此，这些回顾性思考将构成连续的知识构建过程，本报告的作者将参与其中，并强调其关键特征。

第一步

大多数国家目前仍缺乏为政策制定提供可靠依据的研究基础设施。然而，随着20世纪60年代文化政策的出现，人们认识到了基于深入研究获得证据的必要性。然而，此类研究十分耗时且任务繁重，尤其当需要对比不同的国家时。

UNESCO于1967年12月组织召开了文化政策圆桌会议（UNESCO，1968），由此启动了文化政策的研究。该会议在摩纳哥举行，会聚了知名艺术家、学者与官员，其中法国文化部首任研究司司长Augustin Girard为最终报告中会议结论的起草发挥了关键性作用。该报告后来增补并于1969年以"文化政策———一项初步研究"为题正式发表（UNESCO，1969）。由于该最终报告确定的好的文化政策研究的关键要求至今仍有效（尤其是从对比角度），因此该最终报告应视为一项重要的开创性文本。[3] 该最终报告建议评估不同社会部门的实际文化需求，尽管其给出了部分文化统计数据，但最终报告还是指出这些数据"不可用于定性比较，而仅可为希望促进文化的行政管理人员或地方议员提供参考"。

UNESCO后来采纳的摩纳哥建议之一是，在20世纪七八十年代发布了50多个国家文化政策报告。发布这一系列报告的目的是，阐述成员国是如何构思和实施文化政策的。事实上，每个报告均代表了国家的实践，但未建立比较框架用于分析，也未尝试制定任何指标体系。然而，这些报告概述了许多不同国家的方法，还是颇有实用价值的。在这一早期阶段，文化政策发展的另一重要贡献是，UNESCO 1972年发表的题为"文化发展：经验与政策"的报告，其中提供了对文化政策复杂的意识形态和方法论方面的整体描述（Girard，1972）。

摩纳哥圆桌会议是一次专家会议，但所有与会者均同意从政治层面来讨论文化政策问题；因此，他们呼吁UNESCO组织召开文化部长会议。基于这一建议，UNESCO 1970年在威尼斯组织召开了"文化政策的制度、管理和财务问题政府间对话"（Augustin Girard担任相关研究主题第二委员会报告起草人）。政策相关研究针对会议通过的决议，尤其是呼吁UNESCO"在其文化项目中更加重视文化政策事宜，协助成员国制定和建立恰当的制度、管理和融资性政策，并更多关注收集有关促进文化政策、规划方法和法律的可比较数据"的第11条决议。

UNESCO后续在各地区举办的一系列部长级会议也提出了类似建议（1972年赫尔辛基；1973年日惹市；1975年阿克拉；1978年波哥大）。1982年，第二次世界文化政策会议（被称为"Mondiacult"）在墨西哥城举行。此次会议的成果文件包括1988年发表的《世界文化发展十年》，但其并未推进评估性的文化政策研究进程。

欧洲理事会的国家文化政策审查项目

20世纪80年代，欧洲文化官员内部涌现了一股自我批判的情绪。"我们是否真正实现了我们设定的文化政策目标？"他们如是自问道。"政府不断增加的用于文化活动的经费是否得到合理利用？"他们开始思考文化领域以外的其他领域使用的评估方法，尤其是教育领域。

1985年，欧洲理事会组织了一

---

[3] Martin, L.（2013）与Comité d'histoire du Ministère de la Culture（2011）中更详细地介绍了Augustin Girard作为文化政策制定者，尤其是文化政策研究关键促进者所发挥的作用。

场主题为"国家文化政策评估方法"的研讨会（瑞典教育和文化事务部，1986）。会上得出的一个结论是，需要交流和比较方法与经验。此外，需要开发文化发展统计指标。会上提出的最重要的建议是，开始在经验基础上审查国家文化政策。法国和瑞典自愿首先参与这一工作，借鉴经济合作与发展组织（OECD）实施的教育政策审查流程经验。这一模式由以下三部分构成：国家报告；国外审查组报告；审查人员与相关部长之间的交流。

不久后，欧洲理事会便发起了文化政策审查流程。在二十五年的时间里，有30多个欧洲国家开展了文化政策审查，但并没有单一的评估模式。此外，定量依据存在很大差距，且往往不完善。每个欧洲理事会成员国均重视通过这些报告获得的文化政策目标和方法信息，尤其是本区域其他国家的创新信息。在柏林墙倒塌后，新独立的国家对这一项目尤其感兴趣，但其不是受到评估需求的影响，而是力求为本国建立新的文化政策框架提供支持。对于欧洲理事会秘书处而言，这一计划为开发协助比较文化政策的测量工具和指标提供了机会。但这一比较要求从一开始就对参与国政府提出了一个难题。法国和瑞典国家报告的撰写人对无法在分析结果中添加国际对比部分表示遗憾。这一领域的比较信息不足且不可靠。当时，欧洲理事会还没有用来阐述比较统计数据的工具。然而，尽管存

> 《保护和促进文化表现形式多样性公约》（2005）的通过是一个历史性时刻。国际社会对此类公约期待已久。政府和非政府机构，及来自民间社会的文化继承人首次会聚一堂编制公约，申明政府保护和促进最广泛的文化表现形式的政治意愿和承诺。作为巴西文化部部长，本人很荣幸参与这一旨在促进全球贸易和文化利益平衡的独特进程。目前，新的创意社会正在出现，其拥有了新的概念和当代语言。数字革命几乎改变了我们所有的处事方式，重新审视创作、生产、分销、获取和享有文化产品和服务的渠道。从公共艺术到创意街区和数字平台，各个层面的民间力量都参与进来。不论是发达国家还是发展中国家，艺术家和文化专业人员并不是在寻求特殊待遇，而是寻求平等待遇。在公约框架下，未来十年，我们将坚守平等享有、开放和平衡的价值观。公约出台十周年便是一个千载难逢的机会。

Gilberto Gil
巴西文化部前部长和 UNESCO 亲善大使

在这些不足，欧洲理事会的"模式"吸引了欧洲以外的关注。④ 为此，UNESCO 秘书处1999年在瑞典 Gällöfsta 组织召开了研讨会，以探讨在世界其他国家和地区应用这一方法的可能性。

---
④ 1999年，瑞典国际发展合作署（SIDA）响应越南政府的请求，资助其也做一个国家文化政策审查。这一尝试得到了实施，并促成了《越南文化经济战略》（2013年12月）与《越南文化政策概要》（2013年12月）的编制。更多信息参见 www.worldcp.org/.

著名研究人员 Christopher Gordon 受托为一个研讨会撰写一篇有关审查流程的研究报告，UNESCO 2001年发表了该研究报告，题为《从欧洲视角看文化政策》（Gordon, 2001）。

国家文化政策审查项目仍在开展当中，但自2011年起采用了一种新方法，即以联合研究小组（国家/国际）开展区域和专题审查，

编制单一报告，并提出相关建议。

这一方法并不会改善原计划中国家视角与国际视角之间的关系。有趣的是，为计划带来启发的OECD在许多领域开展了国家审查工作，且在许多情况下，采用纵向方法来落实早期的建议。OECD取得成功的一个原因是，其利用充足的人力和经济资源来开展这些所谓的同行评议。⑤

"布伦特兰文化报告"的创意

1987年，挪威政治家、前总理 Gro Harlem Brundtland 女士领导的世界环境与发展委员会发表了一篇开创性报告：《我们共同的未来》（世界环境与发展委员会，1987）。在该报告的影响下，北欧国家多位从事文化政策工作的人员提出了编制聚焦文化与发展之间关系的未来报告的创意。众所周知，"布伦特兰文化报告"中得出的结论依据的是大量的基础环境指标。1990年3月，在赫尔辛基召开的一次北欧会议上提出了编制"布伦特兰文化报告"的创意。鉴于北欧国家UNESCO国家委员会之间，以及国家文化部门和文化委员会之间的紧密合作关系，建立文化领域履行类似职责的世界委员会的想法在该地区引起了相当广泛的关注。挪威前副国务大臣 Ingrid Eide（UNESCO执行委员会成员－北欧代表）在这一过程中发挥了重要作用。

北欧UNESCO国家委员会批准了这一创意，认定这一创意是切实可行的；为此，北欧国家提议联合国与UNESCO建立单独的世界文化与发展委员会。1991年召开的UNESCO大会采纳了这一建议。根据这一决定，预计"世界文化与发展报告"将"提出满足整体发展背景下文化需求的紧迫性和长期行动建议"。用委员会的话说，要识别、描述和分析一些基本问题，特别是人们担忧的和与新挑战相关的问题，比如说：第一，影响发展的文化和社会文化因素；第二，社会和经济发展对文化的影响；第三，文化与发展模式的相关性。委员会还要求编制基于不同地区和不同来源的信息收集和分析的政策导向报告。报告旨在促进广大公众的参与，并对负责编制和实施政策的人员有帮助。这里提出的一个问题是，世界各国为何做出如此重要的文化政策相关决策（许多国家缺乏甚至没有文化政策），这其中的答案无疑是《世界文化发展十年》所强调的文化与发展之间的明确关联。

世界委员会及其成果

1992年，UNESCO总干事建立世界文化与发展委员会⑥，由联合国前秘书长、秘鲁外交官 Javier Pérez de Cuéllar 领导。这一任命确保了委员会的高级权限，并通过其名称——"Pérez de Cuéllar 委员会"——进一步加强了。委员会成员由研究人员、公共知识分子、艺术家和政治家组成，其拥有实际文化政策制定经验，代表世界不同地区。

该委员会积极完成各项任务，在世界各地组织召开会议和听证会，首次会议于1993年在斯德哥尔摩举办。⑦ 该委员会的报告《我们的创意多样性》深入分析了文化与发展之间的复杂关系，并提出了包含十项行动的"国际议程"（世界文化与发展委员会，1996）。该报告很快便被视为文化政策领域的历史性事件，而其也确实产生了长期的影响和后果，为将文化纳入国际公共政策议程（尤其是发展相关的议程）提供了有力依据。从更为有限的审视角度来看，《我们的创意多样性》中最关键的建议是国际议程中的行动，即要求UNESCO建立独立小组来编制和发表"世界文化与发展年度报告"（从1997年开始）。

该独立报告将面向决策者和其他相关缔约方，且将获得国际社会的出资支持，包括基金会和政府（世界文化与发展委员会，1996）。该报告将：

- 调研近期的文化发展趋势；

---

⑤ 参见 www.oecd.org/site/peerreview/peerreviewataglance.htm。

⑥ 《世界文化政策视角之梦》（Kleberg，2008）中介绍了世界文化与发展委员会背景及其成果。

⑦ 其中一个成果是，欧洲理事会决定编制欧洲报告。1997年发表了欧洲报告 In from the margins。尽管由于经费有限无法进行数据比较，但该报告为关键问题提供了强有力的分析框架，且在欧洲理事会得到广泛讨论。

- 监测影响全球文化现状的事件；
- 构建和发布定量文化指标；
- 强调良好实践与政策；
- 分析重要的相关主题，并提出政策建议。

世界文化与发展委员会委员、巴基斯坦经济学家、UNDP人类发展系列报告创始人Mahbub ul Haq提出并起草了这一建议。事实上，如果编制该报告，则"分析重要的相关主题，并提出政策建议"，将带来宝贵成果。这一年度报告甚至可以预见一些未来公约的履约需求。

两部《世界文化报告》

在《我们的创意多样性》发布不久，UNESCO秘书处开始发起编制两年一次的《世界文化报告》，分别专注于"文化、创造力与市场"及"文化多样性、冲突和多元化"等主题（UNESCO，1998b；2000）。这些报告与世界文化与发展委员会建议的格式不同，由年度主题论文构成，同时还包含提供大量国家统计数据的附录。这些统计数据不与相关论文直接相关或直接用于相关论文。可以说，正是这个原因，使得这些报告并未得到国际研究界或项目赞助方的广泛关注。2001年，由于资金不足，以及根据管理部门做出的改变UNESCO世界报告政策的决定，这一报告最终停止编制。

1998年政府间文化政策促进发展会议

《我们的创意多样性》由独立工作的专家小组编制。其研究结果在UNESCO内部及文化政策界得到广泛讨论，但缺乏相关机制引导UNESCO采纳其中的建议，进而指导成员国实施相关文化政策。这是UNESCO秘书处所认识到的一个关键性挑战。由于这一问题与瑞典希望看到世界文化与发展委员会工作成果的愿望不谋而合，瑞典主管当局申请举办文化部长国际会议（由UNESCO组织）。为此，1998年春，瑞典举办了主题为"文化的力量"的文化部长国际会议（UNESCO，1998a）。双方认识到，以往区域和/或世界会议上通过的许多建议和决议并未促成具体成果。为此，主办方决定，此次斯德哥尔摩会议将以短期行动计划形式形成单一成果（行动计划中包含具体目标，建议成员国及UNESCO总干事实现这些目标）。斯德哥尔摩会议通过的行动计划被视为一项重要成果。其首次承认将人类发展战略纳入文化政策与国际文化合作框架中的重要性。然而，这些行动的落实仍十分有限，尤其是与政策影响相关的研究，只有在公约获得通过后才能真正启动实施。

新网络

斯德哥尔摩会议围绕"文化例外"的主题展开了激烈讨论，其中一项重要的间接成果是，加拿大政府建立了国际文化部长网络——国际文化政策网络（INCP）。时任加拿大文化遗产部长的Sheila Copps发起了这一非正式网络的建立行动，以促进国际自由贸易领域文化产品和服务问题的政治讨论，进而推进开发新的国际规范性政策工具的进程。在达到顶峰时，INCP有70多个国家的广泛参与，并在世界各地组织会议。各国部长或其代表讨论各种潜在方案，包括创建新的组织——"文化领域的WTO"，但最终确定，UNESCO是协商和通过此类文书的最佳机构。

加拿大政府也鼓励和支持国际民间社会组织——国际文化多样性网络（INCD）的工作，其主要负责监测和补充INCP的工作。INCD与INCP开展紧密合作，前者通常组织会议来协调部长见面。民间社会的这种早期参与无疑将推动民间社会参与履约进程。尽管监测或评估程序实际上并未在INCD与INCP议程中占据很大比例，但这两个网络的工作的确对推进公约的谈判与通过是有影响的。

文化政策研究的发展

随着这些会议的召开，政策研究的数量和质量均得到显著提高，政策相关数据也随之增加。有必要强调UNDP《人类发展报告》中提供的有影响力的模式，2004年的

《人类发展报告》在"当今多样化世界的文化自由"标题下讨论了文化自由相关主题（UNDP，2004）。欧洲统计局目前也提供不断扩大的文化事务统计数据库。

欧洲理事会与欧洲比较文化研究所（ERICARTS）的"欧洲文化政策与趋势纲要"项目是"基于网络的、永久更新的欧洲国家文化政策信息与监测系统"，当前为第16版。[⑧] 项目研究人员和官员将持续更新相关信息和方法，其采用集中和分散化（官方和学术）的实情调查与分析方法，会聚政府与独立文化政策研究人员。该纲要鼓励创建国际文化政策信息和监测系统，由国际艺术理事会及文化机构联合会（IFACCA）领导，负责监测和分析文化政策关键问题全球趋势；尤其允许发展中国家发布国家概况，如智利、印度、突尼斯、越南和津巴布韦。[⑨] 此外，还应提及萨格勒布文化领域研究与合作网络编制的 *Culturelink* 期刊。学术成果包括《国际文化政策期刊》，在该期刊的支持下，每两年将召开一次文化政策问题相关的会议。不同地区争相仿效这些行动，如《北欧文化政策期刊》。另一项重要的学术举措是《文化与全球化系列报告》，2007～2012年发表了五个与此相似的系列报告，其中每个报告中均包含了基于各种来源的信息（许多来自非政府组织或相关产业）构建的新的"指标集"，代表着信息图形和数据可视化领域的重大创新（Anheier和Isar，2008、2010、2012）。

结论

根据我们对过去五十年行动的快速回顾，很明显，公约四年一次的定期审查程序为国际社会提供了重要机会，便于我们系统梳理近半个世纪的分散化行动，以促进有效的文化政策研究监测与评估。本报告描述了最佳实践，同时分析了全球趋势，这将为缔约方编制的报告提供有益借鉴。

利用指标识别的共同问题可帮助生成与OECD同行审查相类似的比较信息，这些比较信息在国家文化政策审查中可用于开展纵向分析。本系列报告将允许UNESCO在国际层面扮演积极的监督角色，且可能帮助改善全球的文化政策。有必要为政策制定者和政策规划者提供支持，并激励政府和国际组织为他们所要求的复杂工作预留必要的资源。尽管此类工作比较繁杂，但其成果将改善我们所有人的生活质量。

> 《保护和促进文化表现形式多样性公约》（2005）已经出台十年。这期间发生了许多变化。当我在国家政府任职时，加拿大正请求世界贸易组织为国内杂志提供税收优惠政策。世贸组织以用于猪肚销售同样的商业视角来看待杂志。面对这一不可撤销的错误决策，我认为有必要创建世贸组织以外的国际文化组织。事实表明，UNESCO 是在国际法中承认的文化产品和服务特殊性质（包含经济和文化维度）的理想机构。随着国际贸易规则延伸到文化部门，通过公约的必要性在当前看来甚至更为紧迫。公约将文化视为可持续发展的基石，而不仅仅是可交易的产品。
>
> 在充满纷争的世界中，我们需要为艺术家和文化专业人员创造有利的环境，以便其在相互连通的世界中进行创作和交流，并进入多样化的市场。值此十周年之际，让我们赞赏这些拥有保护全球文化表现形式多样性的远见和愿景的人。
>
> **Sheila Copps**
> 加拿大前副总理

---

⑧ 参见 www.culturalpolicies.net。
⑨ 参见 www.worldcp.org/。

制定监测框架

Helmut K. Anheier[1]

---

[1] 德国柏林赫尔梯行政学院董事长兼院长。

本报告是系统监测《保护和促进文化表现形式多样性公约》（2005）的第一步。此类监测系统的建立需要对从各国收集来的实证数据进行编制。然而，为了落实系统监测，基于收集数据做出与实施进展相关的评估判断，需要出台相应的指标。事实上，必须开发全新的指标体系。

> 履约注定是一个复杂的过程，涉及不同主体、不同层面、不同手段和不同方面。

本章将为此类新的指标体系提供合理的和概念的框架。这一指标体系必须能揭示关键决策趋势，识别积极的改革与成功措施，及相关的优缺点，并指明前进的方式。此外，该指标体系还必须促成缔约方之间进行具有建设性的讨论与经验交流。为此，此类指标体系需要解决以下四个问题。

- 公约是否引发了国家层面上的政策变更，如建立新的保护和促进文化表现形式多样性的政策措施，或修改现有政策措施。
- 这些政策措施是否得到有效实施？
- 这些政策措施是否直接或间接改善了文化表现形式多样性的决策？
- 这些政策措施是否创造了"人类发展"的更好结果？

这些问题构成了编制方法原则及以下介绍的试验性指标框架的基础。该框架将帮助缔约方设定目标及选择相关指标。然而，在此之前，该框架将帮助界定和阐明"指标"与"指标体系"的概念。

指标是衡量某一特定状态，或者某一给定特征、特点或趋势水平的方法，如文化支出、社会宽容度或艺术家流动性。指标体系是对所关注的有关现象的关键维度的实证分析。以这里所谈的公约为例，履约注定是一个复杂的过程，涉及不同主体（个人、组织、缔约方）、不同层面（个人、机构、国家、国际）、不同手段（政策、计划、项目）和不同方面（基础设施、环境、能力、创造力、市场、流动、数字化），等等。拟议指标体系应体现这一复杂性，且应在描述和分析时保留这一复杂性（Anheier 和 Stanig, 2013）。

很明显，我们仍难以提出符合以上要求的完善指标体系；构建所要求的信息的基础设施的任务才刚刚启动。为了评估公约影响，仍需要进一步开展大量的工作。需要编制的指标体系可视为基于公约关键思想及《操作指南》规定的"伞形概念"。鉴于此类框架的复杂性，我们可以预见到这一框架可能变得很难处理。

> 公约及其《操作指南》中包含了鼓励缔约方采纳的广泛政策措施。

为了避免这一点，应遵循以下方法原则（Deutsch, 1963; Adams 等, 2004; Anheier, 2004; Anheier 等, 2013; Pignataro, 2003; Brown 和 Corbett, 1997）：

- 简约性，即简化设计，"以最少的实现最多目标"；
- 重要性，即侧重每个要素的关键方面及这些关键要素之间的关系；
- 概念聚焦，即建立提高认识、生成知识的体系；
- 政策相关性，即选择可用于政策分析与政策制定的指标。

如果遵循以上方法原则，且协调其与关键概念的关系，则这些标准可用于指导建立一组基本指标，而不会加重整个体系的负担。

关键概念

公约本身并未界定文化的概念，但其第4条将"文化表现形式"界定为"个人、群体和社会创造的具有文化内容的表现形式"。文化表现形式通过文化产品、服务或者活动传达，无论他们是否具有商业价值。文化活动可能以自身为目的，也可能是为文化产品与服务的生产提供帮助。

因此，监测履约的指标体系必须关注缔约方在公约中承诺的保护和促进文化产品、服务和活动的政策和措施。根据公约第4条规定，"保护"意指为保存、维护和加强文化表现形式多样性而采取措施（但其未界定"促进"的含义）。此外，公约第5条和第6条则重申了缔约方在其境内采取政策和措施以保护和促进文化表现形式的多样性及加强国际合作的主权。第6条和第7条则进一步列明了对创作、生产、传播、分销和享有文化产品、服务与活动产生影响的一系列措施。

指标体系框架

2009～2015年缔约方大会通过的《操作指南》详细阐述了以上关键概念，同时详述了可促进"旨在支持所有利益相关方参与的，尤其是民间社会参与的文化产品、服务与活动的创作、生产、分销、传播和享有"的政策措施。公约及其《操作指南》中包含了鼓励缔约方采纳的广泛政策措施。其主要关注国家层面的政府和/或政府机构。然而，考虑到民间社会参与的重要性（公约的一大关键创新之处），预计民间社会组织也将发挥重要作用。公约第11条规定，"缔约方应鼓励民间社会积极参与其为实现本公约各项目标所做的努力"。对于私营（企业）部门，公约第15条规定，"缔约方应鼓励在公共、私人部门和非营利组织之间及其内部发展伙伴关系"（尤其是与发展合作有关）。

指标框架应涵盖这些不同维度。公约条款也适用于国家和国际层面；事实上，能否成功履约在很大程度上取决于国家和国际层面的相互作用。以下与目标、指导原则及预期履约成果相关的表格中列出了相关监测挑战（表0.1）。

根据表0.1，应提出哪种指标框架呢？很明显，此类框架将需要评估进展（或者缺乏进展的情况），同时需要帮助我们监测政策制定和产生作用的情况，在一段时间内履约措施的情况，并获得以上列出的"预期成果"。表0.3中给出了构成框架的初步指标。建议测量2010年（公约通过五年后）和2015年的指标。此后，每两年可更新一次指标（具有特定时限目标），以便监测和评估有效成果。

> 公约条款也适用于国家和国际层面；事实上，能否成功履约在很大程度上取决于国家和国际层面的相互作用。

公约缔约方是分析单位，他们是批准公约的法律实体，因此期望其担起履约责任。由于民间社会积极参与促成公约通过的工作，因此指标框架也考虑民间社会，期望民间社会兑现其履约承诺。

特别地指出，指标框架确定了应该被监测的，将促进实现四大公约目标的核心领域（表0.2）。这些目标的实现不仅需要缔约方在其境内的单独努力，也需要促进文化表现形式多样性的国际合作。

表0.3中提出的模式由33个基本指标构成（这些指标可用于评估缔约方取得的成果），可识别验证基本指标所需收集的数据类型。这些指标不仅来自公约及其《操作指南》中包含的理念和原则，同时借鉴了不同专家的工作成果（这些专家撰写了本报告中监测缔约方采取的用于履约的政策措施的相关章节）。

每个需要监测的政策领域提出了三级关键指标。第一级指标与特定政策措施的法律基础有关。例如，如果没有确保出入境自由的法律基础，则无法制定和实施相关政策措施来促进艺术家和文化专业人员的流动。

第二级和第三级指标与缔约方采取（或修改）的特定履约政策措施有关，而且在某些情况下，实施这些政策措施需要制度和财政手段；必要时还要在公约及其《操作指南》

中识别特定目标群体。

就整体而言，这些指标旨在解决本报告力求解答的以下关键问题：是否建立和实施了相关政策措施？（政府、非政府组织或私营部门）是否定期评估了这些政策措施以判定其影响？如果是，那么能力建设和履约方面取得了哪些成果？

表 0.1
2005 年公约的目标、指导原则和预期成果

目标	指导原则	预期成果
 支持可持续的文化治理制度	各国拥有在其境内采取和实施促进文化表现形式多样性政策的主权，这些政策基于知情、透明和参与式流程的治理制度；	实施国家政策措施，有效促进多样化文化产品和服务的创作、生产、分销和享有，以促进知情、透明和参与式文化治理制度的形成
 实现文化产品和服务的平衡流动，提高艺术家和文化专业人员的流动性	平等享有文化产品和服务，确保文化产品和服务流动的开放性与平衡，及艺术家和文化专业人员的自由流动	在个人、机构和产业层面上实行优惠待遇，以促进文化产品和服务的平衡流动，以及全球艺术家和文化专业人员的流动
 将文化纳入可持续发展框架	承认可持续发展经济和文化发展的互补性	可持续发展政策和国际援助计划中包含文化内容
 促进人权和基本自由	尊重人权和基本言论、信息和沟通的自由，这是创作、分销和享有多样化文化表现形式的前提	实施与国际和国家人权和基本自由相关的法律，促进艺术自由与艺术家的社会、经济权利

表 0.2

公约目标与 2005 年公约监测核心领域

目标	核心领域
1　支持可持续的文化治理制度	文化政策 公共服务媒体 数字环境 与民间社会合作
2　实现文化产品和服务的平衡流动，提高艺术家和文化专业人员的流动性	艺术家和文化专业人员的流动 文化产品和服务的流动 条约和协定
3　将文化纳入可持续发展框架	国家可持续发展政策和计划 国际可持续发展计划
4　促进人权和基本自由	性别平等 艺术自由

表 0.3

2005 年公约指标框架

目标1·支持可持续的文化治理制度		
监测领域	基本指标	验证手段（待收集数据）
文化政策	1）建立；2）评估；3）实施支持创作、生产、分销和享有多样化文化产品和服务的国家文化政策	• 存在国家文化政策／战略框架／行动计划（分配有预算） • 支持创作、生产、分销和享有多样化文化产品和服务的国家政策或部门政策证据 • 修改现有文化政策或部门策略来实现履约目的的证据 • 创建新的文化政策或部门策略来实现履约目的的证据 • 特定政策措施的影响评估报告
	多个政府机构参与促进创作、生产、分销和享有多样化文化产品和服务的政策的制定过程	• 存在文化部或享有部委地位的文化秘书处 • 存在作为国家主要立法机关的"文化委员会"（如议会） • 存在跨部委合作机制 • 存在将对价值链的一个或多个环节产生直接影响的现有政策或其他领域的政策的变更
	缔约方积极支持知情政策的制定过程	• 建立研究部门来编制用于政策制定目的的数据信息 • 存在监测、评估和审查文化政策的机制和程序 • 基于研究结果制定政策的证据
公共服务媒体（PSM）	1）建立；2）评估；3）实施支持媒体自由和多样性的法律基础	• 支持各种媒体（无论其采用何种技术传输形式）的信息自由法证据 • 印刷、广播和网络媒体自由及使用互联网的人员比例证据 • 大多数人群可用的多样化媒体来源证据 • 存在管制视听媒体的独立机构（授予广播许可；监测竞争规则；惩罚不履行义务的主体；提供相关领域的咨询或政策法规） • 民间社会与文化专业人员通过公共服务媒体积极促进媒体的多样性
	1）从法律上界定；2）确保公共服务媒体目标	• 法律中明确界定 PSM 的公共服务范围 • PSM 将获得编辑独立性保障及免受任意干预的资金安排 • PSM 拥有充足的技术资源 • PSM 通过其管理机构进行公开问责
	1）建立；2）评估；3）实施满足不同社会群体需求的公共服务媒体政策和措施	• 媒体使用体现语言多样性的多种语言 • 公共服务媒体代表整个政治、社会和文化领域的意见 • 女性和边缘化人群可获得媒体信息 • 为特定人群创建社区媒体，如原有居住者

目标1·支持可持续的文化治理制度			
监测领域	基本指标	验证手段（待收集数据）
数字环境	1）建立；2）评估；3）实施全民享有互联网的法律基础	• 全民享有互联网的相关法律证据 • 全民享有移动互联网连接（按照性别、年龄和收入水平划分）及社交网络的证据 • 全民享有互联网的相关法律影响评估报告
	1）建立；2）评估；3）实施鼓励数字环境下数字创造力及促进民间社会参与度的政策措施	• 支持数字艺术、电子艺术和实验孵化中心、艺术家培训的政策措施 • 促进电子内容（付费和免费，国际和当地）生产和消费的措施 • 鼓励民间社会通过数字媒体参与的措施 • 鼓励数字创造力及促进民间社会参与数字环境的措施影响评估报告
	1）建立；2）评估；3）实施支持有活力和多样化的数字文化产业市场的政策措施	• 支持文化产业现代化的政策措施（如，技术基础设施与数字影院/电影摄制培训、电子出版/创作） • 按照文化产业划分（如，音乐、出版、电影等）的参与市场的电子主体数量，及消费者数字文化水平（按照性别、年龄和收入水平划分） • 按照文化产业划分的中小企业数字收入比例（如，当地企业类似众筹等投资机制） • 支持有活力和多样化的数字文化产业市场的政策影响评估报告
与民间社会合作	1）建立支持民间社会的立法和财政基础；2）其覆盖各种民间社会组织	• 支持为民间社会创造有利环境的相关法律证据 • 支持民间社会的法律影响评估 • 民间社会组织从国家获得财政支持，拥有计划和项目来支持其成员
	民间社会参与促进创作、生产、分销和享有多样化文化产品和服务的政策设计及实施	• 为民间社会参与国家和当地文化政策设计及实施建立多种机制（如，听证会、工作组、调查问卷等） • 民间社会在广泛文化领域积极参与及采纳文化政策的证据 • 民间社会收集和分析知情、透明政策制定所需的信息和数据，并将其提供给政策制定者 • 文化多样性国家联盟及其他CSO"文化监督"部门编制评估公约相关政策的定期报告的证据
	民间社会在国家和国际层面积极参与批准和促进公约	• 建立文化多样性国家联盟（NCCD）及其他CSO"文化监督"部门 • 民间社会通过计划、项目和活动来提高国家和地方层面对公约的认识 • 民间社会为缔约方四年一次定期报告提供信息输入 • 来自不同文化领域的民间社会组织向公约管理机构提交信息文件 • 来自不同文化领域的民间社会组织参与公约管理机构的讨论

目标 2 · 实现文化产品和服务的平衡流动，提高艺术家和文化专业人员的流动性		
监测领域	基本指标	验证手段（待收集数据）
艺术家和文化专业人员的流动	1）建立；2）评估；3）实施确保侨民和外国人出入境自由的法律基础	• 确保出入境自由的相关法律证据（如，外国侨民的出入境自由） • 限制出入境自由的相关法律证据 • 确保出入境自由的相关法律影响评估报告 • 限制出入境自由的相关法律影响评估报告
	1）建立；2）评估；3）实施支持发展中国家艺术家和文化专业人员流动的政策措施	• 支持艺术家和文化专业人员流入和流出的法律框架证据（如，文化协定、谅解备忘录、简化签证程序） • 处理流动性及与加强文化创意产业相关的政策和计划证据（如，在文化与发展项目背景下开展的计划；为文化专业人员提供市场准入的举措） • 流动资助计划和/或融资机制证据（如，奖学金、出差或研究经费、降低交易成本等） • 支持跨国文化合作、合资企业、网络及合作伙伴关系的制度框架证据（如，外国侨民艺术派驻，为外国侨民文化专业人员提供的培训/教育机会）
	促进发展中国家艺术家和文化专业人员流动的非政府举措	• 针对外国侨民艺术家和文化专业人员的资助计划和/或制度机制（如，艺术派驻、补助金、奖学金、培训计划） • 为流入和流出艺术家和文化专业人员提供实践指导的资源中心和信息服务
文化产品和服务的流动	1）建立；2）评估；3）实施促进文化产品和服务流动的法律基础	• 确保文化产品和服务平衡流动的相关法律证据 • 确保文化产品和服务平衡流动的相关法律影响评估报告
	1）建立；2）评估；3）实施支持文化产品国际流动的政策措施	• 文化产品进出口策略（如，财政投资、能力建设、财税措施、信息服务） • 促进北–南–南合作的计划（如，联合经销协议、支持参与文化相关贸易活动） • 文化产品国际贸易流动数据（如，进出口统计数据、原产国和目的地） • 文化产品国内外消费数据
	1）建立；2）评估；3）实施支持文化服务国际流动的政策措施	• 文化服务进出口策略（如，财政投资、能力建设、财税措施、信息服务） • 促进北–南–南合作的计划（如，能力建设、节日、网络、指导国外投资文化活动） • 文化服务国际贸易流动数据（如，进出口统计数据、原产国和目的地） • 文化服务外国直接投资和外国子公司贸易数据 • 文化服务国内外生产和消费投资数据

目标 2 · 实现文化产品和服务的平衡流动,提高艺术家和文化专业人员的流动性

监测领域	基本指标	验证手段(待收集数据)
条约和协定	缔约方在其他国际和区域场合倡导公约目标和原则	• 缔约方干预国际或区域部长级会议/活动,以倡导公约目标和原则的证据 • 缔约方提倡将文化纳入国际和区域发展议程中的证据 • 缔约方与非公约缔约方展开对话,鼓励其批准公约的证据
	1)国际和区域条约和协定提及公约; 2)对国际和区域条约和协定进行评估	• 在多边、区域和双边文化协定中明确提及公约 • 在多边、区域和双边贸易协定中明确提及公约 • 在其他国际和区域协定中明确提及公约(如,联合国可持续发展目标、欧盟单一数字市场)
	1)建立;2)评估实施提及公约的国际和区域条约和协定的政策措施	• 实施明确提及公约的多边、区域和双边文化协定中文化产品和服务相关条款的措施 • 实施明确提及公约或其目标和原则的多边、区域和双边贸易协定中文化产品和服务相关条款的措施 • 实施明确提及公约或其目标和原则的其他国际和区域协定中文化产品和服务相关条款的措施(如,联合国可持续发展目标、欧盟单一数字市场)

目标 3 · 将文化纳入可持续发展框架		
监测领域	基本指标	验证手段（待收集数据）
将文化纳入国家可持续发展政策和计划	1）建立；2）评估；3）实施包含文化的国家可持续发展政策和计划	• 短、长期国家增长与发展政策和计划包含文化内容，承认其潜在的经济、社会和环境效益 • 建立不同部门相关主管当局与各级政府之间的协调机制 • 包含文化方面的国家可持续发展政策和计划影响评估报告
	1）建立；2）评估；3）实施支持区域文化资源分配公平的政策措施	• 包含文化方面的区域和 / 或农村发展计划 • 针对不利区域和 / 或农村地区文化设施（如，电影院）、基础设施（如，互联网接入）和当地文化企业（如，出版社）的财政支持机制 • 支持文化产业主导的区域和 / 或农村复兴项目（如，创造就业和投资机会、促进社会融合与环境可持续性） • 为独立艺术家和文化专业人员提供基础设施机制支持（文化中心，为独立专业人员提供空间、资源和设备的集群） • 支持区域文化资源分配公平的政策措施影响评估报告
	1）建立；2）评估；3）实施支持社区弱势群体公平享有文化资源的政策措施	• 促进弱势群体充分享有参与艺术和文化生活权利的计划 • 为具有艺术和社会价值的社区项目提供支持 • 开展调研，评估个人参与文化活动的情况或未参与的原因，及其对文化活动种类和质量的满意程度 • 支持弱势群体公平享有文化资源的政策措施影响评估报告
加强文化创意产业的国际可持续发展计划	1）建立；2）评估；3）实施包含文化的国际可持续发展计划	• 在国际可持续发展计划中有促进文化的战略的证据 • 国际可持续发展战略和计划影响评估报告
	1）建立；2）评估；3）实施旨在加强发展中国家文化创意产业人力和制度能力的技术援助计划	• 促进文化创意产业政策制定与实施、中小微型企业发展（如，使用技术、通过技能培养来提高创业和经营能力）、文化产业专业人员交流信息与构建专业网络的国际技术援助计划证据 • 技术援助计划影响评估报告
	1）建立；2）评估；3）实施支持发展中国家创造力的财政援助	• 将文化纳入捐助国官方发展援助计划和战略（如，ODA 文化比重、目标国家数量、捐助国人均文化总支出） • 对文化多样性国际基金的年度捐资 • 提供低息贷款、补助金和其他融资机制 • 支持发展中国家创造力的财政援助影响评估报告

目标 4·促进人权和基本自由

监测领域	基本指标	验证手段（待收集数据）
性别平等	存在确保文化领域性别平等的法律框架	• 批准相关具有约束力的国际文书，支持与女性一般基本人权和文化权利相关的世界宣言和建议 • 特别承认和支持女性文化权利，包括其创造性表达权的法律（和/或法律修正案） • 促进一般及文化领域性别平等的法律（如议会）论坛
	存在承认和支持女性作为文化产品和服务创作者和生产者的政策措施	• 特别承认和强调女性通过创造力和艺术活动享有、参与和促进文化生活的权利的政策 • 提升女性在文化相关部委/国家机构、公共文化机构/组织及文化产业决策职务中的代表性的措施 • 改善女性机会的机制（包括但不限于提供资金），承认其对文化生活的贡献，支持其成为创意产业专业人员和/或文化企业家 • 通过预算分配和其他可用手段，提供资金支持和促进女性成为文化产品和服务的创作者和生产者
	存在承认和促进女性享有文化活动、产品和服务，参与文化生活的政策措施	• 特别承认和强调女性通过参与文化活动，使用文化产品和服务，成为艺术赞助人，享有、参与和促进文化生活的权利的政策 • 鼓励和改善女性享有文化活动、产品和服务的措施 • 培养和增加女性参与并促进各种文化活动的机制和预算
艺术自由	1）依法确保言论自由的法律基础；2）在实践中尊重这一原则	• 国家批准的，或相关内容和原则纳入国家法律的，影响言论自由的具有约束力的主要文书、通用建议和宣言证据 • 违反言论自由行为的证据
	1）建立；2）评估；3）实施支持和保护艺术自由的政策措施	• 承认和支持艺术家创作、传播和/或表演其艺术作品的权利的政策和策略证据 • 承认和支持所有市民公开和私下自由享有艺术作品、自由参与文化生活的权利的政策和策略证据 • 建立独立机构来接收投诉，监测违反艺术自由的行为（如，审查机构） • 政府支持透明融资/拨款/授予决策的证据（如，通过独立委员会和/独立机构） • 国家和 CSOs 采取的保护面临风险的艺术家的举措，如，提供安全住房、安全城市、指导和培训等
	1）建立；2）评估；3）实施承认和促进艺术家社会和经济权利的政策措施	• 考虑艺术家地位的社会保障措施证据（如，社会保障、医疗保险、退休津贴等） • 考虑艺术家地位的经济措施证据（如，就业、收入、税收框架） • 艺术家有权参与可代表和捍卫其成员利益的工会或专业组织

数据可用性问题

尽管文化统计领域的发展仍不完善，数据覆盖范围不够广且分散，但可用数据仍逐渐增加。此外，数据质量也在逐步提高。然而，如果要构建指标体系，缔约方需要承诺收集更多、更好的数据。这无疑是一项艰巨的任务。目前，指标体系的构建有三种主要的数据和信息来源。

- 缔约方自2012年起提交给公约秘书处四年一次的定期报告（QPRs）。[②] 截至2015年，大多数缔约方（140个缔约方中有75个缔约方）递交了其首份QPR。这提供了大量的数据和信息，在某种程度上可使我们分析当前国家和国际的形势，识别缔约方面临的关键性挑战及给出相关解决方案。

- 其他官方来源，包括联合国、OECD、欧盟和国家来源，国家经济核算数据，就业和贸易统计数据等。

- 非官方来源，包括学术研究结果、社会科学调查、民间社会组织的撰稿、企业或文化机构的研究结果，即缔约方定期报告信息以外的其他资源。[③]

[②] 四年一次定期报告可登录以下网站查看，www.unesco.org/culture/cultural-diversity/2005convention/en/programme/periodicreport/。

[③] 因为已经正式承认民间社会在履约和编制定期报告中的角色和责任，所以要使用民间信息来源和分析。这还包括民间社会的"影子报告"。

这一指标构建过程也可能借鉴履约计划和项目中得出的信息和相关经验教训，包括以下方面。

- 欧盟赞助的"加强发展中国家文化管理制度的专家基金"项目（2011~2014年），为13个国家提供技术援助，帮助其制定履约政策（UNESCO，2013a）；

- 文化多样性国际基金（IFCD）支持的、在43个发展中国家实施的78个运行项目（2010~2014年），旨在支持文化政策、创新和创造力，促进文化表现形式的多样性（UNESCO，2015a）；

- 在11个试点国家实施的"文化促进发展指标"（CDIS）计划（2011~2014年），旨在评估文化对发展的作用（UNESCO，2014a）；

- 2014年对UNESCO成员国和民间社会实施1980年《关于艺术家地位的建议》的情况开展的全球调研。此次调研旨在收集各国如何处理公约相关问题的信息，包括艺术表达自由、新技术或跨国流动，其将为本全球报告提供有用信息。相关调研结果可通过公约网站查询（UNESCO，2015b）；

- UNESCO内部监督办公室2014年发布的研究报告：《UNESCO文化部门标准制定工作评估（五）—2005年〈保护和促进文化表现形式多样性公约〉》，其首次评估了各国履约的情况（Balta，2014）。

然而，所有这些来源仍不足以完成以上提及的构建专门指标体系的任务。最后还是应采用更新数据矩阵用于描述性分析及测量目的。有必要持续、系统地收集每个指标数据，同时评估数据覆盖范围、周期性和质量。

可用数据与我们需要用于测量公约影响的信息之间仍存在很大差距。在编制框架和梳理数据时，我们识别了不可用或小规模可用的关键数据点，这些关键数据点对于测量影响十分重要。其中，艺术和文化部门的关键领域尤其需要数据，其中特别需要以下相关数据。

- 促进艺术表达自由、监测审查机构、评估投诉的独立组织或机构（例如，文化监察专员）；

- 针对独立艺术家和文化专业人员的社会保障措施（社会保障、退休计划、医疗保险、生育和残疾计划、税收、失业津贴）；

- 代表不同文化领域的注册工会和专业协会；

- 提供非艺术相关教学和培训课程（会计、税收、项目管理和预算编制、筹资、数字文化、编码和网页设计），以支持艺术家和文化专业人员的资源中心；

- （不同文化领域）学校、大学和职业学校艺术文化教育课程，为运营文化组织的管理人员或处理艺术文化相关问题的公务员提供的专业培训；

- 公共媒体多样性（内容、语言、弱势群体享有）；
- 为艺术家项目和艺术家流动提供公私资助和制度支持；
- 文化服务进出口数据（许多发展中国家不收集或提供充足数据）；
- 文化产品和服务贸易相关问题数据——税收、进出口限制等；
- 支持女性艺术家的措施，在文化领域工作及担任决策职务的女性的比例；
- 当地电子内容生产和消费；
- 不同文化领域公私赞助的文化活动、奖项和节日；
- 开发文化设施、基础设施（尤其是在欠发达地区），为当地生产者、独立艺术家和文化专业人员提供设施（文化集群）的公共资助和相关机制；
- 民间社会、企业、艺术家和文化专业人员参与政策制定的情况；
- 作为"文化监督"部门监测和评估文化政策及工作的民间社会组织；
- 文化活动参与情况，对文化活动的种类和质量的满意程度。

结论

公约在许多方面均有新的突破。就我们的目的而言，其推动了更综合的艺术和文化管理制度的构建。我们可以不同方式来表现公约成果：现有或拟议政策（考虑最佳实践和国际标准、覆盖整个价值链）；在特定文化领域工作的专业人员的数量；为不同受众（包括弱势群体）可获得的高品质作品提供的制度基础设施；或为艺术家和文化专业人员提供的教育和培训设施。

我们所急于强调的公约的全面性、创新的推力必须匹配有同等的全面性、创新性的监测体系。在此，我们提出了初步监测体系框架，但其需要经过时间的验证，并通过参与式、包容方法进行最终确定。我们很清楚，可能无法收集到相关数据来充分构建监测体系。然而，我们必须怀有这份希望，这一期望将帮助支持公约的所有人确保尽早获得监测所需的实证基础。只有到那时，公约才能在实现前景与透明度方面取得引人瞩目的成果。

> **全球的民间社会必须讨论市民对文化的预期。公约为我们提供了这么做的手段；我们不可错失良机。**

Rasmané Ouedraogo
布基纳法索文化多样性国家联盟主席

目标 1

支持可持续的文化治理制度

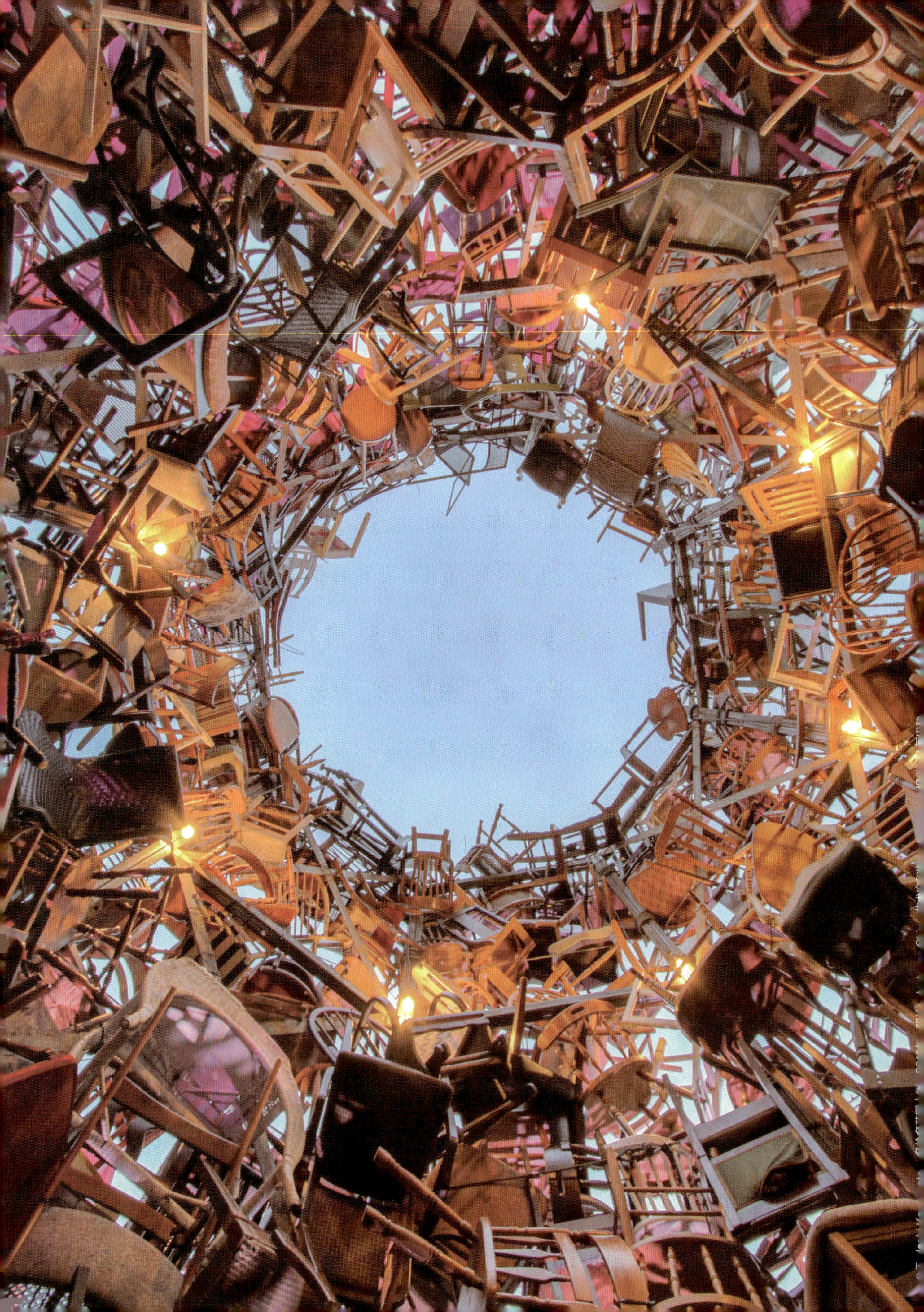

第一章

政策制定的新趋势

Nina Obuljen Koržinek[①]

关键信息

》 文化政策和措施越来越趋向于加强创作、生产、分销/传播和享有价值链。

》 公约的一个重要贡献是，拓展了对文化政策的认识，将那些超出了文化部门正常范围的措施和机制包括在内。

》 文化政策措施的报告程序正改善缔约方的现有沟通和信息系统。

》 需要在民间社会和公共部门官员之间形成参与式模式为政策监测和影响评估提供有力依据。

》 尽管大多数的报告缔约方在通过公约后改变了其文化政策，和/或创建了新措施和机制，但要实现公约的宏伟目标，仍需要取得更大进展。

① 克罗地亚萨格勒布发展与国际关系研究所（IRMO）研究员。

价值链

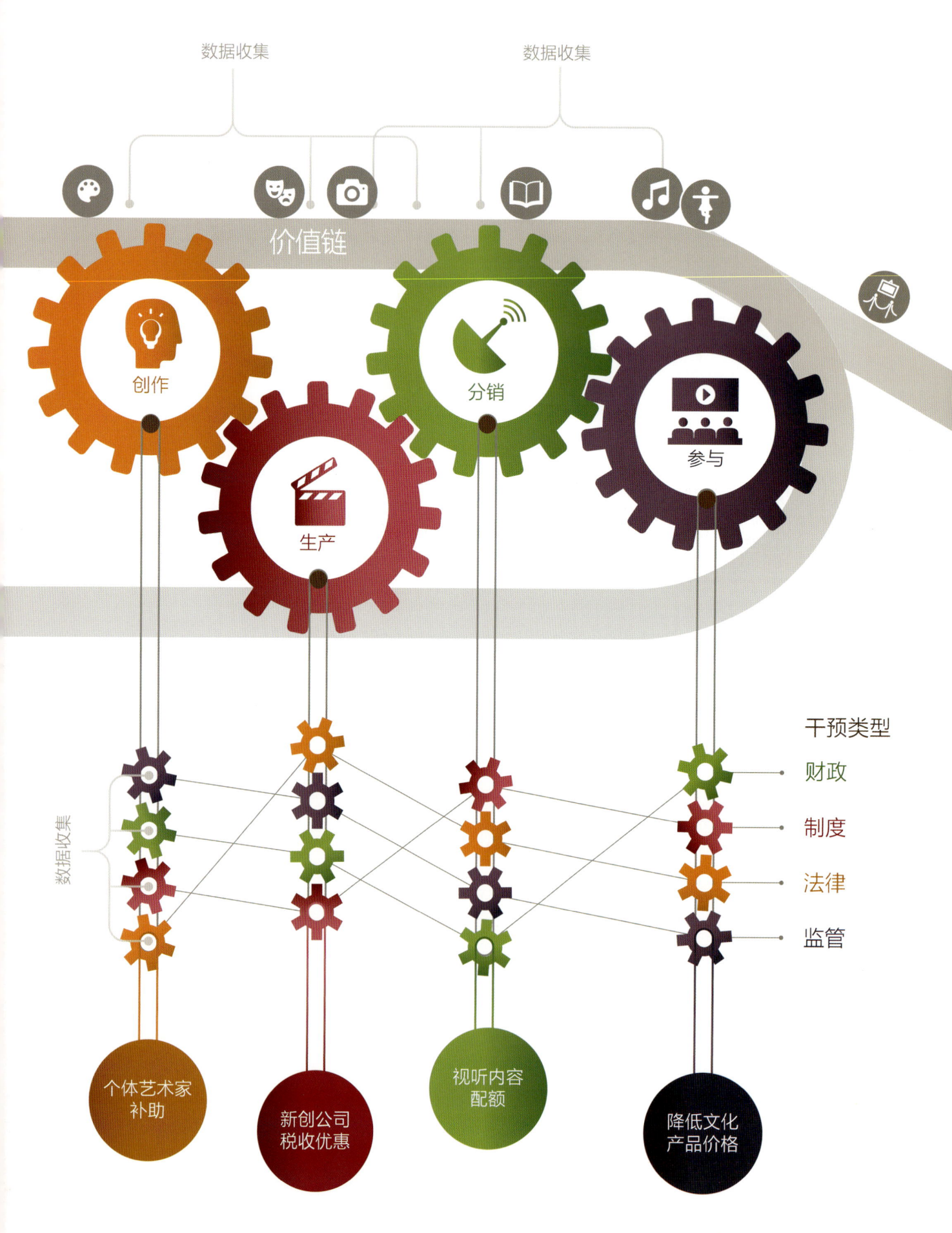

数据收集 数据收集

创作
生产
分销
参与

数据收集

干预类型
- 财政
- 制度
- 法律
- 监管

个体艺术家补助

新创公司税收优惠

视听内容配额

降低文化产品价格

目标 1 • 支持可持续的文化治理制度

《保护和促进文化表现形式多样性公约》(2005)赋予缔约方在其境内制定和实施保护和促进文化表现形式多样性的政策措施的权利。公约第5、6、7条明确规定，这些政策措施应旨在整合创作、生产、分销/传播和享有的价值链。[2] 因此，监测过程面临的一个关键问题是，这些政策措施的实施程度及其成果如何。此外，许多政策和机制必须具有多重性质，覆盖不同政府和社会部门。这使得缔约方在文化政策和措施方面面临极其复杂的挑战。因此，监测过程面临的第二大核心问题是，公约究竟在多大程度上促使各国采纳和实施了此类"联合"策略的任务。这些策略又是如何成功满足和解决（或者没有解决）全球不同背景下的文化表现形式创作者和生产者面临的需求和现实问题？

本章对这些问题仅给出了暂时性的答案，其中将分析第一阶段系统监测的进展结果。出于分析的目的，我们将基于缔约方2012～2014年提交给UNESCO的四年一次定期报告（QPRs）[3]中包含的信息，来分析缔约方如何实施了公约第5、6、7条规定。《创意经济报告2013》（专刊）与文化多样性国际基金（IFCD）赞助的成功项目的成果也将提供有用信息。

---

[2] 请参考《第7条操作指南》[促进文化表现形式的措施]。
[3] 四年一次定期报告请登录以下网站查看，http://en.unesco.org/creativity/monitoring-reporting/periodic-reports。

收集信息与监测趋势

公约第19条规定，"缔约方同意，就有关文化表现形式多样性以及对其保护和促进方面的先进经验的数据收集和统计，开展信息交流和共享专业知识"。然而，这些目标提倡起来容易，完成起来却难上加难。在公约出台十年后，相关监测框架和方法的制定工作仍处于初期阶段。考虑到不同国家对公约关键条款的理解和解释不一，且其不同的文化政策制定的传统也将对其履约产生影响，这一现状也在意料之中。不同国家在文化政策的详细程度上也存在很大差异（尤其是在产品和服务价值链方面）。为此，难以建立简单、一致的国际对比数据收集系统（Cliché，2006；Burri，2014）。

然而，尽管如此，QPRs可提供许多有用见解。这些报告证实，公约为第19条中构思的"信息交流、分析和传播"创建了真正的平台，有助于确保公约的有效实施。值得指出的是，此类信息交流和分析的目的不是判定各国的成败，也不是惩罚政策措施不足以实现公约目的的国家。实际上，报告旨在推动缔约方之间的积极沟通，以协助其改善整个价值链的监管体系和实践。

需要提请注意的是，缔约方也应学习以往比较政策分析活动及持续监测工具带来的证据（参见引言和"评估文化政策：回顾性思考"章节）。尽管在范围、重点和方法上存在许多分歧，但这些以往和当前的工作可为缔约方提供补充性信息，帮助其提高QPRs信息的质量和准确性。事实上，我们的分析结果表明，多个国家正在这么做。

> 公约为"信息交流、分析和传播"创建了真正的平台。

我们也可从其成功和失败中总结出经验教训。或许最重要的教训是，独立专家和研究人员与部委和艺术机构官员之间相互协作。事实上，此类协作是欧洲理事会与欧洲比较文化研究所实施的"欧洲文化政策与趋势纲要"项目的核心内容。[4] 为了确保QPRs为政策监测和影响评估提供充分的证据，有必要建立民间社会与公共部门官员之间的合作伙伴模式。

界定文化政策与措施的范围

重申"国家主权"是起草公约的主要目标。在启动公约谈判进程之前及期间，很明显保护或促进文化表现形式多样性的大量措施将与其他领域的国际规则和法规相冲突，尤其是与全球自由贸易相关的国际

---

[4] 参见www.cultural policies.net/web/index.php，纲要中收集了欧洲理事会48个成员国的文化政策信息，目前是唯一的文化政策问题报告与监测系统更新机制。基于欧洲纲要的经验和方法，国际艺术理事会及文化机构联合会（IFACCA）发起了世界文化政策项目，旨在采用类似方法编制和更新国际文化政策信息（参见www.worldcp.org/）。

规则。在为各国实施此类与自由贸易规则无关的措施提供法律基础时，公约的一个重要贡献是，帮助拓展了对文化政策的认识，并将文化部门正常范围以外的措施和机制包括在内。在许多情况下，文化部门往往缺乏处理"创作、生产、传播、销售和享有文化活动、产品与服务"（第4.6条）相关价值链所需的能力。换而言之，可能对价值链产生影响的任何领域的政策均应考虑为公约的关键原则。

公约第5、6、7条对具体政策措施做出了规定。大多数缔约方在其QPRs中使用了这一价值链框架。相关《操作指南》更详细地阐述了这些政策措施。其中包含针对不同文化价值链环节（从支持创作和生产的直接补贴，到旨在确保文化产品和服务供需平衡的配额）的法律法规及支持手段和措施。《操作指南》中同等提及了公共文化机构，非营利性、独立和私营机构与企业，其在确保文化表现形式多样性中发挥着各自作用。缔约方应采纳支持各国文化活动、产品和服务均衡交流的政策措施，如税收优惠进出口策略、政策和手段，鼓励针对经济弱势群体极化的准入策略，及促进弱势群体享有文化产品和服务的激励措施（Mißling和Scherer，2012）。

公约第6条明确承认了各缔约方的"特殊情况和需求"。针对公约的谈判过程中充分讨论了背景和方法的多样性问题，当前分析将证实这一条款的恰当性。各国报告的不同措施表明，"通用"原则在这一领域不适用。此外，公约精神的落实不应仅限于公约正文或《操作指南》中明确规定的措施。因此，缔约方可根据其需求，考虑采纳和报告其他政策措施。此外，值得指出的是，缔约方没有义务明确说明这些参考措施，缔约方具有很大的灵活性，因为相关监管框架和政策措施的选择将在很大程度上取决于各缔约方根据其自身文化环境所确立的工作重点、传统、需求和战略目标（Bernier，2012）。

图 1.1

各地区提交的 QPRs 比例（2012～2014年）

来源：QPRs。

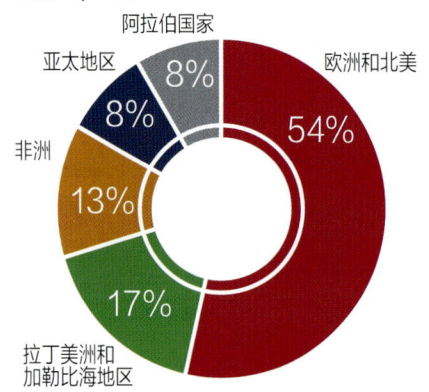

- 阿拉伯国家 8%
- 亚太地区 8%
- 非洲 13%
- 拉丁美洲和加勒比海地区 17%
- 欧洲和北美 54%

趋势评估

从分析中可得出哪些主要趋势？截至目前，51%[5]的缔约方（71个国家）递交了QPRs（图1.1）。其中，欧洲和北美提交的报告最多，其次是拉丁美洲和加勒比海地区；亚太地区、非洲和阿拉伯国家则有所落后。一些缔约方原本打算在第一报告期内提交报告，但以下原因导致其报告递交延迟：国家层面缺乏必要的专业知识；缺乏举行必要磋商的资源；缺乏将本国报告译成英语或法语的资源。可以这么说，已经充分制定文化政策及建立数据监测和收集方法的缔约方将更容易提供相关信息。[6]

> 51%[7]的缔约方（71个国家）递交了QPRs。

缔约方通过不同方法来回复与QPR流程相关的调查问卷。有50%的缔约方并未采用调查问卷模板，而是在该模板基础上编制了自己的报告。这样一来，便产生了大量的描述性而非分析性报告，其无法解答模板中包含的所有问题。许多报告并未列明具体的政策措施，而是对整体文化政策进行了概述，包括许多与价值链相关的长期支持机制的示例。有些国家使用了通过其他现有文化政策监测工具收集的信息和数据。

这种做法是值得提倡的，因为其有助于确保报告的准确性和质量。需要记住的一点是，缔约方需要阐述其如何履约，并给出少量的政策

---

⑤ 译者注：原文为61%，疑为笔误。

⑥ 为此，UNESCO秘书处设计了相关活动，且正积极寻找资源来协助缔约方。例如，瑞典国际发展合作署（SIDA）为组织国家磋商提供能力建设和技术援助，并为QPR提供数据，以便于未来文化政策制定。

⑦ 译者注：原文为61%，疑为笔误。

措施示例。措施的选择是随意的，例如，有些国家报告了长期但有效的政策措施，也有些国家仅强调公约通过以后实施的政策措施。QPR流程的其中一个目标是，构建监测公约影响的指标，因此，在未来的报告阶段，有必要实现更大的可比性，同时继续完善和简化报告框架，提供更详细的指南。

为此，有必要提及范围问题，以下将详细阐述这一问题。许多缔约方报告公约范围以外的文化政策领域，尤其是与保护和加强物质与非物质文化遗产相关的政策。为此，有必要提醒缔约方2005年公约与2003年《保护非物质文化遗产公约》之间的不同。值得指出的是，2013年和2014年递交的报告更多侧重艺术创作与文化创意产业，尽管仍有缔约方报告遗产政策的情况（另见Balta，2014）。

当前分析考虑了2005年公约中确定的不同干预类型，即法律、监管、制度和财政干预。在很多情况下，单独的文化政策措施可能属于多个类别，且可能涉及不同工作重点和/或价值链的多个环节。平均而言，QPRs中仅有32%的政策明确提及了政策影响监测。约44%的报告并未提及任何政策监测。整体来看，共报告了380项文化政策，其中仅有257项文化政策提及了采纳年份。

图1.2给出了2005年公约出台前后所采纳政策的分布情况。

图1.2
缔约方按照采纳年份报告的政策比例
来源：QPRs。

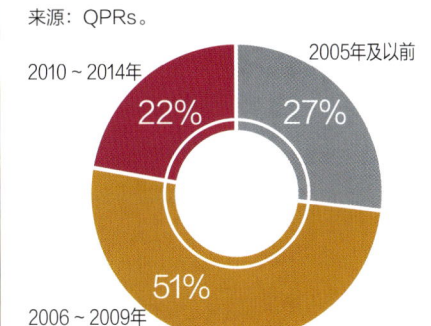

- 2005年及以前：27%
- 2006～2009年：51%
- 2010～2014年：22%

然而，需要提请注意的是，政府间委员会在其审议意见中指出，各国仍需要时间来制定、采纳和实施与公约条款相关的具体政策。这也是鼓励缔约方报告政策措施的原因，无论这些政策措施是否在2005年公约生效前就已被采纳。2005年公约要求相关的决定已经做出。在未来报告中，希望各国将重点更多放在当前政策制定和实施上，而不要过多关注2005年公约出台以前的情况。

QPR框架要求缔约方提供不同价值链阶段的政策措施信息。以下概述了最常见报告的类型。[8]

支持艺术家创作

培养创造力的政策措施（专栏1.1）包括为艺术家及其创作提供直接支持的政策措施。

- 为艺术家及其协会提供直接资金和/或财政支持；
- 关于艺术和文化的法律，包括艺术家地位相关法律；
- 年轻艺术家和/或女性艺术家培训及孵化计划；
- 支持艺术家流动，尤其是在区域或次区域层面；
- 支持更好地利用版权机制。

[8] 四年一次定期报告CE/12/6.IGC/4、CE/13/7.IGC/5和CE/14/8.IGC/7a的更多分析概述信息可登录以下网站查看：www.unesco.org/culture/cultural-diversity/2005convention/en/programme/periodicreport/。

专栏1.1 · *挪威政府的艺术家津贴与保障收入计划*

挪威艺术委员会实施这一艺术家津贴与保障收入计划的目的是，为具有创造性和表演性的艺术家提供积极追求其艺术事业的机会，帮助年轻艺术家成为知名艺术家。为年轻艺术家、知名艺术家及老艺术家提供各种不同津贴。为多年来做出杰出艺术贡献的职业艺术家提供保障性收入。除了工作津贴以外，还为艺术家提供出差、学习或艺术工作和发展相关材料等特殊津贴。这一计划目前正在修改当中。修改这一计划的目的是，建立一项制度，确保更多的艺术家可享受相关津贴。保障收入将逐渐被长期工作津贴所取代。2014年，挪威艺术委员会为挪威文化部门总共提供了1.4亿欧元的经费，其中3400万欧元用作艺术家政府津贴。

来源：www.kulturradet.no。

报告也包含为实现培养创造力的政策目标而提高职业技能的培训教育计划相关信息。此外，各国还报告了针对少数民族艺术家和文化工作者及残疾艺术家的特定支持措施；及旨在建立公私合作伙伴关系的计划。

> 许多缔约方报告公约范围以外的文化政策领域。

值得一提的是，UNESCO秘书处2014年对1980年《关于艺术家地位的建议》的实施情况开展了全球调研。相关调研信息将补充QPR调查问卷中"支持艺术创作"标题下的信息。UNESCO秘书处每隔四年需要监测1980年《关于艺术家地位的建议》的实施情况。2014年的全球调查关注该建议与公约之间的类似主题，尤其是以下四个领域：数字技术与互联网；跨国流动；艺术家的社会经济地位；言论自由。监测1980年建议的实施情况，[9] 建立这些重要成果与公约之间的关系，代表着激励缔约方重新思考其文化政策，并出台与当代艺术领域紧迫问题相关的新政策工具。

[9] 参见 en.unesco.org/creativity/monitoring-reporting/status-artist。

专栏 1.3 · 阿根廷文化产业市场（MICA）

MICA是阿根廷的主要文化产业市场。举办于2011年、2013年和2015年，MICA在国内和国际市场中推广本国的设计、音乐、表演艺术、视听艺术、出版和视频游戏。MICA将为生产者和国家机构提供促进文化产业的平台（文化产业为阿根廷创造了50多万个就业岗位，其GDP占比达到3%）。在文化产业市场中，不同公共机构与相关私营部门开展紧密合作。此外，MICA还为文化部门的生产者、企业和专业人员提供教育和培训机会。

来源：mica.cultura.gob.ar/。

专栏 1.2 · 丹麦支持国内电影业

在过去的二十年间，丹麦的电影业投资得到高度重视。丹麦支持国内电影业的战略焦点是，丹麦电影的国外分销和推广、国际联合制作及媒体素养。在过去的十五年间，丹麦电影在国内出售电影票总量中的比重在25%以上（丹麦市场每年有200多部电影）。丹麦电影在国内取得的成功在很大程度上影响了其在国外市场中的地位。约40%的丹麦电影在丹麦境外分销，且约30%的丹麦电影售票发生在国外。在加大力度与国际合作伙伴创作和联合制作高品质电影后，目前约有50%的丹麦电影是与国外合作伙伴拍摄的合拍片。

来源：kum.dk/servicemenu/english/policy-areas/creative-arts/film/。

支持文化产品和服务的生产与分销

QPRs中可找到许多旨在为生产和分销文化产品与服务创造有利环境的不同政策措施（专栏1.2）。

频繁报告的生产相关措施包括：

- 为生产国内文化内容提供直接资金，包括税收减免和/或其他激励措施；
- 支持创建和运行生产基础设施与实体，如文化产业公司或网络；
- 为提高生产能力和个人创业技能召开研讨会；
- 促进国内和国际市场准入制度，建立公私合作伙伴关系；
- 公私文化产业收入所得税计划，税收收入重新投资国内生产；
- 联合生产计划。

频繁报告的分销相关措施（专栏1.3）包括以下几个方面。

- 提高不同艺术领域或文化生产的分销和/或营销能力的地方或国家计划（及促进文化领域个人创业和人才培养的计划）；
- 制定地方分销机制，包括为艺术和文化传播创造物理性基础设施；
- 内容配额；
- 促进文化产品出口的措施；
- 媒体政策，包括促进公共服务媒体及其多样性；
- 支持或组织推广活动，如"集市"、"交易会"、"节日"或"年"；
- 支持打击盗版行为。

在许多国家，公私部门的利益相关方开始携手制订生产/分销计划（专栏1.4），创建特定行业的集群，以提高国内生产者的竞争力，并为在国家、区域和国际层面上分销其作品提供机会。

享有和参与

QPR框架规定，应处理多种不同的"目标群体"（艺术家/创作者、生产者/企业家、文化企业、年轻人、女性、少数民族群体和原有居住者）。从传统意义上构建了促进享有多样性文化表现形式的政策措施，其目标是促进人们参与文化生活，以提高其整体生活质量。频繁报告的干预措施包括：

- 提高文化和媒体"素质"；
- 促进少数民族群体、原有居住者、年轻人和女性享有和参与文化生活；
- 促进弱势群体、残疾人、老年人及农村人口的享有和参与；
- 加强文化教育；
- 通过降低或实施零增值税，及促进文化进口的其他措施，减少享有文化产品的价格障碍。

许多缔约方为特定人群发放优惠券以便其免费或以低价的方式享受艺术。许多缔约方竭力满足本地区和省市、语言社区、少数民族人群及原有居住者的特殊需求，强调公共广播服务在确保公平参与文化生活及享有文化表现形式中的作用（专栏1.5）。

监测政策措施的影响

监测流程中一个宏伟的目标是，收集促进不同价值链阶段文化表现形式多样性的文化政策措施的影响信息。截至目前，多个缔约方在其QPRs中提及了相关经验。

- 在对特定的青少年机构实施免票政策后，来监测访客数量（如，在奥地利，在推出相关措施后，目标人群增长了24%；"付费访客"量增长了20%）；
- 在实施在国外推广其产品的措施后，来测量文化企业的非国内营业额（如，在奥地利，在政府2005年推出"走向国际化"举措后，400家创意企业的非国内营业额出现增长）；
- 监测当地生产的内容数量，以评估文化产业支持措施的效果（如，在加拿大，在2010~2011年出台特定措施后，加拿大作家创作的电视节目、期刊和书籍，及加拿大艺术家分销的音乐专辑数量出现显著增加，符合加拿大整体政府框架的描述。在阿根廷，在2009年《音像传播服务法》出台后，区域渠道上播放的当地内容增长了28%）；
- 在推出特别技能培养计划后，监测学员的职业生涯和经济活动（如，在阿根廷，文化秘书处与劳动部实施的"文化产业技能培训计划"的许多受益人在其接受培训的行业中找到了工作）。

> 加大对政策措施影响的监测力度，需要持续地投资和能力建设。

专栏1.4 · *在科特迪瓦推广和培育出版、书籍和阅读*

科特迪瓦文化部2013年报告称，其制定了一项推广出版和阅读的政策框架。该框架主要包括以下内容：直接支持出版业的措施；创建全国公共图书馆和学校图书馆网络；促进电子图书出版；促进国际认可本国文学创作的措施。

来源：guce.gouv.ci/culture?lang=en_US。

专栏1.5 · *越南缩小内部文化差距的措施*

农村地区信息技术与通信开发项目（2011~2020年）旨在为基层现代、统一的信息技术-通信网络创建基础设施。该项目具有以下多重目的：缩小城乡信息差距；为农村人口快速、便利地获取和处理信息创造有利条件；确保从中央到基层的双向沟通，以便农村人口可获得信息且提出自己的意见建议，进而推动基层民主。主要项目活动包括广播电视服务，及为农村人口提供杂志和报纸。

来源：www.moj.gov.vn/vbpq/en/Lists/Vn%20bn%20php%20lut/View_Detail.aspx?ItemID=10739。

仅有少数国家的专门公共机构或私营专业组织系统收集不同价值链阶段的数据。一些国家通过特定反馈机制或具体定性分析，基于专门数据库来收集信息。考虑到许多国家的数据收集十分有限，加大政策措施影响监测力度将需要大量投资和能力建设。

公约促成的政策变更

公约实施在多大程度上影响了整体政策变更？现阶段仍难以回答这一问题。因此，在未来几年内，缔约方，尤其是将提交第二份报告的缔约方，应报告递交第一份报告之后的进展。我们的分析表明，许多国家（尤其是发达国家）认为其现有文化政策完全符合公约目标和原则。然而，在单个政策措施描述的基础上，几乎无法建立出台单个措施与履行公约条款工作之间的联系。在许多情况下，缺乏某一特定措施出台的时间信息，或者仅仅被视为无关信息（对于长期支持措施、手段等）。

在许多情况下，缔约方往往使用一般术语来描述某些政策措施，并通过具体示例来对其进行阐述（即，支持艺术创作，然后给出特定节日、流动计划、国际文化合作项目等示例）。

然而，多个缔约方报告了新文化政策文件和策略的采纳情况，其中一些文化政策和策略是在文化多样性国际基金的支持下制定的（专

© Frankfurt Book Fair, photo by Marc Jacquemin, 2015, Germany

" 我们的最大财富是人才，而我们的使命是为这些人才创造发展机会。我们将教育视为社会变革的引擎，其从广义上而言包括科学、技术、创业、创新、体育和文化。

在法治和透明度原则的基础上，我们推动公众享有公共资源；通过招标和竞赛等方式，为艺术家和文化管理人员实现其梦想创造机会，为其提供创作、职业化、文化交流、流动性及捐赠等补助。通过创建艺术和文化部门理事会，我们加强了文化运动，其中有19067位艺术家和88位议员参与编制了8份2014～2020年艺术与文化部门计划。这些工作路线图明确界定了安蒂奥基亚省的发展方向。这也是我们在麦德林开展的工作。

目前，安蒂奥基亚省的80个自治市均建立了教育园区，为集会和教育活动创造了空间，这些文化活动和会议将促进文化学习与实践。

Sergio Fajardo
哥伦比亚安蒂奥基亚省省长

栏1.6）。缔约方还报告了独立文化部的创建工作，并将这些发展与履约联系起来。

> 在单个政策措施描述的基础上，几乎无法建立出台单个措施与履行公约条款工作之间的联系。

奥地利报告了公约通过后采取了一系列措施，这些措施旨在补充现有文化政策手段，并将公约重点纳入政府文化政策计划。阿根廷报告了2010年和2011年实施的一项特定政策措施——"阿根廷文化多样性发展议程"，该措施旨在推广和传播公约意识。马拉维旅游与文化部编制了一份2013~2018年战略计划，其中考虑了公约中规定的国家义务。预期取得的一项关键成果是，通过促进马拉维文化，实现可持续的社会经济发展。

从宏观层面到地方层面

地方层面又发生了哪些变化？尽管公约条款在国家层面得到较好实施，但难以评估缔约方是否在其QPRs中充分提及了地方层面的发展，尽管大多数缔约方指出其政策在地方、区域、国家和国际等四个层面实施。缔约方提交的QPR中仅少数提及了地方层面采取的政策措施。例如，加拿大和德国报告了省级（加拿大）、联邦和地方层面（德国）实施的文化政策文件。一些国家报告了"创意城市"举措及创意城市网络的构建。考虑到国家文化体系的多样性（从集中式到分散化的政治和管理体系），收集和监测地方层面的政策制定信息是一项艰巨的任务。尽管如此，仍应鼓励缔约方促进地方层面的履约。联合国《创意经济报告2013》（专刊）中给出了与此相关的部分示例和结论，其中强调："尽管国家层面的政策干预十分重要，很明显知识创造的下一个前沿在于了解地方层面的相互作用、特殊性及政策，及如何在发展中国家的社区、城市和地区务实推广创意经济。"（UNESCO-UNDP, 2013）

专栏1.6 · IFCD支持文化政策

IFCD为开发波斯尼亚和黑塞哥维那电影业的行动计划提供支持，该行动计划中构思了促进电影业的政策措施。圣文森特和格林纳丁斯开展了一项文化政策改革项目，其旨在通过参与式进程进一步制定国家文化政策。肯尼亚则开展了一项关注基于权利的艺术和文化方法的项目，其旨在确保肯尼亚的文化政策与公约中有关文化权利的目标相一致，同时推动原有居住者参与肯尼亚的文化发展进程。

来源：www.unesco.org/new/en/culture/themes/cultural-diversity/cultural-expressions/international-fund/ 。

> 文化产品和服务价值链政策需要创造不同层面的协同效应，确保不同利益相关方之间的有效沟通与合作，包括公共、私营部门和民间组织。

但是，本报告也强调政策制定者在获取地方层面创意和文化活动可靠数据中面临的挑战，因为国家层面收集的文化流动、输入和产出数据无法提供充足的信息来帮助我们了解城市、地区和地方创意经济的发展情况。同时，本报告也强调，评估作为发展驱动力的地方创意领域需要采取有别于国家视角的分析视角。文化产品和服务价值链政策需要创造不同层面的协同效应，确保不同利益相关方之间的有效沟通与合作，包括公共、私营部门和民间组织。为了收集地方层面的发展信息，可能无法依靠现有的报告框架。建议开展这一领域的调查或调查问卷活动。

有必要采用联合国《创意经济报告》中提及的案例研究方法来获取地方层面的信息，联合国《创意经济报告》中强调了通过文化多样性国际基金（IFCD）赞助的项目。IFCD资助项目的一个关键成果是，改善地方和国家层面的管理和公共政策，因为IFCD将支持政策策略的制定、强化和实施。[⑩] 促进履约的创新项目示例包括：

[⑩] 投资与文化；越多样化越好：成功案例、事实、数字与实施结果。文化多样性国际基金，No.2（IFCD, 2013）。

第一章 · 政策制定的新趋势 39

- 通过培训支持，提高掌管文化创意部门的部委的管理能力；
- 文化主体能力建设，确保更好地实施政策；
- 绘图工作、制定统计数据和指标，以帮助改善政策规划和评估。

其他领域的政策措施

尽管如开篇所提及，公约范围实际上涉及多个领域，但这本定期报告框架并未要求缔约方提交其他领域的政策措施。因此，值得一提的是，多个缔约方报告了教育或艺术教育领域的政策措施。然而，考虑到缔约方报告政策措施的篇幅有限，且其可能十分耗时，因此希望缔约方提供传统文化政策领域以外的解释性示例是不现实的。然而，确实有许多缔约方报告了贸易和/或发展政策（参见第五、六、八章）。因此，缔约方有必要建立跨部委工作组，同时考虑在文化部委及其他部委任命公约联络点。只有更紧密的跨部委合作（专栏1.7）才可确保其他领域的政策措施与公约原则和目标保持一致，对其进行补充而非与其发生矛盾。

> 只有更紧密的跨部委合作才可确保其他领域的政策措施与公约原则和目标保持一致。

关键挑战

在分析过程中，有必要列出缔约方在其QPRs中明确提及的挑战，具体如下。

- 当许多国家面临金融危机和预算限制，或其对文化的财政支持制度脆弱不堪甚至不存在时，则很难期望缔约方能够出台新的策略、政策或措施；
- 很难实施，甚至很难预期价值链中的新技术带来的许多转变，尤其是监管框架相关的转变；
- 尽管公约要求缔约方出台相关政策措施来管制文化市场，促进多样化的文化产品和服务的交流，但许多国家尚没有形成文化市场，价值链大多在非正式经济中发挥作用；
- 在采纳和实施文化政策措施过程中，缔约方往往会面临本国境内资源分配不均的问题，包括城乡地区或本国不同地区；
- 为了推出更复杂的措施或处理来自其他部门的威胁，不同部委与政府机构有必要建立有效的合作，而这也是许多国家面临的一大重要挑战；
- 公私部门合作伙伴关系发展不充分；
- 用于影响评估和指标制定的数据仍十分有限。

基本指标和验证手段

尽管可以确定一些主要趋势，但与公约目标相关的文化政策措施过于多样化，目前仍无法确定关键指标用于比较评估。

尽管本全球报告确实给出了一些与公约相关的特定领域的指标（如，民间社会参与或优惠待遇），

专栏1.7 · 促进奥地利跨部委协调机制

奥地利报告了专为公约建立的特殊协调机制，其旨在确保跨机构合作及民间社会的参与。随着公约的生效，奥地利为文化政策讨论制定了新的视角和参考框架。例如，政策讨论（如，议会计划呼吁将公约纳入现有法律中）中越来越多地提及文化表现形式多样性及确保必要框架条件的重要性。文化的跨领域性质的意识逐渐提升，跨部委协调机制的建立正体现了这一点，其将在所有相关政策领域（如，跨部委工作组）或促进文化参与及教育部门艺术文化的措施（如，艺术文化互联计划）中详细阐述文化部门艺术家、专业人员和从业者的特定需求。这些发展得到了与公约相关的可靠协调机构（文化多样性顾问小组和工作组）的支持。

来源：http://en.unesco.org/creativity/。

整体文化政策领域的指标制定必须作为一项计划而非已实现的项目。这意味着，第一步需要界定一组基本指标，其中每个指标都分别指向与公约文化政策相关的目标，从而建立可持续的文化治理制度。

为此，作为反思的第一步，以下提出了一些基本指标及验收手段。这些指标和验证手段处理的是公约的指导原则，尤其是缔约方拥有制定、实施和采取促进文化表现形式多样性的措施和政策的主权；缔约方支持民间社会组织积极参与政策制定过程及政策实施；及缔约方采取综合政策制定方法来促进创作、生产、分销和享有多样性的文化表现形式。

本报告提出了以下指标和验证手段。

指标 1.1
1）建立；2）评估；3）实施支持创作、生产、分销和享有多样化文化产品和服务的国家文化政策

验证手段

- 存在国家文化政策/战略框架/行动计划（分配有预算）
- 支持创作、生产、分销和享有多样化文化产品和服务的国家政策或部门政策证据
- 修改现有文化政策或部门策略来实现履约目的的证据
- 创建新的文化政策或部门策略来实现履约目的的证据
- 特定政策措施的影响评估报告

指标 1.2
多个政府机构参与促进创作、生产、分销和享有多样化文化产品和服务的政策制定过程

验证手段

- 存在文化部或享有部委地位的文化秘书处
- 存在作为国家主要立法机关的"文化委员会"
- 存在跨部委合作机制
- 存在将对价值链的一个或多个环节产生直接影响的现有政策或其他领域的政策变更

指标 1.3
缔约方积极支持知情政策制定过程

验证手段

- 建立和运行研究部门来编制用于政策制定目的的数据信息
- 存在监测、评估和审查文化政策的机制和程序
- 基于研究结果制定政策的证据

未来，可为不同类型的政策措施（即，立法和财政政策措施等）及特定政策领域（图书政策、电影政策、媒体政策等）制定具体指标。尽管可以制定许多类似指标，但需要对监测框架做出进一步修改。

为了将拟议指标与特定政策措施及干预结果联系起来，必须以通过统计附录及各国提供的其他统计数据收集的信息来补充 QPRs 中的信息。

结论

有必要强调，本报告将不会对缔约方的国家文化政策体系进行评判、比较、排名或提出质疑。共享信息是本报告的主要目的，相关质量和结果将取决于其意愿和动力。公约为国际社会提供了改善全球文化管理的宏伟设计。公约的快速生效表明世界各国均致力于实现这一目标。

从文化政策角度来看，本项目侧重于整合文化产品和服务的价值链。我们的分析探究了如何实现这一目标，及在多大程度上按照跨领域的文化政策制定"联合"方法来追求这一目标。分析结果表明，虽然已经实现了一些进展，但仍不足以满足要求。许多国家报告了积极转变和发展，包括新政策框架的采纳。但是，这不仅需要维持，还需要加快实施步调，以便确保下一轮的监测过程报告可帮助我们进一步实现公约的宏伟目标。

正如本全球报告的其他章节所阐述的，这些目标包括：促使广大公众享有多样化的文化表现形式；优化文化产业对经济、社会发展的贡献；推动国际合作，促进文化产品和服务的平衡流动，及艺术家的流动；将文化表现形式多样性纳入可持续发展战略。本报告指出，除非这些措施满足以下要求，否则不可视为成功：满足人类需求；以言论自由、平等、开放、平衡和可持续性原则为基础；以知情、透明和参与式过程为基础。

> "
> 公约为国际社会提供了改善全球文化管理的宏伟设计。

基于本报告分析，我们提出了以下主要建议。

- 第一轮报告表明，有必要改善报告框架。事实上，缔约方大会（2015年6月）采纳的修改框架对整体文化政策愿景进行了详细描述，同时增加了一些具体的子问题。为了按照缔约方需求和预期调整报告框架，并为收集更具对比性的数据和信息奠定基础，缔约方和 UNESCO 秘书处应继续持续改善报告框架。

- 要想改善监测，就需要采用参与式的数据收集与四年一次定期报告的方法。这应涉及文化经营者、研究人员和民间社会主体，及来自不同部门和各级政府部门的官员。通过现有机构或观察站，采用其他监测工具收集信息，继续致力于完善文化统计方法，可以为推动国家文化政策制定、规划和评估提供依据。

- 鉴于其重要性，应加强国家联络点在提供援助和指导、促进区域和国际层面网络中发挥的作用。

- 有必要对复杂报告程序开展能力建设活动。

- 由于现有 QPR 框架仅要求提供政策措施的解释性示例，因此可考虑要求缔约方列出或记录价值链的所有政策措施，或至少要求缔约方提及《操作指南》中界定的每组政策的多项措施。选定的五种政策措施的详细描述则可保留。这些额外信息建议以附录形式给出，其将帮助制定以上提及的指标。

- 间接促进文化表现形式多样性、涵盖不同价值链环节的政策措施的报告也很重要，因为维护或加强现有机制与制定新的政策措施同等重要。为了进一步推进能力建设及推广公约目标和原则，应采用不同的平台来进一步推动良好实践的分享。这一点在地方和国际层面上均同等重要。

"

随着21世纪的到来,世界各国跨越语言障碍,通过文化而联系在一起。文化的内在价值与魅力可以平息社会冲突,缩小区域和代际鸿沟,提高生活质量。如果没有文化,世界将相互隔绝,我们的生活也将受到激烈竞争的影响。

文化是一项宝贵的社会资本,其影响着人类福祉,促使社会更具包容性,同时也是经济增长的引擎,因此其未来可继续发展成新的经济模式。通过利用个人的创造力及不同社会部门的创造性,文化可帮助提升新经济的价值。

韩国将文化繁荣作为其管理愿景的一大支柱,通过文化与世界各国和地区相连通,同时积极在国内促进文化内容产业的发展,力求扩大文化多样性。为此,韩国政府正支持"文化创意和融合带",其旨在为文化爱好者和创作者提供服务,推动文化内容规划、生产和表达及招商引资的良性循环。通过将其与文化内容产业联系起来,我们正在创建文化创意"开放生态系统"。"文化创意和融合带"是将创意与人才联系起来的一个网络,及将文化纳入产业当中的一个集群,因此将催生更复杂的文化形式。事实上,大量的艺术家开始发挥各自的想象力、创意及身份的多样性来创作内容。

韩国在每个月指定了一天作为"文化探索日",免费向市民开放全国的公共文化设施。我们也正在构建艺术家安全网络,旨在扩大艺术家的福利计划及对文化艺术组织的支持。仁川(手工艺)、首尔(设计)、全州(美食)、釜山(电影)及光州(媒体艺术)是UNESCO创意城市网络的成员,其将丰富全球的文化表现形式。此外,韩国正扩大其官方发展援助的文化内容,包括支持发展中国家文化部门的项目。

韩国将力求把文化作为可持续发展计划的不可或缺部分,在韩国甚至全球范围内推动文化内容产业与文化多样性的协调发展。我们还将创作出可供世界共享和体验的文化内容。

每个国家的文化都有其独特的价值和潜能。我将努力与世界共享韩国的文化潜力和希望。为此,我们将通过文化为人类带来福祉,帮助塑造幸福而美好的未来。

Park Geun-hye
韩国总统

第一章·政策制定的新趋势 43

© Martine Doyon – Les Chemins invisibles Spectacles Montréal, 2012年，加拿大

第二章

新声音：鼓励媒体多样性

Christine M. Merkel[①]

关键信息

» 无论采用何种手段和技术，作为高品质文化内容的生产者、专员、分销者、传播者和传递者，公共服务媒体是文化表现形式多样性的重要驱动力。

» 如果没有媒体自由，那么也不可能存在媒体多样性。为此，信息自由法及其有效实施十分重要。随着数字网络与网络平台的发展，促进出现巨大变更的媒体生态系统中的网络自由也变得同样重要。

» 媒体使用及更多选择中取得的巨大突破并不意味着，通过这些媒体可用的媒体内容就必然"更自由"，或者大量的平台本身就将保证内容和表现形式的多样性。

» 技术将为新的声音和人才提供新渠道，包括市民记者和业余电影制片人，他们正重新界定着新闻业的边界：这些均值得鼓励。

» 女性也在其列，但媒体内容或决策中的性别平等并未有所改善，女性仍或多或少被排除在外；因此，有必要采取措施来改变这一现状。

---

① UNESCO 德国委员会，世界文化、传播与记忆处处长，德国波恩

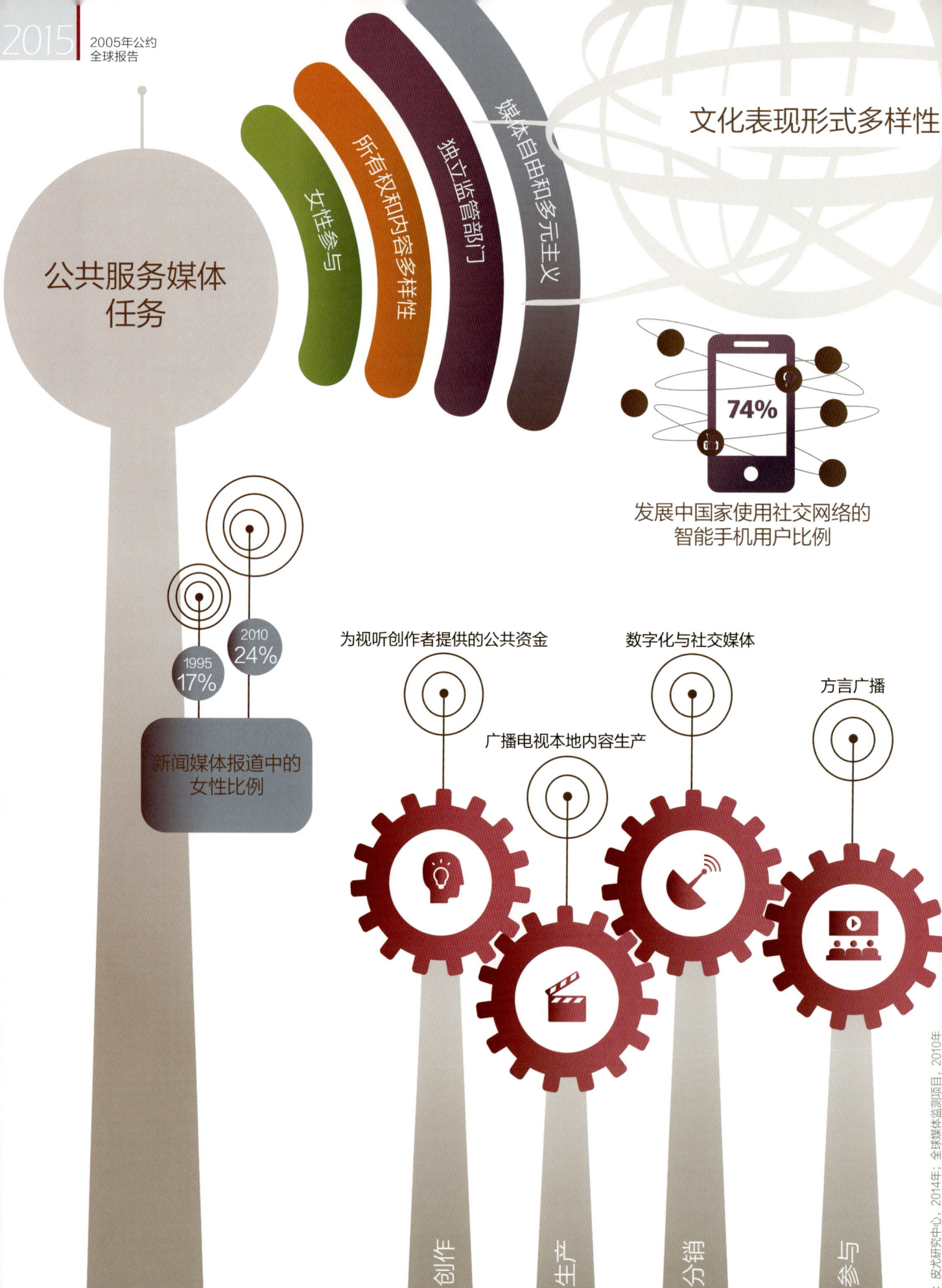

文化表现形式多样性

公共服务媒体任务
- 女性参与
- 所有权和内容多样性
- 独立监管部门
- 媒体自由和多元主义

74%
发展中国家使用社交网络的智能手机用户比例

新闻媒体报道中的女性比例
- 1995 17%
- 2010 24%

创作：为视听创作者提供的公共资金

生产：广播电视本地内容生产

分销：数字化与社交媒体

参与：方言广播

来源：皮尤研究中心，2014年；全球媒体监测项目，2010年
设计：plural | Katharina M. Reinhold, Severin Wucher

46

本章将按照《保护和促进文化表现形式多样性公约》(2005)的精神，评估媒体多样性的发展，证明需要更多关注履约中的这一问题，尤其是在公共服务媒体（PSM）层面。尽管第6.2条要求缔约方采取"旨在加强媒体多样性的措施，包括运用公共广播服务"，但该条款仅包含缔约方基于其具体情况和需求采取的政策措施清单（参见第一章）。此外，对于法律学者而言，"旨在加强媒体多样性的措施"代表着缔约方的"尽力而为义务而非严格义务"(Bernier, 2012)。然而，考虑到媒体多样性与文化表现形式多样性的相互依赖性，要想有效履行公约，就应将高品质媒体内容多样性的实现作为一项基本要求。事实上，近几年来世界各国视听媒体的迅速发展正为这一目标做出巨大贡献。

为此，本章将讨论公共服务媒体（包括公共广播服务）。本章将分析缔约方及其他利益相关方采取和报告的，支持创作、生产和分销高品质内容、处理数字化和媒体融合及涉及新主体（如，市民记者、博主及业余电影制片人）的政策措施。此外，将根据关键趋势（如，不断提高的互联网中介机构角色及媒体自由问题）来评估这些成果。在此基础上，将提出一组暂定指标来促进监测履约背景下的媒体多样性发展。为此，强烈建议更加重视公共服务媒体发展及未来履约中的媒体多样性。

西非的广播听众如何得知西非在2018年是否将批准公约？到2020年，媒体专业人员及公共服务媒体将如何调整其日常实践，以便更有效地、基于性别视角来促进文化表现形式的多样性？哪些最有效的政策创新可加强国家层面上的媒体多样性？

哪些现有实践的数据和信息可激励"未来三分之一"的缔约方报告在媒体多样性领域所采取的措施，包括公共服务媒体的利用。2012~2014年，在提交了首份四年一次定期报告（QPRs）[②]的缔约方中，有三分之一的缔约方报告了其在过去的3~5年内采取的独立媒体生产、地方视听内容、公共服务媒体及视听政策与监管措施相关的具体措施。

> 要想有效履行公约，就应将高品质媒体内容多样性的实现作为一项基本要求。

值得指出的是，世界各国的公共服务媒体领域出现了许多积极的进展。这代表着应对这一挑战的标准较高。地方政府与非政府组织（NGO）已经采取了一些措施。这无疑具有重大意义。

这一趋势也意味着当代社会对整合文化政策与媒体政策的意识不断提升，且以各种方式来加强媒体多样性的政治承诺也不断增加。

公约的核心是市场与国家、文化产业与文化政策之间的关系（von Schorlemer, 2012）。因此，作为政策模板，公约的实施需要各个领域的创新。

媒体多样性在快速变化的全球环境中的驱动作用

需要指出的是，媒体多样性条款在公约起草后期才加入其中。这是多个国际非政府组织与瑞士和欧盟（EU）政府专家联合工作的结果（Bernier, 2012）。很庆幸将媒体多样性纳入了公约，因为媒体多样性是实现更广泛目标的核心，如思想自由、信息和言论自由、推论自由、新闻自由及艺术自由（参见第十章）。

自公约2007年生效以来，全球媒体使用的显著增长扩大了多样化表现形式的潜力及媒体多样性的机会。近几年来，受到数字设备（媒体生产、分销和使用媒介）价格下跌及普及的驱动，视听媒体出现了巨大增长。2007~2012年，如UNESCO《世界言论自由和媒体发展趋势报告》所提及，"新媒体内容的多样性、互联网、数字化及网络搜索能力出现增长"（UNESCO, 2014c）。[③]

---

② 四年一次定期报告可登录以下网站查看，www.unesco.org/culture/cultural-diversity/2005convention/en/programme/periodicreport/。

③ 分析报告的更多详情请登录以下网站查看，www.unesco.org/new/en/communication-andinformation/resources/publications-and-communicationmaterials/publications/full-list/world-trends-in-freedomof-expression-and-media-development/。

另外一个积极趋势是，有90个国家通过了信息自由法，且有许多其他国家也正准备这么做。

然而，实际实施力度仍不足（图2.1）。以上报告仅表明了媒体多样性取得的整体成果，媒体自由仍面临各种新旧挑战，如网络审查、国家安全与反恐法部署。大量的平台本身并无法保证内容和表现形式的多样性。媒体使用及更多选择中取得的巨大突破并不意味着，通过这些媒体可用的媒体内容就必然"更自由"，因为世界大多数国家几乎不存在编辑独立性。全球大多数的国有广播实体，包括跨国实体及全球媒体，均未有效提供编辑的独立性。

媒体多样性的"性别维度"仍面临着固有或新的挑战。以上提及的UNESCO报告还指出，仅倾听世界一半人口的声音是无法把握好全局的，且将错失许多潜在的文化生产者和客户。全球媒体监测项目（GMMP，提供世界上最大和最长的纵向新闻媒体性别研究所）表明，在印刷媒体、广播和电视中倾听或报道的人群中，女性比例不足1/4（24%）。但这也较2005年增长了3个百分点，较1995年（17%）出现了显著增长。2013年，UNESCO发起了"全球性别与媒体联盟"（涉及80多家组织），以加大力度促进性别平等。在公约背景下，女性参与媒体活动的问题并未得到系统解决，其在QPRs中也报告较少（但文化多样性国际基金赞助的多项非政府组织项目中触及了这一问题）（参见第九章）。

谷歌、苹果、Facebook、Twitter、亚马逊、Netflix等私人互联网中介机构及其子公司（如，YouTube、WhatsApp及Vodafone的电信和互联网服务）不断提高的角色与主导地位正对媒体生态系统产生重要影响（图2.2）。

需要从国家权力和公共政策的角度来看待这些服务"协调网络沟通与促进各种形式的网络表达"的权利，因为这些服务往往跨越不同的管辖区。乐观主义者将这些服务视为"自由解放技术"，而批判主义者会认为这些服务未保护用户隐私权，且其将促使政府和私营部门进行不负责任的监督（UNESCO，2014h）。为此，有必要记住公约中明确提及的数字化与技术融合挑战。

> 在公约背景下，女性参与媒体活动的问题并未得到系统解决，其在QPRs中也报告较少。

技术中立原则与"借助各种方式和技术进行的艺术创造、生产、传播、销售和消费的多种方式"有关（第4.1条；参见第三章）。为此，按照未来（技术）手段和技术的开发来优先关注文化内容。当前，媒体融合在日常生活中越来越普遍。互联网内容进入电视荧屏。观看选择从电视机延伸到通过电脑、平板电脑及其他移动设备提供的视听媒体服务（图2.3）。人们往往使用第二屏幕来同步查看所观看内容的额外信息，通过社交网络与朋友或电视节目本身进行互动聊天。

垂直整合挑战要求提出新的公共政策与法规。随着大型媒体公司更多地控制价值链的多个环节，同时拥有广播电视台、报纸及互联网平台，经济和市场力量将趋于集

图2.1

媒体自我审查自由 *

来源：V-Dem，民主种类项目，2014。

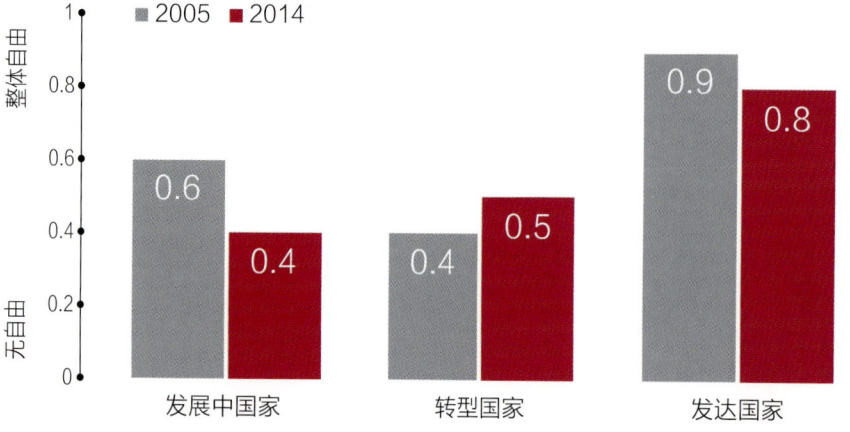

国家类型	2005	2014
发展中国家	0.6	0.4
转型国家	0.4	0.5
发达国家	0.9	0.8

* 在报道被政府认为政治敏感的问题时，记者是否有自我审查自由？（分值越高，表示自我审查越自由）

图 2.2

使用过社交网站的人口比例（2013～2014 年）

来源：皮尤研究中心，2013～2014。

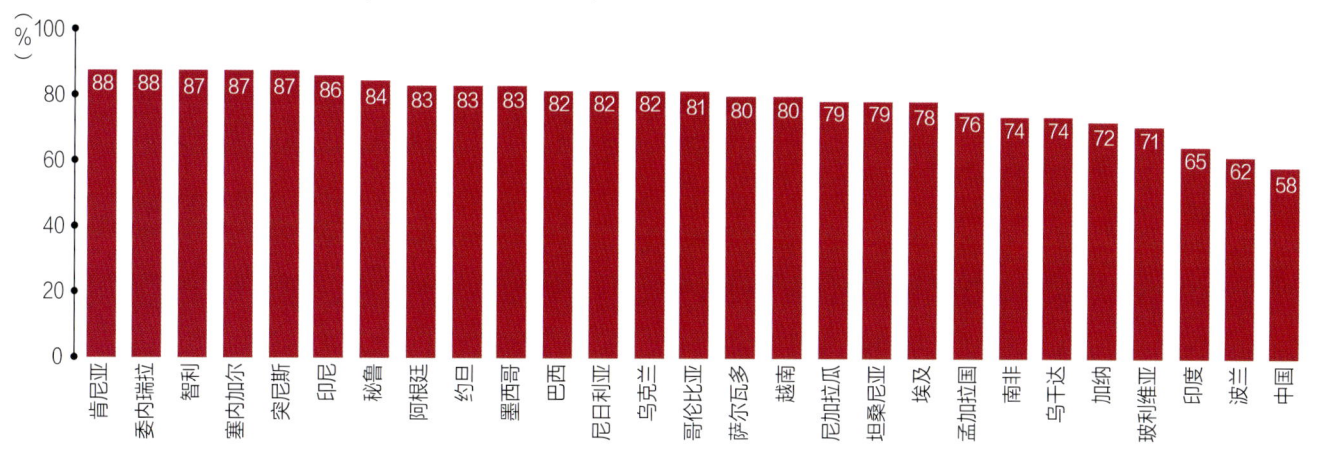

国家	%
肯尼亚	88
委内瑞拉	88
智利	87
塞内加尔	87
突尼斯	87
印尼	86
秘鲁	84
阿根廷	83
约旦	83
墨西哥	83
巴西	82
尼日利亚	82
乌克兰	82
哥伦比亚	81
萨尔瓦多	80
越南	80
尼加拉瓜	79
坦桑尼亚	79
埃及	78
孟加拉国	76
南非	74
乌干达	74
加纳	72
玻利维亚	71
印度	65
波兰	62
中国	58

图 2.3

用于观看电视的设备比例

来源：IPSOS 全球趋势，2014。

图例：电视机、笔记本电脑、台式电脑、平板电脑、智能手机

国家（横轴）：比利时、法国、德国、西班牙、阿根廷、南非、英国、澳大利亚、意大利、加拿大、巴西、瑞典、韩国、波兰、印度、中国

注：此项调查通过 Ipsos 在线样本库系统在 20 个国家开展：阿根廷、澳大利亚、比利时、巴西、加拿大、中国、法国、英国、德国、印度、意大利、日本、波兰、俄罗斯、南非、韩国、西班牙、瑞典、土耳其和美国。扩展数据库需要更多数据。

图 2.4

发展中国家、转型国家及发达国家中从某些来源获取日常新闻的平均人口比例（2010～2014 年）

来源：世界价值观调查，2010～2014。

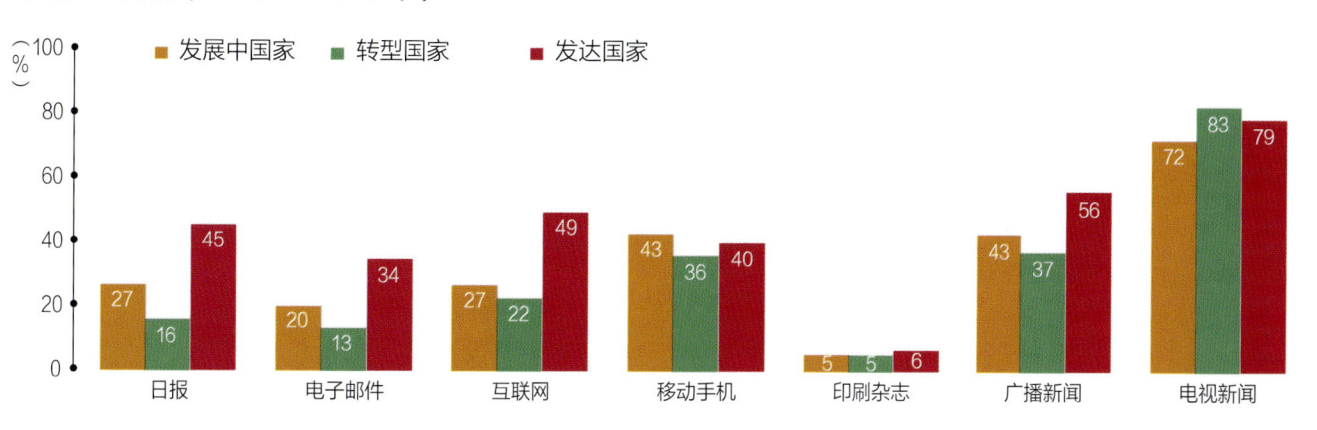

来源	发展中国家	转型国家	发达国家
日报	27	16	45
电子邮件	20	13	34
互联网	27	22	49
移动手机	43	36	40
印刷杂志	5	5	6
广播新闻	43	37	56
电视新闻	72	83	79

第二章·新声音：鼓励媒体多样性

中。例如，除了"必要"义务，确保网络中立性及"必立"条款也将是在融合媒体背景下促进所有权和内容多样性的一个关键要素，正如"UNESCO 媒体发展指标"（评估媒体发展的框架）中所指出，尤其是指标 2.7 和 3.4（UNESCO, 2010）。④ 欧盟为其 28 个成员国提供了各种政策方案，例如，要求网络供应商提供某些电视频道、数字广播服务及导航辅助服务，以便向公众提供有用内容。具体政策正在制定当中，且其对于履约至关重要。

然而，如 UNESCO《世界趋势》报告所证实，大多数地区的传统媒体机构仍是媒体和公众传播的主要议程制定者。

但是，传统媒体深陷于数字化革命当中，其命运与数字化革命息息相关。为此，这些媒体生态系统的未来发展路径对于未来的文化表现形式多样性至关重要。由于印刷媒体的影响受到地方语言内容不足与文盲等因素的阻碍，广播仍是多样化内容的最重要传播渠道（UNESCO, 2014c）。公共媒体联盟（全球公共广播公司协会）⑤ 的观察结果验证了这一趋势，即在许

---

④ 相关材料可登录以下网站获取，unesdoc.unesco.org/images/0016/001631/163102e.pdf, www.unesco.org/new/fileadmin/MULTIMEDIA/HQ/CI/ CI/pdf/IPDC/guidelines_mdi_final.pdf, www.unesco.org/ new/en/communication-and-information/resources/publications-and-communication-materials/publications/publications-by-series/assessments-based-on-unescosmedia-development-indicators/.

⑤ 参见 publicmediaalliance.org。

图 2.5

认为本国媒体免费的人口比例（2010～2014 年）

来源：盖洛普世界民意调查，2014。

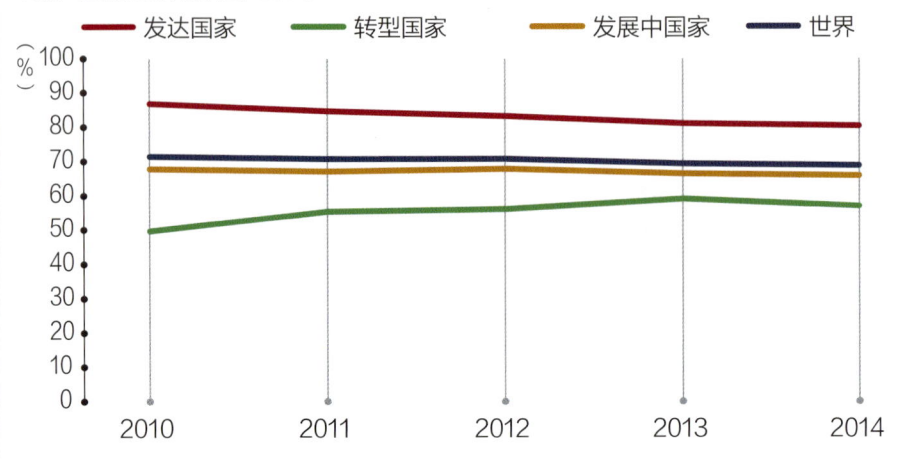

图 2.6

不知道本国媒体是否免费的人口比例（2010～2014 年）

来源：盖洛普世界民意调查，2014。

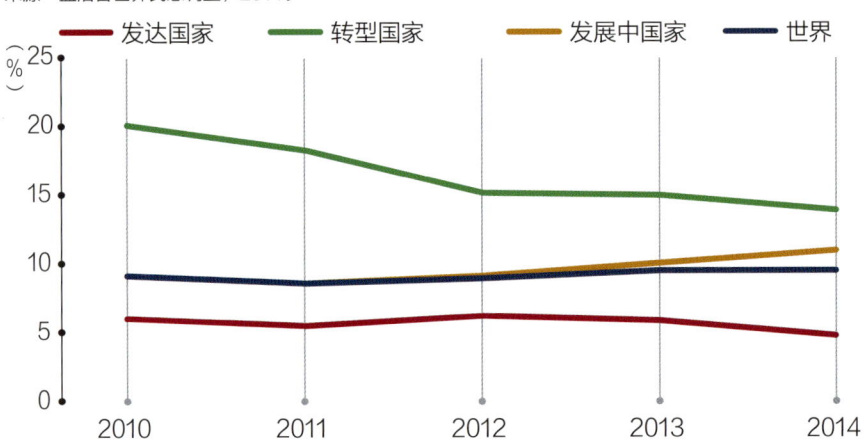

多地区，广播仍有很大的受众基础，当社交媒体扩大了受众群时，这便为生产和提供可靠公共媒体的内容奠定了坚实的基础（图 2.4）。

公约之所以优先考虑公共服务媒体，是因为这些公共政策决定着其范围、角色与主旨。此类系统的目的是，提供多样性的、具有代表性的内容，确保充分赞助公共服务媒体，同时享有充分的编辑独立性。在过去的六年间，人们对公共服务

媒体的组织和经济模式展开了持续争论。许多国家仍不存在公共广播服务（有别于政府控制的广播）的编辑独立性，这主要是因为缺乏充足的法律、监管框架，及政府部门放权不足（UNESCO, 2014c）。在公私结构下，支持独立公共广播服务与社区媒体（多元化媒体格局的要素）方面取得的进展普遍不足。

拉丁美洲和加勒比海地区、部分东南亚次区域及西欧和北美采取

了一些积极举措，其已经确立了独立的公共服务媒体。例如，新的伊比利亚—美洲卫星电视频道将于2015年底开始运营，其将作为2014年第24届伊比利亚美洲国家首脑会议确立的"拉丁美洲数字文化议程"的沟通教育载体和基础。非洲出现的最显著发展是，2007～2012年，移动电话的普及率增至原来的三倍，这大大增加了移动互联网用户的数量（互联网使用量翻两番）。纳米比亚的公共广播服务定位于广播节目组合，通过Facebook与其听众进行对话，同时积极借鉴加拿大、英国、澳大利亚及南非的公共服务媒体经验。这是少数非洲国家目前将国有广播公司转型为公共服务广播公司的一个示例。尽管所有非洲国家均在其宪法中规定了言论自由，政府对国有媒体的控制仍很强。此外，宗教团体所有的广播电视的使用量也显著增加。

然而，值得指出的是，有一半以上的世界人口居住在没有公共广播服务传统的地区。在近期，预计无法实现向公共服务媒体的有效转型。那么公共服务媒体的"杯子"到底是半满还是半空着呢？20世纪的公共广播服务系统在21世纪是否遇到了无形障碍？对于尚没有独立的公共媒体系统的国家和地区，有必要追踪记者与市民作家和创作者等新媒体主体新的、有趣的实践。即便完全缺乏积极的公共政策，数字和新媒体技术及多平台媒体策略也将为这一转型提供真实的、创新

在媒体中促进文化表现形式的创造性和多样性必须以鼓励新声音、新创意和新方法环境的公共政策为支撑。所有人都有权平等享有言论自由，因为想法交流与公共讨论有助于加强民主。这需要声音的多元化和多样性，而这意味着清除审查制度，同时包含边缘化群体。我们已在多种场合中提及，国家应建立明确、准确的监管框架，以促进视听媒体的多样性和多元化，同时承认和鼓励沟通的三大主要部门：商业、公共和社区媒体。垄断公司或寡头垄断公司密谋反对民主，减少声音的多样性及创意和信息的多元化。要想推进这些问题的解决，我们就必须了解媒体表现形式的多样性现状。由此，首份2005年UNESCO《保护和促进文化表现形式多样性公约》的监测报告也尤为重要。

Edison Lanza
美洲人权委员会（CIDH）言论自由特别报告员

机遇（图 2.5 和图 2.6）。

最佳博客奖提供了这方面的有益案例研究（专栏 2.1）。

新技术确实为新的声音和人才提供了新渠道，这其中也包括女性。目前正不断涌现多样性的新媒体主体，包括市民记者与业余电影制片人，他们正重新界定着新闻业边界，激励媒体专业人员逐渐成为内容的监护者与整合者，以确保质量和验证。新的、基层社区媒体项目往往由外部的非政府组织或基金会赞助，尽管其更多基于具体"问题"，而非出于发展和促进高品质多样性内容或在社会中构建公共空间的更广泛目的。如果将这些项目视为媒体生态系统（确保文化表现形式多样性，与专业媒体建立联系，进而赢得公众信任）的组成部分，则相关影响可能会更大。

确保记者和市民记者的人身安全很重要（图 2.7）。据 UNESCO 数据显示，2007～2012 年，有不到十分之一的谋杀记者案有结果（UNESCO，2014c）。同期，世界所有地区的记者死亡率均有所上升，中欧和东欧除外，其记者死亡数在 2008 年达到峰值后开始下降。

博主和网络记者包含在同期的 UNESCO 谋杀定罪数据中。在过去的十年间，2009 年报告的因政治动机而被谋杀的记者数最多。报告社会问题，包括集团犯罪或毒品买卖、人权违法或贪污的记者，以及在冲突地区报道新闻的记者尤其面临很大风险。2012 年，联合国通过了《关于记者安全和有罪不罚问题的行动计划》，以期为在冲突和非冲突条件下的记者和媒体工作者创造自由、安全的环境。自 2013 年起，尼泊尔、巴基斯坦、南苏丹和突尼斯等国实施了这一行动计划相关的项目。

专栏 2.1 · *最佳博客新声音*

最佳博客（2015 年为第 11 版）是独立的德国国际公共广播公司 Deutsche Welle（DW）发起的一项国际年度多语言竞赛。在当今的全球媒体格局下，许多人从电脑屏幕上观看他人的生活。为此，文化表现形式的多样性需要包含许多非正式的博客和渠道（由多方面的社会活动分子发起）。最初，最佳博客被视为是拥护在互联网上公开交流想法、言论自由和人权的博主、活动分子与记者的全球竞赛。这一竞赛采用 14 种语言：阿拉伯语、孟加拉语、汉语、英语、法语、德语、印度语、印度尼西亚语、波斯语、葡萄牙语、俄语、西班牙语、土耳其语和乌克兰语。在 2015 年竞赛中，共有 4800 名入围者。最佳博客走进博客社区 Mukto-Mona（意为"自由思想"）（孟加拉国的主要自由主义思想平台之一）、墨西哥的 Rancho Electrónico（网络隐私和安全工作）及 Zaytoun（"来自叙利亚/巴勒斯坦/西班牙的小难民"）。以往的获奖者来自中国、古巴、埃及、肯尼亚、突尼斯及美国。国际评审团宣布了多语言类别"社会变迁"、"隐私＆安全"及"艺术＆媒体"的三位获奖人名单。14 种特定语言类别下的"人民选择奖"通过开放的网络投票决定。评审团每年 5 月初将在柏林召开的媒体发布会上宣布获奖人名单，以庆祝世界新闻自由日（为期三天）。该项目的成功基于与各种重要媒体组织、非政府组织及跨大陆同行网络建立的合作伙伴关系。

来源：thebobs.com/english/。

图 2.7

记者免受骚扰（诽谤、被捕、监禁、被打及致死威胁）的自由（2005～2014 年）

来源：V-Dem，2014。

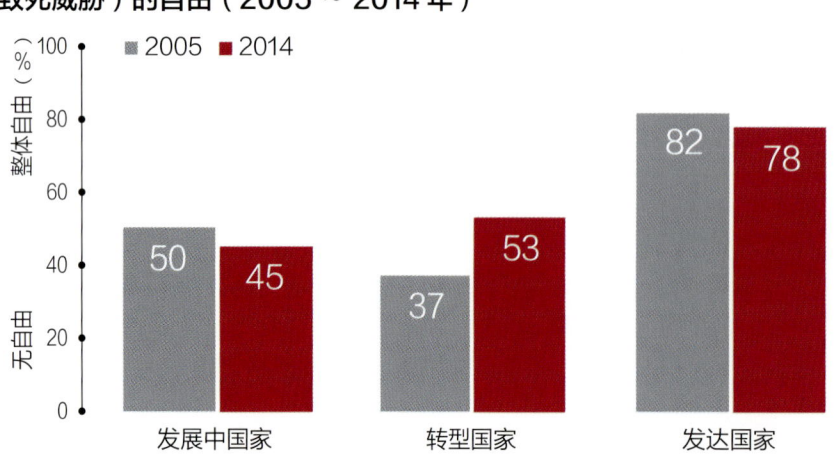

国家类型	2005	2014
发展中国家	50	45
转型国家	37	53
发达国家	82	78

（纵轴：整体自由 无自由，单位：%）

正如这个小调查表明的媒体发展趋势，缔约方在履约过程中面临基本自由领域、文化媒体领域及网络和互联网综合公共政策方法结果的挑战，包括文化产品和服务贸易的国际维度。

> 有一半以上的世界人口居住在没有公共广播服务传统的地区。

连接实施路线图上的各点

许多缔约方报告了媒体多样性领域的政策措施、监管措施、计划、直接支持方案及能力建设举措。这代表对社会（城乡、多数—少数民族群体）"文化"多样性的广泛认识，其中一些政策措施旨在尽可能为更多的市民（性别、特定生活状况、语言和利益群体、特殊年龄群体等）提供文化/视听产品和服务。有些政策措施明确关注文化内容，有些则旨在促进整个价值链的文化表现形式的多样性。

缔约方报告了响应数字化革命及媒体融合的一系列措施。这些措施包括满足基础设施需求（宽带）；更新现有监管体系以适应新的混合媒体格局；构建多平台；促进电影业100%的数字化；及利用数字红利，促使更多受众享用公共服务媒体，包括农村地区及特殊利益社区（专栏2.2）。

缔约方根据公约授权采取的监管措施与政策行动，及地方政府和非政府组织的创新举措表明，媒体多样性的重要性不仅在于为市民提供多样化的文化表现形式的相关信息，还在于扩大其选择。所有媒体，尤其是拥有编辑独立性的公共服务媒体，作为内容生产者、专员、分销者、监护者和文化传递者，也可作为这一多样性的重要驱动因素。事实上，文化内容是一项工作重点。为此，公共服务媒体既是所有社会更广泛的文化结构的一部分，也是公约的关键对象。应不断分析推动公共服务媒体成为实现公约目标的合作伙伴的前提条件。

核心目标仍是构建由创作、生产、传播、分销和享有组成的价值链。无论采用何种手段和技术，这些价值链要素均可作为后续分析的对象。

创作：投资人才，为新声音创造空间

缔约方报告了一系列旨在支持视听和电影业创意人才的措施，如，针对艺术家和独立视听创作者的直接支持计划和津贴计划，及创作地方内容的（再）投资义务。例如，奥地利艺术、教育与文化部和奥地利电影学院在2009年为年轻视听创作者创建了创新协作平台，其提供支持计划，在数字平台与剧院促进作品播放；为初级专业人员提供辅导和联网计划，帮助其拓展不同媒体服务的学习机会。通过引入新人才，为新声音创造

专栏2.2·缩小鸿沟：为阿根廷的儿童和青少年创作高品质的内容

由于国内缺乏可供儿童和青少年享有的内容，阿根廷政府在2010年通过了一项法律，要求电视台每天播放三小时的儿童内容，其中50%的内容必须由国内生产。与此同时，为了缩小不同社会经济背景的儿童之间的数字鸿沟，阿根廷政府开始为布宜诺斯艾利斯公立学校系统下的每位中小学学生提供"一台笔记本电脑"。这么做不仅仅是为儿童和青少年提供内容，还是为了促使布宜诺斯艾利斯成为生产西班牙语内容的全球中心。考虑到这一法律和政策将为儿童内容生产者带来的市场机遇，创意产业总局与布宜诺斯艾利斯市政府对该项目颇感兴趣，因为世界各地的儿童更多地通过手机、平板电脑及笔记本电脑等移动平台来消耗内容。2011年，市政府邀请UNESCO专家基金派遣小组帮助企业认识这些变化将如何对其产生影响，并了解全球市场发展状况。小组成功完成了这一任务，因为所有利益相关方均尝试关注应为青少年受众生产的内容，而非仅关注形式，这些形式随着技术的发展处在不断变化当中。小组还建议创建强有力的地方独立部门，为国内外生产内容，并提出了进入国际市场与初创企业和企业家主导的创意企业所需的（公共）支持类型的相关建议。这是地方政府为地方独立视听内容生产者提供内容开发机会，同时通过质量选择为儿童提供重要学习和发展路径的一项重要举措。此外，该举措还有望帮助平衡国际市场的不对称性，为全球媒体市场注入新的声音。

来源：www.unesco.org/new/en/unesco/events/all-events/?tx_browser_pi1[showUid]=9945&cHash=3d86a9bc96。

空间，该平台还有助于加强视听和媒体系统的多样性。

随着易得性的提高及新技术的增加，电影制作在年轻人中颇受欢迎。

这为各个年龄段的创作者和生产者，尤其是发展中国家的创作者和生产者创造了新的机遇。2005～2010年与2010～2013年，发展中国家剧情片与动画片的制作量分别出现了显著增长（图2.8）。为了响应年轻人对（业余）电影制作的热情，英国出台了一系列创新措施。其中，英国创立了两个青年电影基金，帮助5～19岁拥有不同背景和能力的年轻人开发其创造潜能，及解决19岁以上人群的人才培养问题，后者是电影业的潜在人才，尤其是这些当前不具代表性的人群。这些基金帮助4万多名年轻人拍摄了1000多部电影，创作了数百个媒体项目，包括杂志、电视广播、漫画和游戏。这一经历与拉丁美洲和加勒比海地区的社区电影运动相呼应，通过该项目，女性、原有居住者、非洲后裔与农民工等可创作纪录片、剧情片、电视内容，大大提高了社区的自信心和组织性。同样是在英国，PEARLS女性广播培训课程为广播节目制作人群提供培训机会。2013年4月至2014年7月，在IFCD的赞助下，印尼西比路岛发起了一项旨在建立社区主导的视听微产业的项目。在现有的跨文化媒体中心内，地方非政府组织与地方政府建立了一个培训平台，为来自原有居住者社区的150位年轻创意专业人员提供电影制作和企业管理培训机会，其中约有一半为女性。西比路岛年轻创作者制作的这些地方电影和AV产品将在省内及全国市场上推销。

生产：投资原创内容

由于世界大多数地区的专业媒体机构与公共媒体仍是公众传播的主要议程制定者，一些缔约方报告称在视听领域建立公共机构。加强非正式部门独立媒体生产者的措施示例包括：英国基于互联网的Radio Salaam Shalom 与 Mama Youth 制作公司。阿根廷、澳大利亚、巴西、加拿大、智利、中国、哥斯达黎加、欧盟（AVMS-指令）、韩国、马来西亚、新西兰、南非、英国和委内瑞拉都逐渐采用地方内容和独立广播电视国内生产配额。然而，近期，颇具影响力的加拿大智库提出，设定内容和支出配额的政策及所有权规则在互联网时代将不再可行。[6]

缔约方报告的措施（包括财政和税收激励）强调了使用的语言，指明了全国制作量的最低或最高配额及生产者的投资义务[7]，包括特定语言

---

[6] 加拿大广播公司CBC副总裁Bill Chambers提供的信息，2015年5月22日。

[7] 欧洲法院的2009年裁决（UTECA v. Administración General del Estado）与此密切相关，因为其援引了公约，指明公共文化媒体政策（规定了投资义务）促进相关国家语言多样性的合理性。

图2.8

2005年、2010年及2013年发达国家与发展中国家拍摄的剧情片、动画片或纪录片平均比例

来源：UNESCO统计研究所，专题片统计数据库，2015。

类别	发达国家 2005	发达国家 2010	发达国家 2013	发展中国家 2005	发展中国家 2010	发展中国家 2013
剧情片	97	71	76	3	29	24
动画片	100	95	60	0	5	40
纪录片	99	81	75	1	19	25

（国家语言/少数民族语言）的公众广播，及传播给世界各地的散居群体（如，亚美尼亚、中国、希腊、新西兰、葡萄牙、西班牙、瑞典）。专栏2.3中给出了毛利电视示例。

分销与传播：受众和使用

喀麦隆促进视听和现场表演协会（APPAS）创建了首个中非摄影和视听作品数据库。通过该项目，APPAS收集了数百个小时的电影和视听作品，并对其进行了数字化处理，以形成区域视听格局。该举措为独立创作者和广播员提供创新渠道，帮助其分销或获取高品质视听作品。该项目由UNESCO文化多样性国际基金（IFCD）赞助。中非影像数据库（BIMAC）中包含不同类别的400部电影和视听作品，以确保其校正、编目、存储和保存。作为以往、当前及未来的作品资源库，BIMAC就像是一个商业规模的社区电影库。作品征集对象是非洲和国际电视台、公私组织和行政机构、大学、青年俱乐部及各种专业和文化协会。这些作品可通过BIMAC销售和分销结构及在线方式直接获取。BIMAC通过专业网络和协会积极促进该项目。其目标是，提高对高品质电影的信心，并为高品质电影的创作创造条件。

除了对历史和当代AV材料（电影等）进行数字化处理，此类机构也举办公开竞赛来选择高品质虚构作品，以便为独立创作者和广播员创造广泛的区域媒体生态系统。一些缔约方处理了不具代表性但很重要的问题，如为儿童和青少年创作高品质视听内容，如专栏2.2所描述。

一些缔约方报告了公共服务设施不足的人群分布情况，如，居住在农村地区和/或偏远地区的人群，例如阿根廷（"开放数字电视"）、中国（"广播电视覆盖每一个村庄"）和英国（"农村电影院试点计划"）。

为了响应数字化挑战，荷兰正力求通过国家公私合营企业，实现电影分销与展示的100%数字化。事实上，为了确保未来的多样性，按照最优互联网、非歧视获取及传输所有视听内容的原则确保网络中立性的政策将至关重要（参照2014年3月12日欧洲议会有关为完全融合的视听世界做好准备的决议）。

多米尼加共和国文化部通过

> **专栏2.3 · *新西兰毛利电视台***
>
> 新西兰将毛利广播电视频道视为增加社区成员和非社区成员学习毛利语、获取毛利高品质文化内容机会的平台。其中特别关注儿童和青少年。在推出免费接收数字电视后，将提供更多语言的广播节目。听众可通过网络流媒体广泛听取毛利广播。2014年5月，新西兰统计局的数据表明，75%的毛利人将"观看自己的电视节目"作为其首要文化活动。然而，毛利广播资助机构的执行总裁提醒道，考虑到这种学习方法的单一性，观看电视节目仍不足以提高文化意识。毛利电视台依据2003年通过的《毛利电视服务法》创建，是一家法定公司。2014年，毛利电视台的范围和结构得到审查，且任命了新的执行总裁。这一过程伴随有对政治影响、编辑独立性和内部工作环境质量等问题的争论。修改后的电视台结构预计将响应受众的内容需求及采用不同的媒体设备。与此同时，电视台还宣布探索新的赞助和广告收入来源。
>
> 来源：www.radionz.co.nz/news/te-manu-korihi/。

蒙古艺术委员会创造了加强传播的机会（自2010年起，"电视节目艺术网络"）。2013~2014年，在IFCD的支持下，调研了14个拉丁美洲国家55个社区电影院的传播情况。调研结果表明，传播渠道十分多样化：网络、电影俱乐部、文化中心、教堂、工会、节日、展览、特殊活动、学校及其他教育场地、电子媒介、DVDs及网站。

> *按照最优互联网、非歧视获取及传输所有视听内容的原则确保网络中立性的政策将至关重要。*

受众获取：从听众和观众到活跃的产消者？

阿根廷国家文化平等计划的"开放数字电视"（TDA）是一揽子

第二章 · 新声音：鼓励媒体多样性

综合措施。其旨在采用积极的融合措施（电视与强化的音像相融合），拓展至农村地区的受众，促进当地文化发展和居民的远程学习，同时推动非政府组织、大学、合作社、社区中心和教堂等的积极参与。欧委会绿皮书（欧委会，2013）中描述的"社交电视"的前景可以培养更具互动性的观众，但前提是更积极地宣传媒体知识。就这一点来看，纳米比亚广播节目与社交媒体的结合十分相关。

跨越整个价值链

多个缔约方报告更新了其公共服务媒体的高品质范围，如瑞典（开展年度监测）、意大利（提出了保护和促进文化表现形式多样性的条款）、德国（满足社会的民主、社会和文化需求）。视听产业往往严重依赖政府资金的援助（Bernier, 2012）。例如，法国和巴西部门视听基金提供整个价值链的公共财政援助（在招标基础上）。作为交换，受益制作公司必须直接投资国内视听制作。在拉丁美洲国家，IBERMEDIA基金对电影业现代化产生了重要影响，且自2010年以来，正在创建一个伊比利亚-美洲音乐平台。

应对融合挑战需要制定综合的公共政策。例如，挪威2011年修改了其《媒体所有权法》，整合媒体市场和系统（线上和线下）的所有要素。在2013年欧委会绿皮书编写磋商会上，有236个公共利益相关方做出了回复，此外，2014年3月的欧洲议会决议提出了具有约束力的公约框架（欧委会，2013；欧洲议会，2014）。[8] 许多利益相关方还强调要有必要制定与媒体、文化和网络相关的综合政策，同时调整其监管框架以适应新的情况。具体法规条款目前正在磋商当中。

最后，从整个价值链来看，在媒体融合环境下，维持对原创（当地）文化内容的高水平投资仍是缔约方的一个关键政策重点。由于文化目标与市场规则之间存在冲突，加强媒体多样性将是一项艰巨却必要的任务，尤其是对商业广播和私人报纸出版商而言，只有在具有经济可行性的情况下，其才可促进公众传播及文化表现形式的多样性。成功的公共媒体政策将能够协调这些有时看似相互矛盾的需求。高品质的媒体内容将大大推动公约目标的实现，同时成为媒体部门和整个文化经济媒体多样性的驱动力。这明确表明有必要通过公约相关的知识交流与文化管理方面的技术援助来促进综合政策制定过程，以便能够适应不断变化的情况。

基本指标与验证手段

设计该领域的明确、用户友好型指标是一项有益的项目。有必要制定综合的国家公共服务媒体政策来充分推动多样性的文化表现形

[8] 236个利益相关方对2013年4～9月公共利益相关方磋商的回复概述可登录以下网站查看，ec.europa.eu/digital-agenda/news-redirect/17873。

式。此外，还需要构建文化多样性媒体生态综合路线图，以作为实现可持续的文化管理制度的一部分。可提出三大主要指标，其均关注公共服务媒体的角色。对于每一个指标均提出了一组验证要素。收集的数据来自"文化促进发展指标"（UNESCO, 2014a）与"媒体发展指标"（UNESCO, 2010），同时考虑了公约背景下媒体多样性的多方面性质。这些关键指标及其验证手段具体如下。

基本指标 2.1

1）建立；2）评估；3）实施支持媒体自由和多样性的法律基础

验证手段

- 支持各种媒体（无论其采用何种技术传输形式）的信息自由法证据
- 印刷、广播和网络媒体自由及使用互联网的人员比例证据
- 大多数人群可用的多样化媒体来源证据
- 存在管制视听媒体的独立机构（授予广播许可；监测竞争规则；惩罚不履行义务的主体；提供相关领域的咨询或政策法规）
- 民间社会与文化专业人员通过公共服务媒体积极促进媒体的多样性

基本指标2.2

1）从法律上界定；2）确保公共服务媒体目标

> 该首份2005年公约监测报告为强调媒体多元化与文化表现形式多样性之间的重要联系提供了机会。有必要建立起这些联系，扩大媒体机构的声音范围。他们是变革的主体。非洲媒体面临的多种挑战将限制多样性，其中最明显的挑战是财政、职业、伦理、政治及技术障碍。技术重新界定着大众传播概念及全球商务模式，但非洲的这一进程十分缓慢。非洲媒体倡议（AMI）目前与行业合作伙伴携手应对五大挑战：媒体所有权、资金获取、数字、伦理和内容开发。通过解决这些问题，我们可加强媒体在非洲当前社会、政治和经济转型中的作用。在实施2005年公约的过程中，我们可以认识到私人和独立媒体在更大的管理和发展议程中所扮演的重要角色。我相信，这将帮助开发可持续的非洲媒体机构，培养更完善的实践社区，鼓励媒体领袖在大转型背景下坚持提倡非洲可持续发展的价值观体系。
>
> **Eric Chinje**
> 非洲媒体倡议（AMI）首席执行官

© International Fund for Cultural Diversity, *Kër Thiossane*, 2014, Senegal

验证手段

- 法律中明确界定PSM的公共服务范围
- PSM将获得编辑独立性保障及免受任意干预的资金安排
- PSM拥有充足的技术资源
- PSM通过其管理机构进行公开问责

基本指标2.3

1）建立；2）评估；3）实施满足不同社会群体需求的公共服务媒体政策和措施

验证手段

- 媒体使用体现语言多样性的语言
- 公共服务媒体代表整个政治、社会和文化领域的意见
- 女性和边缘化人群可获得媒体信息
- 为特定人群创建社区媒体，如原有居住者

这里需要提出一些解释性评论。第一个关键指标明显来自明确、有效的法律基础需求。无论采取何种技术传输形式，言论自由权都是创意和文化多样性的前提。因此，除了信息自由法，新闻自由指数等其他工具也可提供数字评级，并以"免费"、"部分免费"及"不免费"来表示不同国家的媒体。世界新闻自由指数将评估表现最优和最差的国家。⑨ 互联网用户百分比可帮助评估新创意和参与形式的民主化程度，而鼓励文化和媒体专业人员促进媒体多样性也十分重要。第二个关键指标与从法律上明确界定目标的需求有关，验证所需的数据应首先与整个价值链的文化表现形式的多样性有关。第三个关键指标与建立民主、包容性平台有关，"在该平台下，允许媒体参与争论并提供信息，而不受任何一方或政府的控制"（UNESCO，2010）。最后，鉴于没有媒体自由及相关的基本自由，媒体多样性是无法得到保障的，且一半的社会声音被忽略，为艺术自由（参见第十章）及将女性视为文化产品和服务的生产者（参见第九章）而制定的指标应与这三大指标相互关联。

结论

促进公共服务媒体目前尚不是缔约方QPRs的关注目标，尽管有许多缔约方采纳了这一领域的前瞻性政策措施。根据关键趋势及已报告政策措施相关的评估结果，本章为在履约过程中高度重视促进公共服务媒体及媒体多样性提供了依据。本章开头部分提出的每条关键信息均源于媒体多样性与文化表现形式多样性之间的相互依存性，其中一个的繁荣可确保另一个的繁荣。

---

⑨ 更多信息可登录以下网站查看，http://index.rsf.org。

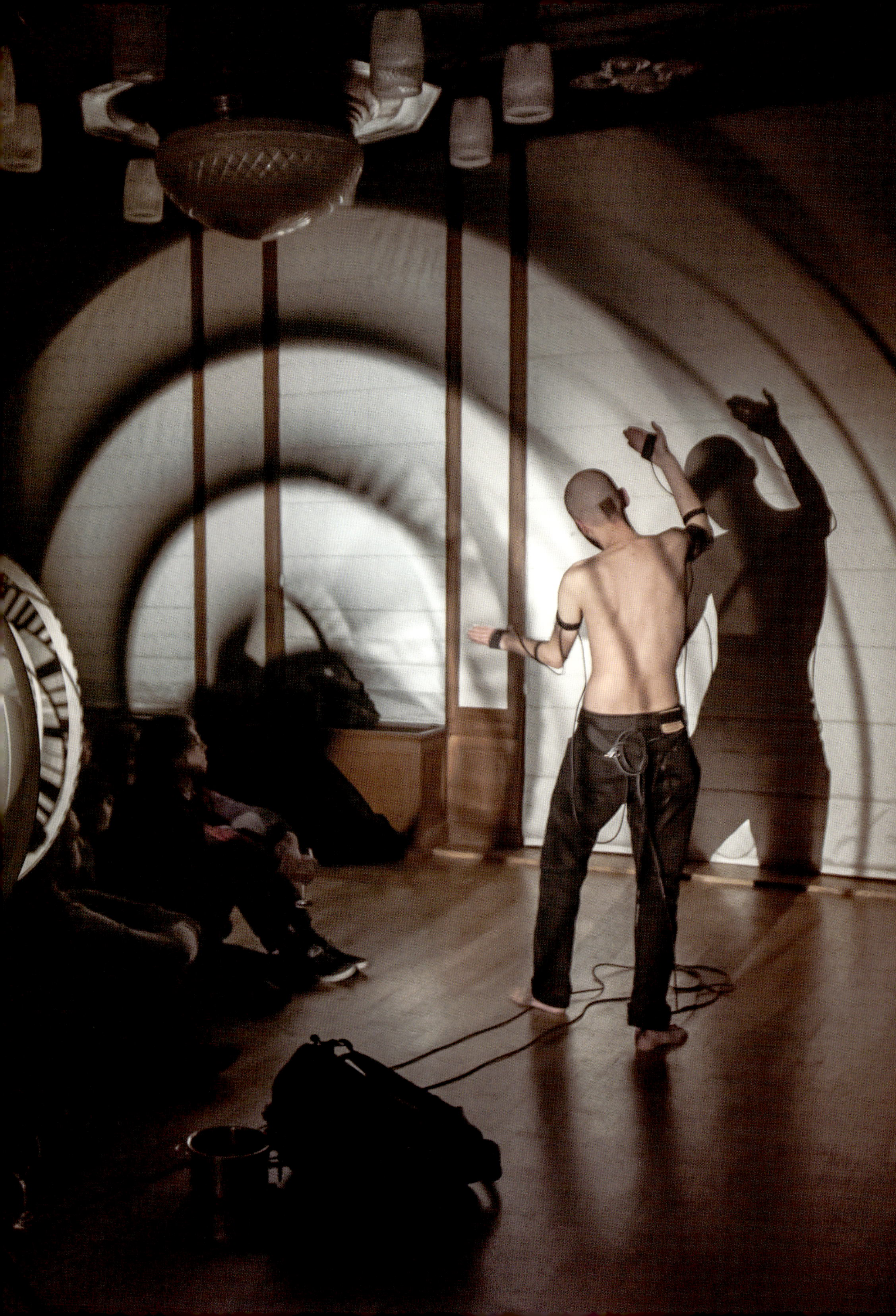

© Ed Jansen, Marieke de Groot, Dieter Vandoren 2012年

第三章
数字时代的挑战

Octavio Kulesz[1]

关键信息

- 发展中国家在达到发达国家的数字化水平之前，仍有很长的一段路要走。然而，在过去的十年间，发展中国家取得了显著进展，尤其是在移动互联领域。

- 越来越多的创作者正广泛使用新技术在 YouTube 和 Wikipedia 等平台上创作网络内容。

- 电子商务也得到快速发展，考虑到大平台的推进，这对于当地文化产业而言无疑是一大优势，但对于中小企业而言则构成了一大威胁。

- 社交网络自 2004 年起的蓬勃发展为民间社会的参与提供了机会，尤其当涉及共享文化内容时。

---

[1] Editorial Teseo 创始人和出版总监，阿根廷布宜诺斯艾利斯。

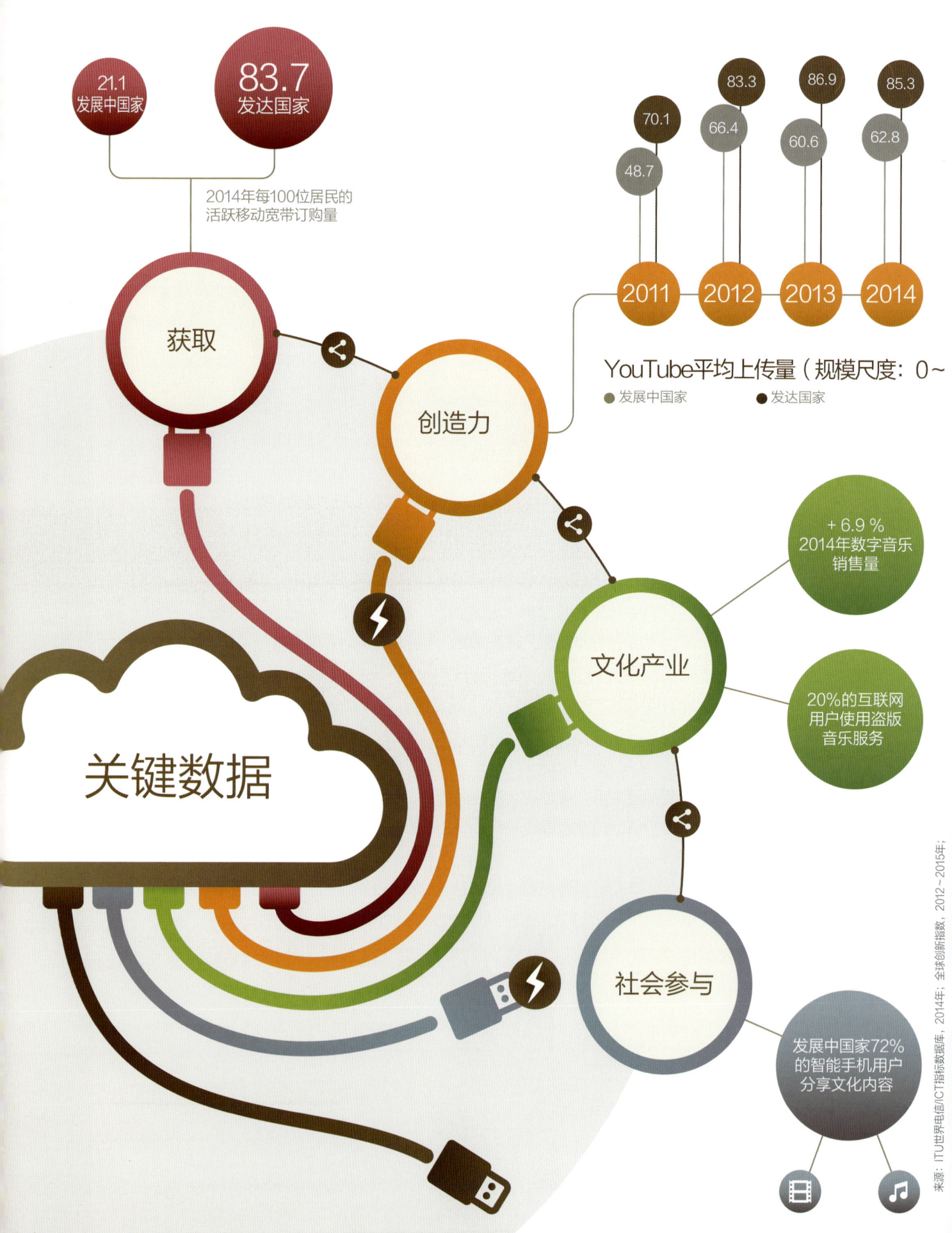

2015 2005年公约 全球报告

21.1 发展中国家

83.7 发达国家

2014年每100位居民的活跃移动宽带订购量

	2011	2012	2013	2014
发达国家	70.1	83.3	86.9	85.3
发展中国家	48.7	66.4	60.6	62.8

YouTube平均上传量（规模尺度：0~ ）
- 发展中国家
- 发达国家

获取

创造力

+6.9% 2014年数字音乐销售量

20% 的互联网用户使用盗版音乐服务

文化产业

关键数据

社会参与

发展中国家72%的智能手机用户分享文化内容

来源：ITU世界电信/ICT指标数据库，2014年；全球创新指数，2012~2015年；

60 目标1·支持可持续的文化治理制度

数字化革命从根本上改变了文化产品和服务的生产、分销和获取方式。事实上，社交网络及用户生产内容（UGC）的加速扩展，云计算带来的数据大爆炸，及用户手中互联多媒体设备（智能手机、平板电脑和电子阅读器）的扩散，对全球文化格局产生了重大影响。技术变革，尤其是近十年来的技术变革，促进了新市场主体和新逻辑的涌现。

这些趋势包括以下方面。

- 强大的网络公司——谷歌、亚马逊、苹果、Facebook、腾讯及阿里巴巴等——正逐渐进入文化产业价值链；
- 订购流媒体[2]等商务模式获得快速发展；
- 大数据[3]正成为文化经济的"新黄金"；
- 文化项目的赞助方式正经历巨大转变，例如，通过群众筹资。[4]

在这一深刻变革背景下，很明显，文化和多样性的讨论必须包含数字技术变量。事实上，《保护和促进文化表现形式多样性公约》（2005）并未直接提及互联网或数字数据，而仅提及了"信息通信技术"与"新技术"。[5] 但是，正是通过这一暗示，公约明确表明了文化多样性必然与技术领域的变革紧密相关。因此，履约监测必须涵盖所有优化数字技术对公约最终目标（即促进和提供文化表现形式的多样性）的影响的政策措施。

为此，有必要分析数字技术与文化表现形式多样性之间的关系，尤其是缔约方采取的相关政策措施。缔约方提交的四年一次定期报告（QPRs）[6]中提出了开展这一分析的重要出发点。在此基础上，我们将直接或间接提及数字问题的内容划分为以下五个基本主题或节点。

1. 获取文化[7]
2. 创造力[8]
3. 文化产业[9]
4. 公众意识与民间社会参与[10]
5. 文化数据与统计[11]

基于这一结构，QPRs 中提供的材料，加之其他来源的信息，将帮助我们可逐步研究数字化革命对文化表现形式多样性的影响。如分析结果所表明，新技术将带来巨大的发展机会，但其同时也将带来障碍。缔约方实施了各种措施来利用相关机会，并力图克服相关障碍，例如，发起 ICT 基础设施、数字知识相关计划，或者促进电子艺术发展，推动文化产业的现代化。但数字技术也带来了威胁：这些新风险往往被忽略。旨在解决机会、障碍和威胁这三个方面的措施对于在数字时代促进文化表现形式的多样性至关重要。

> 文化和多样性的讨论必须包含数字技术变量。

为了评估这些变量随时间变化的情况，我们在本章的最后提出了一系列定量和定性指标。目前尚可提供的这些指标与获取有关，尤其是与获取电信基础设施有关，也就是说，仅涉及其中一个主要影响领域。然而，如我们将在第五节（收集文化统计数据）中所指出，数据的收集工作面临诸多障碍。如果没有此类信息，则无法获取文化表现形式多样性最动态方面相关的可靠长期测量数据：不仅包括文化的获取，还包括创造力、文化产业及民间社会的参与。为此，必须考虑以下变量：数字创作的支持举措，地方电子内容生产，国内市场中的数字主体数量，或企业家可选的众筹方案及社交网络参与。

1. 获取

数字时代代表着扩大文化获取的绝佳机会。许多 QPRs 证实，新技术使得这一获取过程变得更加简单、

---

② 在订购流媒体服务模式下，用户通过支付月费来获取大量的作品。这有别于购买独立作品，后者往往通过下载获取。
③ 基于大规模数据收集和分析的计算机系统。Arthur（2013）。
④ 通过在线微支付集体为项目融资。
⑤ 然而，UNESCO 在 2001 年的《文化多样性世界宣言》中确实明确提及了数字领域。
⑥ 四年一次定期报告的相关信息可登录以下网站查看，http://en.unesco.org/creativity/monitoring-reporting/periodic-reports。
⑦ 公约第 2.7、4.6 和 7.1 条。我们还将提及可持续发展和后代主题（第 2.6 条）及保护面临消亡危险的文化表现形式（第 8.1、8.2 条）的内容纳入这一主题。
⑧ 第 4.1、4.3、6.2、7.2 和 10.c 条。
⑨ 第 4.5、6.2.c、10.c 条。
⑩ 第 10 条和第 11 条。
⑪ 第 9 条和第 19 条。

第三章·数字时代的挑战 61

便宜且民主。事实上，这些工具可帮助缩小国家大都市与其他地区之间的差距，帮助少数群体实现社会融合，从文化上连接不同世代，同时促使大家关注全球说同一种语言的人们。此外，不可否认的是，当前易于获取的内容的多样性（电子书、音乐和电影等）远远超过了以往任何时候。

从发展中国家来看，很明显文化产品和服务的分销一直面临严重的局限：公共图书馆网络不足；书店不足；电影院不足等。为此，新技术在克服这些障碍上将发挥积极的作用。例如，当前移动手机的内容分销方式在十年前甚至是无法想象的。国际电信联盟（ITU）的数据显示，2013~2014年，非洲的移动宽带增长率达到40%，许多技术举措均依赖这一类设备（图3.1）。目前，移动手机为以下服务提供平台：电子支付（肯尼亚及其他国家的M-PESA）；移动社交网络交流（南非的MXIT）；观看瑙莱坞电影（尼日利亚的Afrinolly）；阅读根据非洲传奇故事编写的漫画书（加纳的LetiArts）。

在此背景下，数字工具构成了国际合作的重要组成部分。如果得到精心安排，则北－南技术转移有望加强发展中国家的获取可能性。此外，中国或印度等国家强劲的数字发展必然将为南南合作创造新的空间。事实上，Worldreader（为非洲移动手机分销Kindles和文学）与Internet.org（在Facebook的主导下，提供互联）等国际非政府组织正在赞助此类新空间。

对于利用相关优势所面临的障碍，缔约方均提出了以下问题：基础设施不足；需要优化人力和技术资源，以推进类似材料的数字化；人口较少地区的互联有限；技术方面存在代沟。关于最后一点，皮尤研究中心（PRC, 2014）与德勒公司（2014）收集的数据表明，年轻用户与老年用户之间的智能手机普及率存在很大差距（图3.2和图3.3）。

> 数字工具构成了国际合作的重要组成部分。如果考虑周全，则北－南国家技术转移有望增加发展中国家获取数字工具的机会。

但是，也存在性别差距：根据ITU数据（2013），男女之间的互联网使用趋向于不平等（参见第九章）。

图 3.2

发展中国家不同年龄段智能手机拥有比例（2013年）

来源：皮尤研究中心，2013。

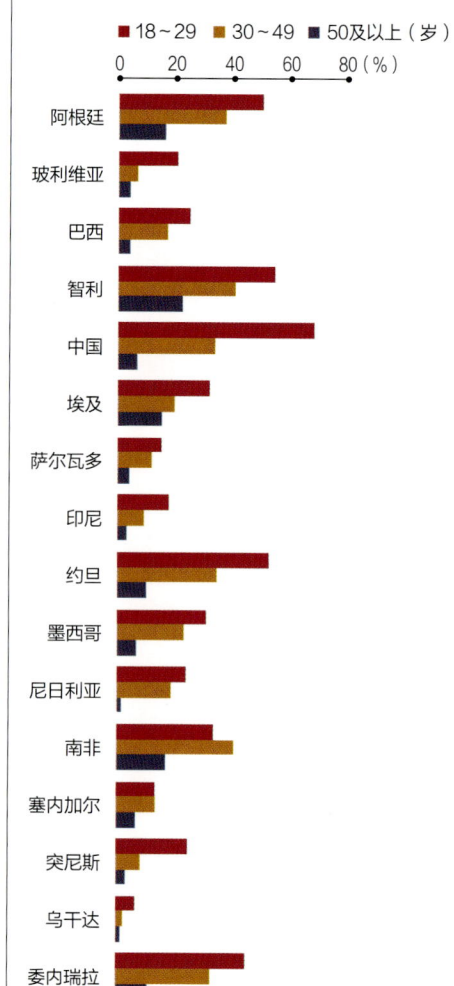

图 3.1

每100位居民的活跃移动宽带订购量（2007~2014年）

来源：ITU世界电信/ICT指标数据库，2014。

数字领域也可能带来威胁。如多个缔约方所指出，设备和内容的演变速度如此之快，以至于并未考虑语言的多样性，而这可能对某些语言带来不利影响。事实上，不同预估表明，80% 以上的在线内容采用以下 10 种主导语言中的其中一种：英语、汉语、西班牙语、日语、葡萄牙语、德语、阿拉伯语、法语、俄语和韩语。如果网络上极少出现小语种，则这些小语种可能面临存续威胁（世界银行，2014）。另外一个问题是，数字化倾向于加强分散化的身份认同，因为订购个性化服务（新闻、娱乐等）的不同个体和/或社区逐渐不再属于共同的社会。

首先，大平台活动也可能存在危险因素。一些 QPRs 指出，这些主体趋向于来自少数国家，这意味着英语内容较之当地内容更具优势。其次，由于其采用封闭结构，这些平台往往开发自己的格式，而这无疑会影响互用性，导致用户产生更大的依赖性，因为用户发现自己在变更设备时往往受到限制。对消费者数据的持续监测还将引起隐私问题。此外，尽管平台展示各种文化产品，但其不仅控制销售，还控制传播与推荐算法，[12] 这实际上构成了发现问题：哪些过程促使用户无意中发现某些产品？我们如何确定推荐机制是否平衡，且可保证获取多

图 3.3

发达国家不同年龄段智能手机拥有比例（2013 年）

来源：德勤全球移动消费者调查，2013。

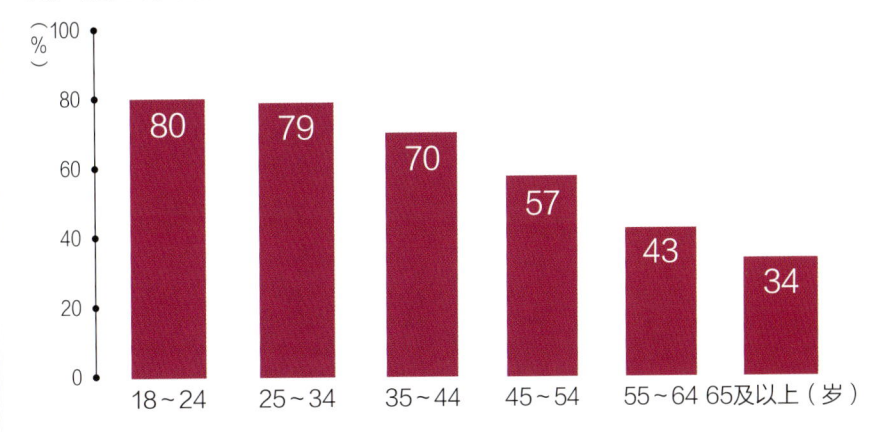

年龄段	比例(%)
18~24	80
25~34	79
35~44	70
45~54	57
55~64	43
65及以上	34

样性的文化表现形式？

尽管我们前面已经提及，新技术可帮助改善发展中国家的获取条件，但需要指出的是，仅技术转移本身并无法解决问题。在涉及这一主题的许多文献中，对发展中国家技术状况的描述往往是：落后，资源不足，依赖性较高，活力主体不足。这决定了整体的合作计划主要以捐赠为基础（包括硬件、软件、内容、互联等），合作的目标是缩小数字鸿沟。然而，这一方法仍存在问题。首先，这些物品通常单独被捐赠，例如，如果没有其他要素（如，连接十分缓慢或者根本没有电力），计算机本身的用处并不大。事实上，捐赠概念倾向于遵循自上而下的合作模式，这种方法无法有效改善利益相关方的状况。一些作者也指出，有时仅提供技术实际上可能恶化原有状况。[13] 此外，必须承

认，"数字鸿沟"一词本身指的是一种二元情况，未考虑当前的复杂性；事实上，许多发展中国家拥有先进的技术中心与高度活跃的地方主体。

这里有必要提及莫兹拉基金会（Mozilla Foundation）执行理事 Mark Surman 的反思，其强调了被动获取计划或采用自上而下方法而可能存在的风险。[14]

我们担心未来十亿的互联网用户只会在社交媒体网络上发帖子，使用少数市场主体创建的应用程序、服务和平台进行消费。到那时，人们就只是消费者而不是创作者，且互联网的经济、社会权力将落入少数国家的少量市场主体手中（Surman 等，2014）。

缔约方当然采取了各种措施来抓住机遇、克服挑战。无论是发达国家还是发展中国家，电信基础设

---

[12] 组织网页内容的自动系统，适应每个互联网用户的情况。这些算法将对用户购买选择产生重要影响。

[13] 例如，参见 Murphy（2014）有关为贫困家庭儿童提供电脑的分析。

[14] 如我们将在结论部分所强调，如果获取与创造力相分离，则结果并非总是最佳。

第三章 · 数字时代的挑战

施投资出现显著增长，尤其是在农村地区。如QPRs中所表明，阿根廷、澳大利亚、中国、丹麦、韩国等几十个国家正将数字工具纳入公共媒体（参见第二章），或者为学校、博物馆、图书馆和文化中心提供设备。地方内容的数字化和在线可用性是欧盟的一项重要政策（多个数字图书馆纳入欧洲数位图书馆体系中），而许多南美洲国家也正在实施宏伟的数字知识计划（专栏3.1）。与此同时，还有许多项目侧重采用技术程序来保护面临消亡危险的文化表现形式，正如孟加拉国和蒙古所报告的项目。

目前，这些举措将纳入国家ICT计划，正如加拿大（数字加拿大150）、哥伦比亚（数字万岁）、印度（数字印度）、墨西哥（国家数字化战略）、摩洛哥（数字摩洛哥）、欧盟（欧洲单一数字市场）及其他

专栏 3.1 · 国家数字知识计划/MEC中心（乌拉圭）

乌拉圭是将数字技术纳入文化教育领域的先驱，例如，通过Ceibal计划（2007），所有师生均可获得一台笔记本电脑。除了投资基础设施，乌拉圭还专注于在大城市、小城镇和农村地区推广数字知识。通过由近100个培训站组成的培训网络，MEC（教育与文化部）中心为数千乌拉圭市民提供与数字工具相关的免费讲习班。

来源：www.ceibal.edu.uy/。

近期示例。此外，还有许多与新技术有关的跨国合作项目。

首先，我们在QPRs中发现了基础设施捐赠（硬件与软件）及整合软件的北南援助（例如，葡萄牙帮助葡语国家采纳"MatrizPCI"计划）与数字化援助计划（例如，斯洛文尼亚在其报告中提及出资改造阿富汗赫拉特大学图书馆）。

然而，需要指出的是，缔约方描述的措施趋向于侧重与数字技术相关的机会和障碍，而较少提及新的威胁。因此，在制定获取政策时，必须铭记以下几点。

- 在开展基础设施项目之前，应对当地人口的实际需求开展全面分析，其可能因区域而异；
- 应鼓励具有类似地理、社会经济和语言特征的国家之间进行项目协调；
- 数字对语言复兴或衰败的影响值

得进行深入研究；

- 应进一步研究大平台的自动推荐问题，因为其直接影响供应的多样性；
- 从合作角度来看，与自上而下的方法（仅限于硬件、软件、内容或互联捐赠）相比，有必要优先考虑自下而上的举措（涉及地方势力）。简而言之，如莫兹拉基金会的Webmaker项目所提出，[15] 目标是"赋予所有人成为网民的权利"。

2.创造力

新的技术发展潜能不仅有助于扩大数字内容的获取，同时还有助于激发创造力。数字技术当然可以消除创作的地理和社会障碍，至少从理论上来说是如此。事实上，当生产视听材料的成本稳步减少时，来自不同地区和社会部门的年轻艺术家正通过网络生产和分销各种原创作品（地图

[15] 参照 www.webmaker.org。

地图 3.1

YouTube 上各国视频上传总量

来源：全球创新指数，2014。

少量上传　　　　　　　　　　　　　　　许多上传

3.1）。这导致出现了许多不可思议的事情：例如，来自巴西 Patrocínio 镇的音乐家 Lucas Lucco 自 2012 年起开始在 YouTube 上上传歌曲，到现在为止，他的歌曲在 YouTube 上的访问量达到 2.6 亿次，且其每个月有近 20 场演出。

在许多 QPRs 及专门的相关文献中，数字往往被理解为一种"迁移"或"非物质化"现象，因为作品数字化促使内容与其初始媒介相分离，这通常适用于出版、音乐和电影行业。尽管很明显，这些传统部门正处于转型阶段，但值得指出的是，新时代也将催生丰富的创作，甚至有望超出同类迁移的范围。事实上，数字文化传承了网络的相同力量，因此，创作更具有超链接性、多媒体性及交互性。某一作品可重新适应不同的媒体（即多媒体描述），甚至出现在不同的渠道中，如跨媒体叙事。与其他创作重新合成的可能性几乎将不受限制，这样一来便将出现拥有巨大灵活性的自动叙述形式。相关影响不仅可见诸于文献、音乐和电影院，且几乎可见诸于所有表现形式，如表演艺术，事实上，我们正目睹着资源的复制，如直播流媒体剧院、为机器人编舞、3D 舞台设计、视频描图、扩增实境及社交网络互动。

然而，这里同样也存在一些障碍。尽管这些工具的用户友好性不断得到改善，但当今的创作者往往不具备必要的技术或艺术专业知识。此外，重新合成及其他相关方法的法律规定尚不够明晰。艺术家的收入可能受到盗版与大平台推广的新分销模式的影响。正如电子音乐开拓者、现任国际作者和作曲者协会联合会（CISAC）主席 Jean-Michel Jarre 所指出：

这是创作者和文化多样性的重要历史时刻。随着创意作品数字使用的增加，艺术消费方式正处在快速变化当中。在这一新的数字时代，创作者的权利每天都遭到侵害。我想以 CISAC 主席的身份在此敲响警钟。为了保护创作和文化多样性的未来，创作者必须与主要的互联网公司共同开发新的商务模式，针对数字作品的使用，为创作者提供公平的补偿（CISAC，2015）。

> *新的技术发展潜能不仅有助于扩大数字内容的获取，同时还有助于激发创造力。数字技术倾向于消除创作的地理和社会障碍。*

另外一个威胁是，缺乏保护现代文化创作的策略。很少有国家建立电子法律保证金制度，这意味着数百万人通过其博客、在线视频及其他多媒体材料生成的多样化表现形式无法在公共档案中保存，一旦主平台决定消除这些内容，其便面临流失的风险。

缔约方在这一领域采取的措施主要旨在帮助创作者。这其中包括设立创作奖；提供培训（尤其是在视听部门）；在线传播；试验派驻（如，葡萄牙实施的派驻网络计划，探究艺术与技术的交集）（专栏 3.2）。与此同时，一些国家建立了数字创作实验室或中心，如巴西（Núcleos de Producao Digital 与 XPTA.LAB）、葡萄牙（创意实验室）和乌拉圭（文化工厂）。

在国际合作领域，对创造力的支持可转化为创建交流和电子学习网站：例如，Institut Francais 建立了 Culturessud.com 网站，以支持发展中国家的文献；德国在其 QPR 报告中详细介绍了 Quantara.

专栏 3.2 · 巴西文化创业、原有居住者创作者和数字文化

2014 年，非政府组织 Thydêwá 与 UNESCO 文化多样性国际基金（IFC）联合实施一项名为"原有居住者电子书——巴西文化创业、原有居住者中的创作者和数字文化"的项目。该项目旨在赋权来自巴西不同社区的原有居住者中的创作者，促进其参与数字出版部门。项目预期结果包括：提高来自 8 个不同社区的 16 位原有居住者参与数字出版部门的能力；提高原有居住者对 2005 年公约及数字文化的意识。最后，项目将推动创建初创电子出版公司及制作 4 种语言（葡萄牙语、西班牙语、英语和法语）的电子图书。

来源：en.unesco.org/creativity/ifcd。

de portal 网站与一个网络论坛，其分别旨在建立与阿拉伯国家及波斯语国家的对话；华沙美术学院与波日信息技术研究所开发了文化问题虚拟教育平台，首个从该项目中获益的国家是越南。然而，如QPRs所明确指出，培训领域开展的合作项目量最多。

这些举措涉及以下国家和地区：巴西、布基纳法索、加拿大魁北克、丹麦、欧盟、法国、海地、蒙古、葡萄牙、塞内加尔及多哥。文化多样性国际基金（IFCD）在开展其中多次研讨会和交流中发挥了关键作用。

如我们在机会分析中所指出，未来的文化活力在很大程度上有赖于数字媒体，且可能被这些新的逻辑所充斥。因此，未来文化表现形式的种子可能存在于节日、研究和试验中心，如 Ars Electronica（奥地利）、国际电子语言节（巴西）、Gaite Lyrique（法国）、电子创意狂欢节（印度）、Ker Thiossane（塞内加尔）、Ludicious（瑞士）、ProHelvetia/Mobile（瑞士）、SyncTank（英国）及文学平台（英国）等。在此背景下，缔约方可采取以下措施。

- 鼓励与数字艺术和创新相关的空间；
- 为数字艺术家和创业者制订培训、交流和研发计划；
- 实施网络法律保证金制度。

图 3.4
2014 年全球唱片行业的数字收入比例
来源：IFPI, 2015。

68.5亿美元
2014年唱片行业数字收入

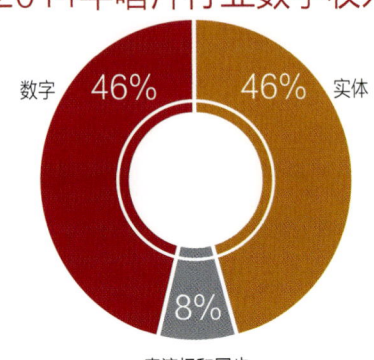

数字 46%
实体 46%
表演权和同步 8%

3. 文化产业

数字手段为文化产业带来了许多重要优势：提高竞争力；开放新市场；提高分销效率；通过社交网络与消费者进行直接沟通；探究新商务模式。在音乐领域，例如，订购流媒体服务正改变着音乐行业的收入结构，为生产者提供出售其内容的其他手段：国际唱片业协会（IFPI）的数据（2015）显示，2014年，唱片业的数字销售收入增长了6.9%，其收入比例与实体销售额相同（图3.4）。与此同时，YouTube及其他大平台为全球的中小企业提供市场渠道，帮助其更高效地分销内容。最后，如前文所述，发展中国家面临的传统分销难题推动了替代数字生态系统的出现。这一点在马达加斯加岛体现无疑，其电影业的消失导致了新一代动画企业家的出现（Dupré, 2015）。

然而，文化产业并非没有障碍。事实上，与艺术家一样，公司往往不具备充足的专业知识来生产高品质的数字内容。发展中国家递交的所有QPRs中均强调了这一问题，而发达国家对此也有提及。此外，电视或电影院等整个部门向新标准转移的过程是十分复杂的。此外，同类行业与网络世界少有交集，这无疑加大了探究新模式的难度。在线支付方法在发展中国家的许多地区仍未得到广泛应用，且确保数字生态系统商业可持续性的必要条件尚不具备。例如，在马达加斯加岛动画案例中，许多新的企业家进入广告行业，这对于擅长数字技术的年轻人而言无疑更具经济可行性。

从威胁角度来看，需要指出的是，不断增加的数字化还将导致许多传统文化分销和传播渠道（如，实体书店）的消失。此外，内容的激增可能导致供应饱和，进而导致许多企业失去商业可行性。此外，数字盗版将破坏所有正式主体的经济可持续性；事实上，据IFPI（2015）预估，全球有20%的固网互联网用户定期获得提供侵犯版权音乐的相关服务。

如法国的QPR所指出，大型网络平台的发展威胁着实体。但这些平台的哪些特征可对整体文化产业的多样性构成挑战呢？这些全球电子主体采用的策略通常基于两大支柱。

- 云计算；
- 与用户手中的多媒体设备进行远程连接和数据交流。

事实证明，这两大支柱越强大，则企业越能获得盈利性。云计算不断增加的优势促使平台以趋零的边际成本提供数百万数字产品，而与此同时，设备的广泛使用又促使其占据巨大的市场份额。

概括说来，市场集中化过程遵循一种循环逻辑：平台最初占据一席之地（硬件、软件、沟通、在线搜索、电子商务等）（得益于数字融合的推动，这常见于所有文化产业），然后进行扩张，进入产业链的其他环节。为此，除了成为价值链的主体，这些新的大公司倾向于成为整个产业链。

此类经济集中化代表着对独立主体，甚至整个"创意中产阶级"的一大威胁。网络巨头的法律和财政权力也明显高于中小企业，这代表着过度的竞争优势。此外，由于这些是封闭的生态系统，这些大型公司内部的创新对剩余的产业链几乎不会产生连锁反应。在原产国进

> *越来越明显的云计算优势为数百万数字产品提供了边际成本几乎为零的平台；数字设备的普及创造了巨大的市场。*

行数据和元数据处理也意味着终端市场将创造极少的高技能就业岗位。最后，大公司的议价能力可能威胁网络的中立性，危害小型企业。

文化产业领域目前采取的措施具有很大差异。其中第一大举措与数字化和现代化援助有关。尽管欧盟提及为创新和竞争力提供支持，其他缔约方提供的援助主要针对部门。就出版业来说，QPRs 提及了图书部门的特定创新支持政策，如恢复加拿大图书基金，乌拉圭建立了关注创新的出版业集群。就视听领域来看，多个政府积极推进电影院（例如，奥地利、德国、荷兰、瑞典和英国）和电视台（新西兰）

的数字化进程，在社交媒体上传播电影（英国），建立视听集群或中心（如，阿根廷的"Polos"计划）。从音乐领域来看，最显著的示例包括加拿大（恢复音乐基金）与欧盟（2007 年媒体计划）QPR 中提及的示例。此外，QPRs 中还提及了对视频游戏的支持（如法国）。

与此相类似，有许多机构支持数字创业领域的试验、研发和交流（专栏 3.3）。其中一个突出示例（未包含在 QPRs 中）是巴黎出版实验室，其是未来图书相关项目的孵化器。还值得一提的是英国文化委员会实施的"青年创意企业家计划"，其自 2004 年起帮助建立了来自不同行业（数字出版或屏幕&多媒体）的活跃创新人员国际网络。

缔约方还提及了在新技术背景下出台的一系列法规，尤其是特定行业运行管理法规变更，如中国（电子出版条例）、克罗地亚（电子媒体法）、法国（打击网络盗版的 HADOPI 法；电子图书固定价格法）、黑山共和国（电子媒体法）、秘鲁（国家视听法案）和越南（出版法和知识产权法修正案）的 QPRs 中所提及。斯洛伐克已经向议会递交了修改版权法以包含新型许可的提案。最后，欧盟在其 QPR 中提及有必要包含一定量的地方/区域内容。

与获取一样，QPR 报告中提及的文化产业举措仅基于机会和障碍而设计，较少关注新的挑战。为

专栏 3.3 · 荷兰电影业的数字化

如果规划恰当，电影分销和放映的数字化可带来诸多效益：事实上，其可帮助增加电影院放映的电影的数量，同时可帮助优化物流。荷兰是实施迁移最有效的国家之一，尽管其也面临这一过程中常见的诸多挑战。在公私主体联盟（包括荷兰参展商协会、荷兰电影分销商协会及荷兰 EYE 电影学院）的推动下，荷兰顺利实现了向数字化的过渡。这一"Cinema Digitaal BV"计划发起于 2011 年 1 月，目标是到 2012 年底，实现全国电影院的数字化。该举措的总成本预估为 5200 万美元，其中经济事务部提供了 420 万美元，荷兰电影基金提供了 280 万美元，剩余成本则由电影分销商提供。

来源：www.cinemadigitaal.nl/organisatie.aspx。

此，缔约方可考虑采取以下行动。

- 更详细地调查网络巨头的复杂运行，及其对文化产业生态系统的具体影响；这一研究应包括不同国家案例，分析法律、技术和财政方面；
- 实施措施确保大平台的替代方案（如可能，采用本土平台）。以上可能表明，文化表现形式的多样性不仅通过各种内容实现，且其需要没有第二大支柱的大量供应商，多样性可能面临长期不可持续的风险；
- 根据支持获取的措施，确保用户的互用性和格式兼容性，以便其免于受到特定系统的限制；
- 巩固新兴数字市场的发展，鼓励实施新的电子支付方法，简化流程等；
- 帮助确保数字领域的文化生态系统，避免空间流失。

4.公众意识与民间社会参与

从许多方面来看，新技术代表着公众意识和民间社会参与的一大进步。在社交网络的推动下，这些新技术将便于政府沟通其信息，同时赋予民间社会主体积极和即时参与的有效工具。这一方面的一个有趣全球示例是国际独立出版商联盟赞助的"The B Day"活动，通过YouTube 视频及其他工具，该活动旨在集中度日益增加的背景下，提高人们对文献记录多样性（即图

书领域的更大文化多样性）的重要性的认识。事实上，存在许多正式组织、小型协会，甚至个人的示例，其通过社交媒体尝试影响文化决策。

这些优势不仅适用于发达国家。尽管在部分地方有连接限制，但网络交流仍是全球各地一项极度活跃的现象。皮尤研究中心的一项近期研究（图3.5）表明，在发展中国家中，社交网络主要用于分享对文化内容，尤其是音乐和电影的看法，相关比例达到72%（PRC，2015）。因此，在这些地区，数字

媒体可构成一大关键联盟。

这一领域常见的威胁很少。我们或许可以提及，社交网络及其他数字工具倾向于加强某些群体（如，年轻用户）的参与，从而威胁到不太习惯使用这些工具的其他人。

在谈到鼓励民间社会参与的问题时，缔约方在各种途径使用数字技术。这可能涉及用于传播和讨论文化主题的社交网络、移动应用及手机短信，平台或在线讨论论坛、时事通信及就数字艺术相关问题与不同社会组织开展积极合作（例如，

图 3.5

分享音乐和/或电影内容的社交媒体（Facebook、Twitter）用户比例

来源：皮尤研究中心，2015。

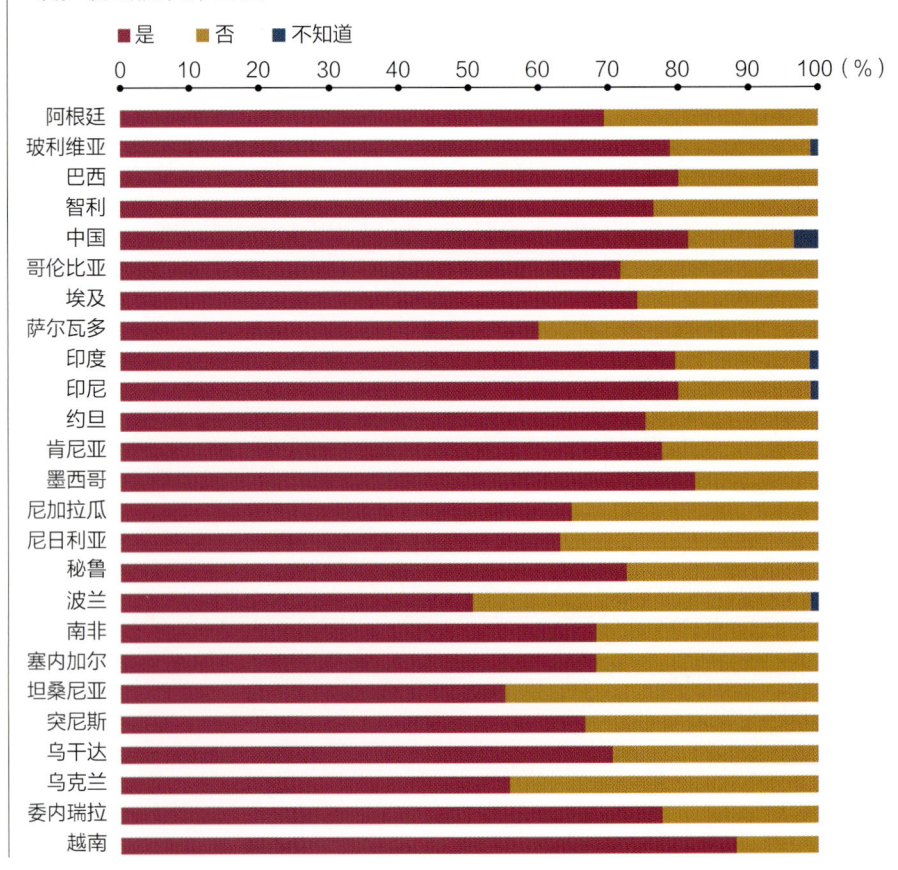

奥地利的 Ars Electronica 节或拉脱维亚的文化实验室）。克罗地亚和西班牙等国家也组织特定活动来提高公众对数字时代多样性的认识。在这一领域，各国可采取以下行动。

- 使用各种技术工具来提高对保护和促进文化表现形式多样性的重要性的认识；
- 作为补充，开放大量的数字渠道，以便民间社会积极参与这一领域。

> "
> 新技术代表着公众意识和民间社会参与的一大进步。

5. 文化数据与统计

文化信息收集明显受益于数字技术。事实上，数字工具的整合可减少统计过程的行政负担。此外，基于大数据的分析有助于对发达和发展中国家文化表现形式的多样性产生新的认识。

然而，在 QPRs 中，许多政府实体提及了现有障碍及可用信息不足的问题。此外，培训技术团队是一项复杂的工作，且收集文化数据的不同领域之间的关联尚未明确确立。此外，数字消费和趋势的统计数据往往未得到独立处理；它们往往被归入其他更笼统的测量数据当中，或者仅限于提供定性概述：下载量、访问网页数、产生的收入等，而未进行细分。为此，无数的数字相关现象被掩盖，而年轻创作者和

© Ed Jansen, Anarchy Dance Theatre + UltraCombos – Seventh Sense, 2012, the Netherlands

> "
> 非洲的数字产业具有巨大的发展潜力，但仍处于初级阶段，需要大量的时间、金钱和专业知识投入。目前则需要将精力放在创意科技部门的出现上，以便帮助实现非洲的数字未来。新一代的年轻人已经开始在业余时间学习编码、研发技术产品，他们的技能有待进一步加强，以便确保非洲的年轻人能够承担构建共同的数字未来的重任。
>
> 数字和科技必然是推动未来十年变革的主要催化剂。它们将允许人们更好地享有文化、教育、银行服务、新闻、医疗保健等服务。数字技术使得创意产业的面貌焕然一新。如果没有互联网，非洲最受欢迎的娱乐形式——瑙莱坞——发展将受到限制，最后可能导致市场上 VCDs 的盗版横行。当前，数百万的非洲人民可享有内容，电影背后的创意也可获得应有的回报。
>
> 新技术将为非洲带来新的声音，这是将非洲人民与全世界人民联系起来的一种手段。
>
> **Jason Njoku**
> *iROKO Partners* 首席执行官

第三章・数字时代的挑战　69

数字开拓者可能无法及时"接收到信息"。在发展中国家，这些问题往往相互交织，与数字趋势相关的统计数据的追踪频率也更低。

> 基于大数据的分析有助于对发达和发展中国家文化表现形式的多样性产生新的认识。

就大平台来说，它们处理的巨大信息量往往超过了国家统计数据的范围。事实上，与用户数量、流量来源、访问网页和内容相关的数据只有在其传播对公司有益的情况下才会被披露出来，而这将对文化统计数据的整合带来某种挑战。事实上，尽管各国往往没有数字消费的准确信息，但与公共部门本身相比，网络平台所拥有的大数据可更好地了解当地文化趋势。这可能影响价值链中其他要素的策略，从而影响获取能力、创造力、文化产业发展及民间社会参与度的公共政策。

在发展合作背景下，还存在与所谓的"正式陷阱"相关的威胁。在许多发展中国家，大部分的经济交流倾向于在非正式部门开展（UNESCO-UNDP，2013）。然而，合作举措往往采用的是适合发达国家国情的测量方法，即采用关注正式活动和统计数据的方法，而这可能最终对实施的项目产生负面影响。⑯

就措施而言，中国、法国和拉脱维亚等国家报告称已经制定了数字时代文化表现形式的统计数据或绘图。与此同时，保加利亚的跨部委小组制定了内容数字化与统计数据生成标准。然而，需要指出的是，很少有国家在其QPRs附录中包含数字消费数据，尽管如此，但很明显，很有必要获得与这一现象相关的更多信息。为此，缔约方可采取以下措施。

- 鼓励与数据收集领域的机构（产业协会、作家协会、影印权中心、私人咨询公司、提供移动应用统计数据的公司等）联合编制与数字文化使用、实践和市场相关的绘图和统计数据；

- 与UNESCO统计研究所（UIS）、国际电信联盟（ITU）及其他多边机构就相关活动开展合作；

- 充分利用大数据，尤其是基于移动数据来评估消费趋势；这一方法可能尤其适用于发展中国家。

基本指标与验证手段

根据以上依据、讨论的问题及监测指标框架（参见"制定监测框架"章节），可针对本章主题提出以下基本指标及验证手段。

基本指标 3.1
1）建立；2）评估；3）实施全民享有互联网的法律基础

验证手段

- 全民享有互联网的相关法律证据

- 全民享有移动互联网连接（按照性别、年龄和收入水平划分）及社交网络的证据

- 全民享有互联网的相关法律影响评估报告

基本指标3.2
1）建立；2）评估；3）实施鼓励数字环境下数字创造力及提高民间社会参与度的政策措施

验证手段

- 支持数字艺术、电子艺术和实验孵化中心、艺术家培训的政策措施

- 促进电子内容（付费和免费，国际和当地）生产和消费的措施

- 鼓励民间社会通过数字媒体参与的措施

- 鼓励数字创造力及促进民间社会参与数字环境的措施影响评估报告

基本指标3.3
1）建立；2）评估；3）实施支持有活力和多样化的数字文化产业市场的政策措施

验证手段

- 支持文化产业现代化的政策措施（如，技术基础设施与数字影院/电影摄制培训、电子出版/创作）

- 按照文化产业划分（如，音乐、出版、电影等）的参与市场的电子主体数量，及消费者数字文化水平（按照性别、年龄和收入水平划分）

- 按照文化产业划分的中小企业数字收入比例（如，当地企业类似

---
⑯ 这里可以参考Clayton Powell提供的示例（2012）。

众筹等投资机制）
- 支持有活动和多样化的数字文化产业市场的政策影响评估报告

结论

数字环境对文化表现形式多样性的影响是一种复杂的现象。如前文所述，可采取许多举措来处理这些问题。关键策略在于综合而非单独看待数字领域，这是从文化政策制定的其他领域得出的结论。这一过程必须涉及不同的政府责任领域，如 ICT 和经济 / 工业部委。此外，在某一特定节点内，有必要采取综合措施：例如，获取项目不应仅限于单一要素：基础设施、设备、平台或内容，而应考虑最多的要素。

出于以上原因考虑，当谈及测量时，有必要使用每个领域的一种以上指标。除了追踪每个节点内的进展，也有必要将相互依存的生态系统内的不同节点进展联系起来。如果不考虑这五个基本节点的相互依存性，则可能产生许多威胁。事实上，没有创造力的获取将使得用户仅成为消费者；而没有产业的创造力将使得艺术家无法获得应有的回报；没有民间社会参与（这里指当地产业链）的行业可能面临威胁，其可能破坏社会结构；没有获取的参与则可能带来社会公平的风险；最后，数据是系统的命脉，信息和完善统计数据的缺乏将使得所有地方主体闭目塞听。为此，数字时代的文化表现形式的多样性指标应体现这种相互依存性。

> *关键策略在于综合而非单独考虑数字问题。*

现在对现状得出一个确切的结论仍为时尚早。由于数据缺乏、来源高度分散，或许需要花费数年的时间来制定稳定的指标。随着新信息的逐渐采用，现有框架将得到进一步完善，以包含更复杂的现象。不管怎样，如果要想优化数字技术对公约最终目标（即促进文化表现形式的多样性）的影响，我们就必须采用综合的数字化方式。

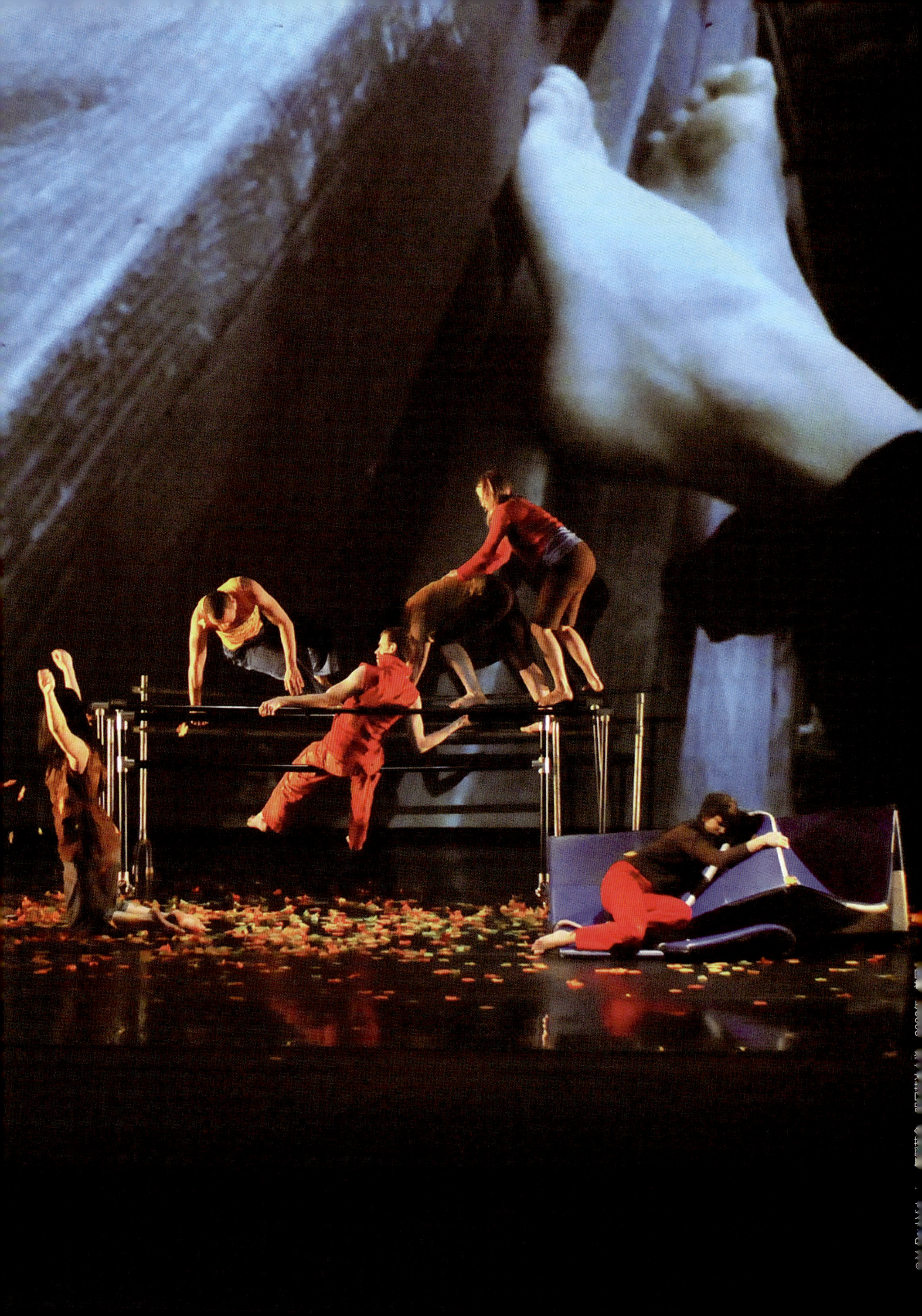

第四章
与民间社会合作

Helmut K. Anheier[①] 和 Olga Kononykhina[②]

关键信息

》 民间社会积极参与履约过程，尤其是通过活动强化公约的目标和原则意识。

》 政策设计与实施所需的可持续国家–民间社会合作面临诸多挑战，例如：国家和当地政府及民间社会组织有效合作的能力不足；融资和具备相关资质的人力资源不足；民间社会整体对公约的认识不足。

》 许多民间社会组织参与编制四年一次定期报告（QPRs）；然而，从整体来看，民间社会声音的多样性仍不足，仍有待加强。

》 民间社会所起到的"文化监督"作用仍不明显，但目前已在43个国家运行的文化多样性国家联盟将在国家和国际层面弥补这一不足。

[①] 柏林赫尔梯行政学院董事长兼院长，德国柏林。
[②] 柏林赫尔梯行政学院《管理报告》助理研究员，德国柏林。

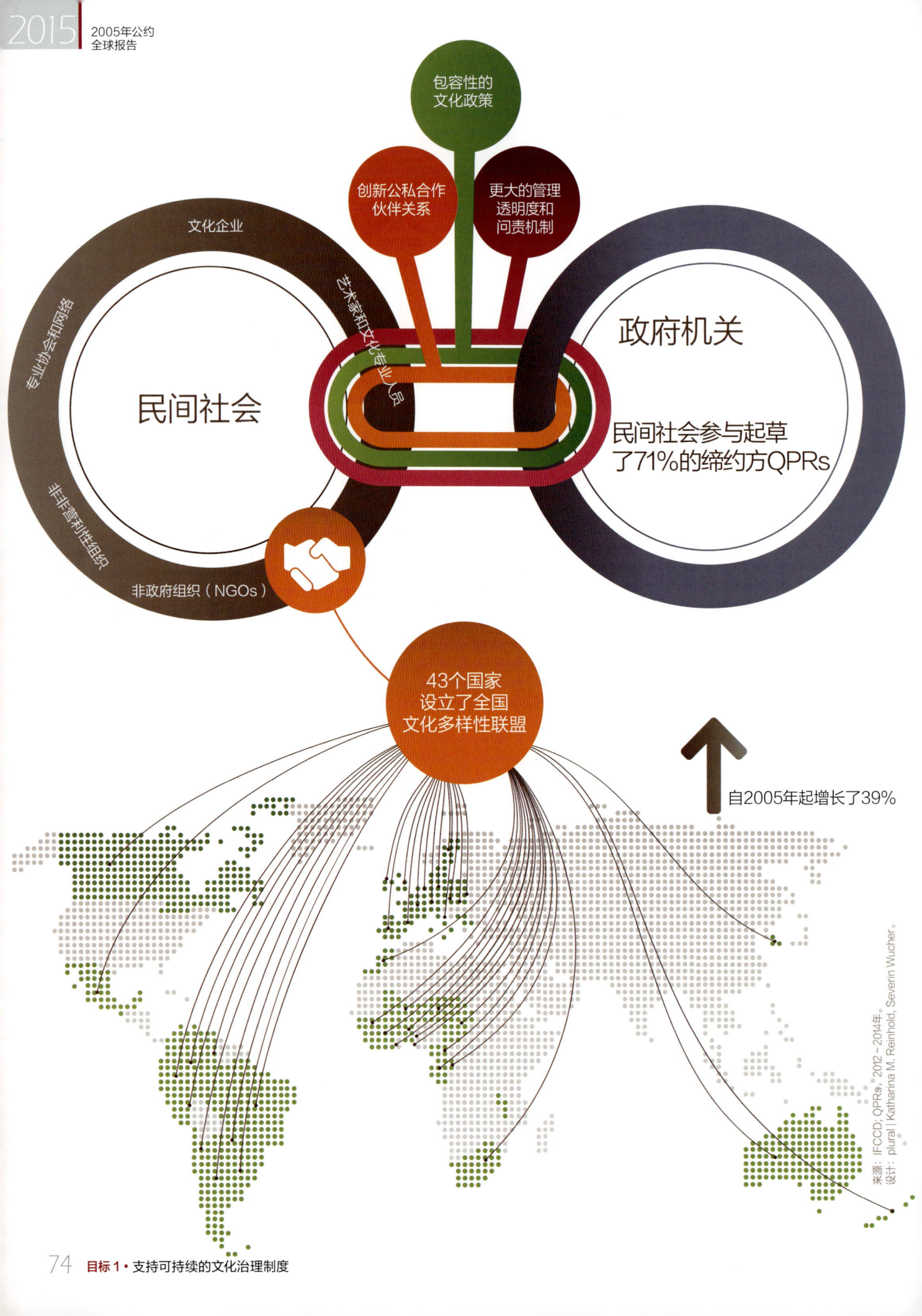

目标 1 · 支持可持续的文化治理制度

民间社会
- 专业协会和网络
- 非营利性组织
- 非政府组织（NGOs）
- 文化企业
- 艺术家和文化专业人员

政府机关

民间社会参与起草了71%的缔约方QPRs

- 包容性的文化政策
- 创新公私合作伙伴关系
- 更大的管理透明度和问责机制

43个国家设立了全国文化多样性联盟

↑ 自2005年起增长了39%

来源：IFCCD; QPRs, 2012～2014年。
设计：plural | Katharina M. Reinhold, Severin Wucher。

《保护和促进文化表现形式多样性公约》(2005)是否为参与式管理创造了空间，换而言之，公约是否促进了民间社会更大地参与政策制定过程。通过民间社会实体有意义地参与四年一次定期报告（QPR）[3]过程，公约是否创建了知情管理实践？公约是否提高了文化政策决策的透明度？这些将是本章将要探讨的关键问题。

> 民间社会必须能够按照公约精神参与国家和国际相关进程。

公约要求缔约方促进民间社会参与公约批准和实施过程（UNESCO，2013b；Merkel，2012）。促进民间社会参与的主要原因是公约本身提出的依据：将文化产品和服务的经济价值与创造力及其自身价值相结合。为此，公约强调"文化活动、产品与服务具有传递文化特征、价值观和意义的特殊性"（第1g条）及文化促进经济、社会发展的潜力。由于从政治及经济角度来调和这两种有关文化产品和服务的观点可能颇具挑战性，但公约强调了促进广泛的利益相关方，尤其是民间社会主体参与公约实施的重要性。为此，公约采用了一种部分有用的民间社会方法，即一方面将民间社会视为协调文化促进发展的"经济"与"价值观"方面的工具，另一方面又将其视为提供政治平台来连接不同利益相关方。然而，这一方法的假设基础是，发展最不充分的民间社会足以作为此类工具和平台。[4]换而言之，民间社会必须能够按照公约精神参与国家和国际相关进程。

本章的目的是阐述民间社会在履约中发挥的作用，初步验证以上假设和目标。我们讨论这些问题的主要实证基础是缔约方递交的QPRs中有关"其在本国境内和国际层面为保护和促进文化表现形式多样性所采取的措施"的相关信息（第9a条）。

重要的是，公约《操作指南》要求民间社会参与《操作指南》的编制工作。出于分析目的，我们将综合分析QPRs信息与来自各种其他来源的数据，包括民间社会条件指数（Fioramonti和Kononykhina，2015）、民主种类项目（Coppedge等，2015）及CIVICUS民间社会指数（2015）。同时，我们还在分析中采用了来自相关民间社会组织网站的信息。

2005年公约中有关民间社会的观点

公约中并未将民间社会界定为国家和市场以外的自我组织机构；相反，《操作指南》的第11条将民间社会定义为关注文化的个人或组织主体："为履行本公约之目的，民间社会指的是支持艺术家和文化社区工作的非政府组织、非营利性组织、文化部门和相关部门的专业人员及群体"。

公约及其《操作指南》为民间社会的角色提供了不同的论据：首先，民间社会或者民间社会组织是文化政策和活动领域的创新者。其次，这些组织是履约过程中的变革推动者，其将帮助克服潜在障碍。最后，民间社会组织是加强市民与政府之间的信息流动的重要渠道，如，将市民的担忧传递给政府机关，监督艺术和文化自由现状及其他基本政策问题（UNESCO，2004）。[5]

相应地，民间社会在公约中也承担者核心角色，正如公约第11条所强调："缔约方承认民间社会在保护和促进文化表现形式多样性方面的重要作用。缔约方应鼓励民间社会积极参与其为实现本公约各项目标所做的努力"。公约的其他条款中也明确或间接提及了民间社会，包括第6、7、12、15及19条（UNESCO，2013b 和 Merkel，2012）。

《第11条操作指南》中更详细地解释了民间社会在履约中的潜在作用及参与方式，尤其是第六段。其中，民间社会应参与以下活动。

❶ 制定和实施文化政策；

❷ 能力建设和数据收集；

---

[3] 四年一次定期报告可登录以下网站查看，http://en.unesco.org/creativity/monitoring-reporting/periodic-reports。

[4] 尽管这一假设在公约谈判及最终公约文本中比较含蓄，但后续编制的《操作指南》中更明确地表述了民间社会的角色，下文我们将对此做进一步阐述。

[5] 请注意，这里不包含职业角色。

❸ 如第七条中所定义，促进个人和社会群体的文化表现形式，包括作为文化产品和服务的创作者、生产者和消费者的妇女、少数民族和原居住者；

❹ 促进公约的批准和实施；

❺ 为四年一次定期报告提供信息输入；

❻ 与公私部门及世界其他地区的民间社会建立合作伙伴关系。

民间社会参与了公约的三大不同阶段：编制、通过、批准及实施。初期评估得出了哪些结论？要评估公约的影响及未来基于以往的国际条约研究开展更全面的评估，则有必要回答这一问题。[6]

此外，尽管公约已经出台十年之久，民间社会参与履约的许多进程可能需要等待更长时间才会凸显。这些进程将可能涉及更长期的视角，且可能出于各种原因：在许多国家，民间社会尚未充分参与政策进程；而在其他国家，法律或政策周期促使公约的这些方面尚未提上议程，民间社会仍处于待命状态；然而在有些国家，民间社会可能已经十分活跃，相关政策措施已经获得通过，但其影响仍有待凸显。

---

[6] 例如，一项反酷刑条约的影响研究指出："条约批准不会对人权产生绝对的影响。相反，如果人权更可能得到改善，则国家将更民主，或者市民更可能参与国际非政府组织。与此相反，对于民间社会力量较弱的独裁政权而言，条约的批准将毫无作用，有时甚至与更多违权有关"（Neumayer, 2005）。

有利条件与挑战

我们使用民间社会有利环境指数（EEI）来评估民间社会参与履约的有利条件。该指数由三大条件构成：社会经济、社会文化及管理。地图 4.1 显示了各国的有利条件指数（从最有利到最不利）。该图表明，大多数发达国家及许多拉丁美洲国家的民间社会环境极好。然而，许多非洲和亚洲国家的有利条件则明显更少。这意味着，作为公约有效、包容性实施的主要主体之一的民间社会可能无法发挥这种作用。

> 在许多国家，民间社会还没有成为加快公约进程的推动力。

为了了解民间社会的有利环境是否及如何与公约批准进程有关，我们将这一指数值与国家批准日期进行对比。从单个国家层面上来看，批准日期与民间社会势力之间具有微弱的负相关性（-0.21）。例如，白俄罗斯与印度是首批批准公约的国家之一，但是其 EEI 值却低（分别为 0.48 和 0.50）。与此同时，比利时与哥斯达黎加的 EEI 值则很高（分别为 0.75 和 0.66），但其批准公约的时间更晚。

为此，我们可以得知，在许多国家，民间社会无法成为公约批准的驱动力或加速器。然而，加入国际文化多样性联盟联合会的大多数国家在公约生效时已经批准或近乎批准了公约（von Schorlemer, 2012）。

考虑到其对批准以外的创新推力，面临的一大主要挑战是，如何实施源于公约目标和原则的新的文化管理框架。这一过程将面临重重困难。特别地，一份 2009 年报告中识别了民间社会参与履约的多个

地图 4.1

民间社会有利环境指数，2013 年

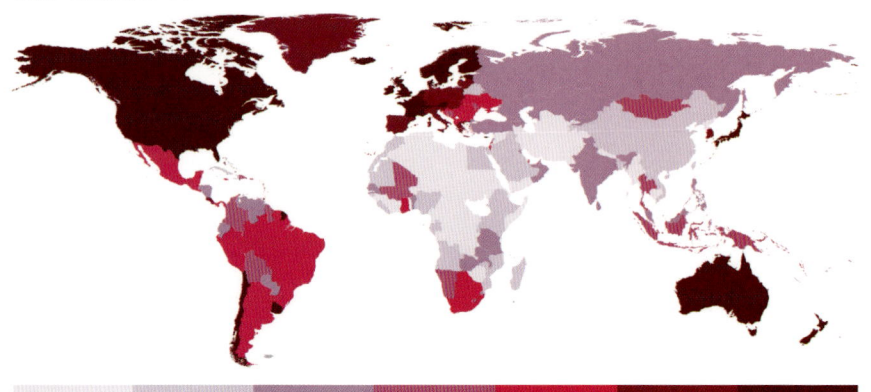

来源：EEI, 2013 年。

最不利　　　　　　　　　　　　　　　　　　最有利

不足之处（UNESCO，2013b）。

- 缺乏促进公约的国家策略，或相关策略设计不好，没有或几乎未开展系统评估工作；
- 政策措施过于集中；
- 政府、民间社会及私营部门之间缺乏沟通；
- 文化部门组织性及专业化不足；
- 较少促进民间社会参与，或者整体参与不足。

从根本上来说，之所以出现诸多履约困难，是因为：

- 民间社会和／或文化部门组织性或专业化不足；
- 政府和政府机构采用自上而下的控制方法；
- 政府、文化部门与民间社会之间的沟通渠道和实践不足。

三年后，van Graan（2012）分析了民间社会的角色，如递交给UNESCO 的 QPRs 有所体现。他指出，81% 的报告来自欧洲／北美及拉丁美洲和加勒比海地区，即大多来自拥有一定民主政治制度及民间社会力量的国家。相应地，观测到的趋势反映了这些国家的经验，而非世界其他地区的缔约方的经验，这些缔约方具有不同的政治制度，且民间社会力量较弱，甚至没有。Van Graan 识别了履约中将面临的诸多关键挑战（2012），其被重新归为以下四类问题。

© Brian Auer, Graffiti Artists, 2008, USA

> "《保护和促进文化表现形式多样性公约》（2005）的通过为布基纳法索及整个非洲地区的民间社会带来了巨大希望。
>
> 为文化多样性创造诸多国家条件意味着使得文化专业人员和组织回到政治舞台，不仅是在关注程度方面，而且包括促进其参与公众讨论及实施各种计划和活动。
>
> 在布基纳法索，文化多样性国家联盟履行监测职责，同时提出改善建议。我们努力维持与主管当局的对话，确保按照公约原则来编制文化政策。
>
> 即将发布的《文化管理》白皮书将讨论需要优先开展的活动，如，为创造力、艺术家身份、艺术文化教育及艺术家的流动等提供资金支持。
>
> 全球的民间社会必须讨论民间对文化的预期。公约将为我们提供相关手段，我们必须抓住这一千载难逢的机会。
>
> **Rasmané Ouedraogo**
> 文化多样性国家联盟主席，布基纳法索

- **意识、知识和认识**：各级政府、公共机构、文化机构及民间社会对公约的认识不足；往往缺乏协调、可持续的信息策略及活动，为利益相关方提供公约相关的信息，尤其是利益相关方的各自职责信息。民间社会主体看不到公约对自己的益处，且其对激励措施的认识有误。

- **政治支持**：政府对文化部门的政治支持或重视不足，倾向于仅看到艺术的经济价值，这遭到文化部门及民间社会的抵制。在一些国家，不同部门之间利益相关方之间的信任度很低，较少形成有效合作；这也导致了政府机构与民间社会，政府机构与文化部门之间的持续沟通问题。

- **沟通**：政府和民间社会在国内履约问题上缺乏有效的沟通渠道。

- **能力**：政府和民间社会为履约提供行政管理和组织资源的能力不足。

  能力及超出能力范围以外的相关问题主要涉及与资源相关的问题。

- **融资和准入**：公共机构和民间社会组织将融资视为一大关键障碍；此外，文化主体常常抱怨其服务或产品的市场准入有限。

- **北南关系**：(在《操作指南》中有所提及）也视为一大问题；仅有少数报告提及了南北国家之间的可持续的、有效关系。此外，非洲、亚洲、加勒比海、太平洋和阿拉伯地区提交的报告仅占总接收报告的 20% 不到（van Graan，2012）。

> *往往缺乏协调、可持续的信息策略及活动，为利益相关方提供公约相关的信息。*

地图 4.2

国家 – 民间社会磋商实践

来源：V-Dem，民主种类项目，2015。

微弱关系　　　　　　　　　　　　　　　　强劲关系

地图 4.3

2005 年和 2012 年国家 – 民间社会磋商能力稳定性变化

来源：V-Dem Varieties of Democracy，2005。

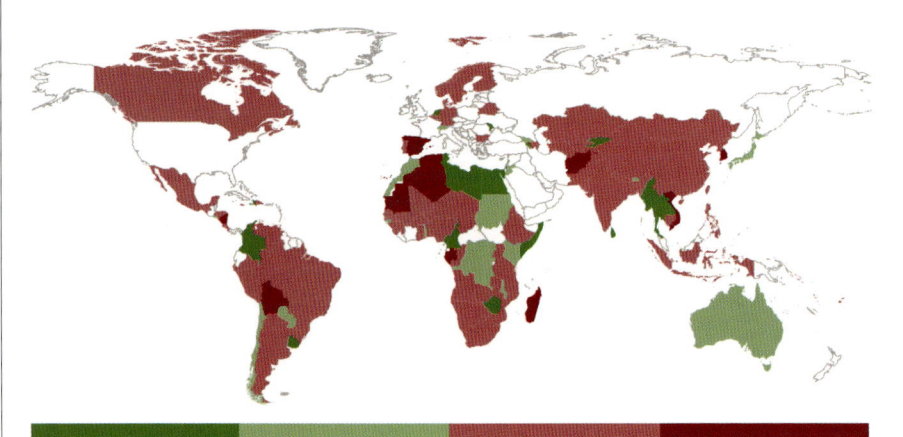

积极变化　　　　　　　　　　　　　　　　消极变化

民间社会参与作为一种参与式管理形式

与 van Graan 一样，我们假设民间社会参与方式及程度是其整体履约角色的一个良好指标，至少如 QPRs 所表明。因此，我们将分析民间社会的整体履约角色（分三节内容来描述民间社会的贡献——

参与编制QPR、政府与民间社会合作、民间社会直接参与），但又将通过引入额外数据和分析焦点来超出这一分析范围。

以上列出的许多挑战均指向民间社会与政府机构在相互认识、信息共享及联合活动方面的微弱关系。民主种类项目中充分体现了此类挑战，其中使用2012年的国家分值数据研究了国家与民间社会直接的一般关系。[7] 地图4.2表明，拥有最强的国家－民间社会关系的十个国家均批准了公约，且QPRs表明，这一强劲关系也存在于履约过程中。例如，瑞士联邦委员会确认了民间社会在促进文化多样性中的重要角色，且民间社会是积极的履约合作伙伴。加拿大、丹麦、芬兰、挪威和瑞典的民间社会实体在艺术和文化委员会中的呼声很高。巴西文化多样性联盟举办了两次文化多样性国际会议，会上讨论了公共政策及民间社会履约机制。

我们还可探究过去十年间国家－民间社会磋商过程的变化。

> 民间社会与政府机构在相互认识、信息共享及联合活动方面存在微弱关系。

地图4.3给出了2005年和2012年国家－民间社会磋商能力的稳定性水平数据。一些国家取得了进展，显著改善了国家－民间社会关系：有17个国家的国家－民间社会磋商能力增长了10%以上，其中有11个国家批准了公约。[8]

荷兰和乌拉圭这两个国家报告了2015年国家与民间社会之间建立的强劲合作关系，且到2012年提高了10%以上。乌拉圭的QPR中描述了与民间社会的不同合作模式，如举行多层级磋商，在QPR中包含民间社会观点，且民间社会积极参与传播公约与文化多样性国际基金（IFCD）的相关信息。荷兰报告称，文化创意部门的许多组织参与了制定文化政策。

与此相反，在过去的十年间，有10个缔约方的国家－民间社会磋商能力下降了10%以上。[9]

例如，玻利维亚提及，尽管部委层面开展了许多活动，且部委与民间社会开展合作，但地方层面的公约促进工作尚不充分。阿曼苏丹国和西班牙提交的QPRs中提及了

---

[7] 这一评估问题为："政策制定者是否就与其成员相关的政策与主要的民间社会组织（CSOs）展开磋商？"

[8] 亚美尼亚、喀麦隆、哥伦比亚、埃及、海地、摩尔多瓦、荷兰、巴勒斯坦、突尼斯、乌拉圭和津巴布韦。

[9] 阿富汗、阿尔及利亚、玻利维亚、加蓬、韩国、马达加斯加、毛里塔尼亚、尼加拉瓜、西班牙和越南。

专栏4.1·奥地利文化多样性工作组（ARGE）

奥地利文化多样性工作组（ARGE）成立于2004年，是由成员协会、工会、学术机构及个体艺术家组成的网络，由联邦教育、艺术和文化部提供资金。

ARGE的每个网络/利益群体均就共同利益问题与其选民展开磋商。这样一来，ARGE的决策能够代表艺术文化领域的3500多名个体的意见。ARGE的独特之处在于，各州政府代表将参与ARGE会议。

值得指出的是，联邦文化、艺术、教育、外交事务、内务、法律、经贸、科学及媒体部委内的公约联络点也参与ARGE会议，以确保所有利益相关方共同履约。当公务员、政治家或民间社会代表转职或转移到其他部门时，将避免延续性问题。

随着公约的生效，ARGE拓展了其活动领域，包括信息分享和交流；为政府机构提供文化政策制定相关的专业知识；组织意识提升活动及监测履约进程。此外，ARGE还就如何推进履约进程提出了具体的建议。

这一工作组为民间社会代表与公约相关事宜有关的所有政府部委下属的政府机构之间的持续对话和交流创造了独有的平台。

来源：ficdc.org/Autriche?lang=en。

迫切需要为下级政府部门（区域、省级及地方层面）提供公约信息，以便充分调动这些层面的民间社会的参与。

参与类型

《第9条操作指南》提出了促进民间社会参与履约的不同活动（图4.1）。

- 通过意识提升和其他活动倡导公约目标；
- 收集在本国境内及国际层面保护和促进文化表现形式多样性的措施，分享和交流相关信息；
- 制定政策，同时为倾听和讨论民间社会的意见创造空间；
- 实施《操作指南》。

此外，《操作指南》指出了CSOs直接开展的活动类型（其需要报告相关活动情况，图4.2）。

- 在其境内及国际场合倡导公约目标；
- 促进政府批准和实施公约；
- 向政府机构传达民间、协会和企业的担忧；
- 帮助改善文化管理方面的透明度和问责；
- 监测保护和促进文化表现形式多样性的政策措施及计划的实施情况。[10]

根据以上描述的两组类别，我们分析了报告中提及的活动。第一类指的是民间社会参与履约：最常见的活动包括"通过意识提升和其他活动倡导公约目标"（64份报告中提及了此类活动）及"制定政策，同时为倾听和讨论民间社会的意见创造空间"（58份报告中提及了此类活动）。第二类指的是民间社会直接或独立参与（民间社会组织可报告相关事宜）。分析报告表明，"在其境内及国际场合倡导公约目标"下的活动的提及频率最高（51份报告中有所提及）。

许多国家的民间社会参与了履约过程。仅有一个国家的报告表明未开展此类活动，而有48个缔约方报告了至少3种此类活动。此外，尽管有17份报告表明没有CSOs独立开展的活动，但也有28份报告提及了此类活动。例如，加拿大、厄瓜多尔、法国和德国报告称，民间社会积极参与制定和/或修改文化政策。芬兰、德国和墨西哥支持U40网络，识别和支持年轻专业人员。西班牙的民间社会组织为移民艺术家举办扫盲计划。波兰的"文化民间"运动获得了政府对与民间社会携手实现大量文化政策目标的书面承诺。在波斯尼亚和黑塞哥维那，来自民间社会的独立专家构成了三分之一的国家议会咨询委员会和市议会。布隆迪的电影专业人员组成了生产者联盟，共同促进本国视听产业的发展。肯尼亚的民间社会团体DEPCONS促进女性参与艺术活动。

> "民间社会为定期报告活动提供信息输入可大大促进其介入程度。"

专栏 4.2 · 布基纳法索政府为民间社会提供履约支持

布基纳法索政府与民间社会组织携手制定促进履约的措施。布基纳法索2009年采纳的文化政策由政府与不同民间社会组织合作制定及实施，其中建立了财政和技术支持机制，尤其是促进文化企业发展的相关机制。

民间社会也参与文化部创建的统计数据收集单位的活动，为民间社会组织与专业组织系统提供融资机会与文化艺术教育支持相关的信息，尤其是为儿童和青少年提供的融资机会和支持。许多戏剧舞蹈公司动员国外合作伙伴赞助相关领域的创作、生产、分销和培训活动。此外，2010~2012年间，组织了四次全国艺术家和文化人才论坛。

布基纳法索的经验表明，尽管资源有限，但规划良好的政府策略仍可支持民间社会促进履约的举措。

来源：en.unesco.org/creativity/ifcd/projectdescription/decentralization-and-cultural-policies-newmodelgovernance-culture-burkina。

---

[10] 该编码不考虑民间社会的参与质量或民间社会主体的类型和数量。如果报告中提及了民间社会的某一方面，则国家编码为1（是），如果没有提及民间社会，则编码为0（否）。例如，来自几内亚的报告删除了民间社会参与的建议类别，来自奥地利或科特迪瓦的报告则提供了详细的信息。但是，这三个国家分配的编码相同。

《第9条操作指南》要求"民间社会按照共同商定的方式参与报告编写。报告应指明民间社会参与起草过程的方式"。50份报告中明确提及了民间社会在磋商或报告编写过程中参与了报告编制。在分析报告时,公约秘书处识别了多种磋商方法(UNESCO,2012)。

- 合作过程：联合起草和修改报告,如奥地利；
- 平行过程：政府和民间社会单独编写报告,然后将民间社会的报告纳入政府报告,如德国；
- 磋商过程：通过调查问卷及其他反馈形式征询民间社会的意见和信息,然后纳入缔约方报告,如乌拉圭。

《操作指南》中并未就多少及哪种民间社会组织(CSOs)参与报告过程的问题提出相关建议。在描述了民间社会参与的50份报告中,有25份报告列出了以某种方式参与QPR编写的CSOs及协会的名称。我们分析了这些报告中提及的所有CSOs及协会的使命和活动,结果发现,各国促进不同类型的CSOs参与报告过程。例如,仅有3份报告中提及的CSOs具有促进公约的明确使命；有2份报告提及了关注女性权利和赋权的组织；另外4份报告则提及了青年组织。尽管存在这种多样性,许多CSOs为网络或联盟组织,包括国际组织。希腊报告了处理维权的联盟组织之间的合作；乌拉圭报告了关注文化专业人员劳动权、版权等的专业协会；奥地利(专栏4.1)、法国、希腊、墨西哥、秘鲁、塞尔维亚和斯洛文尼亚等国政府与协会开展紧密合作,以确保和促进文化专业人员与政策制定者之间的对话。保加利亚和布基纳法索政府部门与作为文化部门资源中心的组织开展合作(专栏4.2)。

图4.3强调了这些组织的一些特征：这些组织一般为近期建立,主要位于本国首都；这些组织是其他CSOs的网络组织,其开展各种活动,包括开展国家—民间社会对话,提供培训及相关服务。

然而,仅有少数CSO资料中明确提及促进履约,包括意识提升、支持履约或促进实现公约目标。

然而,很明显的是,民间

图4.1

报告缔约方促进民间社会参与履约的活动的QPRs比例

来源：QPRs,2012～2014。

活动	比例(%)
通过意识提升和其他活动倡导公约目标	87
收集在本国境内及国际层面保护和促进文化表现形式多样性的措施,分享和交流相关信息	66
制定政策,同时为倾听和讨论公民社会的意见创造空间	82
实施《操作指南》	41

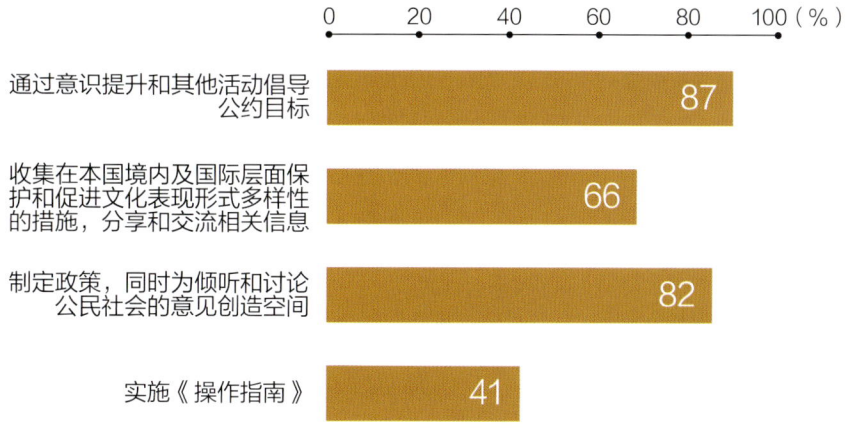

图4.2

报告CSOs直接开展的履约活动的QPRs比例

来源：QPRs,2012～2014。

活动	比例(%)
在其境内及国际场合倡导公约目标	72
促进政府批准和实施公约	53
向政府机构传达公民、协会和企业的担忧	50
帮助改善文化管理方面的透明度和问责	44
监测保护和促进文化表现形式多样性的政策措施及计划的实施情况	50

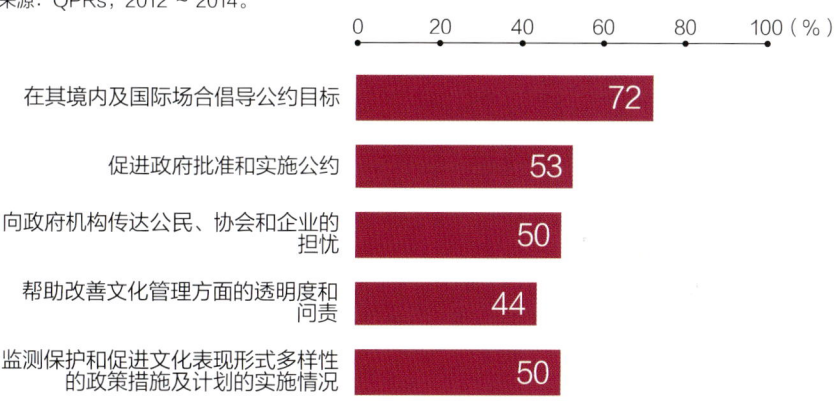

图 4.3

参与编写 QPRs 的 CSOs 的特征

来源：V-Dem Varieties of Democracy, 2015。

[词云图：核心词为"文化"、"发展"、"促进"、"国际的公约"、"信息"、"电影"、"媒体"、"组织"、"艺术"、"多样性"、"音乐"、"视觉"等]

专栏 4.3 · 巴西民间社会参与文化政策与履约监测

自 2003 年起，民间社会参与公共决策过程是巴西文化政策的一大支柱。为此，巴西组织了国家文化大会（CNC）；创建了国家文化政策委员会（CNPC）；编制了全国文化计划（PNC）；定期就文化领域的立法事宜与民间社会展开磋商。

在召开 2005 年和 2010 年国家文化大会之前，首先在地方、州和部门层面举行了磋商活动，以确定出席联邦会议的代表。

CNPC 由政府部门（多个联邦部委，包括文化和外交事务部及州和地方主管部门代表）、民间社会组织、学术界与独立专家代表组成。CNPC 的目的是，支持制定有利于文化实践的文化政策。除了全体会议，成员还将召开工作组会议。CNPC 旨在通过各种措施来增加 70% 的国家和国际文化交流，这些措施将在南南合作和南北合作基础上加强区域和国际交流。

巴西民间社会有关的其他相关举措包括，政府为文化多样性观测站（Cultural Diversity Observatory，一家非政府组织）提供支持，其负责开展巴西文化多样性研究，定期组织国际研讨会，支持巴西文化多样性联盟（其也积极参与国际讨论）。

在制订《2011～2020 年全国文化计划》（巴西政府首份将 2005 年公约作为法律框架的政策文件）期间，文化部在全国各州组织了一系列文化政策研讨会。这些研讨会的对象包括艺术家、学生、研究人员和文化创业者，讨论了与公约相关的一系列问题。文化部的管理人员及专家以发言人和培训师的身份参与了这些研讨会。

来源：en.unesco.org/creativity/periodic-reports/innovative-examples/promotion-convention-among-civil-societybrazil?language=en）。

社会为定期报告活动提供信息输入还是大大地加强了其介入程度（专栏 4.3）。Civicus 民间社会指数[11] 表明了民间社会在这一过程中参与度有限的一个原因。社会和政策影响的感知程度可表明民间社会的"舒适度"或者其受欢迎程度。对民间社会影响的不同内部感知可解释一些报告较少提供 CSO 活动（不考虑实际的民间社会活动）信息的原因。表 4.1 表明，感知社会影响可以大于实际的政策影响。最小差异仍高达 11.8 个百分点（阿根廷），而最大差异为 44 个百分点（约旦）。对于履约而言，这意味着许多国家的 CSOs 可能少报了其政策活动。

缔约方提供的证据表明，政策设计及实施所需的持续国家－民间社会合作面临很大挑战。例如，2012 年的阿根廷报告指出："就民间社会而言，尽管在公约批准之前的阶段，民间社会进行了广泛、积极参与，但在本国批准公约后，相关参与反倒显著减少。"立陶宛报告称，国家和民间社会之间存在信息交流，且 CSOs 是磋商过程的一部分，但如果这些活动（CSO 活动）符合公约目标，我们不得不承认的是，这些活动并非出于实现公约目标的目的而开展。文化部与立陶宛 UNESCO 国家委员会对以上活动及其他活动的主办方开展了

---

[11] 这一指数由 5 个维度和 58 个指标构成。我们仅使用其中 2 个维度——比较 CSO 领导人内部评估的感知社会和政策影响。

调查问卷活动，询问其如何促进公约目标和原则，提升相关意识，及监测政府履约的信息。这一调查问卷活动仅收到了少量回复，而给出回复的组织指出，这是它们第一次听说公约，且其并未采取任何专门的履约措施。文化部将公约意识提升视为下一轮报告的主要挑战和目标之一。

> 公约构想的民间社会的另一个重要角色是倡导和监督，尤其是实现履约过程的透明度和完整性。

表 4.1
各国感知的民间社会影响

单位：%

国家	感知社会影响	感知政策影响	平均影响	感知社会影响与政策影响之间的差异
阿尔巴尼亚	79.9	59.3	69.6	20.6
阿根廷	62.6	50.8	56.7	11.8
亚美尼亚	42.5	25.5	34	17
保加利亚	67.8	43.5	55.65	24.3
塞浦路斯	78	48.6	63.3	29.4
智利	67.2	31.7	49.45	35.5
克罗地亚	75.2	38.4	56.8	36.8
意大利	58.8	41.8	50.3	17
约旦	63.3	19.3	41.3	44
墨西哥	60.8	28	44.4	32.8
斯洛文尼亚	60.5	35.5	48	25
多哥	64.3	35.5	49.9	28.8
乌拉圭	74.9	47.3	61.1	27.6

来源：Civicus CSI 二期，2008～2011。

地图 4.4
各国文化多样性国家联盟

来源：IFCCD，2015。

倡导和监督角色

公约构想的民间社会的另一个重要角色是倡导和监督角色，尤其是实现履约过程的透明度和完整性。国际文化多样性联盟联合会[12] 是国家层面的主要行为主体之一。此类联盟在促使多样化声音影响履约方面发挥着重要作用，尤其当涉及国家和国际层面相关的关键问题时，如贸易协定、人权保护、审查制度和性别平等问题。

目前，有 43 个国家建立了文化多样性国家联盟，如图 4.4 所示；其中加勒比海地区也建立了一个文化多样性联盟。这些国家开展的民间社会活动与联盟之间似乎存在积极的关系：建立了文化多样性联盟的缔约方平均报告了 7 项活动，而尚未建立文化多样性联盟的缔约方仅报告了不到 5 项活动。这一调查结果强调了民间社会基础设施（包含并扩大文化部门的不同声音）的重要性。[13]

基本指标与验证手段

根据以上依据、讨论的问题及

---

[12] 参见 www.ficdc.org。
[13] 参见第十章中有关文化监督举措的另一个示例。

第四章·与民间社会合作

监测指标框架（参见"制定监测框架"章节，当前行动的核心要素之一），可针对本章主题提出以下基本指标及验证手段。

指标 4.1

1）建立支持民间社会的立法和财政基础；2）其覆盖各种民间社会组织

验证手段

- 支持为民间社会创造有利环境的相关法律证据
- 支持民间社会的法律影响评估
- 民间社会组织从国家获得财政支持，拥有计划和项目来支持其成员

指标 4.2

民间社会参与促进创作、生产、分销和享有多样化文化产品和服务的政策设计及实施

验证手段

- 为民间社会参与国家和当地文化政策设计及实施建立多种机制（如，听证会、工作组、调查问卷等）
- 民间社会在广泛文化领域积极参与及采纳文化政策的证据
- 民间社会收集和分析知情、透明政策制定所需的信息和数据，并将其提供给政策制定者
- 文化多样性国家联盟及其他CSO"文化监督"部门编制评估公约相关政策的定期报告的证据

指标 4.3

民间社会在国家和国际层面积极参与批准和促进公约

验证手段

- 建立文化多样性国家联盟（NCCD）及其他 CSO "文化监督"部门
- 民间社会通过计划、项目和活动来提高国家和地方层面对公约的认识
- 民间社会为缔约方四年一次定期报告提供信息输入
- 来自不同文化领域[14]的民间社会组织向公约管理机构提交信息文件
- 来自不同文化领域[15]的民间社会组织参与公约管理机构的讨论

结论

毫无疑问，公约及其《操作指南》的实施是国际社会涉足的新领域，这对缔约方及民间社会主体提出了重大挑战。如前文所述，以往评估均指向国家—民间社会关系中的问题。我们的一些调查结果与这些评估结果不谋而合，但我们也发现取得了一些进展和成果。[16]

我们发现，70份 QPRs 中有50份提及了促进民间社会参与履约的内容。一些缔约方促进民间社会组织参与政策制定过程，但也有些

---

[14] 参见第十章中有关文化监督举措的另一个示例。

[15] 参见第十章中有关文化监督举措的另一个示例。

[16] 我们应注意，具体国家报告存在很大差异，这意味着民间社会实际上可能发挥更大的作用。

缔约方报告了国家与地方政府在政策制定合作能力上的差距，融资和具备相关资质的人力资源不足，民间社会对公约的认识不足等问题。

我们还发现，有各种民间社会组织参与了报告编制和磋商及报告编写过程。我们分析了提及 CSOs 名称的 25 份报告，结果发现大多数组织为代表不同文化群体的网络或协会。然而，我们也发现，可从性别、少数群体、青年和文化创业等角度来改善这些组织的多样性。

对于公约是否提高了文化政策制定的透明度问题，我们的分析表明，43 个国家及加勒比海地区建立的文化多样性联盟发挥了重要作用，但仍有待加强。

很明显，履约的多个方面仍需要开展进一步的分析，而不仅仅是基于 QPRs 中的信息。其中，民间社会的复杂表现、政府与民间社会之间的合作缺陷及冲突等问题尤其值得进一步探究。

为此，我们提出了以下建议。

- **援助：** 一些缔约方指出其需要 QPR 编制方面的援助，尽管公约秘书处提供了大量的此类文件。许多缔约方似乎需要这一方面的更多指导和培训，尤其是这些民间社会力量较弱且专业化水平较低的缔约方。需要提供技术援助。此外，鼓励民间社会实体以其可控格式或使用社交媒体提交报告。

- **框架：** 应建立简单但有用的包含民间社会参与标准的通用指标框架，包括意识提升、能力建设及可促成可验证的输出或结果的活动（即便难以对其进行量化）。这将有助于统一报告。整体而言，应加强结果关注。

- **意识：** 需要采取提高民间社会实体对公约认识的措施；应探究社交媒体的更多使用。

- **学习：** 有必要识别国家－民间社会合作方面的最佳实践，以克服政府官员、民间社会主体及文化界之间的不信任和"实施差距"。

- **合作伙伴关系：** 应鼓励缔约方开展横向跨境合作（南北国家的政府与政府、民间社会与民间社会合作），以提高能力，促进创意产品和服务交易（van Graan, 2012）；有必要探究现有论坛和平台可在多大程度上促成此类横向合作模式。

> 我们可实现文化产品的更平衡流动,同时为会议和交流开发新的平台,而这将成为未来创意多样性的支柱

Brahim El Mazned
音乐节签证总监

目标 2

实现文化产品和服务的平衡流动，提高艺术家和文化专业人员的流动性

VISA FOR MUSIC
AFRICA MIDDLE-EAST MUSIC MEETING

第五章

关注差距：促进流动性

Mike van Graan[①] *和 Sophia Sanan*[②]

关键信息

> 艺术家和文化专业人员的流动性对于维持多样化的创造力、价值观和世界观至关重要。

> 艺术家和文化专业人员进入国际市场对于促进可持续的文化、创意产业，及其对人类、社会和经济发展的潜在贡献也十分重要，尤其是对于发展中国家而言。

> 然而，从发展中国家艺术家和文化专业人员的流动性来看，公约原则和理想与现实之间仍存在很大差距。事实上，当前的履约尚未推动此类流动性的提高。

> 艺术家和文化专业人员的流动面临的主要障碍是发达国家的不断增加的安全、经济和政治约束。这便需要按照国际团结精神更有效地利用公约来克服这些约束条件。

> 缔约方需要收集和分享可促进艺术家和文化专业人员流动的信息、融资及其他机会。

[①] 非洲艺术学院执行理事，南非开普敦。
[②] 非洲艺术学院研究经理，南非开普敦。

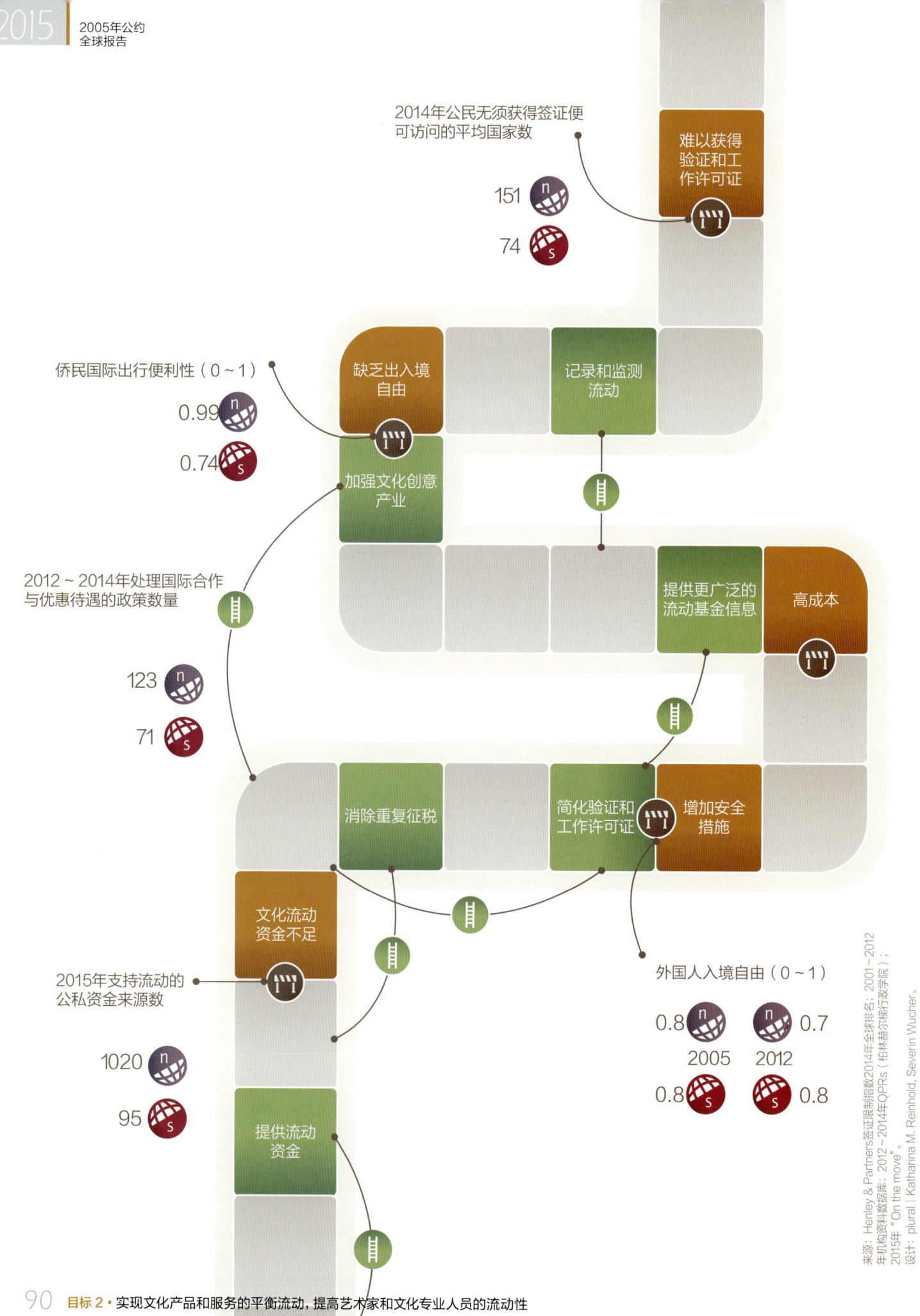

2015 2005年公约 全球报告

2014年公民无须获得签证便可访问的平均国家数
- 151 n
- 74 s

难以获得验证和工作许可证

缺乏出入境自由

记录和监测流动

侨民国际出行便利性（0～1）
- 0.99 n
- 0.74 s

加强文化创意产业

提供更广泛的流动基金信息

高成本

2012～2014年处理国际合作与优惠待遇的政策数量
- 123 n
- 71 s

消除重复征税

简化验证和工作许可证

增加安全措施

文化流动资金不足

2015年支持流动的公私资金来源数
- 1020 n
- 95 s

外国人入境自由（0～1）
	n	n	
	0.8	0.7	
	2005	2012	
	0.8 s	0.8 s	

提供流动资金

来源：Henley & Partners签证限制指数2014年全球排名：2001～2012年机构资料数据库；2012～2014年QPRs（柏林赫尔梯行政学院）；2015年"On the move"。
设计：plural | Katharina M. Reinhold, Severin Wucher。

90　**目标2** · 实现文化产品和服务的平衡流动，提高艺术家和文化专业人员的流动性本章将概述发达国家按照《保护和促进文化表现形式多样性公约》（2005）第16条③及其《操作指南》（其中列明了需要采取的各种流动措施④）的规定，采取的有利于发展中国家的艺术家⑤流动的措施。此外，本章还简要回顾了发展中国家按照相关《操作指南》规定⑥，在"南南合作"框架下采取的有利于其他发展中国家的措施。

本分析中使用的数据大多来自缔约方在2012～2014年递交的四年一次定期报告（QPRs）⑦及对1980年《关于艺术家地位的建议》实施情况全球调研结果（UNESCO，2015b）。⑧关于术语，我们使用"南方国家"和"北方国家"来分别指代"发展中国家"和"发达国家"。北方国家一般指的是实施自由市场经济的选举式民主国家，而南方国家实施截然不同的政治、经济制度，其在人权认识、实践和保护上具有极大差异。北方国家主要由发达国家组成，因此其可能对某些价值观、理念和世界观不以为然，而构成南方国家的国家和地区之间及内部也存在很大的差异，因此在分析时应注意这些差异。

在本章中，南方国家包括：

- 所有非洲国家；
- 所有亚洲国家，但不包括日本、新加坡和韩国；
- 所有拉丁美洲和中美洲国家，包括墨西哥；
- 所有太平洋岛屿地区的国家；
- 所有加勒比海地区的国家；
- 所有阿拉伯国家。

北方国家则指的是亚洲的日本、新加坡、韩国、西欧、北美（包括美国、加拿大，但不包括墨西哥）、澳大利亚和新西兰（地图5.1）。

南北方国家并未简单地按照南北半球进行界定，而是考虑了各国的经济、政治和军事力量，以及可能对流动性问题产生直接影响的因素。作者也参考了相关数据库，其中提供了签证及其他措施、融资机制及国家支持以外的实践相关的指标。⑨

通过分析这些数据集，我们概述了缔约方所取得的进展。分析过程中还介绍了一些最佳实践及趋势。

---

③ 如欧洲比较文化研究所所定义的，文化或艺术家流动指的是艺术家及其他文化专业人员的暂时跨境流动（欧洲比较文化研究所，2008）。

④ 第16条，对发展中国家的优惠待遇："发达国家应通过适当的机构和法律框架，为发展中国家的艺术家和其他文化专业人员及从业人员，以及那里的文化产品和文化服务提供优惠待遇，促进与这些国家的文化交流。"

⑤ 《第16条操作指南》第3.3.2段鼓励发达国家制定和实施促进为发展中国家的艺术家提供优惠待遇的措施，如"（v）采取措施促进艺术家和其他文化专业人员及从业人员的流动，尤其是支持出于职业原因而需要前往发达国家的发展中国家的艺术家、其他文化专业人员及从业人员的措施。根据相关条款规定，这些措施应包括，如简化入境、居留和短暂出行相关签证问题的流程；降低签证成本"，及"（vii）在当前公约相关活动框架内，为发展中国家的艺术家和其他文化专业人员及从业人员提供特殊财政激励"。

⑥ 《第16条操作指南》2.4规定："鉴于第十六条并未要求发展中国家为其他发展中国家提供优惠待遇，鼓励发展中国家在南南合作框架下为其他发展中国家提供优惠待遇。"

⑦ 四年一次定期报告可登录以下网站查询：http://en.unesco.org/creativity/monitoring-reporting/periodic-reports。

⑧ 1980年《关于艺术家地位的建议》呼吁缔约方"承认艺术生活及艺术实践具有国际维度，为从事艺术活动的人员提供所有手段，尤其是出差和研究补助，以便帮助其与其他文化建立起深远的联系"，及"采取适当措施促进艺术的自由国际流动，不妨碍艺术家在任何国家开展艺术活动的自由"。参见en.unesco.org/creativity/monitoring-reporting/status-artist。

⑨ 柏林赫尔梯行政学院基于其QPRs研究，提供了不同国家流动政策数量的数据库。参考的其他数据库包括"自由之家"全球自由指数（freedomhouse.org）、经济学家民主部民主指数（www.eiu.com/Handlers/WhitepaperHandler.ashx?fi=Democracyindex-2014.pdf&mode=wp&campaignid=Democracy0115）及公约签署国机构资料数据库（2001~2012），www.cepii.fr/institutions/EN/ipd.asp。

地图 5.1

南北方国家划分
来源：维基媒体，2015。

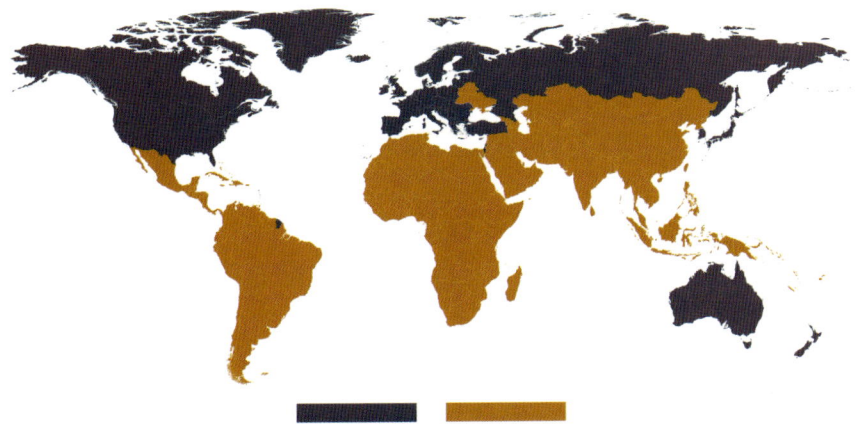

北方国家　　南方国家

第五章·关注差距：促进流动性

南方国家的数据不足问题造成了一大限制，为此只能转而采用更笼统的观测方法。尽管来自南方国家的轶事经验证据和信息将为这一讨论提供有用信息，但此类证据和信息一般以口头形式存在，因此难以将其包含其中，因为这些来源、证据或信息难以或者无法独立得到证实。本章结论部分将讨论这一问题。

在此分析基础上，我们应讨论《操作指南》中提及的以下主题：南方国家艺术家在北方国家的出入境自由；促进此类流动的政策措施；为支持艺术家流动提供资金所采取的措施。我们还将识别加强艺术家流动的非官方实践。我们将强调南方国家艺术家、技术人员、承办方及相关文化专业人员面临的流动挑战。值得指出的是，除了第16条，公约其他条款及《操作指南》也将对艺术家的流动性产生间接影响。[10] 例如，鼓励北方国家投资南方国家的文化产业；这将帮助确保南方国家的艺术家及其他文化专业人员拥有相关技术能力，生产出可进入北方国家市场的高品质产品。

> 艺术家根据其工作性质来看，并不符合授予签证的条件。

如果南方国家的艺术家及其产品由于质量问题而被排除在北方市场之外，则促进其进入北方国家市场将变得毫无意义。此外，此类投资将为南方国家的承办方和巡回演出经理人提供必要技能、知识和网络，以便其可持续地进入北方国家市场，而非仅依赖北方国家承办方为其进入北方国家市场而开展的举措。然而，本章并不会详细讨论为艺术家流动提供的间接支持。

最后，本章将讨论"On the Move"[11] 文化流动信息网络识别的各种文化流动相关问题：艺术家派驻或奖学金；出席活动补助，如节日；学习或培训奖学金；为参与跨国网络提供的支持；科研考察补助；市场开发补助、项目或生产补助及差旅补助。

南方国家艺术家和文化专业人员面临的主要挑战

"英国曼彻斯特7月中旬举办的火炬节是世界各地的新艺术家的表演庆典。尽管可能并非来自格鲁吉亚，节日总监 Neil Mackenzie 邀请第比利斯的 The New Collective 表演其作品 Welcome，火炬节向其发出邀请，且将承担其费用。

但是英国主管部门担心这一年轻组合想移民到英国，因此驳回了其签证申请。这些年轻人都是单身，没有家属，银行账户中的钱也不多，因此无法证明他们是"真诚"的英国访客，在表演结束后就会离开英国。"[12]

以上援引的新闻报道提到了南方国家的艺术家及其他文化专业人员面临的许多流动挑战。这似乎证明了七年前一份有关艺术家流动的报告中得出的结论："新 UNESCO 公约的意图与艺术家和主办机构面临的现实之间存在巨大差距"。（Reitov 和 Hjorth，2008）

第一类流动性挑战与签证和工作许可证有关。艺术家根据其工作性质来看（这也适用于北方国家的许多艺术家），并不符合授予签证的条件（如，在原籍国的定期收入、固定工作及回国意向证明等），他们被视为东道国的潜在经济难民。另外一大挑战是，当艺术家开展多国巡回表演时，有些国家要求由主要目的地国家处理签证申请，而有些国家又要求在入境国家处理签证申请。这可能导致艺术家无法获得巡回表演国家的多次入境签证。此外，艺术家及其后勤人员在获得北方国家的工作许可中也面临重重困难，一些国家要求国外艺术家使用当地技术相关人员。行政管理负担及潜在的经济损失使得承办方不愿意邀请这些面临复杂的签证和工作许可证管理制度的国外艺术家。

---

[10] 因此，第15条（协作安排）提及了"新型伙伴关系"，即"应根据发展中国家的实际需求，注重基础设施建设、人力资源开发和政策制定，以及文化活动、产品与服务的交流"。《第16条操作指南》第3.3.2段指出，"（i）为发展中国家制定旨在培养和支持艺术家及其他参与创意过程的人员的政策措施提供支持和专业知识"；"（iii）能力建设，尤其是通过培训、交流和概况介绍活动（例如，艺术家和文化专业人员派驻）"；"（v）融资安排与资源共享，包括支持使用发达国家的文化资源"。

[11] 参见 http://on-the-move.org/。

[12] 《格鲁吉亚剧团驳回了在英国进行表演的签证》，《卫报》2015年6月3日，www.theguardian.com/stage/theatreblog/2015/jun/03/georgiantheatre-company-refused-visa-to-perform-in-britain。

第二类挑战与北方国家的增加安全措施有关，这将导致拒签。由于需要提交指纹等生物特征信息，文化专业人员需要亲自前往可能不在自己所在城市的大使馆或领事馆申请签证。

这也提出了第三类挑战：即文化流动相关的成本及资金可用性。

这些挑战对前往北方国家的南方国家艺术家及其他文化专业人员的影响尤其包括：流失市场机会，进而可能导致扶贫收入不足；减少北方国家文化表现形式的多样性，因为更少的南方国家艺术家前往北方国家；当南方国家艺术家认为自己遭到不平等对待，尊严受到伤害时，将造成更大的两极分化；及破坏公约作为促进全球文化合作、协作及交流的文书的公信力。

基本指标与验证手段

我们提出了一系列基本指标和验证手段来评估用于解决部分挑战的措施，具体如下文所示。

基本指标 5.1
1）建立；2）评估；3）实施确保侨民和外国人出入境自由的法律基础

验证手段

- 确保出入境自由的相关法律证据（如，外国侨民的出入境自由）
- 限制出入境自由的相关法律证据
- 确保出入境自由的相关法律影响评估报告

地图 5.2

侨民出行便利性（无须获得签证）

来源：Henley and Partners，2015。

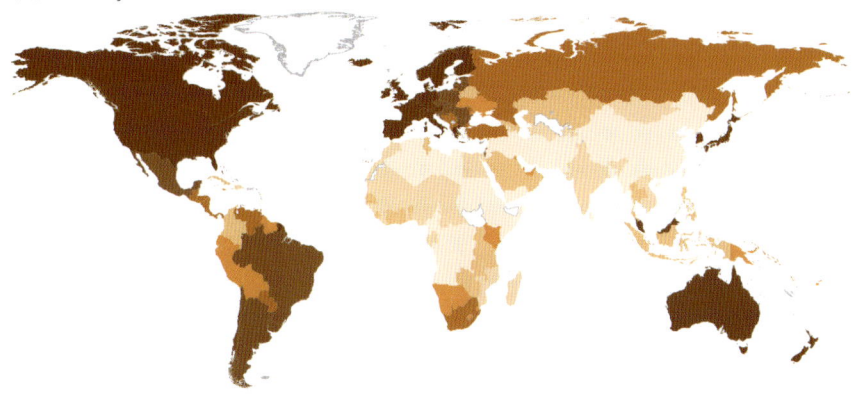

困难　　　　　　　　　　　　　　　　容易

- 限制出入境自由的相关法律影响评估报告

基本指标5.2
1）建立；2）评估；3）实施支持发展中国家艺术家和文化专业人员流动的政策措施

验证手段

- 支持艺术家和文化专业人员流入和流出的法律框架证据（如，文化协定、谅解备忘录、简化签证程序）
- 处理流动性及与加强文化创意产业相关的政策和计划证据（如，在文化与发展项目背景下开展的计划；为文化专业人员提供市场准入的举措）
- 流动资助计划和/或融资机制证据（如，奖学金、出差或研究经费、降低交易成本等）
- 支持跨国文化合作、合资企业、网络及合作伙伴关系的制度框架证据（如，外国侨民艺术派驻，为外国侨民文化专业人员提供的培训/教育机会）

基本指标5.3
促进发展中国家艺术家和文化专业人员流动的非政府举措

验证手段

- 针对外国侨民艺术家和文化专业人员的资助计划和/或制度机制（如，艺术派驻、补助金、奖学金、培训计划）
- 为流入和流出艺术家和文化专业人员提供实践指导的资源中心和信息服务

尽管需要开展进一步研究来收集以上所有数据，我们仍可分析南方国家文化专业人员进入北方国家市场方面取得的进展。这可从以下三个领域来分析。

■ 北方国家采取的促进南方国家艺术家出行或巡回表演的措施（文化协定、法律、谅解备忘录、签证豁免等）；

第五章·关注差距：促进流动性　93

- 支持此类流动的融资机制和/或可用资金；
- 促进艺术家，尤其是南方国家艺术家流动的正式或非正式实践，即不是由政府支持或实施的措施，且这些实践无须参考公约。

评估北方国家采取的促进南方国家文化专业人员进入北方国家市场的措施

为了分析进展，通过分析公约签署国机构资料数据库（2001～2012）[13]数据，我们将评估南北方国家之间的相对准入便利性及跨境控制。这一数据集为外国侨民入境自由和侨民出境自由赋予了分值，如图5.1所示（此类数据也适用于文化专业人员）。

可用数据及图5.1的分析结果表明，自公约生效以来，南方国家文化专业人员在北方国家的入境自由略有下降，而南北方国家的出境自由均保持不变。根据公约签署国机构资料数据库（2001～2012）编制的表5.1表示的是侨民国际出行的相对自由，其明确表明，与南方国家公民获得签证的相对困难相比，北方国家公民获得其他国家签证的相对便利性。这证明了全球出入境自由方面的不平等性挑战。

公约似乎并未整体区分促进各国流动，尤其是南方国家到北方国家的流动。如此一来，我们可以推断，公约并不一定加强南方国家文化专业

[13] 参见 www.cepii.fr/institutions/EN/ipd.asp。

图 5.1

外国人平均入境自由度与侨民平均出境自由度

来源：IPD，2006、2012。

	2006	2012	2006	2012
北方国家	0.8	0.7	1	1
南方国家	0.8	0.8	0.9	0.9

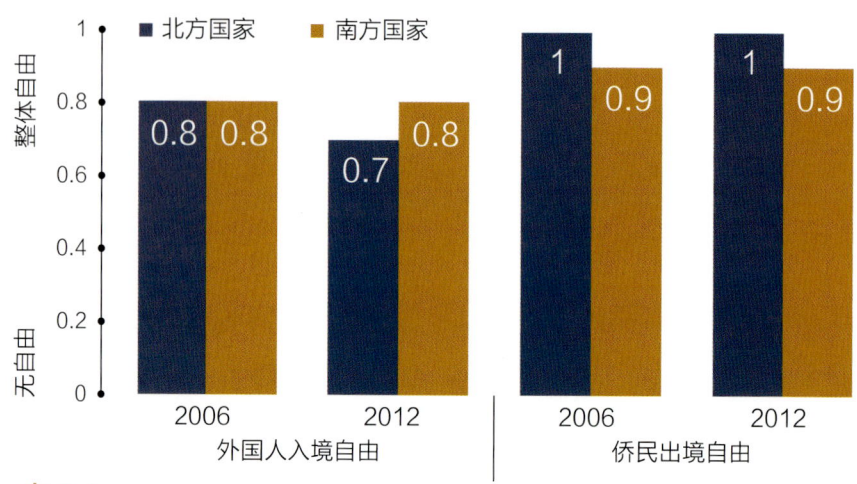

（外国人入境自由 | 侨民出境自由）

表 5.1

侨民不同地区国际出行的便利性

地区		合计
北方国家	亚太	1.00
	欧洲	0.98
	北美	1.00
北方国家合计		**0.99**
南方国家	非洲	0.75
	阿拉伯国家	0.77
	亚太	0.73
	CIS（独立国家联合体）	0.77
	南美/拉丁美洲	0.70
南方国家合计		**0.74**

0 = 侨民无出境自由
1 = 侨民易于获得（旅游或出差）签证
来源：公约签署国机构资料数据库，2001～2012。

人员到北方国家市场的流动性。

艺术家及其他文化专业人员的流动面临的最主要障碍源于，自2001年9月纽约世贸中心袭击及2008年经济大萧条以来，各国采取更严格的跨境控制的这一趋势。如2015年开展的1980年《关于艺术家地位的建议》实施情况全球调研结果所表明，"对于所有艺术家，尤其是发展中国家的艺术家，整个签证申请流程可能面临重重困难，且成本高昂，需要大量的文书工作，且往往需要前往离家较远的大使馆或领事馆。一些成功的艺术家能够实现轻松跨境，但也有许多艺术家无法获得签证，即便他

们已经是知名的专业人员。这些挑战不仅限于发展中国家艺术家到发达国家的出行，也包括发达国家之间的出行"（UNESCO，2015b）。这些调查结果与 Freemuse（音乐领域的反审查机构）及其合作伙伴 Pen International（作家言论自由倡导集团）七年前开展的报告结果相一致。其报告指出，在一些独裁政权下，甚至著名艺术家在申请离境时也面临重重困难，尽管其拥有很高的国际声誉或者即便其在全球各地工作（Reitov 和 Hjorth，2008）。在这种情况下，该国艺术家获得进入国际市场的权利也就变得无关紧要（即便其是公约缔约方），因为艺术家在国际平台上的声誉可能因此而受损。

Henley and Partners 与国际航空运输协会（IATA）制定的签证限制指数根据出行自由来对各国进行排名，结果表明，北方国家的公民可自由进行国际出行，而南方国家的公民则面临更多限制。如果这些限制适用于整体公民，那么其也适用于文化专业人员。本国文化专业人员无须签证便可前往 170 个国家的国家包括：奥地利、比利时、加拿大、丹麦、芬兰、法国、德国、爱尔兰、意大利、日本、荷兰、新西兰、挪威、葡萄牙、西班牙、韩国、新加坡、瑞典、瑞士、英国和美国，这些也都是重要的北方市场。另一方面，根据签证限制指数，在本国文化专业人员无须签证便可前往 50 个国家的国家中，有 24 个为非洲国家（占非洲大陆国家总数的 44%）。

© Chiharu Shiota, Accumulation-Searching for the Destination, 2015, photo by Sunhi Mang, Japan

艺术家流动对培养创造力和促进文化表现形式多样性的重要性

流动已经成为艺术家生活的固有部分。艺术家派驻在这一过程中发挥着重要作用，因为这为艺术家提供了文化交流、实践、聚会及表达的时间、空间和环境条件。艺术家派驻可采取诸多不同形式，以满足不断变化的艺术需求和兴趣，从配备有完善设备的工作室，到社区合作项目、短期同行研习会、艺术家研究中心，且往往采用跨部门方法。艺术家前往派驻的动机也存在差异：隐退，教育，生产，与其他艺术形式、部门或社区合作，或服务新受众。

尽管全球派驻不断增加，艺术家获得派驻的机会却十分不公且不平衡。签证问题严重阻碍、限制甚至抑制了艺术家的流动机会。融资机会的缺乏也是一大问题。预算削减，尤其是欧洲和北美国家的预算削减严重，这对派驻、艺术家及邀请来自新兴和发展中国家的国际艺术家的可能性产生了影响。

为此，如果我们希望以艺术家的流动来大大促进创造力及文化表现形式的多样性，就迫切需要支持现有的解决此类障碍的良好实践和举措。

Maria Tuerlings
TransArtists（荷兰文化）项目总监

图 5.2

缔约方报告的解决流动性问题的政策总数（2012~2014年）

来源：QPRs。

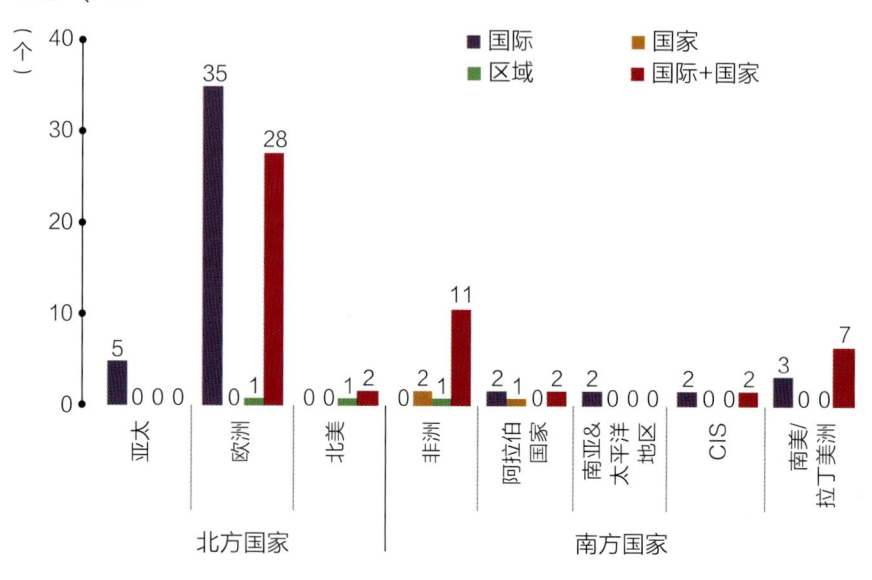

图例：国际、国家、区域、国际+国家

区域	国际	国家	区域	国际+国家
亚太（北方国家）	5	0	0	0
欧洲（北方国家）	35	1	0	28
北美（北方国家）	0	0	1	2
非洲（南方国家）	0	1	0	11
阿拉伯国家（南方国家）	2	1	0	0
南亚&太平洋地区（南方国家）	2	0	0	0
CIS（南方国家）	2	0	0	2
南美/拉丁美洲（南方国家）	3	0	0	7

图 5.3

南北方国家采纳的有关国际合作与优惠待遇（及流动性）的平均政策数（2012~2014年）

来源：QPRs。

图例：
- 有关国际合作与优惠待遇的平均政策数
- 涉及流动性的有关国际合作与优惠待遇的平均政策数

	有关国际合作与优惠待遇	涉及流动性
北方国家	3.8	2.1
南方国家	2.1	1.1

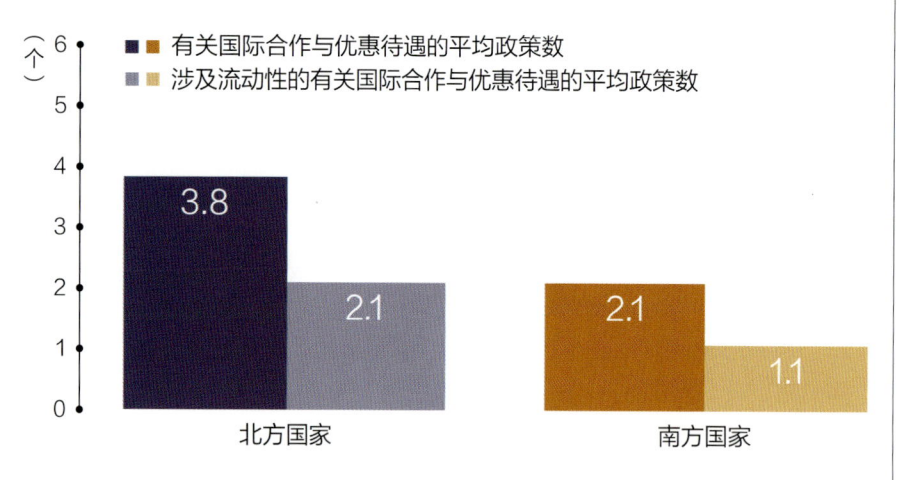

换言之，面临最大的贫困和不平等挑战的国家的生产者也面临着进入北方国家市场的最大挑战，这将影响其获得国外收益以解决贫困和不平等问题的能力。

图 5.2、5.3 和表 5.2 给出了缔约方报告的解决流动性问题的政策总数（国家、区域和国际政策），及国际合作与优惠待遇相关的平均政策数。[14] 其对比了南北方国家（专栏 5.1），结果表明，南方国家直接解决流动性问题的政策远远少于北方国家。

[14] 这些数据来自于公约相关的 QPRs（按照针对"流动性"的政策数量来选择数据）。

这些图表（定量而非定性数据）一方面证明南方国家数据缺乏，另一方面还证明北方国家对文化流动性的关注。

表 5.2 表明，从促进文化流动性的措施角度来看，欧洲是领先的北方国家之一。这主要是因为，除了欧委会制定的流动性措施，欧洲各国也制定了自己的政策措施。促进发展中国家个人艺术家文化流动性的定性措施，是缔约方报告的实施公约优惠待遇条款的主要目标之一，而这也是面临的最大挑战之一，因为艺术家的流动不仅与资金还与安全问题相挂钩。为此，发达国家缔约方的趋势是发起鼓励就发展中国家的艺术家签证问题，与不同国家利益相关方展开讨论，包括民间社会及内政部等相关部委（如加拿大、法国和德国采取的措施）。

2010年为欧洲议会编制的一份题为"在欧盟外交政策中实施UNESCO文化表现形式多样性公约"的报告指出（Baltà，2010）：

非欧盟国家艺术家和文化专业人员在获取签证中面临的难题已经引起了人们的关注，其对文化流动与合作将产生负面影响……公约及欧盟对文化流动性的关注呼吁解决这一问题。此外，还存在以下问题：成员国协调不足；负责签证程序的官员对文化流动特殊性的意识不足。

关于协调不足的问题，递交给欧洲议会的2010年报告指出，"甚

专栏 5.1 · 支持南方国家艺术家流动的政策

为在新西兰节日庆典上表演的艺术家（表演家）及其剧团简化签证流程（2012年）

新西兰修改了其移民政策，以允许在本国境内节日庆典上表演的国外艺术家及其剧团，尤其是来自发展中国家的艺术家及其剧团更便利地获得签证。艺术家无须申请工作签证，而只需获得访客签证，后者的流程更简单且手续费更低，步骤更少。新西兰移民局批准了可从这一新政策中获益的25大节日庆典。

欧盟境内签证政策审查（2013~2014年）

这一审查的目的是为创建新的旅行签证提供更大的灵活性，以便延长个人，包括来自第三国家（尤其是发展中国家）的艺术家，在申根区域的出行时间。欧盟理事会及欧洲议会将于2015年批准这些新措施。

法国创建跨部门签证工作组（2010年）

为了解决发展中国家的艺术家和文化专业人员可能遇到的签证问题，法国创建了跨部门签证工作组。该工作组由来自法国外交部、文化部、就业部及 Institut Francais 的官员组成，其每年召开两次会议，以交流对当前程序的看法，并组织相关活动。

德国巡演艺术家信息门户网站（2013年）

德国为巡演艺术家建立了在线信息门户网站，旨在提供签证、交通和海关、税务、社会保障、保险和知识产权相关的信息（http://touring-artists.info/home.html?&L=1）。

修改促进 MERCOSUR 境内艺术家流动及其工作的政策（2014年）

MERCOSUR 文化部长批准了修改其相关领域法律和制度框架的决定。

来源：QPRs，2012~2014。

表 5.2

缔约方报告的处理国际合作与优惠待遇的国际政策总数（2012~2014年）

单位：个

地区		合计
北方国家	亚太	6
	欧洲	112
	北美	5
	北方国家合计	**123**
南方国家	非洲	21
	阿拉伯国家	9
	亚太	9
	CIS（独立国家联合体）	10
	南美/拉丁美洲	22
	南方国家合计	**71**
	总计	**194**

来源：QPRs。

至2008年《欧盟—加勒比论坛国经济伙伴关系协定》中有关为加勒比艺术家提供特殊签证以促进其流动的条款似乎也未得到充分落实"。

签证和工作许可证相关的措施

基于QPRs（2012~2014年）分析获得的工作许可证与签证相关的措施信息表明，文化流动性相关的更严格措施之一是加拿大的劳动影响评估（耗时且成本高昂）。当外国艺术家及其工作人员需要访问加拿大时，便需要开展此类评估，其旨在评估这一访问是否及如何影响当地艺术家和技术人员的就业。从积极方面来看，不同的国家都有促进艺术家和文化专业人员流动性的措施。

例如，欧委会正在组织有关艺术家申根区域巡演签证的讨论。拉丁美洲国家2014年11月达成一致意见，允许艺术家在本区域及东非地区的自由流动，艺术家在本区域出行时无须申请签证（尤其是在肯尼亚、卢旺达、坦桑尼亚和乌干达）。哥斯达黎加和巴拉圭为文化交流与艺术活动发放临时工作许可证；在西班牙，短期开展特定活动（包括广播录音）的艺术家无须申请工作许可证。在奥地利，如果艺术家"短期受雇"，则其也无须申请签证，但前提是他们来自无须获得奥地利旅游签证的国家或地区。摩尔多瓦和土耳其也采取类似的措施。新西兰为艺术家简化了入境流程，仅需要申请旅游签证，而无须获得工作

图 5.4

不同地区为艺术家流动和发展提供的公私资助来源数量

来源：On-the-Move, 2015。

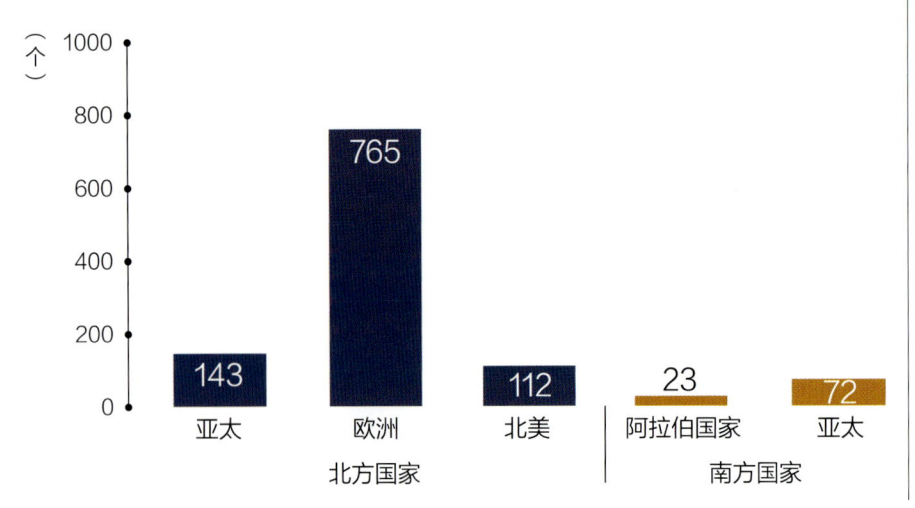

北方国家			南方国家	
亚太	欧洲	北美	阿拉伯国家	亚太
143	765	112	23	72

专栏 5.2 · 描绘亚洲流动资助机会

亚欧基金会（ASEF）是一家总部位于新加坡的非营利性政府间组织，其旨在促进欧洲和亚洲之间的合作机会。

ASEF 委托编写了《二十一条亚洲国际文化交流资助机会指南》，于 2012 年 10 月首次发布。这些指南是另外一项持续举措的一部分，该举措旨在提供亚洲艺术家和文化经营者国际流动资助来源的在线信息，同时为赞助商提供如何缩小亚洲国际文化交流现有资助差距的信息。

这些指南采用了 Foundation Interarts、On the Move 和 PRACTICS 编制的《欧洲艺术家和文化专业人员国际流动资助机会指南》模式（欧盟"艺术家流动"试点项目下的一个三年期项目（2008～2011 年），目的是促进提供欧盟文化部门跨境流动信息）。

在这些指南的帮助下，艺术家和文化从业人员能够更便利地获取针对不同艺术学科的不同流动信息（如艺术家派驻或生产补助）。此外，对公私部门赞助商提出的建议呼吁采取措施缩小现有差距，如，为较少获得支持的艺术学科提供资金；实施促进文化多样性的互惠"双向"流动计划。

这些指南包括三部分：

- 描绘亚欧首脑会议（ASEM）亚洲成员国机会的 19 个国家指南；
- 亚洲侨民在亚洲及全球范围内寻找机会的区域指南；
- 描述文化专业人员（所有侨民）来到亚洲的机会，及亚洲侨民开展国际交流的方案的国际指南。

来源：www.asef.org/pubs/asef-publications/3477-mobility-funding-guides--third-edition-2014。

许可证。法国有三种艺术家签证："知名"艺术家签证；3～12 个月艺术家特定活动签证；3 个月以内的签证及临时工作许可证。

斯洛伐克与缔约方（如，亚美尼亚、格鲁吉亚、印度、阿拉伯叙利亚共和国和乌克兰）签订了一系列协定，以创建法律框架，促进海外文化专业人员的流动，为文化产品和服务分销开放更大市场；这促成了更多国际音乐和戏剧节、文学研讨会和展览。

税收措施

QPRs 表明，最佳情景是，在国外纳税的艺术家可免除国内相应税款，但这往往需要签订双边税务条约。匈牙利通过双边税务条约来避免重复纳税，但其指出"这些条约的条款存在一些差异……（且）事实上各国的具体规则也存在很大差异"。日本和阿根廷也为在国外纳税的艺术家提供税收减免。博茨瓦纳的艺术家必须申报所有全球收入，且不享受国外纳税减免。古巴艺术家则需要申报全年所有收入，包括国内和国外收入，但艺术家无须在国外纳税（如果要求他们在国外纳税，则将基于其纳税证明，在古巴国内获得相应的税收减免）。埃塞俄比亚、斯里兰卡和苏里南报告称，本国的艺术家无须在国内缴纳国外所得税，而哥斯达黎加的艺术家也可免除缴纳国外所得税。

信息相关措施

许多南方国家的文化专业人员无法获得必要信息来指导其进入北方市场。相应地，奥地利为国外艺术家及奥地利主办方或文化机构编制的、帮助其克服典型流动障碍的《艺术家和文化专业人员流动指南》颇具借鉴意义。

> "许多南方国家的文化专业人员无法获得必要信息来指导其进入北方市场。"

欧委会专家组编制了一份《艺术家和文化专业人员流动信息标准》详细提案，以为欧盟成员国的政策制定者提供实用指南，帮助其为（欧盟或非欧盟）出入境艺术家和文化专业人员提供高品质信息服务。

评估促进文化流动的资助与资助机制

针对文化专业人员的具体财政措施也有助于促进优惠待遇、进入北方国家市场及投资南方国家文化创意产业。

从图5.4可以看出，欧洲为文化流动提供的资助来源较多，包括来自单个国家及欧洲委员会的资金。图5.6也突出了欧盟及其成员国作为南方国家文化产品和服务的重要市场的潜力。这里的几张图分析了1000多个流动资助机会，其给出了获得资助的流动类型及获得支持的学科的信息。

图 5.5

为不同流动类型提供支持的公私资助计划数量

来源：On the Move，2015。

类型	数量
项目和生产补助	~470
艺术家/作家派驻	~330
出席活动补助	~310
奖学金/研究所培训课程	~270
差旅补助	~190
科研补助	~140
团体巡演激励	~130
短期考察补助	~110
市场开发补助	~100
为专业人员参与跨国网络提供的支持	~90
项目开发	~30
文化管理	~10

图 5.6

为不同学科类型文化专业人员提供支持的公私资助计划数量

来源：On the Move，2015。

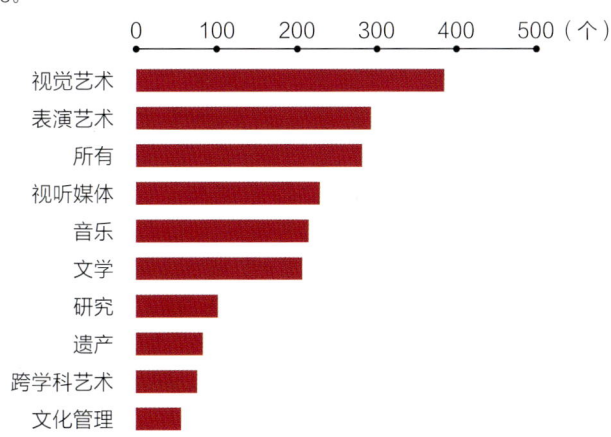

学科	数量
视觉艺术	~400
表演艺术	~320
所有	~300
视听媒体	~240
音乐	~230
文学	~220
研究	~120
遗产	~100
跨学科艺术	~90
文化管理	~60

"On the Move"数据库提供了欧洲、亚洲、北美及阿拉伯国家文化专业人员流动资助机会的综合信息，其中拉丁美洲和非洲目前尚不具代表性。图5.5描述了12种流动资助方案，其中至少有8种方案（派驻、出席活动补助、差旅补助、科研补助、巡演激励、考察补助、市场开发补助及专业人员支持）直接与市场开发或市场准入有关。以上分析尚无法确定为南方国家艺术家提供的进入北方国家市场的机会数量。

此外，图5.6确认了为基础学科文化专业人员提供的机会数量。

国际流动资助示例

北 - 国际：尽管许多国家在其QPRs中指出，由于经济衰退紧缩计划，文化流动项目资金被大大削减,但北方国家仍为其艺术家和文化专业人员提供海外流动资金。法国学院、歌德学院和英国文化委员会等国家文化机构在促进本国艺术文化中扮演了重要角色,这些机构为其资助的艺术家和文化专业人员在所到之处提供资金、基础设施、行政管理、交流和信息支持。"文化季"(Cultural seasons)是拥有双边经济、政治关系的国家之间的重要"文化外交"手段,通过开展文化活动,两国可每两年开展艺术领域的交流与合作,即轮流为对方国家的艺术作品举办相关活动,如中英文化交流年。科威特为参与国外文化艺术节日的作家提供出境安排。

北-北: 北-北文化交流的资金和/或资助机制示例包括:荷兰表演艺术基金支持荷兰在主要国际市场,尤其是北方国家市场(荷兰的重要经济和/或政治合作伙伴国家)的戏剧、音乐和舞蹈巡演活动。波斯尼亚和黑塞哥维那支持其艺术家和文化专业人员参与重要国际盛事,如戛纳电影节、威尼斯双年展和法兰克福书展,这些被视为是重要市场和/或重要国际质量基准。

北-南: 北方国家机构发起的、旨在支持南方国家创意产业及促进进入北方国家市场的资金和/或资助机制示例包括:许多培训派驻和机会,如比利时为布基纳法索文化专业人员提供的派驻;德国歌德学院为非洲文化经营者提供艺术管理派驻;英国为南方遗产服务专业人员提供派驻机会等。亚欧基金会(ASEF,由其成员国及欧盟提供资金)为亚欧文化从业人员之间的文化交流与合作提供财政支持(专栏5.2)。葡萄牙支持葡语非洲国家的作者参与国际文学节、座谈会、研讨会和大众阅读活动,并为邀请作者发布翻译著作的国外出版社提供支持。法国和德国也为南方国家的文学翻译活动提供支持。法国为戛纳国际电影节上的南方国家展馆提供支持,这里将展出南方国家的电影,而德国建立了柏林人才训练营(Berlinale Talent Campus),汇聚来自世界各地的年轻电影专业人员,为其及其作品提供国际曝光和网络构建机会。西班牙促进非洲国家在马德里国际当代艺术博览会上展示非洲艺术表现形式,以帮助提高其国际声誉。

北-南-南: 为南方国家的文化经营者提供的,旨在促进南方

专栏5.3 · 非洲艺术流动(Art Moves Africa)

非洲艺术流动(Art Moves Africa,简称AMA)是一家旨在促进非洲境内文化艺术交流的国际非营利性组织。AMA为在非洲生活和工作的艺术家、艺术专业人员及文化经营者提供非洲境内差旅补助,以便其参与信息交流,提高技能,建立非正式网络,并寻求合作机会。

其目标如下。

• 促进个人艺术家/文化经营者和文化组织在非洲境内的区域和跨区域文化交流,鼓励艺术家和文化专业人员交流经验、信息和想法;

• 鼓励艺术家和文化经营者在非洲境内联合开展项目及艺术合作;

• 为艺术家和文化经营者提供深入了解非洲多样化背景及文化环境的机会;

• 鼓励艺术家参与独立倡议、举办小型项目及参与高度专业的艺术管理研讨会及派驻活动;

• 鼓励参加节日庆典,为艺术家和文化经营者提供曝光和丰富其创造力的机会;

• 制定方法,促进获取非洲艺术文化相关的信息和知识。

全球文化资金削减导致AMA 2013年5月暂停为在非洲生活和工作的文化从业人员发放流动补助。在此期间,AMA继续通过其Facebook网页提供能力建设项目机会、资助方案及合作伙伴关系招标等重要信息。在这两年间,许多组织(On the Move、Arterial Network、Mimeta和YATF)为AMA提供支持和援助。挪威外交部和Stichting Doen提供了资金,帮助恢复AMA补助项目。这一支持为实现资助资源的多元化做出了重要贡献,所有利益相关方的参与均至关重要。

AMA 2011年委托开展了一项重要研究:"东非流动&巡演"研究,包括表演场地、联络及案例研究相关的综合数据库。

来源:www.artmoveafrica.org/。

国家文化合作、交流及流动的资助示例包括：瑞士文化基金会（Pro Helvetia）将来自瑞士发展与合作署的资金分发给其位于约翰内斯堡的联络处，以促进南部非洲国家之间的流动和文化交流，尤其是莫桑比克、南非和津巴布韦。欧委会通过与非洲－加勒比－太平洋（ACP）网络建立合作关系，为相关地区文化产业发展提供资金支持。拉丁美洲的西班牙文化中心则致力于促进该地区不同国家之间的流动，也包括拉丁美洲与西班牙之间的流动。

南－国际：支持南方国家文化流动及市场准入的资金和／或资助机制示例包括：南非Mzansi黄金经济旅游基金，支持艺术家在本国、非洲大陆及世界各国开展巡演。这符合南非关注创意产业的国家政策，其目的是应对本国面临的不平等、贫困和失业挑战。中国的孔子学院可帮助出口中国文化、艺术和语言，同时促进中国从业人员与其他国家文化专业人员之间的艺术和文化合作。

南－南：通过政府资金和／或资助机制促进南南文化合作的举措示例包括：东南亚创意城市网络，[15] 由印度尼西亚、马来西亚、菲律宾和泰国的二线城市构成，旨在促进这些城市创意从业人员之间的巡演和文化合作。此外，还建立了东非共同体文化咨询处，以帮助促进该地区艺术家和文化专业人员的流动。2012～2014年QPRs分析结果

---

[15] 参见 www.seaccn.com/。

> 在过去的四十年间，阿拉伯地区存在严重的管理不善问题，而近期席卷该地区的政治斗争及数百万流离失所民众的人道主义危机更是加剧这一状况。在AFAC，我们相信积极、开放的文化氛围能够缓解这一状况，且可能促成民间社会的深刻、深远变革，进而激发其他变革和复兴力量。自由表达和流动的长期障碍抑制着促进多样性、开放性和包容性的跨文化合作。阿拉伯艺术家面临无数的出行障碍和限制，包括财政、政治方面的限制。此外，文化产品分销法律和资助的缺乏极大地限制了受众的获取渠道，进而降低了其影响。颇受国际节日欢迎的、探讨批判性主题的文献纪录片禁止在公共剧院放映。高品质批判性出版物难以为继。为此，加强阿拉伯地区及全球的文化交流，为阿拉伯文化产品开发分销渠道变得极为重要。这将需要当地政府的支持和认可，而2005年公约的实施将有助于大大促进这一进程。
>
> **Oussama Rifahi**
> 阿拉伯文化艺术基金会执行主任

表明，整体而言，倾向于为位于相同或邻近地理区域的国家及存在文化、语言和／或殖民关系的国家（如法国、葡萄牙和西班牙）提供优惠待遇。"多个欧盟成员国指出，它们为东欧及东南欧国家提供支持和优惠待遇，但不一定为南方国家提供此类支持。一些缔约方指出，它们没有能力为发展中国家提供支持，因此它们提供的援助类型有限。"（UNESCO, 2014e）文化交流与合作的官方支持也通过大使馆、政府捐赠项目、派驻及高等院校和非政府组织设立的奖学金（但由政府出资）等方式提供。

评估促进艺术家流动的正式或非正式举措（非政府举措）

存在许多非正式或非政府组织流动性举措，其中一些举措早在公约通过前便已实施，另外一些则在公约通过后发起，但也不一定受到公约的启发，还有一些举措从国家机构或缔约方获得资金支持，但其并未公开认可公约。其中的一项最突出举措是在线流动网络"On the Move"。该网络为欧洲、阿拉伯国家、亚洲和美国编制了流动指南，且其目前正为非洲编制类似指南。这些在线（及部分印刷版）指南详细阐述了艺术家及其他文化专业人员如何获得流动资金。荷兰政府和国家彩票（National Lottery）赞助的克劳斯亲王文化与发展基金会等欧洲捐助方尤其支持南南流动及南北流动；德国 Robert Bosch Stiftung 支持德国和阿拉伯电影制片人之间的合作；泛欧洲 Roberto Cimetta 基金支持中东和北非（MENA）地区从业人员的流动。Art Moves Africa 支持非洲艺术家和文化专业人员在非洲境内的流动（专栏 5.3）。通过 Transartists[16] 和 Resartis[17] 网站案头研究收集的数据反映了一系列艺术派驻活动，表 5.3 给出了南北方国家的艺术派驻数量。

从上表中可以看出，北方国家的艺术家派驻机会比南方国家多出

[16] 参见 www.transartists.org/。
[17] 参见 www.resartis.org/en/。

表 5.3
不同地区艺术派驻平均数量

单位：个

地区		合计
北方国家	亚太	107
	欧洲	931
	北美	410
北方国家合计		**1448**
南方国家	非洲	30
	阿拉伯国家	30
	亚太	92
	CIS（独立国家联合体）	7
	南美/拉丁美洲	133
南方国家合计		**292**
总计		**1740**

来源：Transartists 和 Resartis，2015。

图 5.7
派驻项目支持的艺术学科

来源：Transartists 和 Resartis，2015。

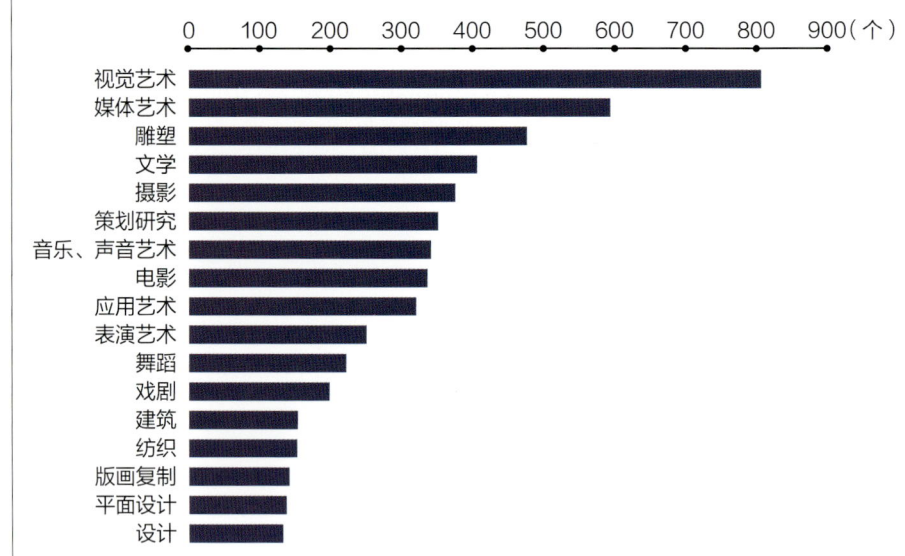

派驻项目支持的艺术学科（从多到少）：视觉艺术、媒体艺术、雕塑、文学、摄影、策划研究、音乐/声音艺术、电影、应用艺术、表演艺术、舞蹈、戏剧、建筑、纺织、版画复制、平面设计、设计。

五倍；但是从这些信息中，我们无法确定其中有多少派驻机会专门适用于南方国家的从业人员及文化专业人员。

图 5.7 进一步验证了图 5.6，其表明，在各种艺术学科中，视觉艺术部门的从业人员最可能从派驻或流动机会中获益。派驻倾向于支持这些由个人创作作品的学科，如视觉艺术、摄影和文学，而非与他人合作的作品，如舞蹈和戏剧。

结论

本章的依据主要来自提交了 QPRs 或回复了 1980 年《关于艺术家地位的建议》实施情况全球调研的北方国家。这些国家大多拥有相对稳定的经济和民主政治制度，允许艺术表达自由、结社自由及流动自由，同时承认支持艺术家言论自由和流动的重要性及价值，即便这些可能并不会有助于加强国家的国际形象。

目前取得的积极进展包括以下举措：跨部门委员会简化签证和工作许可证申请流程；提供艺术流动基金和流程相关的信息；及消除重复征税。所有这些措施都将大受欢迎。

然而，更重要的是，许多可能因进入北方市场而获益的南方国家并没有充足的文化创意产业来参与此类市场中的竞争。在这种情况下，为其文化专业人员进入国际市场提供支持并不会成为这些国家的一项工作重点。此外，一些国家可能实施独裁政权，它们不支持文化表达自由或艺术家的国际流动，因为他们可能在国际舞台上表达反对意见。资助流动的资金也与经济形势挂钩，因此当经济衰退盛行时，国家和跨国文化流动基金必然将受到负面影响。

在南方国家中，资金及相关问题愿景的缺乏（不包括出于文化外交事业目的而为艺术家提供功利性拨款）意味着艺术家必须依赖北方国家的资金来源来实现流动。伴随着这种依赖性，往往存在不言而喻的权力关系影响着各种艺术合作，北方国家的艺术家或承办方拥有最终的艺术和相关决策权，为此，尽管南方国的艺术家可能从国际出行中获益，但其在这一过程中可能被剥夺各种形式的艺术或专业权利。此外，语言障碍可能阻碍南南文化合作。例如，非洲和拉丁美洲之间的文化关系很少，这是因为非洲主要说英语和法语，而拉丁美洲则主要说西班牙语，因而存在语言沟通方面的问题。非洲和拉丁美洲之间的最佳合作机会将在巴西与说葡语的安哥拉、佛得角和莫桑比克之间产生。

考虑到以上问题，我们提出了以下一些具体的建议。

- 北方国家的缔约方可在网站及分发给世界各地大使馆的手册中列明其采取的、简化南方国家艺术家签证要求的措施，同时提供艺术家与相关文化专业人员如何申请签证和工作许可证，及如何对其征税的详细信息，如有必要，还可提供可为这些人员提供援助的民间社会组织和/或政府官员的联系信息。

- 这些缔约方还必须至少与一家参与、促进或支持南方国家艺术家流动的民间社会组织建立关系，以便支持其简化相关国家的入境手续，必要时提供综合建议和支持，并作为巡演艺术家东道国的联络点。此外，还应提供本国为南方国家的艺术家及其他文化专业人员提供的资助及其他机会（派驻、研究补助等）的详细信息。此类资助和机会也可以来自非官方来源和机构。

- 南方国家可与一家民间社会组织/机构合作（如有必要，可建立和支持一家民间社会组织/机构），后者专注于处理国际巡演事务，收集北方国家市场行政管理、税收及融资问题相关的信息，并为本国在国外寻找发展机会的艺术家和文化专业人员提供培训和行政管理支持。此外，建议在相关部委（艺术、文化、外交、工贸等）任命一位联络人/官员，以为希望出国和申请签证的艺术家提供政府支持，且在艺术家面临各种困境时，提供必要的援助、建议和支持。这一联络人/官员将负责将所有困难和挑战报告给 UNESCO。

- 最后，公约秘书处可能考虑采用各种方式来支持现有流动基金和举措，促使专家与国家实体、区域和全球结构合作，以制定和实施促进艺术家流动的政策、策略及结构，并与南方国家的民间社会及其他合作伙伴合作，以收集流动相关的证据、信息和经验。

安全问题、不稳定的经济状况及对限制移民施加的政治压力等问题均阻碍了以上目标的实现，同时加大了构思必要的具体措施的难度。为此，需要付出更多努力利用公约来克服这些障碍。

BOX OFFICE

第六章

确保平衡：文化产品和服务的流动

Lydia Deloumeaux[①]

关键信息

》 2013 年，全球文化产品的出口总额达到 2128 亿美元。发展中国家的占比为 46.7%，较之 2004 年略有增长。
只有中国和印度在全球市场上可与发达国家一较高下。

》 2012 年，全球文化服务的出口总额达到 1285 亿美元。发展中国家的占比仅为 1.66%。发达国家占据 98.34%，这主要源于电子传输视听和艺术相关服务流动的增加。

》 在南南合作框架下，发展中国家之间的贸易量有所增加，但此类自由贸易协定中有关为文化产品和服务提供特定优惠待遇措施的条款仍极为少见。

》 证据表明，个体、机构或产业层面的新贸易交流政策可帮助实现文化产品和服务的更平衡流动。讨论贸易和文化相关的指标、政策措施或手段将有助于监测公约的影响。

---

① UNESCO 统计研究所文化统计助理项目专家，加拿大蒙特利尔。作者在此感谢 José Pessoa 提供的宝贵意见，感谢 Sean Desjardins 帮助进行英文编辑，同时感谢 Lisa Barbosa 编制相关数据。

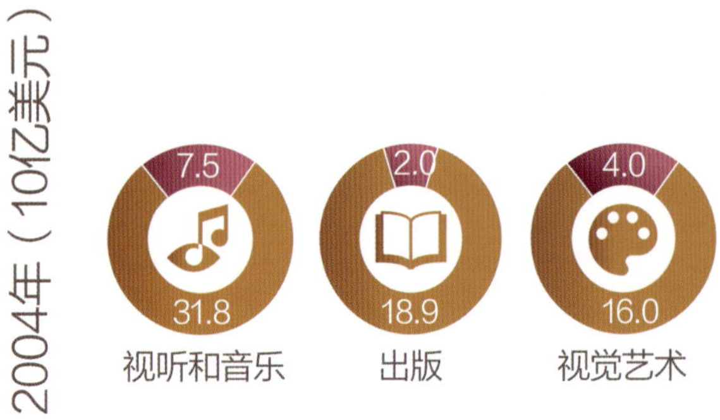

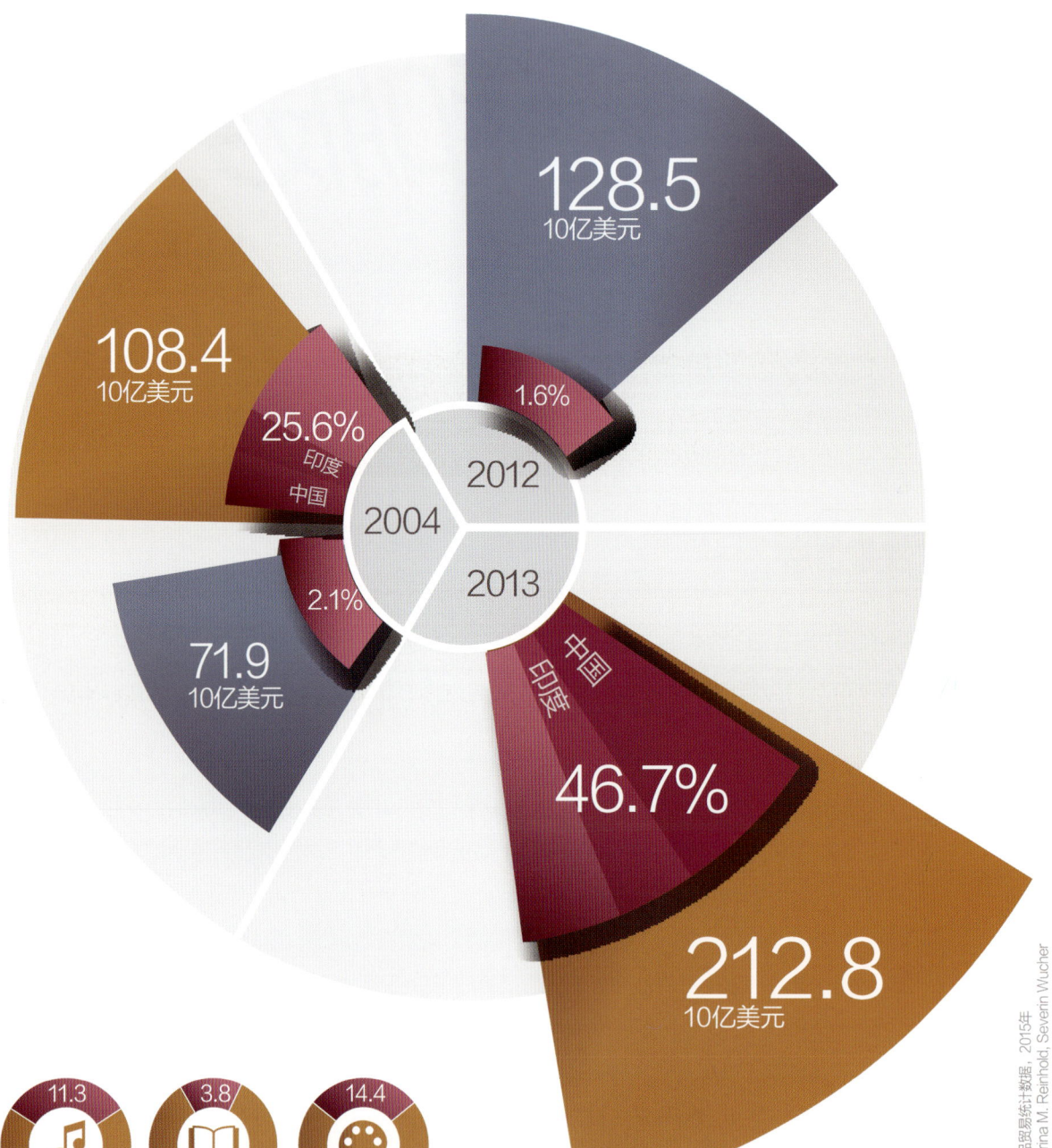

2015 2005年公约 全球报告

2004年（10亿美元）

- 视听和音乐：7.5 / 31.8
- 出版：2.0 / 18.9
- 视觉艺术：4.0 / 16.0

图例：
- 全球文化服务出口
- 全球文化产品出口
- 发展中国家比重

2012年：
- 全球文化服务出口：128.5 10亿美元
- 发展中国家比重：1.6%

2004年

2013年：
- 全球文化产品出口：212.8 10亿美元
- 中国、印度：46.7%

2004年数据：
- 108.4 10亿美元（全球文化产品出口）
- 25.6%（印度、中国）
- 71.9 10亿美元（全球文化服务出口）
- 2.1%

2003年（10亿美元）

- 视听和音乐：11.3 / 33.0
- 出版：3.8 / 21.1
- 视觉艺术：14.4 / 35.7

来源：UIS，基于商品贸易统计数据，2015年
设计：plurall Katharina M. Reinhold, Severin Wucher

106　目标2·实现文化产品和服务的平衡流动，提高艺术家和文化专业人员的流动性

"平等享有全世界丰富多样的文化表现形式，所有文化享有各种表现形式和传播手段，是增进文化多样性和促进相互理解的要素。"这是《保护和促进文化表现形式多样性公约》（2005）的一项重要指导原则，其旨在实现全球文化产品和服务的平衡流动。公约第16条规定，"发达国家应通过适当的机构和法律框架，为发展中国家的艺术家和其他文化专业人员及从业人员，以及那里的文化产品和文化服务提供优惠待遇，促进与这些国家的文化交流"。

本章分析了缔约方如何按照公约第16条规定，促进发达国家和发展中国家文化产品流动的证据。自公约生效后，文化产品和服务是否实现了平衡流动？国际文化产品和服务的贸易水平如何？发展中国家的文化出口是否进入发达国家（或别处）的新市场中？全球交易的文化产品和服务是否具有很大的多样性？[2]

公约第16条规定的实施，需要发达国家出台允许发展中国家的文化产品和服务进入其市场的政策。评估这些政策的效果十分重要。评估这一领域合作和参与的其中一个手段是，研究各国在他国的文化投资水平。为此，我们可以分析各国境内文化部门外国实体的数据。最后，UNESCO统计研究所（UIS）编制的故事片统计数据可帮助我们了解这一世界最流行的文化表现形式的生产和消费的多样性。全球影迷是否观看相同影片？

> 如果公约得到恰当实施，则发展中国家可从更容易进入发达国家市场的这一优惠待遇中获益。

除了相关贸易协定，公约第16条中设想的优惠待遇包括：在进出口国制定充足的机构和法律框架。遗憾的是，用于这一分析的数据集有限，无法提供政策实施进展的相关信息。然而，在这十年间，也涌现了一些有关公约对文化产品和服务相关公共政策影响的证据（UNESCO，2014e）。本章将介绍北-南-南合作框架下的关键性最佳实践，讨论允许利益相关方有效监测公约影响的关键指标和政策手段。

测量与政策问题

什么是文化产品交流中的优惠待遇？如何识别受益于优惠待遇的国家？如果公约得到恰当实施，则发展中国家可从更容易进入发达国家市场的这一优惠待遇中获益。这要求发达国家：1）降低其进口关税，或2）鼓励在其境内分销发展中国家的产品。常识告诉我们，这些政策应适应出口国家的发展水平及贸易能力。那么，应采用什么标准来对应从优惠待遇中获益的国家进行分类？

公约仅区分了发达国家和发展中国家。大多数区分发达国家与发展中国家的分类均基于单纯的经济指标，如国内生产总值（GDP）或国民总收入（GNI）。[3] 然而，近期出现了新的分类方法，可区分发展中国家或转型国家。无论采用何种分类标准，这些类别的定义可能发生改变，而一个国家也可能从某一类别转为另一类别。[4] 中国新加入了"中高收入"类别下，因此其不再享受欧盟普遍优惠制（Melchior，2014）。[5] 最不发达国家和低收入国家可从其他贸易政策措施中获益，如世贸组织的免税和免配额制度。[6] 另外一个分类因素是，识别发展援助受益国家。官方发展援助（ODA）接受方可用于识别应享受优惠待遇的国家。[7]

经济合作与发展组织（OECD）将ODA接受方归为以下三类：1）最不发达国家（LDC），通常也是低收入经济体；2）其他非LDC低

---

[2] 将使用两个数据集来分析这些问题。首先是基于海关统计数据的完整产品数据，以便把握当前的国际文化产品市场。其次是来自国际收支平衡表的文化服务数据。

[3] 世界银行分类以年度GNI为基础，分为四类：低收入、中低收入、中高收入和高收入经济体。
[4] UNDP人类发展指数以更大的标准为基础，包括教育或健康状况。
[5] 根据优惠待遇规则：欧洲国家（欧委会）为发展中国家提供单向的贸易便利，ec.europa.eu/taxation_customs/customs/customs_duties/rules_origin/preferential/article_781_en.htm。
[6] 根据欧盟普遍优惠制，一些发达国家实施免税或免配额机制，允许最不发达国家的产品自由进入其市场，而无须缴纳配额或关税。
[7] ODA：大多由各级捐助政府机构出资，为发展中国家（双边ODA）和多边机构（OECD，术语表）提供援助。

地图 6.1

2013 年文化产品出口

来源：联合国经济和社会事务部（DESA）/联合国统计司（UNSD）商品贸易数据库数据，2015 年 4 月。

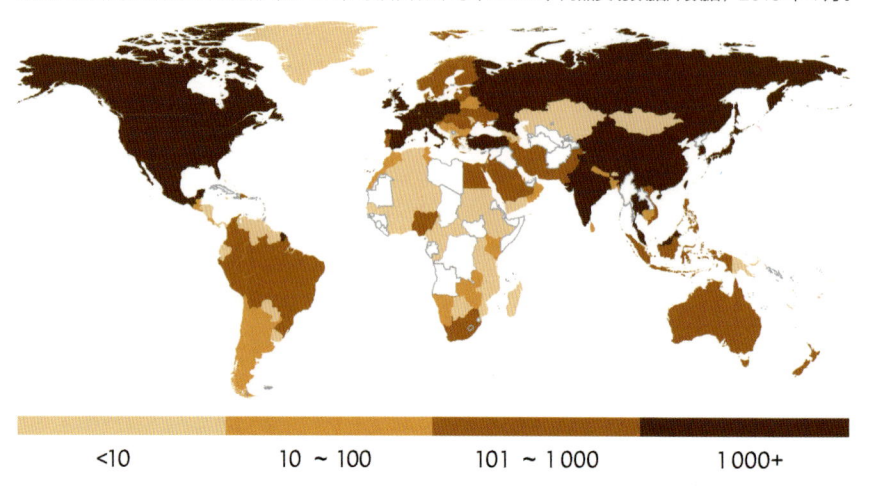

<10　　10 ~ 100　　101 ~ 1000　　1000+

"种类"指的是描述性类别的数量，如文化类型。在本章中，"种类"指的是国际上交流的文化产品的多样性，以及参与这些交流的国家的类别（发达或发展中国家）。文化产品和服务的种类使用《2009 年 UNESCO 文化统计框架》中界定的 6 个基本领域来测量：1）文化和自然遗产；2）表演和庆典；3）视觉艺术和手工艺品；4）图书；5）视听和互动媒体；6）设计和创意服务（本章关注公约涵盖的领域，因此不包含文化或自然遗产数据）。

"平衡"指的是在数据中体现某种模式的某一特定类别的市场份额、频率或比例。公约提及了发展中国家和发达国家之间的文化产品"平衡交流"。这里的"平衡"有何含义，应如何测量这种"平衡"？可从合作伙伴（出口国和进口国）的贸易，以及从所交流的产品这两个角度来看待"平衡"一词。从贸易合作伙伴来看，本分析将评估过去十年间，发展中国家在交流文化产品和服务中扮演的角色。在这种情况下，"平衡"并不意味着所有国家在文化贸易中保持相等。与历史、语言和地理位置相关的独特文化影响力将对文化交流产生影响；各国往往专注于具有竞争优势的文化产品和服务。相反，确保"平衡"的目标是，实现多样化文化产品和服务的活跃市场。

收入国家；3）中低收入和中高收入国家，如世界银行所定义。[8]

需要注意的是，这些分类标准中存在一些偏差。为此，是否需要为文化产品和服务流动制定新的分类体系？[9] 无论采用何种定义，有必要注意，"发展中国家"类别存在异质性，其可能隐含相反的模式（De Beukelaer，2014）。

UNESCO 本身的经验可用于确定哪一类多样性指标适用于文化流动。UIS 和公约秘书处在 2007 ~ 2011 年组建了文化产品多样性测量专家组。这一专家组的目标是，探究测量文化表现形式多样性的方法、手段和概念。[10] 为了更好地了解影响文化多样性的全球动态，专家组开展了探究性研究。其中一项研究将自然科学的多样性指标——Stirling 模型——应用于两种最流行的文化表现形式（其拥有大量的可靠数据）：三个国家的 UIS 故事片统计数据和电视收视率（UNESCO-UIS，2011）。Stirling 模型测量了多样性的三个方面：种类、平衡和差异。这里我们仅讨论前面两个方面。[11]

> 全球文化产品出口总额从 2004 年的 1084 亿美元增长到 2013 年的 2128 亿美元。

---

[8] data.worldbank.org/about/country-and-lending-groups。

[9] 由于联合国贸易和发展会议（UNCTAD）是联合国负责分析国际贸易统计数据的机构，本章将使用经过调整的 UNCTAD 分类方法。在发展中国家和发达国家的定义上略有调整。在本章中，韩国（OECD 成员国之一）被归为发达国家和转型国家，即与发展中国家一样，从中央规划转变为市场经济体。参见 www.worldbank.org/depweb/english/beyond/global/glossary.html diversity.aspx。

[10] www.uis.unesco.org/Culture/Pages/cultural-diversity.aspx。

[11] 差异——最具挑战性的一个概念——指的是不同类别的差别程度。例如，古典乐和爵士乐这两种音乐表演形式与萨尔萨舞曲和雷鬼相比被视为更紧密相关的，尽管其代表同一种表现形式。这一示例表明了将差异概念应用到文化领域所面临的挑战。

目标 2 · 实现文化产品和服务的平衡流动，提高艺术家和文化专业人员的流动性

世界文化流动趋势

国际文化产品流动分析

这里首先将分析文化产品的流动。为了确定发展中国家为某些关键文化产品出口做出的贡献,这里将描述三个领域的文化产品交流:视听产品、出版和视觉艺术。

2004~2013 年的 UIS 数据表明,发展中国家在文化产品出口中发挥着越来越大的作用。然而,这一观点极大地受到中国和印度文化出口的影响,这两个国家在全球文化出口市场中与发达国家相竞争。如果不考虑中国和印度这两个国家,则大多数的发展中国家在文化产品出口中仍仅发挥着微小的作用(地图 6.1);这些发展中国家的贡献仅限于少数文化产品的流动。

地图 6.1 表明,这一时期文化产品出口的增长可能与发展中国家在国际市场所有产品的重要性不断提高有关。全球文化产品出口总额从 2004 年的 1084 亿美元增长到 2013 年的 2128 亿美元。同期,发展中国家文化产品出口额从 2004 年的 277 亿美元增长到 2013 年的 993 亿美元。与此同时,发展中国家在全球文化产品出口中的市场份额也出现显著增长,从 2004 年的 25.6% 提高到 2013 年的 46.7%。这一增长主要源于中国和印度出口量的增长(中国和印度 2013 年的文化产品出口额分别达到 601 亿美元和 117 亿美元)。如果不考虑这两个国家,则发展中国家 2004~2013 年在全球文化产品出口中的市场份额仅增长了 5.2%(表 6.1)。

大多数全球贸易市场均受到 2007~2008 年全球金融危机的显著影响,这一全球金融危机导致大多数发达国家的经济活动陷入低迷状态。结果,2009 年的全球产品贸易出现显著下滑。这也是 2008~2009 年文化产品出口量下降了 13.5% 的原因。然而,经济衰退并未对所有市场或所有国家产生相同程度的影响。全球文化产品出口量的下降主要源于发达国家的出口量下降了 19%;而发展中国家的出口量仅下降了 1.6%(图 6.1)。到 2010 年,大多数贸易市场已从经济衰退中恢复过来。尽管发达国家的增长速度整体低于发展中国家,但其出口率有所增长。截止到 2012 年,数据表明,全球文化产品贸易的下滑趋势主要源于欧洲的经济衰退及缓慢恢复。

2013 年,发展中国家向全球文化产品出口的比重为 39.3%,高于其在文化产品贸易总额中的比重。这在

表 6.1

2004~2013 年发达国家和发展中国家(不包括中国和印度)的文化产品出口比重

单位:%

文化产品出口比重	2004年	2005年	2006年	2007年	2008年	2009年	2010年	2011年	2012年	2013年
发达国家	85.7	84.9	84.8	83.2	81.5	81.5	78.9	79.4	79.7	80.5
发展中国家(不包括中国和印度)	14.3	15.1	15.2	16.8	18.5	18.5	21.1	20.6	20.3	19.5

来源:基于联合国商品贸易统计数据库,DESA/UNSD,2015 年 4 月。

表 6.2

2004~2013 年发达国家和发展中国家的出版产品出口比重

单位:%

出版产品出口比重	2004年	2005年	2006年	2007年	2008年	2009年	2010年	2011年	2012年	2013年
发达国家	89.20	88.47	87.35	85.45	85.09	85.41	84.23	83.86	83.03	82.00
发展中国家	10.80	11.53	12.65	14.55	14.91	14.59	15.77	16.14	16.97	18.00

来源:基于联合国商品贸易统计数据库,DESA/UNSD,2015 年 4 月。

很大程度上反映了产品的工业生产模式的变化,包括大多数传统媒体生产。

例如,发展中国家在视听媒体和音乐出口中的比重从 23.6% 提高到 34.3%。这一类别包括音乐器材、录制媒体、电影和视频游戏。更重要的是,录制媒体和视频游戏主要在发展中国家生产,如中国——世界最大出口国。电影出口统计数据与传统媒体(即磁带)本身有关。为了充分了解视听类别的文化交流信息,有必要研究分析通过互联网进行的交流(参见下一节内容)。

从视觉艺术类别来看,根据数据覆盖范围,发展中国家的出口比重可能存在很大差异。《2009 年 UNESCO 文化统计框架》(FCS)中包含了以下表现形式:绘画、雕塑、雕像及贵重金属珠宝[12](金或银)。将贵重金属珠宝包含在其中后,我们发现,发展中国家 2013 年在全球出口中的比重达到 54.4%(其中,印度在全球贵重金属珠宝出口中的比重最高)。由于公约并未考虑这一表现形式,因此这里不应包含这一类别。在排除贵重金属珠宝后,发展中国家 2013 年的比重仅为 40.2%。然而,值得指出的是,非洲国家基于不包含在其中;只有南非在全球 30 大视觉艺术出口国之列。

在一些类别中,尤其是出版类别(2013 年的全球出口额达到 211

[12] "珠宝"类别指的是金银项链或耳环(大多为手工制品)等珠宝物品,如果考虑这一类别,则发展中国家在 2013 年的表现将超过发达国家。这一类别并不包含宝石或涉及珠宝跨国公司的贸易。

图 6.1

全球文化产品出口额及发展中国家在全球文化产品出口中的比重(2004～2013 年)

来源:基于联合国商品贸易统计数据库,DESA/UNSD,2015 年 4 月。

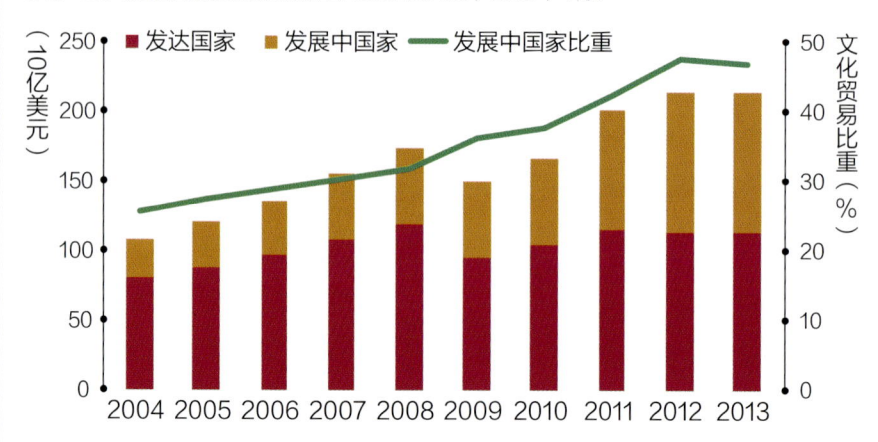

图 6.2

2004 年和 2013 年自由贸易协定成员国的文化贸易

来源:基于联合国商品贸易统计数据库,DESA/UNSD,2015 年 4 月。

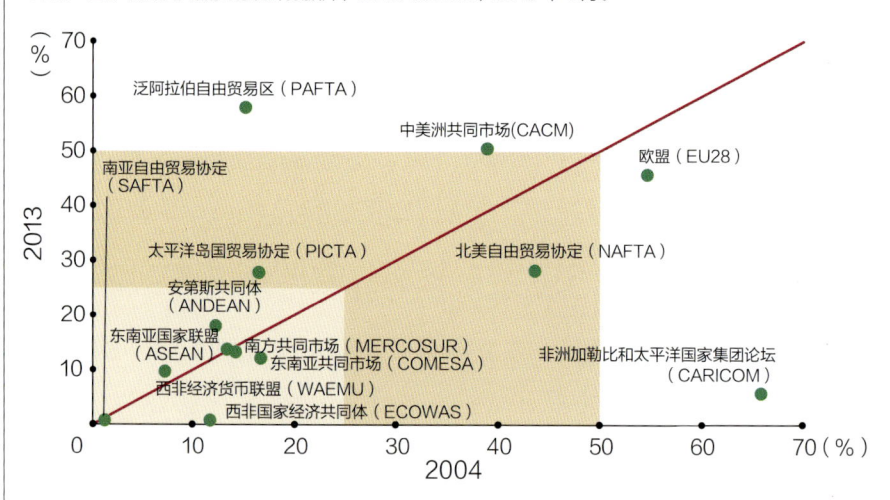

亿美元)中,发展中国家的贡献仍较小。发展中国家在出版相关出口总额中的比重在 2004～2013 年仅略有增长,达到 18.00%(表 6.2)。

从关税和进口配额来看,最不发达国家预计从公约第 16 条规定的优惠待遇中受益最多;遗憾的是,这些国家往往具备有限的出口能力。2013 年,低收入经济体在全球产品出口中的比重达到 0.2%,但在全球文化产品出口中的比重仅为 0.04%,较之 2004 年 0.07% 的水平有所下滑。这些低收入经济体的文化产品贸易既不均匀,也不可持续。

公约规定,发达国家应允许发展中国家的文化产品和服务进入其市场中。贸易统计数据表明,发达国家对发展中国家的文化产品进口量有所提高,从 2004 年的 28.7% 提高到 2009 年的 40.8%。

然而，2009~2013年，这一比例略微下降到36.9%。数据表明，2004~2013年，发达国家主要从发展中国家（2013年的进口比重达到55.1%），尤其是中国、印度和马来西亚，进口视觉艺术产品。

然而，如果排除珠宝这一类别，则发展中国家出口到发达国家市场中的文化产品类别将产生变化。在这种情况下，发达国家主要从发展中国家进口音乐和视听产品。然而，发达国家相关产品的进口比重自2004年的47.4%下降到2013年的39.6%。图书和出版物则为第二大进口产品，发达国家从发展中国家的进口比重达到32.3%，但到2013年也下降到了26.1%。与此同时，发达国家从发展中国家进口的视觉艺术产品也有所增加。发达国家从发展中国家进口的视觉艺术比重从2004年的15%提高到2013年的25.6%。

双边或多边贸易协定是另一种实施优惠待遇的手段。尽管这一领域是后续章节的讨论主题（参见第七章），本分析的另一个补充目标是，评估不同区域贸易协定成员国与世界其他组织的文化产品贸易状况（图6.2）。大多数此类协定的成员国具有区域相邻性，往往称为"共同体"。这些共同体之间的纽带往往超出经济和地理范围。大多数的文化贸易产品是否在这些共同体内部流动？这些国家最常采用的手段就是自由贸易协定，其中包含为成员国减免关税及减少或消除其他贸易障碍的相关条款。在大多数情

> "
> 文化内容充满着价值观和意义，必须由政治决策者、文化参与者及民间社会来稳定其价格，且必须在公共议程中置于显要地位。
>
> 在我十二年前创立柏柏尔文化与世界音乐蒂米塔音乐节（Timitar Festival）时，我决心要促进摩洛哥与国际文化多样性。每年有50多万民众参与这一节日庆典，这表明大家对这些艺术表现形式很感兴趣。摩洛哥的"音乐签证"，首个非洲和中东音乐市场，也源于鼓励更紧密的国际合作的愿望。
>
> 在全球推广非洲和中东音乐；促进艺术流动；支持国家文化部门发展；改善南方国家艺术家的地位；加强文化部门的北南合作和南南合作：这些都是目前的工作重点。
>
> 《保护和促进文化表现形式多样性公约》十周年庆典为我们开展这些工作提供了机会。我们应共同促进文化产品的更平衡流动，创建新的会议和交流平台，使其成为未来创意多样性的基础。
>
> **Brahim El Mazned**
> 音乐节签证总监

况下，这些贸易协定涵盖产品交易，但不涵盖服务贸易。截至目前，本分析主要关注发达国家对发展中国家的义务。然而，《第16条操作指南》规定，"鼓励发展中国家为南南合作框架下的其他发展中国家提供优惠待遇"。为此，本节将阐述签署了贸易协定的发展中国家的区域贸易。

在大多数情况下，贸易协定将促进成员国之间的产品贸易。即便如此，此类协定大多不包含文化产品和服务相关的专门条款。图6.3按照成员国之间的出口量对这些协定进行了区分。就大多数此类贸易协定而言，成员国之间的文化产品出口比重不到25%（ANDEAN、ASEAN、COMESA、MERCOSUR、SAFTA和WAEMU）。⑬ 其中，《南亚自由贸易协定》（SAFTA）成员

---

⑬ ANDEAN：安第斯共同体；ASEAN：东南亚国家联盟；COMESA：东南非共同市场；MERCOSUR：南方共同市场；SAFTA：南亚自由贸易协定；WAEMU：西非经济和货币联盟。

国之间的文化产品交流最少（2013年不到1%）。这或许是因为这一协定直到2015年才得到充分实施。与此相类似，西非国家经济共同体（ECOWAS）成员国之间在2013年几乎未交流任何文化产品。

部分问题在于，文化产品和服务相关的优惠保障并未纳入协定。例如，《安第斯区域一体化协定》（ANDEAN）仅包含了保护所有具有艺术、历史或考古价值的国家宝藏的限制条款，其中并未涉及文化创意产业的产品和服务。2004～2013年，ANDEAN成员国之间的文化产品出口比重从12.3%上升到18%。然而，这一比重仍较低。

《北美自由贸易协定》（NAFTA）、欧盟及加勒比共同市场（CARICOM）成员国之间的文化产品贸易有所减少。CARICOM提出"积极促进来自本共同体内具有国际竞争力的产品的出口"。

2004年，CARICOM成员国之间的文化产品出口比重达到最高（65.8%），但在2013年下降到5.7%。有多种因素可解释这一现象，其中包括经济衰退。这也是2010年12月，加勒比国家贸易与经济发展理事会（CODE）将娱乐、文化与体育服务作为"区域服务计划优先发展领域"的原因。区域文化产业工作组建议实施区域文化产业豁免机制（CARICOM，2011）。由于这些条款相对较新，因此将需要更多时间来确定是否将

表 6.3

国际贸易供应模式

供应模式	描述
跨境 （模式1）	供应商和消费者在本国境内 示例：付费下载非本地公司的电影
海外消费 （模式2）	消费者在境外享受服务 示例：外国游客文化活动支持（购买舞蹈演出票）
商业据点 （模式3）	服务供应商在他国建立（或收购）子公司、分支机构或代表办事处，并通过其提供服务 示例：国际电影公司的国外子公司
自然人流动 （模式4）	个人（供应商自己或其雇员）到国外提供服务 示例：音乐团体国外演出收入

来源：改编自《国际服务贸易统计数据手册》，2010。

落实这些建议。

欧盟作为一个单一市场，其28个成员国的产品可自由流动。然而，欧盟成员国之间的文化产品出口比重在近期也有所下降。这反映了整体产品出口中的趋势；欧盟合作伙伴之间的整体贸易比重在2002～2013年有所下降（欧盟统计局，2015）。2004年，欧洲交流的54%的文化产品均原产自欧洲。到2013年，这一比重下降到45.6%，而这可能主要受到经济大萧条的影响。

2004～2013年，NAFTA三大成员国之间的文化产品出口比重从44.4%下降到28.1%。这主要是因为全球经济大萧条对美国产生了极大影响。

最后，只有中美洲（中美洲共同市场：CACM）和阿拉伯地区（泛阿拉伯自由贸易区：PAFTA）成员国之间的文化产品出口比重在50%以上（PAFTA成员国之间的贸易出现显著增长，从2004年的15.1%提高到2013年的58.2%）。

这一分析表明，PAFTA等贸易协定（实现了产品的完全贸易自由，包括文化产品和服务）对其成员国之间的文化产品贸易增长产生了重大影响。

尽管以上数据仅涉及市场准入（产品进出口），以下数据将帮助我们评估这些文化产品的国内使用和消费情况。

电影多样性情况

另一种方法是分析某一具体部门，如电影业。从全球来看，每年约有7000部电影在电影院进行商业放映。发展中国家的影片量达到50%以上。印度是世界上最大的影片生产国，其年均影片产量达到1000多部。此外，印度的电影摄制采用多样化的语言；2013年，印度拍摄了35种语言的1966部电影。

图6.3显示了印度2013年拍摄的影片的语言多样性。

图6.3

印度2013年拍摄的影片的语言多样性

来源：印度统计局数据，2015。

其他 195
泰卢固语 349
古吉拉特语 53
比哈尔语 93
马拉地语 160
孟加拉语 162
坎那达语 164
马拉雅拉姆语 201
北印度语 263
泰米尔语 326

尼日利亚（瑙莱坞）是领先的电影制片国，其直接以DVD形式发行影片。这些尼日利亚电影和电视节目在非洲国家得到广泛交易和观看，非洲大陆以外的非洲移民也可观看这些电影和电视节目。尽管盗版猖獗，但瑙莱坞电影业是尼日利亚最大的产业之一；瑙莱坞电影业极具营利性，聘请有大量的电影制片人、演员和技术人员[参见UNESCO-UNDP《创意经济报告2013》（专刊）中的专栏1]。

2012～2013年的十大最受欢迎电影分析可帮助我们了解电影消费的多样性，同时认识一些文化因素对消费者爱好的影响程度。全球51个国家的十大最受欢迎电影分析表明，有6部观影量最多的电影产自美国。然而，国内和国外电影观众的分布存在很大差异。例如，在印度和韩国，大多数最受欢迎电影均产自本地，而在拉丁美洲，在观影量最多的10部电影中，有8部产自美国。在亚洲，观众更偏好观看产自邻国的电影。例如，泰国的电影在老挝很受欢迎。共同的语言是影响某些电影受欢迎程度的主要因素之一；阿拉伯语的埃及电影在阿拉伯国家颇受欢迎，而俄罗斯的电影在说俄语的中亚地区很受欢迎。

国际文化服务流动分析

2010年《国际服务贸易统计数据手册》（以下简称《手册》）为更好地测量大多数文化表现形式的国际交流奠定了基础。《手册》中包含了扩大的国际收支服务分类（EBOPS，2010），其中进行了额外区分，有利于追踪文化服务流动情况。其中明确了以下之间的类别差异：1）视听及相关服务，如电视广播活动及音乐唱片；2）艺术及相关服务，如现场表演（联合国等，2012）。互联网下载音乐被归为"视听及相关服务"，而下载图书被归为"艺术及相关服务"。为了确定两个实体之间的交易类型，手册界定了四种国际服务供应模式（联合国等，2012）。表6.3给出了四种供应模式，以及适用于不同文化表现形式的示例。

本节给出了商业据点（模式3）和跨境（模式1）流动示例，这些一般来自定期的国际贸易统计数据。

自然人流动（模式4）可能指的是艺术家在国外演出。但这一主题的数据十分有限（参见第五章）。未来研究的一种潜在方法是，分析到国外从事专业文化活动的人员支出情况。尽管少数发展中国家在文化产品出口中发挥了重要作用，但其在文化服务出口中的贡献仍微乎其微。表6.4表明，2004～2012年，发达国家在全球文化服务出口中占据主导地位，[14] 其2004年和2012年的文化服务出口额分别达到704亿美元和1264亿美元（全球文化服务出口总额分别为719亿美

---

[14] 数据覆盖97个国家。文化服务包括：信息服务、其他版权和执照费、视听及相关服务，如EBOPS 2002所界定。

表6.4

2004～2012年发达国家和发展中国家文化服务出口比重

单位：%

文化服务出口比重	2004年	2005年	2006年	2007年	2008年	2009年	2010年	2011年	2012年
发达国家	97.89	97.65	97.52	97.40	96.95	98.33	97.94	98.40	98.34
发展中国家	2.11	2.35	2.48	2.60	3.05	1.67	2.06	1.60	1.66

来源：UNCTAD/WTO国际贸易数据库数据，2015。

元和1285亿美元）⑮。2008年，发展中国家的文化服务出口比重达到最高（3.05%）；这一时期是全球经济大萧条时期。这一数据范围内持续较低的出口比重可能部分源于，重要发展中国家未能报告其服务数据。例如，中国并未报告详细的服务统计数据，而印度的服务数据也不完整。许多发展中国家收集和编制国际服务统计数据的能力不足。

从文化服务交流平衡来看，前十大国家2012年在全球文化服务出口中的比重达到87.8%，这一数值较之2004年（91.5%）略有下降。其中，美国排名第一，2012年的比重为52.4%，略低于2004年的58%。这一类别下的其他国家均为欧洲和北美的发达国家：英国、法国、加拿大、荷兰、瑞典、德国、卢森堡、爱尔兰和比利时。

通过分析服务进口国可评估多样性。图6.4表明，2013年，美国的视听及相关服务与可复制权主要出口到欧洲，这一出口比重达到57.2%。与2004年相比，美国向发展中国家出口的视听及相关服务与可复制权比重从11.34%增长到20.28%。

与此同时，我们也可分析发展中国家文化产业私营部门投资情况。音乐和视听资源等关键文化表现形式生产模式的国际化，导致跨国公司在国际贸易和发展中国家私人投资中的比重不断增加。外国附属机

构服务贸易统计数据（FATS）与外国直接投资数据（FDI）可用于追踪这些现象。可使用FATS和FDI（其是"建立商业据点的前提条件"）数据来追踪外国实体的商业据点，如在某国的外国附属机构（模式3）（联合国等，2012）。2015年，FDI数据尚不足以提供全球概况。然而，一般服务的部分结果可用于分析国际文化服务流动情况。例如，东盟一般服务占东盟国家GDP的50%。⑯ 2011年，东盟国家服务部门获得的FDI高达514亿美元，在东盟FDI总额中的比重达到58%（Dato-Talib，2014年）。这些数据表明，南南合作为该区域带来了巨大的发展机会，促进了该区域服务的显著增长。

在非洲，联合国工业发展组织（UNIDO）的一项研究表明，2010年，3.5%的外国投资出现在19个非洲国家的报纸、出版和印刷部门（UNIDO，2014）。发达国家的电影、广播、电视和其他娱乐活动的FDI数据大多可用。然而，国际贸易中心数据库数据表明，马拉维2011年和2012年电影及其他娱乐活动的外国投资额分别达到670万美元和420万美元。

FATS数据反映了某国外国公司的参与程度和性质。⑰

---

⑮ 没有详细的2013年国际统一服务数据。2013年的国家数据可用，图6.4中使用了美国的国家数据。

⑯ 包括各种商业服务，包括但不限于运输、出行、电信和文化服务，如版权和执照费、通信服务及视听服务。

⑰ 参考原籍国跨国公司总部与其他国附属机构之间的贸易。在电影业，多家分销公司采用这一结构。

图 6.4

2013年美国视听及相关服务与可复制权⑱出口目的地

来源：美国经济分析局数据，2014。

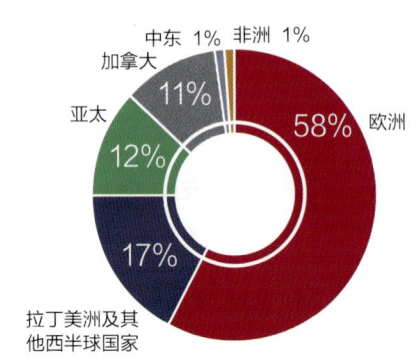

- 欧洲 58%
- 拉丁美洲及其他西半球国家 17%
- 亚太 12%
- 加拿大 11%
- 中东 1%
- 非洲 1%

2008~2012年，欧洲视听部门的外国附属机构数量增长了22.4%，总计达到1019家外国实体。⑲ 2013年，欧洲这一部门的收入下降了0.1%。这主要是因为传统媒体和电影院收入由于在线VOD服务生产而出现下降（欧洲视听观察，2014）。

仍然存在一些挑战。互联网上提供的产品和服务之间的边界尚不明确。数字材料是产品还是服务？如何确保尊重知识产权？从记录保存来看，许多国家以不同方式记录了同一类交易，这加大了数据比较难度。全球价值链⑳等替代措施可更好地评估各国附加值对全球文化产品交流的贡献。然而，现有数据仍无法提供文化部门的信息。

---

⑱ 这里未指明知识产权使用费。

⑲ 这一类别包括制作、后期制作、分销、电影放映、录制音乐、广播、电视、专业零售、视频租赁、视频游戏、点播视听服务及视听服务分销平台（欧洲视听观察，2014）。

⑳ OECD-WTO：测量附加值贸易举措，www.oecd.org/sti/ind/measuringtradeinvalueaddedanoecdwtojointinitiative.htm。

最佳实践：贸易流动相关政策措施

本节描述了有助于实现更平衡的文化流动的一些最佳实践。

在对第一轮QPRs展开分析的过程中，Nurse（2012）分析了发达国家实施的促进发展中国家文化产品和服务流动的政策机制。缔约方报告的最常见的合作措施是技术援助（28%），其次是财政援助（21%）、贸易便利（18%）[21]和市场准入（15%）。发展中国家实施的政策措施略有不同，其最常见的合作方式是政策支持（37%），其次是财政措施（20%）和技术援助/贸易便利（12%）。

2014年，UNESCO对各国为实施公约第16条优惠待遇相关的政策措施开展了一项研究（UNESCO，2014e）。此项研究表明，"可从三个层面来评估促进优惠待遇相关政策措施的影响和相关性"。

- 个人层面，通过惠及艺术家及其他文化专业人员的措施（如，流动、资助、能力建设等）（参见第五章）；
- 机构层面，通过允许文化产品和服务进入区域和国际市场（如，参与文化和贸易活动、联合制作协议、财政措施等）；
- 行业层面，通过双边、区域和多边机制和框架（如，与经济或贸易协定相关的文化合作协议）（UNESCO，2014e）。

[21] 简化和统一国际贸易流程，以促进产品和服务交易及跨境流动。

从制度层面来看，有一些通过北-南-南合作来促进文化产品交流的有趣举措。例如，签署视听部门的联合制作和分销协议，以提高发展中国家生产文化产品并进入发达国家市场的能力。

UNESCO将新西兰-印度（2011）、新西兰-中国（2010）及澳大利亚-南方的联合制作协议视为发达国家与发展中国家建立视听合作伙伴关系的良好示例。这些协议旨在促进发展中国家的电影进入发达国家市场。

欧盟也通过多项合作协议或平台来促进多样化文化表现形式的分销。地中海分销网络（MEDIS）是在欧盟视听观察支持下创建的分销商网络。[22] 其旨在促进地中海国家和地区电影的分销；帮助其进入国际市场。MEDIS成员创建了来自北非国家、中东和阿拉伯半岛的专业人员网络。

新政策措施

对缔约方在双边贸易协定中采取的文化产品和服务相关政策措施的分析发现了一项新的措施：文化合作协议（UNESCO，2014b）。《欧盟-加勒比论坛国经济伙伴关系协定》（EPA）便是这一类措施的示例，其中直接提及了2005年公约。该协定包含两类文化条款。

- 娱乐活动的市场准入条款，为促进加勒比论坛国家艺术家和文化专业人员进入欧盟市场提供服务；
- 文化合作条款，实施文化合作协议，促进文化产品、服务和活动交流，包括视听部门（KEA欧洲事务所，2011）。

基于这一新措施，CARICOM国家的文化部门能够顺利进入发达国家市场。此外，还包括其他类型的措施，如使用正面或负面承诺清单，申请"文化豁免"及放宽文化服务限制，这些措施将在后续章节（参见第七章）进行详细介绍。

伊比利亚美洲国家实施促进本区域表演艺术、音乐剧及电影的区域合作机制（专栏6.1）。这一竞争性基金将有助于促进本区域文化产品和服务的分销（秘鲁，QPR 2012）。

[22] medisnetwork.net/index.php/en/。

专栏6.1 · *IBERESCENA：伊比利亚美洲艺术家交流平台*

El Fondo Iberoamericano de ayuda Iberescena（IBERESCENA）由伊比利亚美洲国家首脑会议创建于2006年。这一基金的目的是推广、交流和整合拉丁美洲的表演艺术。基金的两个目标是，促进"伊比利亚美洲表演分销、传播及公私部门的联合制作"。

2014年，来自这一地区10个国家的22个戏剧创作和舞蹈项目获得了资金支持。

来源：www.iberescena.org/es/que-es-iberescena。

从葡语国家来看，葡萄牙制定了有利于葡语国家视听作品传播的措施（专栏6.2）。

南南合作采取国际活动形式，发展中国家的艺术家可利用这一机会来展示其作品（UNESCO，2014e）。例如，区域节日为区域文化产品和服务分销创造了市场和平台。在这些节日庆典中，艺术家可接触新的现场受众，扩大其分销网络。与此同时，汇聚不同行业利益相关方的电影节也可用于展示艺术表现形式，同时为电影制片人和分销商带来长期的经济效益。如上一节所指出，非洲等一些地区的南南文化产品交流仍十分有限。然而，非洲的许多文化节更好地反映了这些国家文化产品流动的活力（参见以下示例）。以下几个示例值得一提。

- 非洲音乐出口局（BEMA），也被指代为"西非音乐网络，其致力于支持非洲艺术家流动、商业发展及非洲音乐的生产和分销"（UNESCO-UNDP，2013）；
- 布基纳法索国际电影节FESPACO（Festival Panafricain du cinéma et de la télévision de Ouagadougou），旨在提高对非洲电影的认识，通过为行业专业人员提供市场，为西非的电影制片人创造经济机会；
- SAFRA节（"次区域桥梁搭建盛会"，UNESCO-UNDP，2013）是在7个西非国家举办的年度盛会。[23] 来自西非地区的1000多位艺术家将借助这一平台来展示其手工艺品及其他文化产品。

遗憾的是，以上示例中的活动出席、出席和销售收入及艺术家原籍国的相关重要数据目前仍不可用。[24]

民间社会

以下两个示例强调了民间社会在促进文化产品和服务中的作用。

- 古巴拉丁美洲新电影基金会（Fundación del Nuevo Cine Latinoamericano）是一家旨在支持拉丁美洲电影分销、放映和推广的非政府组织。

---

[23] SAFRA节. www.unesco.org/culture/dialogue/2010iyrc/projects/project.php?id=120.

[24] UNESCO-UIS 发布了 2009 年 UNESCO FCS 节日统计数据手册 #3，其中给出了如何评估节日社会经济影响的一些指南；详情可登录以下网站查看。www.uis.unesco.org/culture/Documents/fcs-handbook-3-festival-statistics.pdf.

- 喀麦隆促进视听和现场表演协会（APPAS）创建了非洲影像数据库（BIMAC），以提高对非洲电影院的关注，及相关作品的分销、放映潜力。2012年，这一数据库包含了在喀麦隆传播的400多部非洲电影（UNESCO-UNDP，2013）。

基本指标与验证手段

根据以上依据、讨论的问题及监测指标框架（参见"制定监测框架"章节，当前行动的核心要素之一），可针对本章主题提出以下基本指标及验证手段。

基本指标 6.1

1) 建立；2) 评估；3) 实施促进文化产品和服务流动的法律基础

验证手段

- 确保文化产品和服务平衡流动的相关法律证据

专栏 6.2 · 葡萄牙对葡语非洲国家视听部门的支持

葡萄牙开发了诸多项目和举措来支持葡语国家共同体艺术家及其作品的交流。例如，葡萄牙广播电视台（RTP）推广"官方葡语非洲国家作者的视听作品"。RTP 也支持这些国家的电影合作。2005~2013 年，巴西是葡萄牙的主要电影合作伙伴国，其次是法国。2010 年，葡萄牙与巴西联合拍摄了 10 部电影，平均每年合拍 3 部电影。2007~2013 年，至少有一个官方葡语非洲国家是葡萄牙的十大合拍电影伙伴国之一。与葡语国家的这一紧密关系也体现在葡萄牙的文化产品交流中。作为葡萄牙文化产品的出口目的地，葡语国家占据优势地位（2013 年，安哥拉排名第二位，莫桑比克排名第八位，巴西排名第十二位）。然而，这些国家的产品并未进入葡萄牙市场；2013 年，在所有葡语国家中，只有巴西进入了文化产品进入葡萄牙的十五大国家榜单中（排名第十四位）。

来源：QPRs, 2012。

- 确保文化产品和服务平衡流动的相关法律影响评估报告

基本指标6.2
1）建立；2）评估；3）实施支持文化产品国际流动的政策措施

验证手段

- 文化产品进出口策略（如，财政投资、能力建设、财税措施、信息服务）
- 促进北－南－南合作的计划（如，联合经销协议、支持参与文化相关贸易活动）
- 文化产品国际贸易流动数据（如，进出口统计数据、原产国和目的地）
- 文化产品国内外消费数据

基本指标6.3
1）建立；2）评估；3）实施支持文化服务国际流动的政策措施

验证手段

- 文化服务进出口策略（如，财政投资、能力建设、财税措施、信息服务）
- 促进北－南－南合作的计划（如，能力建设、节日、网络、指导国外投资文化活动）
- 文化服务国际贸易流动数据（如，进出口统计数据、原产国和目的地）
- 文化服务外国直接投资和外国子公司贸易数据
- 文化服务国内外生产和消费投资数据

结论

对文化产品和服务流动与交流进行的深入分析带来了有趣的发现。与2004年相比，2013年文化产品交流的整体平衡更有利于发展中国家。然而，主要的受益方为少数强大的出口国，尤其是中国。这反映了行业实践的更广泛转变，及中国在国际贸易中的崛起。此外，电影消费数据体现了宝莱坞和瑙莱坞等一些电影业的区域及国际优势。

除了平衡问题，一些发展中国家在视觉艺术领域也体现了活力、创造力和优势。遗憾的是，发展中国家的这些文化产品市场仍大多被排除在发达国家之外。截至目前，我们并未发现发展中国家之间的文化产品交流有所增长。

另一方面，发达国家在文化服务方面仍占据主导地位（占全球总出口量的95%以上）。技术进展推动了许多文化实践和生产的数字化（参见第三章）。盗版问题在很大程度上使得数据结果有些偏差。这强调有必要采用新的指标，包括FATS和FDI数据及非经济指标，以评估文化服务流动的平衡性。与此同时，迫切需要支持能力建设，尤其是文化统计数据培训，以为政策制定提供有用信息。此类培训应致力于：1）完善整体服务统计数据；2）鼓励制定充足的手段来适当监测发展中国家之间的文化交流。联合国统计司（UNSD）、UNCTAD和UNESCO等国际组织应建立合作伙伴关系来支持这些行动。

基于本章分析，我们提出了以下一些主要建议。

- 应鼓励在经济和贸易协定下签署文化合作协议。多个国家已经签署了视听联合制作协议，这将允许发展中国家的艺术家和制作人享有更多的资源，接触更多的受众。此外，应降低或废除不利于发展中国家文化产品分销的关税及其他税收。

- 从制度层面来看，很明显各国应创造有利的环境，允许其文化产品和服务在本国境内的更自由流动，同时促进其充分参与区域和/或国际市场。最后，艺术家参与各种节日庆典和国际展览会体现了南南合作，应进一步促进文化产品和服务的交流（参见第五章）。其他数据将帮助追踪其他国家艺术作品的数量，尤其是艺术展览。应收集这些活动的更详细数据。

- 公约似乎对缔约方的贸易政策产生了影响；然而，目前尚不明确这些政策将对实现全球文化产品和服务的平衡流动这一目标产生哪些影响。本章中的数据表明，2004～2013年取得了一些进展，但平等享有原则评估尚未实现。一些发展中国家正发挥着重要作用（中国、印度和马来西亚），但其数量仍十分有限。

- 最后，有必要指出贸易统计数据的局限，即仅呈现部分状况。缺失的信息需要设定特定的指标长期监测，才能决定公约真正的影响。

The General Conference of the United Nations Educational, Scientific and Cultural Organization, meeting in Paris from 3 to 21 October 2005 at its 33rd session • Affirming that cultural diversity is a defining characteristic of humanity • Conscious that cultural diversity forms a common heritage of humanity and should be cherished and preserved for the benefit of all • Being aware that cultural diversity creates a rich and varied world, which increases the range of choices and nurtures human capacities and values, and therefore is a mainspring for sustainable development for communities, peoples and nations • Recalling that cultural diversity, flourishing within a framework of democracy, tolerance, social justice and mutual respect between peoples and cultures, is indispensable for peace and security at the local, national and international levels • Celebrating the importance of cultural diversity for the full realization of human rights and fundamental freedoms proclaimed in the Universal Declaration of Human Rights and other universally recognized instruments • Emphasizing the need to incorporate culture as a strategic element in national and international development policies, as well as in international development cooperation, taking into account also the United Nations Millennium Declaration (2000) with its special emphasis on poverty eradication • Taking into account that culture takes diverse forms across time and space and that this diversity is embodied in the uniqueness and plurality of the identities and cultural expressions of the peoples and societies making up humanity • Recognizing the importance of traditional knowledge as a source of intangible and material wealth, and in particular the knowledge systems of indigenous peoples, and its positive contribution to sustainable development, as well as the need for its adequate protection and promotion • Recognizing the need to take measures to protect the diversity of cultural expressions, including their contents, especially in situations where cultural expressions may be threatened by the possibility of extinction or serious impairment • Emphasizing the importance of culture for social cohesion in general, and in particular its potential for the enhancement of the status and role of women in society • Being aware that cultural diversity is strengthened by the free flow of ideas, and that it is nurtured by constant exchanges and interaction between cultures • Reaffirming that freedom of thought, expression and information as well as diversity of the media, enable cultural expressions to flourish within societies • Recognizing that the diversity of cultural expressions, including traditional cultural expressions, is an important factor that allows individuals and peoples to express and to share with others their ideas and values • Recalling that linguistic diversity is a fundamental element of cultural diversity, and reaffirming the fundamental role that education plays in the protection and promotion of cultural expressions • Taking into account the importance of the vitality of cultures, including for persons belonging to minorities and indigenous peoples, as manifested in their freedom to create, disseminate and distribute their traditional cultural expressions and to have access thereto, so as to benefit them for their own development • Emphasizing the vital role of cultural interaction and creativity, which nurture and renew cultural expressions and enhance the role played by those involved in the development of culture for the progress of society at large • Recognizing the importance of intellectual property rights in sustaining those involved in cultural creativity • Being convinced that cultural activities, goods and services have both an economic and a cultural nature, because they convey identities, values and meanings, and must therefore not be treated as solely having commercial value • Noting that while the processes of globalization, which have been facilitated by the rapid development of information and communication technologies, afford unprecedented conditions for enhanced interaction between cultures, they also represent a challenge for cultural diversity, namely in view of risks of imbalances between rich and poor countries • Being aware of UNESCO's specific mandate to ensure respect for the diversity of cultures and to recommend such international agreements as may be necessary to promote the free flow of ideas by word and image • Referring to the provisions of the international instruments adopted by UNESCO relating to cultural diversity and the exercise of cultural rights, and in particular the Universal Declaration on Cultural Diversity of 2001 • Adopts this Convention on 20 October 2005.

第七章
在国际场合倡导公约

Véronique Guèvremont[①]

关键信息

- 欧盟自 2005 年以来缔结的 7 项贸易协定均明确提及了公约。鉴于欧盟拥有 28 个成员国,而且欧盟还与 26 个其他国家缔结了 7 项贸易协定,这就连同欧盟自身总共涉及 55 个国家,其中 50 个国家为公约缔约方。

- 在其他国际场合倡导公约的目标和原则不仅限于贸易领域。自 2005 年起,数十家国际、区域和双边组织的 250 多篇文章中均提到了公约。

- 自 2005 年以来,越来越多地使用"文化例外"措施来从贸易协定中排除某些文化产品和/或服务。

- 在过去的十年中,涌现了许多新的贸易文书,即作为贸易协定附录的文化合作协议。这些协议承认文化产品和服务的特殊性,同时呼吁为促进南方国家艺术家和文化专业人员的流动提供优惠待遇。欧盟和中美自由贸易协定附录中的文化合作协议可视为这一方面的最佳实践。

[①] 拉瓦尔大学法学院国际法教授,加拿大魁北克。

2015 2005年公约全球报告

250多份文件提及了公约原则

- 双边
- 国际
- 区域

7 大贸易协定明确提及公约

国家/地区：
- 加拿大
- 韩国
- 乌克兰
- 摩尔多瓦
- 格鲁吉亚
- 欧盟
- 中美洲
- 加勒比论坛国

加勒比论坛国成员：
- 安提瓜和巴布达
- 巴哈马
- 巴巴多斯
- 伯利兹
- 多米尼克
- 多米尼加
- 格林纳达
- 圭亚那
- 海地
- 牙买加
- 圣卢西亚
- 圣基茨和尼维斯
- 圣文森特和格林纳丁斯
- 苏里南
- 特立尼达和多巴哥

中美洲成员：
- 哥斯达黎加
- 萨尔瓦多
- 危地马拉
- 洪都拉斯
- 尼加拉瓜
- 巴拿马

欧盟成员：
- 奥地利
- 比利时
- 保加利亚
- 克罗地亚
- 塞浦路斯
- 捷克
- 丹麦
- 爱沙尼亚
- 芬兰
- 法国
- 德国
- 希腊
- 匈牙利
- 爱尔兰
- 意大利
- 拉脱维亚
- 立陶宛
- 卢森堡
- 马耳他
- 荷兰
- 波兰
- 葡萄牙
- 罗马尼亚
- 斯洛伐克
- 斯洛文尼亚
- 西班牙
- 瑞典
- 英国

在双边和区域贸易协定中实施公约的方式

- 提及公约
- 通过文化协议
- 包含文化豁免
- 使用特定承诺负面清单
- 制定一些保留清单

目标 2 · 实现文化产品和服务的平衡流动，提高艺术家和文化专业人员的流动性

Design credit: plural | Katharina M. Reinhold, Severin Wucher

2005年《保护和促进文化表现形式多样性公约》的实施处于不断变化的国家法律环境中。甚至在公约获得通过之前，不同国际法领域磋商和实施的协定已经对"文化表现形式的多样性"产生了一定影响。在过去的十年间，这些协定更是大大增加。为此，公约第五章条款（第20条和第21条）："与其他法律文书的关系"对于管理其他文书和公约之间的相互关系和重叠至关重要。此外，尽管其他文书可能限制缔约方通过公约所认可的权利，其也可帮助在其他国际场合传播公约原则和目标，尤其是促进平等享有文化产品和服务，确保文化产品和服务流动的开放性与平衡，及艺术家和文化专业人员的自由流动等相关原则。这些关联及确保国际法演化的连贯性，即缔约方所构想的"相互支持，互为补充和不隶属"（第20条）在这里变得尤为重要。

在过去的十年间，缔约方在不同国际场合倡导公约目标和原则，出台了一种新的国际合作方法，涉及文化、贸易和发展政策。本章将侧重讨论缔约方在多边、区域和双边贸易论坛及其他国际场合采取的行动，且将提出帮助监测公约实施情况的指标。

贸易论坛

世贸组织（WTO）

WTO协定负责管理文化产品和服务贸易。由于2001年发起的多哈回合谈判仍在进行当中，自1994年（标志着上一轮乌拉圭回合谈判的结束）起，WTO成员方没有文化领域的新义务。因此，没有必要评估公约对WTO承诺的影响。然而，我们可以回顾WTO协定的范围及其与公约的潜在重叠之处。需要指出的是，自2005年起，在向WTO争端解决机构（DSB）提交的一个案件中，有一个缔约方（中国）援引了公约内容。

WTO协定范围

没有文化产品或服务被正式排除在WTO协定范围之外。为此，"文化表现形式的多样性"及缔约方"制定和实施其文化政策，采取措施以保护和促进文化表现形式多样性"（第5条）的权利可能受到WTO承诺的限制。

《关税及贸易总协定》（GATT）中并没有"文化产品"清单，但其必然包括图书、杂志、期刊、CDs、音乐和电影。与这些产品相关的文化政策必须遵守GATT条款，这意味着，国家文化产品必须遵守无歧视原则，放映限额（第4条）除外。《服务贸易总协定》（GATS）适用于所有服务，但其义务分为两类：首先，一些一般义务适用于所有WTO成员方及所有服务；其次，市场准入和国民待遇承诺仅适用于各国附表中列明的特定服务。符合公约中"文化表现形式"的文化服务包括视听服务、图书馆和现场表演等服务。

值得指出的是，某些文化产品的非物质化（例如，电子图书是传统图书的非物质化）及新文化产品和服务的出现（如数字平板电脑的应用）加大了产品和/或服务分类及相关法规应用的难度（专栏7.1）。视听下载分类（GATS下尚未放松管制）是敏感问题之一。按照GATT规则处理数字产品将自身延伸国民待遇，在GATS中，国民待遇是一项可协商的承诺，将限制国家保护和促进文化表现形式多样性的权利。

最后，电信部门和文化产业在

专栏 7.1 · 欧盟法院对税收机制与数字或电子图书的裁决（2015年）

欧盟法院否决了法国和卢森堡提交的降低数字或电子图书增值税的申请。法国和卢森堡在国家法律中提出降低数字或电子图书增值税（法国5.5%，卢森堡3%），以便与欧盟法律中提出的降低印刷图书增值税的规定保持一致。现行增值税指令不包括"通过电子媒介提供的服务"。欧盟法院做出裁决，购买数字图书相当于电子服务，阅读数字图书需要物理媒介（电脑、阅读平板电脑、手机）。因此，通过电子媒介提供的数字图书不应享有降低的增值税政策。

来源：欧盟法院-欧委会 v. 卢森堡大公国案件，C-502/13，2015年3月5日；欧委会 v 法国案件，C-479/13，2015年3月5日。另见2006年11月28日发布的、经2010年12月7日2010/88/UE欧委会指令（JOUE, L 326, p.1）修改的，增值税通用制度相关的2006/112/EC欧委会指令（JOUE, L 347, p.1），也称为"增值税指令"。

数字技术发展刺激下出现融合，将鼓励缔约方将电信部门采纳和实施文化政策的新承诺的潜在影响考虑在内。事实上，数字技术正融合着传统上意义上分散的电信（集中于"媒体"和"网络"）和视听（一般指"内容"）细分市场。因此，数字技术使得内容可用性与网络可达性相关联（参见第三章）。数字技术将权力转移到电信部门的主体手中，而这些电信部门主体需要通过提供互联网接入服务，在提供数字内容中发挥更大的作用。为此，GATS下电信部门的承诺可能对视听内容的供应和控制产生意想不到的影响。

WTO争端解决机构

自WTO建立于1995年以来，美国向WTO提出了两次有关文化产品和服务措施的诉讼。第一例案件发生在公约通过前夕的1996年，案件双方分别为美国和加拿大。② 加拿大在这起案件中以败诉收尾，这提高了许多国家对其文化政策在面对WTO协定时的脆弱性的认识。第二起案件发生在2009年，案件双方分别为美国和中国。③ 尽管美国再次胜诉，但法庭给出的依据体现了在承认文化问题方面的某种开放性。事实上，在这起案件中，在处理中国多项文化产品和服务政策

② 加拿大——与期刊相关的某些措施（1997年），WT/DS31/AB/R（上诉机构报告）与WT/DS31/R（陪审员报告）。
③ 中国——影响某些出版物和视听娱乐产品交易权和分销服务的措施（2009年），WT/DS363/R（陪审员报告）。

相关的诉讼中，陪审员对承认文化产品和服务的非物质方面持相对开放的态度。陪审员承认和建立了GATT范围下大量文化产品非物质内容与第20条中提及的保护公共道德（处理例外情况）之间的联系，这代表着一大进步。按照中国的倡议，承认文化产品内容与公共道德之间的关系受到2001年UNESCO《世界文化多样性宣言》的影响。

区域和双边经贸论坛

多哈回合谈判（期望WTO成员方达成新的多边贸易承诺）陷入的僵局与活跃的双边和区域贸易谈判形成了鲜明对比。各国的活力不仅体现在2005年以来达成的协定和发起的谈判数量上，也体现在新

> **专栏7.2·在公约支持下，促成通过电影、出版、视频游戏和音乐相关公共政策的法律依据**
>
> 奥地利通过了"奥地利电影支持计划"（2010～2012年），其主要目标是支持涉及奥地利和欧洲文化内容的长篇电影和纪录片的制作。通过援引欧盟法律和公约，欧委会确认了这一措施。Case N96/2010——奥地利，奥地利电影支持计划。
>
> 意大利2012年通过了"拉齐奥区域电影支持计划"，其目标是支持可大大促进文化资源开发及拉齐奥区域身份认同的电影和视听作品的创作。欧委会指出，条约和公约中均认可促进文化及文化表现形式的多样性，并得出结论，该措施符合条约要求。Case SA.34030（2012/N）——意大利，拉齐奥区域电影支持计划，第28段。
>
> 立陶宛通过了一项名为"立陶宛电影税收激励"（2013～2018年）的财政措施，其目标是为立陶宛的电影制作创造有利条件，同时吸引电影制片人来到立陶宛。欧委会再次援引欧盟法律和公约来宣布这项措施合规。Case SA.35227（2012/N）——立陶宛，立陶宛电影税收激励，第40段。
>
> 西班牙推出了"巴斯克地区文学出版援助"，其主要目标是为巴斯克语和卡斯提尔语的文化出版物创作提供激励，同时支持创作、翻译和改编儿童小说、诗歌、游戏和书籍。Case SA.34168（2012/N）——西班牙，巴斯克地区文学出版援助修正案，第28段。
>
> 西班牙还发布了舞蹈、音乐和诗歌部门国家援助通告，欧委会通过援引条约和公约对其进行了确认。Case SA.32144（N2011）——西班牙，舞蹈、音乐和诗歌国家援助。
>
> 法国通过了一项名为"新媒体项目援助"（2011～2016年）的新措施，其主要目标是，促进新网络和数字格式的法国和欧洲文化创作，以传播和促进这些媒体的文化多样性。
>
> Case C 47/2006（ex N 648/2005）——法国，Crédit d'impôt pour la création de jeux vidéo。

的贸易协定模式的涌现，其中包括文化领域的新方法。值得一提的是，一些区域争端解决机制开始关注文化问题。

区域和双边贸易协定

旨在保护和促进文化表现形式多样性的文化政策需要体现文化产品和服务双重性质的条款（专栏7.2）。过去十年间达成的协定采用了不同手段。

这些手段可分为五大类别。

① 提及公约和/或其目标及原则；

② 通过文化合作协议；

③ 包含文化例外；

④ 使用特定承诺正面清单；

⑤ 和/或制定一些保留清单。

此外，对文化产品和服务的电子商务产生影响的条款（也可视为第6类）。

① 明确提及公约

在贸易协定中倡导公约的最简单方式是在协定中明确提及公约。欧盟自2005年以来缔结的七项贸易协定均明确提及了公约。鉴于欧盟拥有28个成员国，且其与26个其他国家缔结了七项贸易协定，其涉及54个国家及欧盟本身，其中50个国家为公约缔约方。

明确提及公约的前三项协定分别与韩国（2010年）、加勒比论坛国（2008年）及多个中非国家（2012年）签订。这些协定均采用独特的结构，由贸易自由化主协定正文与文化合作协议（PCC）附录组成。所有文化合作协议均提及了缔约方批准公约的行为，也提及了缔约方实施公约，并按照其原则和条款开展合作的意愿。与中美洲国家缔结的协定的文化合作协议附录部分还明确提及了公约第14、15和16条，指出该协定应参照文化合作协议中使用的所有定义和概念。这一包含文化合作协议的自由贸易协定可视为一种良好实践。

欧盟与格鲁吉亚、摩尔多瓦和乌克兰（2014年）缔结的另外四项协定也明确提及了公约；但是，其不包含文化合作协议。这些协定的主协定正文"文化、视听政策和媒体合作"章节中提及了公约。最后，2014年与加拿大缔结的协定则在序言部分提及了公约。

在贸易协定中提及公约旨在确保各国国际行动的一致性。反复重申公约目标和原则的缔约方必须采取积极的方法来维持这种一致性，即便是协商其他活动领域的协定。这一实践符合确保承认缔约方文化产品和服务双重性质的目标（第1g条）。这准确反映了公约的以下两项原则：1)"各国拥有在其境内采取保护和促进文化表现形式多样性措施和政策的主权"（第2.2条）；2)"经济和文化发展互补原则"（第2.5条）。

② 通过文化合作协议

包含文化合作协议的三项协定不仅承认文化产品和服务的特殊性，也规定了为其提供优惠待遇，进而按照公约第16条规定，促进南方国家艺术家和文化专业人员的流动（参见第五章）。为此，文化合作协议包含不同的条款。首先，优惠待遇指的是艺术家及其他文化专业人员的入境和暂时停留；其次，规定了新联合制作协议的谈判及现有协定的实施。涉及韩国和加勒比论坛国的文化合作协议中包含了有关视听作品享有的优惠贸易准入的章节；最后，还包含其他补充性条款，包括旨在建立文化合作机构或委员会的条款，及争端解决条款。

其他贸易协定不包含文化合作协议，但主协定正文中直接包含了文化合作及视听联合制作相关的条款。例如，韩国和澳大利亚缔结的协定在服务章节包含了视听联合制作条款，并提及了专门讨论这一问题的附录第22条。这一附录包含了实际的联合制作协议，并规定了合作作品的优惠待遇，即享有原籍国作品同等的待遇。最后，其他一些协定并未规定缔约方文化产品和服务享有的优惠待遇，或缔约方艺术家和文化专业人员享有的优惠待遇，而是呼吁缔约方开展相关方面的合作，如欧盟与格鲁吉亚、摩尔多瓦和乌克兰缔结的协定。

❸ 包含文化例外

"文化例外"允许在贸易协定中排除某些文化产品和/或服务。这一例外具有永久性优势，一旦纳入协定中，则一般无须再协商消除或缩减其范围，这与最后可能需要调整的具体承诺或保留清单（如下文所描述）不同。因此，文化例外的使用允许无限期保留国家采取有利于文化表现形式多样性的干预措施的权利，即便是在开放市场以引进竞争的情况下。然而，仔细斟酌例外的措辞有利于准确评估可用的策略空间。

> 欧盟缔结的多项协定中包含了文化例外，但其范围往往仅限于视听服务。

新西兰缔结的一些协定中包含的"文化例外"范围尤其比较广泛。具体例外内容如下。

（……）在遵守关于此类措施的实施不在情形相同的缔约方之间构成任意或不合理歧视的手段或构成对服务贸易或投资的变相限制的要求前提下，本协定的任何规定不得解释为阻止任何缔约方采取或实施以下措施：为保护具有历史或考古价值的国家宝藏或特定遗址所必需的措施；或支持具有国家价值的创意艺术所必需的措施。

如脚注所说明，这一文化例外的范围相对较大，因为其涵盖大量的文化产品、服务和活动，包括数字文化产品，甚至文化实践。④

加拿大缔结的许多协定也包含文化例外，但其范围更有限。其文化例外的标准规定如下："本协定的任何规定不得解释为适用于缔约方采取的文化产业相关的措施，第（xxx）条（国民待遇和产品市场准入—关税减让）明确规定的情况除外。"这些协定包含对"文化产业"的详尽定义。⑤ 因此，这一例外针对的是文化产品和服务。在与哥伦比亚缔结的一份协定中，缔约方对文化产业进行了更详尽的定义，其包括："f）表演艺术创作和展示；g）视觉艺术创作和展示；或h）手工艺品的设计、制作、分销和销售"。为此，这一协定中的文化例外的范围更大。但是，考虑到视听领域出现的数字技术，文化产业的定义并不一定能够确保系统涵盖数字文化产品和服务。

欧盟缔结的多项协定中也包含了文化例外，但其范围往往仅限于视听服务。加拿大和欧盟签订的《综合经济和贸易协定》（CETA）中的文化例外的独特性在于，其范围具有不对称性；加拿大文化例外包括"文化产业"，但欧洲例外仅限于"视听服务"。此外，由于这一例外仅适用于协定的五个章节（补贴、投资、跨境服务贸易、国内管制和政府采购），因此不涵盖文化产品相关的所有承诺。

因此，新西兰协定中包含的文化例外更能保障各国采取有利于文化的干预措施的权利，这不仅是因为其适用于协定中的所有章节，也因为其涵盖数字文化产品。

❹ 使用特定承诺正面清单

各国并不一定愿意快速地为不同经济部门开放其市场。为此，它们往往倾向于采取一种循序渐进的方式。根据这一"正面承诺清单"方法，每个缔约方必须在贸易协定附录中列明市场开放具体承诺清单。在贸易协定谈判过程中，多个公约缔约方采用了这一方法，这将为其出台有利于当地内容的政策措施提供回旋余地。这一情况适用于以下协定：欧盟与韩国、加勒比论坛国、中美洲国家、哥伦比亚、格鲁吉亚、摩尔多瓦、秘鲁及乌克兰签订的协定；中国与智利、哥斯达黎加、新西兰、秘鲁和瑞士签订的协定；东盟成员国与中国和新西兰签订的协定；及欧洲自由贸易联盟（EFTA）成员国与乌克兰和中美洲国家签订的协定。

然而，值得指出的是，通过

---

④ 脚注规定，"创意艺术"包括表演艺术（戏剧、舞蹈和英语）、视觉艺术和工艺品、文学、电影和视频、语言艺术、创意在线内容、原有居住者传统实践及当地文化表现形式、数字交互媒体、混合艺术作品，包括采用新技术。来超越具体艺术形式部门的作品。这一词包含艺术展示、执行和解释活动，这些艺术形式和活动的研究和技术开发。

⑤ "……a）印刷或机器可读图书、期刊或报纸出版、分销或销售，但不包括单一的打印或排版活动；b）电影或视频的创作、分销、销售或放映；c）声音或视频音乐的创作、分销、销售或放映；d）印刷或机器可读音乐的发行、分销或销售；e）直接传输给公众的广播通信，所有广播、电视和有线电视广播事业，所有卫星节目及广播网络服务。"

这一方法赋予的文化例外并未为各国文化领域的干预权利提供同等程度的保障。其将限制各国在相关承诺部门的行动范围，尤其是后续审查其内容，以便采纳新的文化政策（不遵守其签署的贸易协定的规定）的可能性。此外，这些正面承诺清单将有待完善，通过增加新的服务部门、消除自由贸易障碍（如配额或补贴）等方式，提高国外竞争机构的市场准入。

❺ 制定一些保留清单

希望加快服务贸易自由化的国家通常会采用"负面清单"方法。在这种情况下，自由贸易协定的范围涵盖各个部门，但缔约方可协商排除一些产品或服务。此类排除便采用"保留"形式。这一方法将给想要保护其采用文化政策和实施公约的权利的国家带来很大风险（表7.1），因为可能影响文化产品和服务自由贸易的每项政策或措施都必须包含在保留清单中。此类实践要求仔细分析贸易协定的所有条款，同时拥有直接或间接影响文化产品和服务贸易的所有政策措施的相关知识。

然而，多个拉丁美洲国家、澳大利亚、印度及韩国倾向于采用这种方法。这也适用于美国与阿曼、秘鲁、哥伦比亚、巴拿马及韩国签署的协定。然而，一些缔约方（如，哥伦比亚、韩国、巴拿马和秘鲁）在协定中包含了大量保留清单，以便为支持文化提供充足余地。与此相反，阿曼在协定中仅包含了文化相关的少数保留清单，因此其与美国签署的协定将带来视觉服务及其他文化服务的更大自由化。

❻ 电子商务相关承诺及其对文化的潜在影响

最后，在过去的十年间，涌现了新一代的贸易协定，以涵盖数字技术支持的贸易。相关条款被纳入此类协定电子商务相关的章节中。

尽管此类条款的内容和约束力存在很大差异，但一些承诺模式可能影响各国采取和实施相关文化政策和措施的权利。

这些贸易协定中的承诺可分为三个层次。

- 首先，多项协定包含旨在促进缔约方合作的非约束力条款。它们涵盖一般电子商务发展、消费者保护、透明度、信息和良好实践

表 7.1

欧盟自 2005 年以来缔结的明确提及公约的七项贸易协定

协定名称	签署日期 （日-月-年）	生效日期 （日-月-年）	缔约方
《加拿大—欧盟：综合经济和贸易协定》[1]	—	—	欧盟—加拿大
《欧盟、欧洲原子能共同体及其成员国与格鲁吉亚联系国协定》	27-06-2014	01-09-2014	欧盟—格鲁吉亚
《欧盟、欧洲原子能共同体及其成员国与摩尔多瓦联系国协定》	27-06-2014	01-09-2014	欧盟—摩尔多瓦
《欧盟—乌克兰联系国协定》[2]	27-06-2014	—	欧盟—乌克兰
《欧盟及其成员国与中美洲联系国协定》	29-06-2012	01-08-2013	欧盟—中美洲[3]
《欧盟及其成员国与韩国自由贸易协定》	06-10-2010	01-07-2011	欧盟—韩国
《加勒比论坛国与欧洲共同体及其成员国经济合作伙伴关系协定》	15-10-2008	01-11-2008	欧洲共同体—加勒比论坛国[4]

1 《加拿大—欧盟：综合经济和贸易协定》于2014年8月5日缔结，但尚未签署。
2 这一协定尚未生效。
3 作为这一协定缔约方的中美洲国家包括：哥斯达黎加、萨尔瓦多、危地马拉、洪都拉斯、尼加拉瓜和巴拿马。
4 加勒比论坛国包括：安提瓜和巴布达、巴哈马、巴巴多斯、伯利兹、多米尼克、多米尼加、格林纳达、圭亚那、海地、牙买加、圣卢西亚、圣基茨和尼维斯、圣文森特和格林纳丁斯、苏里南、特立尼达和多巴哥。

分享等。这些条款不会影响各国采取有利于文化表现形式多样性的干预措施的权利。

- 其次，少数协定也包含免除征收电子产品关税的条款。尽管这些条款可能适用于文化产品和服务，但其获得的关注较少，因为贸易关税一般具有贸易保护主义性质，其可能限制文化交流及文化表现形式的多样性。缔约方与美国，及加拿大、欧盟（与加勒比论坛国、哥伦比亚、格鲁吉亚、韩国、摩尔多瓦、秘鲁及乌克兰）、新西兰、澳大利亚和智利缔结的多项协定中均包含此类条款。

- 最后，多项协定（如，美国与哥伦比亚、韩国、阿曼、巴拿马和秘鲁缔结的协定）中也包含旨在消除对"数字产品"的各种形式的歧视条款（这些歧视将限制各国实施支持当地数字内容创作、分销和消费的文化政策的权利）。在所有情况下，有条款规定，电子服务仍需遵守投资和服务章节的规则，同时需遵守适用于这些章节的免责条款和非合规措施。然而，其他承诺特别将"数字产品"界定为"用于商业销售或分销目的的计算机程序、文本、视频、图像、录音材料及其他数字编码产品，无论其采用介质载体形式还是电子传输形式。"为此，此类承诺严格限制了缔约方编制和实施保护和促进数字环境下文化表现形式多样性的空间。

> 贸易关税一般具有贸易保护主义性质，其可能限制文化交流及文化表现形式的多样性。

区域和双边争端解决与控制机制

在向欧盟法院（CJEU）递交的Unión de Televisiones Comerciales Asociadas（UTECA）案件中，[6]西班牙最高法院提出了欧洲条约和欧洲指令部分条款（电视广播活动）解释相关的问题。UTECA就Administración General del Estado皇家法令中对电视运营商提出的以下要求提起了法律诉讼：首先，将前一年度5%的营业收入用于赞助长片和短片电影及在电视上播放的欧洲电影；其次，60%的资金须用于支持采用西班牙官方语言制作的电影。

在其动议中，UTECA提出应宣布皇家法令及其相关条款无效，因为其不符合欧盟法律。西班牙政府声称，相关措施以文化动因（尤其是保护西班牙多种语言）为基础。欧洲法院认为，无论成员国采取的措施是否在欧洲指令涵盖的领域范围内，成员国均有权制定比欧洲法律更详细或更严格的规则。然而，欧洲法院指出，必须执行条约保障的基本自由（如，提供服务的自由）相关的此类权限。只有当服务于整体利益时，才可限制基本自由；限制基本自由适合确保目标的实现，但不应超出实现这一目标的必要范围。为此，欧盟法院认为成员国追求的捍卫和促进其一种或多种官方语言的目标满足了服务于公众利益的要求。欧盟法院指出，促进某一种语言的目标足以满足要求，无须提供其他文化标准来证明限制条约保障的基本自由的合理性。在其论据中，欧盟法院利用了语言与文化之间的内在关系，明确提及了公约及其序言第十四段："语言多样性是文化多样性的基本要素之一"。欧盟法院最后做出裁决，欧洲法律不影响西班牙政府采取此类措施的权利。

案件已经提交给欧委会，说明了国家援助领域的情况。在欧盟范围内，欧委会负责控制所有经济部门的国家援助，以便防止成员国为某些公司谋取选择性优势，危害到其他公司的利益。根据《欧盟运行条约》（TFEU）第108条规定，[7]欧委会必须评估国家援助措施与单一市场的一致性，但其允许承认文化部门的特殊性。事实上，第107/3/d条明确规定了提供"促进文化和遗产保护援助（前提是此类援助不影响欧盟的贸易条件和竞争，且不会有违共同利益）"的可能性。在这种情况下，国家援助被视为"与国内市场相匹配"。这一国家援助总则的例外情况当然符合欧盟在文化部门的主要使命，及其"促进成员国文化繁荣，尊重其国家和区域多样性，同时发挥共同的文化遗

[6] Affaire C-222/07, 12 mars 2009.

[7] 参见 http://eur-lex.europa.eu/legal-content/EN/TXT/?uri=celex:12012E/TXT。

© Anh Sang Soo, the 559th hangeul day poster, 2005, 韩国®

"

让我们向 UNESCO 庆祝《保护和促进文化表现形式多样性公约》十周年的举措表示敬意。作为欧洲贸易专员，我鼓励编制这一文书，我也很自豪欧盟在起草过程中发挥了积极的作用。这是决定性的一步。"文化不是商品的一部分"，20 世纪 90 年代在 Jacques Delors 带领下的欧委会反对将文化产业纳入促进国际贸易自由化的乌拉圭回合谈判中。尽管如此，仍需要一项国际文书来补充贸易规则，确认各国促进创造力和文化表现形式的自由。UNESCO 接受了这一挑战，且发挥了自己的作用。希望推进更"文明"的全球化的所有人都将为这一结果而欣喜不已。公约不是将文化限制在国家或当地边界内；而是帮助平衡地共享文化——其鼓励文化交流、艺术家的自由流动，力求调节文化产业的集中性，确保其尊重创造力的多元化和多样性。正是出于这一原因，监测公约实施情况也变得尤为重要。

Pascal Lamy
世界贸易组织前总干事

产的积极作用"的承诺（《里斯本条约》第 167 条）。⑧

欧委会对文化领域国家援助的控制促成了一些重大决策。例如，在分析西班牙为文化杂志出版（SA.34138 2012/N）与巴斯克地区文学出版（SA.34168 2012/N）提供的两项援助时，欧委会明确提及了公约。这两项措施均具有文化目的，因此表明适用于 TFEU 第 107/3 /d 条下的文化权利贬损原则。欧委会指出，促进文化多样性被视为一项共同的目标，因此这两项措施符合国内市场的原则。

欧委会还评估了法国政府为支持包含文化内容的视频游戏创作提供的税收减免（C47/2006）。对于视频游戏是否应视为文化产品的问题，欧委会指出，"UNESCO 将视频游戏产业视为文化产业，承认其在文化多样性中发挥的作用"。欧委会还注意到"某些第三方和法国主管部门提出的论据，尤其是视频游戏可作为图像、价值观和主题载体的论据，这些图像、价值观和主题可反映视频游戏创作的文化环境，且可能影响用户，尤其是年轻人的思维方式及文化流行趋势"。最后，欧委会指出，"鉴于此，UNESCO 通过了《保护和促进文化表现形式多样性公约》"。

更近期地，欧委会评估了意大利的数字保护设备投资税收减免政策（SA.27317 N673/08）。在其决议中，欧委会并未提及公约，而是提及了《欧委会有关电影和其他视听作品国家援助的通告》（OJ C 332，15.11.2013, p.1），其中涉及缔约方，"欧盟及欧盟成员国致力于将文化内容作为其政策的一项重要要素"。根据公约第 4.4 条，该通告指出，"商业电影也具有文化性质"。

其他相关场合

在其他国际场合倡导公约的目标和原则很明显不仅限于贸易领域，而且涉及各类组织和论坛，只要其活动将对"文化表现形式的多样性"产生影响（专栏 7.3）。通过聚焦于

---

⑧ 参见 www.lisbon-treaty.org/wcm/the-lisbon-treaty/ treaty-on-the-functioning-of-the-european-union-andcomments/ part-3-union-policies-and-internal-actions/ title-xiii-culture/455-article-167.html。

⑨ 译者注：原文为"法国"，疑误。

第七章 · 在国际场合倡导公约 127

> **专栏7.3·民间社会在实施第16条和第21条中的贡献（2008~2015年）**
>
> 2008年11月5~8日在巴西巴伊亚召开的国际文化多样性联盟联合会大会通过的决议，"敦促政府间委员会解决在其他国家场合倡导公约原则和目标的问题，以建立程序和其他磋商机制，并在第23.6（e）条中予以指明"。
>
> 2008年，来自10个加勒比成员国的文化组织在西班牙港汇聚一堂，呼吁"协调其批准公约及在其他国际场合遵循其原则和目标的行动，尤其是通过限制贸易谈判中的自由化承诺，这些自由化承诺将限制其采取文化政策及其他支持国内文化部门政策的权利"。
>
> 瑞士文化多样性联盟2011年8月在苏黎世举办的"文化多样性促进可持续发展"大会讨论了公约第16条（对发展中国家的优惠待遇）。会上强调，"海外瑞士办事处及瑞士移民就业主管部门必须立即采取措施"。
>
> 2015年5月28~30日，"UNESCO《保护和促进文化表现形式多样性公约》通过十年后：各国文化政策面临的问题和挑战"国际会议在加拿大魁北克拉瓦尔大学召开，主要讨论公约与贸易协定之间的关系。
>
> 2015年10月23~24日，国际文化多样性联盟联合会在比利时蒙斯（2015年欧洲文化之都）召开会议，"面临数字时代挑战的文化例外"国际论坛同期举行。这一论坛汇聚欧洲文化部长、民间社会和文化专业人员，促成了《最后宣言》的通过，强调需要在新的自由贸易协定谈判过程中考虑公约目标，如 欧盟－美国《跨大西洋贸易与投资伙伴关系协定》（TTIP）。
>
> 来源：UNESCO，2015。

促使缔约方在贸易协定或组织以外的其他场合明确提及公约（不包括一般性提及文化产品和服务或文化合作）的措施，我们可以确定数十家组织起草的250多篇文章。尽管无法在此对这些文章进行全面阐述，但许多示例可帮助我们了解促使缔约方明确提及公约的组织类型、主要领域和各种活动。这些示例可分为三类：国际组织、区域和双边组织以及倡议。

国际组织和倡议

涉足文化领域或相关领域的国际组织尤其积极致力于倡导公约。例如，法语国家国际组织（IOF）努力推动其成员国和政府广泛提及公约，尤其是在多次峰会闭幕时通过的宣言中。明确提及公约的最新的两份官方文件为2014年11月在达喀尔通过的《UNESCO〈保护和促进文化表现形式多样性公约〉决议》及《达喀尔宣言》。[⑩]

采用共同语言的其他国际组织，如国际法语议员大会（APF）、"拉美及加勒比国家共同体（CELAC）与葡萄牙语国家共同体（CPLC）通过了类似的宣言文书。2011年2月文化表现形式多样性各国议会联盟大会上通过的《魁北克宣言》中也多次提及了公约，包括法语国家议会大会成员国提出的以下请求："在商务谈判中考虑公约，以便捍卫其权利，建立或维持支持文化表现形式的政策和措施。"[⑪]

此外，还值得一提的是，联合国大会上通过了文化和可持续发展领域的三项决议。这些决议强调了"鉴于扩大的文化消费范围及《保护和促进文化表现形式多样性公约》的规定，积极支持建立当地文化产品和服务市场，促进当地文化产品和服务有效、合法地进入国际市场"的重要性。[⑫]

确定2015年后发展议程的过程也有趣地反映了文化和可持续发展之间的关系。民间社会利益相关方依靠公约来促进更好地考虑文化问题。城市与地方政府联合

---

⑩ 法语国家峰会，塞内加尔达喀尔，2014年11月29~30日。"数字技术对文化环境的影响及在国家政策与合作活动中考虑这一影响的必要性，与基于技术中立性来实施UNESCO《保护和促进文化表现形式多样性公约》"。
⑪ 《魁北克宣言》第24.3段。
⑫ 参见2010年12月20日第六十五届联合国文化与发展大会通过的决议§2d），65/166，2010年12月20日；§3第六十六届联合国文化与发展大会通过的决议a），66/208，2012年；第六十八届联合国文化与可持续发展大会通过的决议§11e），68/223，2013年12月20日。

会（UCLG）在这一方面发挥了重要作用；UCLG 文化委员会与多家其他民间社会组织呼吁政府和决策者确定 2015 年后联合国发展议程，以确保将文化目标和指标纳入可持续发展目标中。2015 年 3 月，UCLG 围绕"文化和可持续城市"主题，在西班牙毕尔巴鄂召开了首届文化峰会，其旨在促进城市和当地政府的知识共享和交流，承认文化对于可持续城市的重要性。这些举措响应了 UCLG 2010 年发起的一个重要反思进程，其通过了一项题为"文化：可持续发展的第四大支柱"的政策声明。

其他重要国际会议也提及了文化和文化表现形式的多样性对于可持续发展的重要性。例如，2014 年 9~10 月在意大利佛罗伦萨举办的 UNESCO 第三届世界文化和文化产业论坛（主题为"文化、创造力和可持续发展：研究、创新和机遇"）及"UNESCO 阿拉伯海湾国家集团"2013 年 5 月举办的"文化多样性促进可持续发展与文明对话"国际研讨会，均明确提及了公约及其在可持续发展进程中的重要作用。

> 涉足文化领域或相关领域的国际组织尤其积极致力于倡导公约。

然而，值得指出的是，在联合国机构编制的 2015 年后全球发展议程相关的文件中只有少数文件明确提及了公约。其中一些文件包括：联合国发展议程课题组 2012 年 5 月发布的联合国 2015 年后议程文件——《文化：可持续发展的驱动力》；以及 UNESCO、联合国人口基金（UNFPA）与联合国开发计划署（UNDP）编制的《2015 年后全球文化与发展对话报告》。此外，自 2011 年以来，联合国大会围绕"文化与发展"主题通过的三项决议中均提及了公约。事实上，人们已经普遍认识到，保护和促进文化表现形式的多样性对于实现和平、发展和尊重人权至关重要。

事实上，缔约方在并不以文化作为重点行动领域的场合倡导公约目标和原则将继续面临挑战。但是，在此类场合下开展的工作对于未来履约十分重要，因为文化部门的政策措施仅将对公约目标产生部分影响。为此，有必要协调不同组织工作之间的相互作用和重叠，以促进文化表现形式的多样性，或者至少不对其产生负面影响。此外，数字技术引发的变革应鼓励缔约方在更加多样化的国际组织中倡导公约目标和原则。以下我们将给出两个示例。2006 年《WIPO 保护广播组织经修订的基础提案草案》中考虑了公约。更近期地，WIPO 着手研究数字鸿沟及其对发展和知识产权的影响。根据 2007 年通过的发展议程中的部分建议，WIPO 发起了"知识产权、信息和通信技术（ICTS）、数字鸿沟与知识获取项目"。在这一项目框架下，2013 年 5 月发布的"利用版权促进信息和创意内容获取相关的潜在新的 WIPO 活动的可行性评估"报告提出了一系列有助于促进文化表现形式多样性的活动。

国际电信联盟（ITU）的使命是，促进电信和信息网络的增长与可持续发展，其在这一方面也提供了有用示例。考虑到媒体融合现象，ITU 活动将对内容获取及文化表现形式的多样性的演化产生重大影响。就这一点而言，需要指出的是，培养和尊重文化多样性已被视为信息社会世界峰会（WSIS）的基本原则，WSIS 是 ITU 全权代表大会的一项举措。UNESCO 在实施首届峰会成果中发挥了重要作用。2013 年 2 月在 UNESCO 总部召开的第一届 WSIS+10 会议（与 ITU、UNDP 和 UNCTAD 联合召开）[13] 从多个角度探讨了文化多样性问题（媒体多元化、多语言、互联网接入、数字鸿沟等）。[14] 1WSIS 也领导创建了互联网管理论坛（IGF），其中 UNESCO 也是参与方之一。首届 IGF 于 2006 年举办，汇聚各国政府、非政府组织和私营部门代表，共同讨论互联网发展问题。尽管该论坛并未通过任何决议，其讨论将对参与互联网管理和管制的决策者及其他主体的行为产生影响。毫无疑问，WSIS 与 IGF 相关讨论

---

[13] 第二届会议于 2013 年 5 月在 ITU 召开。
[14] UNESCO 迈向和平与可持续发展的知识社会：第一届 WSIS+10 审查会议。成果，2013 年 2 月 25~27 日，UNESCO，巴黎，24 pp.

及其形成的政策方向将对数字环境下文化表现形式的多样性的演化产生重大影响。

区域组织和举措

区域层面在文化领域通过的许多宣言、决议、建议或决定也明确提及了公约。例如，在2011年7月22日通过的"第18届拉美及加勒比地区文化部长及文化政策制定者论坛声明"（Declaracion XVIII Foro de Ministros y Ministras de Cultura y encargados de políticas culturales de América Latinay Caribe）中，部长们重新确认了其履约承诺，公约被视为是其"文化管理的宝贵工具"。在亚太地区，2012年5月11日通过的《达卡文化表现形式多样性部长宣言》建议批准公约，并邀请各国"推动促进和保护文化表现形式的文化政策方面的对话"，及"推动各国签署联合制作协议，及为联合制作提供市场准入"。

文化与可持续发展之间的关系的讨论也促成了区域层面的一些有趣举措，其中一些明确提及了公约。这些举措包括2012年4月通过的《圣保罗文化和可持续发展宣言》；2006年9月，来自非洲16个国家的部长、官员及民间社会代表通过的《太阳城宣言和行动计划》。

区域政治或经济组织也关注公约，例如，欧洲议会2011年5月12日通过的关于欧盟外部行动文化维度的决议［2010/2161（INI）］及关于释放文化创意产业潜力的决议［2010/2156（INI）］。[15] 欧洲理事会也通过了多项促进文化表现形式多样性的文书，例如，2009年9月通过的成员国部长委员会有关国家电影政策与文化表现形式的建议CM/Rec（2009）7。2014年，欧洲自由贸易联盟（EFTA）监督局通过了《电影和视听指南》。回到公约第4.4条，指南指出"根据这一文书，监督局注意到，商业电影也具有文化性质"。欧盟成员国与东欧和高加索国家建立的东部伙伴关系（EaP）鼓励批准公约，同时强调文化投资对于促进社会、经济发展的重要性。最后，欧盟与西巴尔干国家缔结的四项稳定和联系国协定在文化合作条款中提及了公约。在拉丁美洲，MERCOSUR在文化领域或跨部门合作领域通过的多项文件中强调了公约及其原则的重要性。

双边举措

最后，公约目标和原则也可指导缔约方之间的双边关系。有必要区分真正的文化举措及其他领域的举措。就文化合作而言，签署电影联合拍摄领域的协定似乎特别有助于明确提及公约，当然前提是由公约缔约方缔结此类协定。法国缔结的此类协定示例包括：法国政府与斯洛文尼亚政府签署的协定；国家电影和移动图像中心与乌拉圭电影与视听学院签署的电影合作协定；及法国政府与柬埔寨政府签署的电影合拍协定。

大量文化领域的双边谅解备忘录、宣言和计划也实施了公约第21条规定，例如，魁北克市和布宜诺斯艾利斯签署的文化合作共同宣言；加拿大文化遗产部与印度文化部签署的文化合作谅解备忘录；及意大利和巴西签署的2010~2013年文化合作执行计划。

此外，还有必要提及文化领域缔结的多项联合宣言。例如，在2007年10月欧委会与中国签署的一项联合宣言中，缔约双方同意促进现有文化领域的合作的文书明确提及公约。

此外，缔约双方2009年在中国深圳召开了中国文化产业论坛；2010年10月在布鲁塞尔召开了高级别文化论坛。2009年，欧委会还与墨西哥签署了一项联合宣言，其中缔约双方承认国际文化合作的重要贡献，并表达了建立文化政策对话（主要关注文化多样性和履约）的意向。

除了文化领域的这些举措，跨部门合作协定中也提及了公约。这些协定、计划及谅解备忘录涵盖教育、人权、恐怖主义、民主、健康、能源、环境、可持续发展、经济投资等领域。相关示例包括欧盟（及其成员国）与伊拉克签署的伙伴关系和合作协定；魁北克政府与里约热内卢政府签署的跨部门合作协定。

---

[15] 参见http://eur-lex.europa.eu/legal-content/EN/TXT/?uri=OJ:C:2012:377E:TOC。

基本指标与验证手段

在其他国际场合倡导公约很明显具有重要意义，需要进行系统监测。为此，我们提出了以下三项基本指标及相应的验证手段。

基本指标7.1

缔约方在其他国际和区域场合倡导公约目标和原则

验证手段

- 缔约方干预国际或区域部长级会议／活动，以倡导公约目标和原则的证据
- 缔约方提倡将文化纳入国际和区域发展议程中的证据
- 缔约方与非公约缔约方展开对话，鼓励其批准公约的证据

基本指标7.2

1）国际和区域条约和协定提及公约；2）对国际和区域条约和协定进行评估

验证手段

- 在多边、区域和双边文化协定中明确提及公约
- 在多边、区域和双边贸易协定中明确提及公约
- 在其他国际和区域协定中明确提及公约（如，联合国可持续发展目标、欧盟单一数字市场）

基本指标7.3

1）建立；2）评估实施提及公约的国际和区域条约和协定的政策措施

验证手段

- 实施明确提及公约的多边、区域和双边文化协定中文化产品和服务相关条款的措施
- 实施明确提及公约或其目标和原则的多边、区域和双边贸易协定中文化产品和服务相关条款的措施
- 实施明确提及公约或其目标和原则的其他国际和区域协定中文化产品和服务相关条款的措施（如，联合国可持续发展目标、欧盟单一数字市场）

结论

公约实施不仅取决于保护和促进文化表现形式多样性国家政策的采纳，也需要加强国际合作与团结，以提高发展中国家的能力，实现文化贸易的再平衡。这一条约的成功实施还需要在其他国际场合倡导其目标和原则。换而言之，需要缔约方具备能力和政治意愿来拒绝其他条约下可能限制其采纳文化政策的权利的任何承诺。

在过去的十年间，缔约方积极在涉足文化领域的国际组织中倡导公约目标和原则。数百个文书体现了这一实践。然而，在其他场合，成果仍十分有限。需要指出的是，一些贸易协定中取得了显著进展，尤其是欧盟与多个缔约方缔结的协定。此外，文化例外的使用有所增加。多项协定均可作为激励缔约方实施公约21条规定的良好实践示例。但是在电信、知识产权、人权、可持续发展等其他领域，仍然存在一些挑战；无论其在何种场合开展合作，缔约方必须加大相关工作力度，以便继续推动文化表现形式的多样性。

> 创意部门是遍及全球的，无论是国家还是区域的，包容性和可持续性成为其发展的驱动力。文化活动也可为脆弱和边缘化的人群提供生计

Neven Mimica
欧洲国际合作与发展专员

目标 3

将文化纳入可持续发展框架

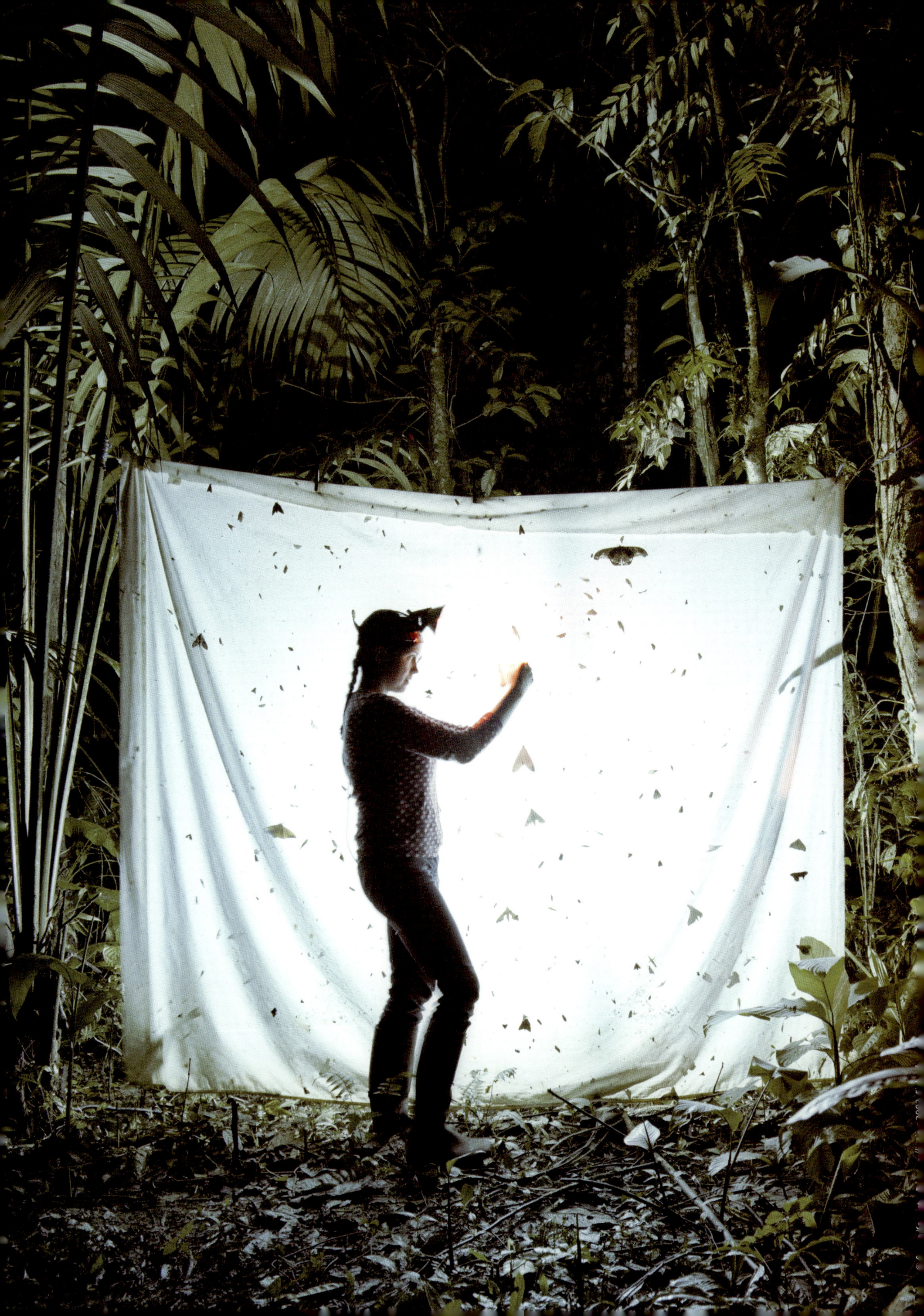

第八章

将文化纳入可持续发展

David Throsby[1]

关键信息

» 公约可持续性条款的实施可理解为制定实施文化可持续发展的策略，即在发展过程中将文化和经济发展纳入强调增长、公平和文化完整性的框架。

» 文化产业应作为经济和文化可持续发展政策的一大目标；支持这些产业增长的政策举措可带来大量的长期经济、社会、文化和环境效益。

» 捐助国仍有很大的空间，通过其官方发展援助（ODA）战略和计划来推动文化纳入南方国家的可持续发展中；可通过技术援助和专业知识来帮助克服受援国在获取新信息通信技术中的劣势，促进发展中国家的文化产品和服务进入国际市场。

[1] 麦考瑞大学经济系特聘教授，澳大利亚悉尼。

2015 | 2005年公约 全球报告

经济增长与就业

创造力和艺术创新

文化创意产业

- 1 消除贫困
- 2 消除饥饿
- 3 良好健康与福祉
- 4 优质教育
- 5 性别平等
- 6 清洁饮水与卫生设施
- 7 廉价和清洁能源
- 8 体面工作和经济增长
- 9 工业、创新和基础设施
- 10 缩小差距
- 11 可持续城市和社区
- 12 负责任的消费和生产
- 13 气候行动
- 14 水下生物
- 15 陆地生物
- 16 和平、正义与强大机构
- 17 促进目标实现的伙伴关系

社会平等和包容

环境可持续性

通过官方发展援助（ODA）支持文化（百万美元）

2005 373.8
2013 248.8

2005 110.2
2013 82.8

前10大捐助国文化ODA总额　　前10大受援国文化ODA总额

来源：OECD, 2005～2013。
设计：plural | Katharina M. Reinhold, Severin Wucher。

136　目标 3 · 将文化纳入可持续发展框架

可持续性或可持续发展概念是20世纪90年代激励思考文化领域的新国际政策文本的一个重要概念。发展中国家越来越关注全球化对其贸易和发展的影响。这些国家的文化出口在全球市场中微乎其微，与此同时，它们缺乏必要的资源来保护其文化多样性，使其免受境外文化影响的冲击。普遍缓慢的经济发展步伐，加之缺乏必要的发展战略来应对这些抑制经济、社会和文化增长的潜在问题，进一步加剧了发展中国家的这些问题。在这种背景下，将文化纳入发展过程的某种形式的国际协定可作为识别这种国家特殊需求、提出相应补救措施的一种途径。随着20世纪90年代至21世纪初国际公约势头的不断增长，可持续发展模式已经成为一种可整合经济、社会、文化和环境发展的适当框架。

然而，尽管已经按照20世纪80年代世界环境与发展委员会提出的建议及1992年在里约地球峰会上达成的决议，将有关经济、环境可持续性的概念纳入诸多领域的政策制定过程中，但仍极少涵盖文化问题。尽管世界文化与发展委员会在1992～1994年付出了大量努力，但仍忽视了承认发达国家与发展中国家可持续发展背景下，经济与文化发展之间的关系的机会（世界环境与发展委员会，1987；世界文化与发展委员会，1996）。出于这些原因，在起草《保护和促进文化表现形式多样性公约》（2005）时，特别考虑了可持续发展问题。将可持续性纳入这些过程当中的目的是，强调必须全面看待发展过程，在可持续发展框架内考虑文化和文化过程，及经济和环境目标（Throsby，2012）。

> *正如自然资本包括自然资源、生态系统和生物多样性，文化资本也包括文化资源、文化网络和文化多样性。*

在2005年10月通过的最终公约文书中，第2条第六段可持续发展原则及第13条将文化纳入可持续发展中提及了可持续性问题。第2条第六段的可持续发展原则指的是，文化多样性是个人和社会的一种财富。保护、促进和维护文化多样性是当代和后代的可持续发展的一项基本要求。第13条条款不仅将文化视为发展的一个前提条件，还视为发展过程中的一个不可或缺部分。这一主张为界定文化可持续发展奠定了基础，文化可持续发展的概念将为缔约方通过公约其他条款规定的各种手段，保护和促进文化表现形式的多样性提供框架。文化可持续发展的概念源于自然资本与文化资本之间的密切相似之处，在经济理解中，文化资本指的是体现或产生文化价值的资产，无论其是否具有经济价值（Throsby，1999）。正如自然资本包括自然资源、生态系统和生物多样性，文化资本也包括文化资源、文化网络和文化多样性。因此，可根据生态或环境可持续发展原则，明确提出一组文化可持续发展原则（Throsby，2008）。这些原则将为评估第13条的影响和潜力提供一系列标准。

文化可持续发展的最重要原则可汇总如下。

- **代际公平**：必须采取长远视角来看待发展，且不得影响后代享有文化资源、满足其文化需求的能力；这要求特别关注保护和加强国家的物质和非物质文化资本。

- **代内公平**：发展必须确保所有社会成员公平进行文化生产、参与和享有；尤其必须关注最贫困社会成员，以确保发展符合减贫目标。

- **多样性的重要性**：正如生态可持续发展需要保护生物多样性，经济、社会和文化发展过程中也应考虑文化和创意多样性的价值。

以上标准尤其适用于关注文化产业的政策，文化产业指的是生产文化产品和服务，在承认创意活动经济价值与创意活动内在的或生成的特定文化价值的基础上将文化与经济联系起来。为此，公约第13条的目标与文化创意产业在发展过程中的作用之间存在强有力的关联。评估这一关联程度是监测公约实施的一个重要问题。

鉴于即将取代千年发展目标的联合国新发展议程关注可持续发展问题，文化产业与可持续发展之间的关系目前也受到很大关注。在

2030年可持续发展目标中，文化被多次提及，尽管只有与教育相关的目标4中专门提及了文化对可持续发展的贡献。此外，只有可持续旅游相关的目标（目标8和目标12）中提及了文化产品生产和销售。为此，公约第13条仍有很大的空间来提供框架和平台，确保在未来几年的国际决策中考虑文化对可持续发展的贡献。

本章将考虑缔约方在其QPRs中报告的，为履行第13条规定而采取的不同策略和措施，同时探讨和确定用于监测进展的指标。首先将分析国家和国际层面的整体策略类型，随后则将详细阐述国家和国际层面为实施这些策略所采取的具体措施。然后将讨论相关指标，并得出一些政策启示。

实施策略

与公约其他条款不同，第13条在规定缔约方应采取的满足其高水平愿景的措施方面比较笼统。事实上，第13条可延伸至公约其他条款提及的诸多领域。为此，难以确定专门与可持续发展而非一般文化政策相关的策略和措施。然而，考虑到本报告已经讨论了公约的其他方面，本章将仅限于专门介绍将文化创意产业纳入可持续发展中的内容。

公约缔约方可能在国家和国际层面实施旨在促进文化部门对可持续发展贡献的策略（专栏8.1）。国家策略指的是与本国相关的策略，国际策略指的是，协助其他国家发展过程的策略，常见于官方发展援助（ODA）计划。一般而言，国际策略由发达国家实施，尽管南南合作也属于国际策略。

从国家层面来看，缔约方采取了三类策略来实施公约第13条规定。一些国家通过某种方式将文化纳入现有的全国中长期经济发展计划中。当这些策略被称为可持续发展计划时，它们便将帮助促进生态可持续发展，可在宏观经济规划背景下，处理污染、气候变化、废物处置等综合环境问题。实施侧重整体经济发展的国家发展计划的国家包括布隆迪、科特迪瓦、多米尼加、厄瓜多尔、科威特、拉脱维亚、纳米比亚和塔吉克斯坦。

在一些国家中，明确指向可持续发展的国家计划承认文化部门对可持续发展目标的贡献；示例包括法国、德国、肯尼亚、马拉维和塞尔维亚。其中，布基纳法索是在国家规划中考虑文化作用的典范。布基纳法索发展政策的制定需遵守2011～2015年加速增长和可持续发展战略（SCADD）（IMF, 2012）。

这一战略的整体目标是处理社区健康、教育、减贫、环境可持续性和增长表现等问题。文化作为一个优先领域纳入其中，相关目标包括发展文化产业，促进文化出口，建立资助机制，推进文化旅游业的发展。

> *在一些国家中，明确指向可持续发展的国家计划承认文化部门对可持续发展目标的贡献。*

第二类策略与文化部门的可持

专栏 8.1 · 马拉维将文化纳入可持续社会经济发展中的策略

马拉维第二期中期国家发展规划（马拉维增长与发展战略Ⅱ）将文化纳入可持续社会经济发展相关的主题领域。这一战略将产业发展作为一项重点领域，且将文化创意产业放在与其他产业部门同等的位置。这一政策包含旨在加强制度能力、促进文化产业研究、鼓励艺术教育和创业及建立国家艺术和手工艺委员会的指南。马拉维文化部门发展面临的一个重要挑战是，财政资源的可用性。为此，马拉维已经采取措施来确保提供充足的财政和技术资源，以支持文化产业的可持续发展。马拉维示例表明，将文化纳入可持续发展的政策愿景是如何纳入实际的国家规划框架中的。

来源：www.mw.one.un.org/wp-content/uploads/2014/04/Malawi-Growth-and-Dedvelopment-Strategy-MGDS-II.pdf。

续发展计划有关。已经实施或正在实施此类策略的国家包括捷克、墨西哥、黑山、多哥和乌克兰。这些计划全面考虑文化创意产业，为在整个文化部门实施的、满足可持续发展目标的措施提供支持和援助。

第三类策略与子部门或行业层面的特定干预措施有关。在某些情况下，此类策略与具有特定国家价值的文化产业有关，如亚美尼亚的图书业，亚美尼亚采取了多层面策略，涉及支持作家、促进翻译、年度节日庆典、当地图书自由分销的相关举措。

就国际策略而言，上文已经提及，这些国际策略主要由发达国家通过其 ODA 计划予以实施。这些发达国家将文化创意产业和文化部门作为其整体发展援助活动的目标，而这些发展援助活动往往关注当地能力建设。例如，瑞典通过瑞典国际发展合作署（SIDA）及多边渠道来提供文化支持，其将文化作为促进民主和言论自由的重中之重。实施重点关注可持续发展问题的重要发展援助计划的其他国家包括加拿大、芬兰、法国、德国和新西兰。在有些情况下，一些国家参与旨在将文化纳入发展中国家合作伙伴国可持续发展政策和计划的联合或合作项目。例如，奥地利支持一系列合作伙伴国的举措，包括波斯尼亚和黑塞哥维那、不丹、尼泊尔、尼加拉瓜和乌干达。

与此相类似，丹麦为加纳的联合项目提供支持，包括电影培训项目、儿童音乐教育项目及音乐节项目。

以上讨论和示例分析了实施公约第 13 条的整体策略。在后续章节中，我们将讨论具体的国家和国际措施。

将文化纳入可持续发展的国家措施

缔约方采取的在本国可持续发展战略中考虑文化作用的措施可归为以下四类。

专栏 8.2 · 肯尼亚将文化纳入可持续发展规划

肯尼亚的长期发展蓝图是肯尼亚 2030 年愿景。在 2030 年愿景中，肯尼亚政府将文化作为实现本国可持续发展的关键。这一政策将确保按照可持续发展原则，为后代加强和保护各种形式的国家文化资产。这一愿景强调促进创造力及本国多样化文化之间的对话的重要性，同时鼓励信息和技术转移领域的国际合作。

肯尼亚 2030 年愿景将通过自 2008 年起发起的一系列五年期规划来实现。除了国家规划，还将实施地方层面的策略。与此同时，作为 2030 年愿景的一项旗舰项目，肯尼亚正计划建设国际文化中心，同时推动将文化纳入肯尼亚的可持续发展中。

来源：www.vision2030.go.ke/。

- 将文化纳入国家发展规划中的措施；
- 实现经济、社会、文化和／或环境效益，尤其是减贫、社会包容、艺术或文化成果、环境改善等效益的措施；
- 确保所有人群和弱势群体公平、非歧视和性别平等地享有文化资源和参与的措施；
- 实现不同地区、城乡之间文化资源与文化参与机会合理分配的措施。

在本节中，我们将通过这一分类来考虑缔约方采取的将文化纳入可持续发展的措施，并给出了解释性示例。

国家发展规划措施

大多数政府开展某种形式的规划，这些规划后续将纳入未来一段时期的国家发展计划中（专栏 8.2）。

一般而言，此类国家发展计划为五年期或十年期规划，其中将描述国家目标。国家经济管理往往是最重要的主题，而经济增长、充分就业、物价稳定和外部平衡等传统的宏观经济目标也是主要关注点。如果国家发展计划中提及可持续发展，则其中也可能包含一系列环境目标。此类国际发展计划可能不会提及问题内容，或者仅仅暗示本国的文化是国家愿景的一大决定因素。在其他情况下，可能提及文化产业的经济贡献，例如，拉脱维亚的国家发展计划中指出，创意产业在实

第八章 · 将文化纳入可持续发展　139

现国家经济潜力中将发挥重要作用；纳米比亚的国家发展计划中包含了优化艺术、文化的经济贡献的措施。

在制定国家发展策略时，除了促进经济增长的基本目标，许多国家将专门提及国家规划的社会和文化目标。例如，可从国家减贫目标角度来描述分配目标，通过教育、健康、社会福利等目标来解决社会问题。我们将提供将社会／文化目标纳入国家发展规划中的三个示例。

> 在制定国家发展策略时，除了促进经济增长的基本目标，许多国家将专门提及国家规划的社会和文化目标。

第一个示例是保加利亚，其将文化纳入消除贫困、社会包容及为年轻人和老年人提供服务的国家策略当中。第二个示例是，厄瓜多尔的国家计划中包含了一系列社会和文化目标，包括改善市民的生活水平，确认和加强国家认同，为跨文化和社会交流创造公共空间。第三个示例是，乌克兰的2020年文化发展策略旨在通过应对本国当前面临的挑战的机制、价值观和目标来促进社会融合与团结。然而，值得指出的是，这些示例并不专门针对"文化表现形式的多样性"。

实现经济、社会、文化和环境成果的措施

经济成果

如前文所述，将文化纳入可持续发展的政策可能直接指向文化产业；通过促进国家产出、附加值、个人收入、出口和就业，文化产业将带来直接的经济效益。政府可采用一系列的政策措施来激励和支持文化创意部门（专栏8.3和8.4）。缔约方专门用于实施公约第13条规定的政策措施包括：

- **为中小企业（SMEs）提供支持**：中小企业对于发展中国家文化创意产业的重要性得到普遍认可。中小企业是确保为当地社区带来具有经济和文化价值的可持续发展成果的关键。这一点很容易理解，例如，孟加拉国通过小型和家庭工业公司（BSCIC）为文化部门的中小企业提供支持。BSCIC力求创建可参与开放市场竞争的高效中小企业，其主要通过以下手段来实现这一目的：提供技术和营销援助；鼓励出口导向；促进创意、创新和专业发展。又例如，立陶宛为文化部门的新创企业和企业孵化器提供支持。

- **营销与推广**：小规模的独立文化产品和服务生产者往往难以进入输出市场，向消费者推广其产品和服务。国家、区域和地方主管当局可提供这一方面的援助，如促进建立合作社，或赞助在国内外推广当地产品的活动（McComb，2012）。例如，阿根廷实施推广本国艺术的策略，以便实现传统文化和创意产业的复兴。

- **培训与技能培养**：在许多国家中，促进传统文化和创意产业以融合现代经济的必要技能往往缺乏或不足。需要提供必要技能培养的特殊领域包括新技术和管理领域。为此，可能提供文化创意产业所需的特殊技能培训课程。例如，阿根廷正在全国范围内提供传统手工艺技能与处理新技术要求有关的培训课程。就管理领域而言，多个国家建立了中小型文化项目，

专栏8.3 · 巴西为微型文化项目提供支持

2009年，巴西发起了一项计划来为艺术家、独立团体和文化生产者开展的小型项目提供无偿财政支持。受益人包括无法获得传统资助来源的个人和组织。涵盖的领域包括视觉艺术、戏剧、音乐、文学和视听产品。这一项目在基层开展，另外通过推动社会脆弱性很高的地区的参与，强调文化公平。这些小规模项目也可对经济、文化发展产生重大影响，但正因为其规模小，往往被忽略。这一巴西计划表明，如何将此类小型项目作为具体的干预目标。

以提供培训，推动创业举措。例如，乌拉圭在不同地区建立了一系列"文化综合体"，以为社会和文化交流创造空间，并提供培训设施；克罗地亚在新技术采用和文化产品营销等领域发起了一项推动创业活动的举措。

> 文化和艺术为实现可持续发展政策的社会目标做出重要贡献。

- **为文化机构提供支持：** 这一类别下包括确保长期保护文化资本资产与高效管理重要文化机构（如博物馆、图书馆和档案馆）的措施。这些资产将通过为当地居民和游客提供服务，带来显著的经济效益。许多国家将保护建筑和遗址纳入其可持续发展计划中，包括玻利维亚、墨西哥、蒙古、秘鲁、波兰、葡萄牙和塞尔维亚。对于博物馆和档案馆等文化机构，文化收藏品的数字化是保护及更大地便于公众获取这些文化收藏品的一种重要手段。采取这一措施的国家包括立陶宛和卢森堡。

社会成果

文化和艺术为实现可持续发展政策的社会目标做出重要贡献（Kabanda，2014）。政府、非政府组织、社区团体等可采取各种措施来促进文化部门带来各种社会效益。我们将关注以下三种策略：

- 提高社区文化意识及促进其参与文化活动的项目可带来可持续的社会效益。可持续发展工作中纳入文化内容的国家包括约旦、韩国和乌拉圭。另外一个示例是德国，德国可持续发展委员会将提升社区意识作为一项工作重点，包括在可持续发展教育中设定文化多样性的政策基准，在可持续经济背景下推广可持续的消费模式和生活方式。

- 创意艺术具有促进社会融合的巨大潜力。无论是积极和消极的社区艺术活动，均可打破社会障碍，减少冲突关系，及促进跨文化对话。实施通过艺术促进社会融合与国家和谐的特定策略的一个国家是科特迪瓦。这一策略涉及一系列项目，包括针对主要族群的舞蹈和音乐表演项目，及2012年走遍全国各个地区的"全国艺术文化大篷车"与"国家和解大篷车"。这些不同的艺术表演使得所到之处的人们的关系更紧密。

- 作为可持续发展举措的一部分，提供社区教育和培训项目的措施可带来巨大的社会效益。例如，香港和澳门在不同层面发起了此类教育和培育项目。香港康乐及文化事务在香港境内的学校和社区内组织免费的艺术教育和观众建设活动；音乐事务处为公众，尤其是年轻人提供各种音乐培训课程及音乐鉴赏研讨会。另外一个示例是，乌克兰在不同城市和地区提供"成功社区发展的文化策略"培训课程。

专栏 8.4 · 立陶宛的创意产业推广和发展策略

立陶宛促进可持续发展的一项重要政策举措是，2007年发起、2009年经过审查的创意产业推广和发展策略。涉及产业涵盖整个文化部门及其他部门。实施这一策略的机构是创意文化产业协会，其负责履行研究、会议组织、培训、政策描述等一系列职能。此外，创意文化产业协会将协调艺术家、文化组织、社区、教育机构和科研机构之间的合作，以促进和提高立陶宛文化产业的地位。这一策略中包含的另外一项措施是，为艺术孵化器提供支持；艺术孵化器是为艺术家提供支持，协助建立创意企业，及鼓励社区参与文化生活的非营利性组织。这一策略还为文化产业项目提供资金支持，包括支持视觉艺术、设计和图书领域的国际博览会。

这一策略的实施得到文化部的监督，且涉及其他部委的合作。立陶宛的创意产业推广和发展策略是促进文化产业为可持续发展做出贡献的良好综合政策措施示例。

来源：http://en.unesco.org/creativity/periodic-reports/innovative-examples/art-incubators-creative-industriesstrategylithuania?language=en。

文化成果

本章前文提及的文化可持续发展概念强调了文化价值作为艺术和文化部门创造的必要价值方面的重要性。在许多情况下，文化创意产业创造的文化价值也可带来经济效益，但文化价值本身也有其重要意义。本节中讨论的许多可持续发展措施将带来纯艺术或文化方面的长期效益。文化表现形式的固有价值存在多种形式，包括艺术、社会和精神价值。许多国家开展了可反映地方或国家文化认同的艺术活动，这些活动将在这些国家内外带来单纯的文化价值。例如，众所周知，墨西哥城的壁画具有重要的艺术价值，其在表现某些墨西哥文化时也产生了重要的社会价值。另外一个示例是塞内加尔的音乐产业，其体现了民间和殖民传统，正是这些民间和殖民传统形成了具有强烈内在价值和独特艺术认同的当代音乐流派（Pratt, 2008）。

> 文化表现形式的固有价值存在多种形式，包括艺术、社会和精神价值。

具有单纯文化价值的另外一个示例是刺激创造力的措施。尽管出于推动经济增长的目的，也有国家采取措施来培养儿童的创造力，及支持在工作场所应用创造性思维，但社会的非预期艺术创新也将带有具有单纯文化价值的基本长期效益。多个国家在其文化发展政策中指出了促进创造力与艺术创新的价值，包括巴西、约旦和黑山。

环境成果

我们可以将文化与实现生态或环境可持续发展的目标联系起来。以下我们将介绍建立这种联系的三种途径。

- 艺术组织在采取可持续的能耗实践中可起带头作用。建筑住房、博物馆、剧院等可作为实施绿色设计原则的典型示例。

- 艺术家和艺术团体可倡导提高与气候变化等重要问题相关的环境意识。尤其是，可将艺术作为向学校儿童进行环境教育的一项强有力的教育工具。例如，希腊在其教育计划中强调文化/环境之间的关系。

- 环境问题是提高城市可持续性策略的一个关键要素。许多城市可持续性项目将城市文化生活作为城市发展政策规划和实施的一部分（Anheier 和 Isar, 2012; Basiago, 1999）。为此，此类项目将帮助深入了解城市背景下环境可持续性与文化可持续性发展原则之间的联系。

加拿大、法国和瑞士等国家在其将文化纳入可持续发展的措施中提及了环境可持续性问题。

实现公平、无歧视和性别平等的措施

确保公平、公正、无歧视的文化参与与文化资源分配是实现文化可持续发展的一项重要原则。可通过在将文化纳入可持续发展的一般措施中添加特别条款或条件，或者通过针对特殊人群的具体政策或策略来实施这一原则。以下识别了四类特殊人群。

- 残疾人可能需要特殊条款来允许其充分进行艺术和文化参与。许多国家提供专门针对残疾人的文化项目，包括保加利亚、爱尔兰和韩国。其中一个典型示例是中国，其高度重视盲人的文化需求，且采取各种措施来确保其享受教育和文化。例如，中国建立了国家盲文出版社，为盲人读者提供丰富的、多样化的材料，并在中国文化和信息服务中心为视障人士建立了涉猎十分广泛的盲文图书馆。

- 任何社会均存在各种脆弱或弱势群体，包括无家可归者、慢性病患者、长期失业者及深受贫困折磨的贫困人口。许多国家通过提供文化服务，开展各种项目来协助此类人群，包括几内亚和乌拉圭。特殊教育项目可带来显著成效的一个特殊人群是，贫困家庭的儿童；实施此类项目的国家包括孟加拉国和荷兰。

- 在一些国家中，少数民族群体可能遭到歧视，进而处于长期不利的地位。社会和文化策略对于减缓种族紧张关系、促进跨文化对话尤其重要。实施此类策略的其中一个国家是斯洛文尼亚，其出台了措施来促进承认罗姆人的权利。

- 性别歧视是世界许多国家和地区均面临的一个严重的社会问题。当援引传统文化习俗和惯例来论证性别歧视的合理性时，有必要强调基于基本人权概念的文化可持续性原则；这暗示着，当文化和人权产生冲突时，应首先尊重人权。应对此类歧视的措施包括各种肯定性行动计划、社区文化意识教育和活动。

实现区域公平的措施

在许多国家中，地区之间的文化资源分配存在严重的不平衡问题，这导致不同人群无法公平参与各类文化活动。这一情况尤其出现在拥有主要城市中心的国家中，这些城市中心倾向于吸引各种文化服务和支持。这种不平衡可能引发需要关注的不平等问题。可持续发展战略和计划可能包括纠正这些区域文化不平衡的措施（专栏8.5）。实施这一领域具体区域措施的国家包括：塞浦路斯，其区域文化发展策略旨在复兴和重建城市空间，为弱势和边缘化人群提供享有艺术和文化的权利；意大利，其在国家战略框架下确立了区域可持续文化和经济发展投资重点；斯洛伐克，使用欧盟资金，通过区域执行计划重点清单

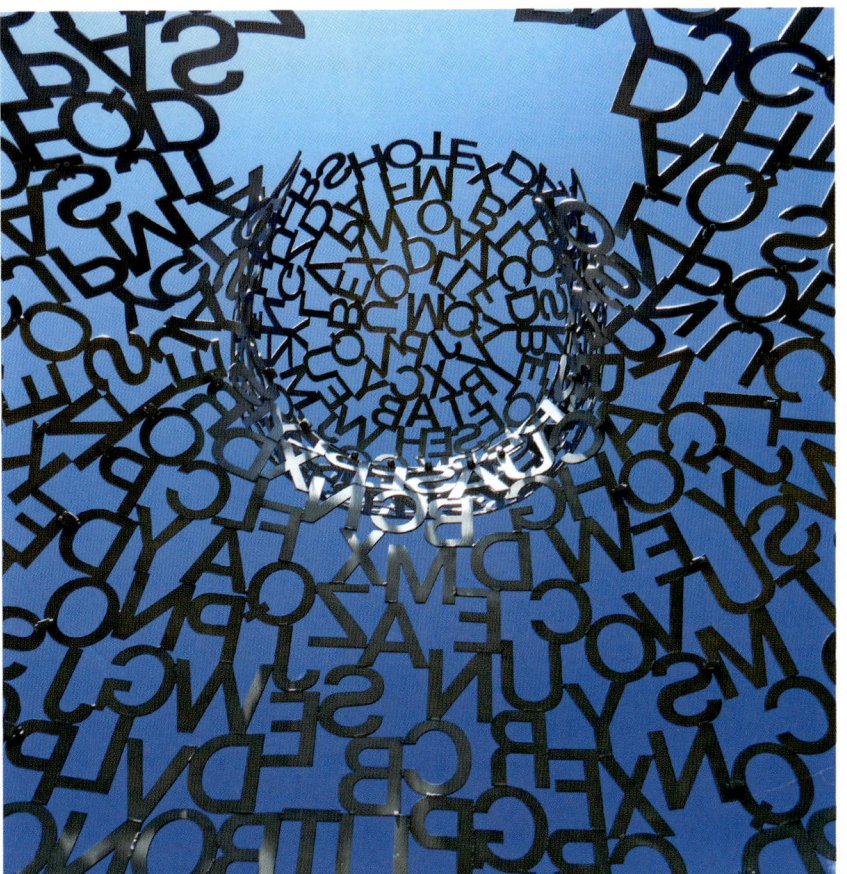

"

© Tim Green, *House of Knowledge*, a sculpture by Jaume Plensa, United Kingdom

欧盟在欧盟内外的文化中均发挥着很大的影响力。作为2005年UNESCO公约的签署国之一，欧盟完全坚持遵守这一条约的原则。

文化可视为最卓越的公共产品。通过文化，我们可以倡导和加强言论自由、民主、包容、社会公平和相互尊重等原则和价值观。市民参与文化生活将有助于推动社会融合和社区赋权。创意部门是推动全球国家和区域层面包容性、可持续发展的重要力量。文化活动也将为脆弱、边缘化人群提供生计。

欧盟正在资助的促进文化创意产业的多项行动，均体现了文化对于国际合作和发展的重要性，尤其是在地中海地区、非洲、加勒比和太平洋地区开展的行动。我们尤其注意到文化计划和项目对推广言论自由、平等（包括性别平等）及创意自由流动等概念的催化作用。

欧盟提出了加强13个发展中合作伙伴国文化管理的目标，以为公约实施提供支持。很高兴这一举措在帮助这些国家制定文化政策、提高对此类政策和公约本身重要性的认识中发挥了积极作用。

Neven Mimica
欧盟委员会国际合作与发展专员

（Priority Axes of the Regional Operational Programme）来加强区域文化潜力。在其可持续发展政策中包含重要区域文化内容的其他国家包括：澳大利亚、玻利维亚、巴西、加拿大、克罗地亚、欧盟、立陶宛、墨西哥、葡萄牙、瑞士和乌克兰。

以下将介绍强调实施纠正区域劣势的文化政策的两个示例。首先，越南制订了 2010～2020 年全国农村发展目标计划，其中一个组成部分是，设计农村社区文化生活的目标。这一计划由文化、体育与旅游部及信息与通信部负责监督。信息与通信部之所以参与其中，是因为该计划的一个重要组成部分是，改善农村地区的信息通信系统，以克服经济、社会和文化隔离。

> 在许多国家中，地区之间的文化资源分配存在严重的不平衡问题，这导致不同人群无法公平参与各类文化活动。

第二个示例来自洪都拉斯，其建立了一系列区域文化委员会来实施当地文化活动和政策。这些委员会获得千年发展目标基金文化与发展联合计划（旨在提高区域人员能力、管理文化创意发展）的资金支持。

这一计划的一个重要目标是，开发创意文化产业，促进社会经济增长，确保为八大特定地区的人群提供新的机会。此外，洪都拉斯还通过科潘河谷区域发展项目将文化纳入区域发展当中。国际开发协会为科潘河谷区域发展项目提供了1200 万美元的资金支持，该项目于 2009 年完成。[②] 该项目针对文化部门，旨在为洪都拉斯的最贫困地区创造投资机会，促进就业，减少贫困。

促进发展中国家文化可持续发展的国际措施

捐助国在其 ODA 计划中采取

② 参见 www.worldbank.org/projects/P081172/regionaldevelopmentcopan-valley-project?lang=en。

专栏 8.5 · 克罗地亚的文化和区域发展政策

平衡的区域发展是克罗地亚公共政策的一项工作重点。克罗地亚区域发展策略旨在按照可持续发展原则推动经济增长。这一策略在主要统计区域和郡县级层面实施。克罗地亚的 20 个郡县制定了自己的发展策略，其中包括文化生产和文化资产的可持续管理。重点关注艺术和文化对旅游业的贡献。

在追求平衡区域发展的过程中，克罗地亚政府投入了大量资金来为地方政府预算提供援助。这其中包括赞助创意艺术领域的一系列项目，包括新媒体、文化机构和国际文化合作。克罗地亚区域政策展示了一种确保全国人民公平享有文化资源及参与文化生活的综合方法。

的、将文化纳入可持续发展战略中的措施可归为以下三类。

- 为文化及文化创意产业提供一般支持的措施，包括促进文化发展的联合捐助/受援项目；
- 技术援助措施，包括特定领域的技术转移和专业知识提供；
- 提供财政支持来激发创造力及获取其他财务系统的措施。

在本节中，我们将考虑这三类 ODA 措施。

一般支持措施

一般支持措施包括旨在加强个人和机构的政策制定与企业发展能力的措施。

可通过培训、交流和信息交流等各种途径来实现这些目标。具体的措施如下。

- 通过艺术来解决特殊社会问题（如健康、营养、公民权、跨文化理解等）的教育和社区意识项目；
- 改善地方文化资源（如旅游景点）管理、促进地方文化产业发展的社区能力建设；
- 支持图书馆、博物馆、文化中心等公共文化机构促进文化参与和创造力。

新西兰是实施此类措施的一个良好示例。新西兰的 ODA 计划关注太平洋地区，包括促进经济发展、教育和人类发展投资的举措。新西兰的 ODA 计划尤其旨在认可和支持太平洋地区人民的创意艺术；其致力于为艺术创作、展示和传播提供资金支持，构建和发展基础设施，加强跨机构合作，以推广和支持太平洋地区的艺术（新西兰创意委员会，2013）。

技术援助措施

这一类措施包括转移技术，提供相关专业知识来帮助发展中国家的文化创意产业适应数字环境。要想参与国际市场经济、改善文化产品和服务出口，南方国家必须加强其信息通信技术。捐助国可利用其 ODA 计划来提高发展中国家的信息通信技术（ICT）水平，这将大大推动文化产业的增长。

例如，奥地利的 ODA 包括通过与诸多发展中国家开展的合作举措进行的文化科研合作、信息交流及技术转移活动。

这一类措施也包括促进发展中国家文化部门经济潜力的更广泛计划，包括以下方面。

- 协助提高传统文化产品和服务的生产、分销和营销效率；
- 技能开发和培训，尤其是管理创意企业的经营和创业技能。

例如，德国歌德学院通过"文化与发展"举措来为文化和媒体主体及机构提供支持；主要目标是专业培训及建立网络与合作伙伴关系平台。另外一个示例是，英国增加了与发展中国家合作伙伴的电影、电视和戏剧联合制作；印度、牙买加、巴勒斯坦和南非的文化创意产业与英国建立了联合制作伙伴关系。

提供财政支持来激发创造力

捐助国可采取一系列措施为促进发展中国家的文化可持续发展提供一般财政支持。这些措施包括。

- 为文化多样性国际基金（IFCD）提供捐资，为审批项目提供财政支持；
- 便利文化生产者获取国内外公私资助来源；
- 协助受援国设计创新资助机制，包括社会投资、风险资本计划等措施。

总而言之，本节中讨论的这三种援助可通过法国和丹麦的 ODA 经验来予以解释。首先，法国在其 ODA 计划中承认文化对可持续发展的重要性，尤其是在非洲法语国家。法国分配国外援助资源的领域包括：发展可持续旅游；出版援助；视听产业的各种措施；鼓励创新使用新信息通信技术。法国将文化纳入其 ODA 计划中的经验表明，完善的政策组合可能包含满足发展中国家不同需求、适应其特殊状况的各种措施。

丹麦与发展中国家的文化部门合作开展了大量的发展项目（DANIDA，2013）。丹麦的文化与发展计划为合作伙伴国的当地文化环境提供支持，致力于完善多样化的艺术表现形式平台，同时提供能力建设和培训。这些项目在许多国家实施，包括阿富汗、玻利维亚、加纳、黎巴嫩和马里。丹麦文化与发展计划支持的一个跨国项目是，通过 2011 年建立的非洲设计网络，促进非洲国家设计师之间的交流的举措。丹麦经验表明了为合作项目提供海外发展援助以满足受援国特殊需求的重要性，同时也强调了创意艺术推动文化可持续发展的重要性。

指标挑战

在为监测公约第 13 条的实施进展设计一组指标的过程中，面临上文提及的一个问题，即可持续发展模式是一个触及公约许多条款的综合概念。为此，监测框架的其他部分可能已经涵盖了与公约其他条款相关的一系列输入、输出和成果。在这种情况下，有必要关注直接与第 13 条相关的指标，即专门与各国将文化纳入可持续发展政策和实践相关的指标，及对于捐助国而言，那些表明文化在多大程度上纳入 ODA 计划下可持续发展举措中的指标。

正如在监测框架的其他部分中，必须从广义上来解释"测量技术"可在多大程度上定义指标。一方面，指标可能可以基于具体的统计数据进行量化，例如那些可描述某一特定文化产品年度产值增加的指标。另一方面，测量可能仅可得出一个简单的定性判断，例如，某一社区的社会融合度如何？（高／中／低）；或者是否制定了特定的政策或策略？（是／否）。在任何情况下，均应尽量识别按照公约条款实施的措施的影响。此类指标应能够指明成功的政策和策略，提醒在实现公约整体目标过程中可能遇到的不足、缺陷或难题。

在本节中，我们为缔约方监测第13条的实施情况提出了一系列指标。有必要采用系统方法来识别相关指标；为此，我们利用了以上章节中提出的相同类型来对措施进行归类。我们还提供了一些可能收集的数据示例。

国家指标

将文化纳入国家发展规划

如前文所述，实现公约第13条目标的最重要方式之一是，努力将文化纳入国家发展计划中。相关指标可能包括对以下问题做出的回复。

- 是否制订了国家发展计划（如，五年期计划、十年期计划等）？
- 如果是，那么文化部门对计划目标的实现做出了哪些贡献？
- 是否为文化部门或特定文化创意产业制订了具体的发展计划？
- 如果是，这些计划如何帮助实现了文化创意产业的长期、可持续增长？

这些问题的答案必然是一些定性判断，这将为文化在多大程度上被纳入国家可持续发展规划中提供综合指标。此类指标应表明对各国将文化纳入其整体可持续发展政策和实践中的成功与失败经验开展更具体分析的方法。

以下将讨论可持续发展举措成果的更详细指标。

经济、社会、文化和发展成果

文化部门的可持续发展应体现在各种经济、社会、文化和环境成果中。以下给出了实现相关成果的一些相关指标：

> "
> *文化部门的可持续发展应体现在各种经济、社会、文化和环境成果中。*

- **经济**：最重要的成果可能是文化创意产业对经济的推动作用，这反映在以下指标中：总产值、附加值、就业、商业投资、劳动力技能开发、旅游业增长等；此外，与经济增长效益分配相关的指标也可能相关，如减贫进展。
- **社会**：与社会成果相关的指标围绕以下内容：社会融合的核心概念，文化作为可持续发展政策的一部分对促进跨文化对话的贡献，庆祝文化认同；加强社会资本及保护人权；教育也可视为一项成果指标，这些成果将为未来社会进步奠定基础。
- **文化**：通过市民积极参与艺术文化消费和生产来推动社区福祉可能是文化创意产业可持续发展的一项重要成果；这一类指标也与艺术所产生的固有效益有关。
- **环境**：这一类指标强调可持续发展背景下文化与环境之间的重要关系；这些成果不仅反映社区意识提升，也体现文化、传统知识与自然资源管理之间的紧密关系所带来的效益。

少数民族群体和弱势群体待遇公平

可能遭受某种形式的劣势或歧视的社区群体享有文化资源和文化参与的公平指标可以从定性和定量两个方面来界定。

对于定性指标，可确定是否存在具有针对性的计划或策略，或者促进可持续发展的其他措施是否可能对此类脆弱群体的状况产生积极或消极的影响。我们也可以确定一系列定量指标，如在文化部门工作的女性比例，或在艺术实践中可获得支持的残疾艺术家人数。

区域文化资源分配公平

地区之间或城乡文化资源和机会分配不平等的概率指标可从以下角度来界定：财政支持相对水平或其他人均数量，这些指标可帮助识

表 8.1

UNESCO 文化促进发展指标，部分国家（不同年份）

维度		指标	范围	波黑	布基纳法索	柬埔寨	哥伦比亚	厄瓜多尔	加纳	黑山	纳米比亚	秘鲁	瑞士	乌拉圭	越南
经济	1	文化活动对 GDP 的贡献	%	5.7		1.5	3.4	4.8	1.5	4.6		1.6			
	2	文化就业	%	4.7	2.1	0.5	2.1	2.2	0.0	3.1	0.7	3.3	1.9	3.1	
	3	家庭文化支出	%	2.4	0.6	0.3	2.8	3.4	0.7	2.3	9.1	1.6	0.4	3.1	
教育	4	包容性教育指数	0～1	1.0	0.1	0.4	0.9	1.0	0.6	1.0	0.8	1.0	0.7	1.0	0.8
	5	多语教育	%	85.0	42.0	40.0		62.5	40.0	91.1	44.4	33.3	50.0	49.5	46.3
	6	艺术教育	%	6.5	0.0	0.0		17.0	0.0	3.0	2.4	5.7	0.0	9.7	12.0
	7	文化部门专业培训指数	0～1	0.8	0.7	0.7	1.0	0.7	0.6	0.7	0.7	0.7	0.3	0.9	1.0
管理	8	文化标准制定框架指数	0～1	0.9	1.0	0.4	1.0	1.0	0.8	0.9	0.7	0.8	0.4	0.8	0.8
	9	文化政策和制度框架指数	0～1	1.0	1.0	0.4	1.0	1.0	1.0	0.8	0.8	0.5	0.8	0.9	1.0
	10	文化基础设施分布	0～1	0.7	0.5	0.1	0.5	0.6	0.5	0.3	0.3	0.5	0.4	0.5	0.7
	11	民间社会文化管理参与指数	0～100	85.0	96.3	0.0	95.0	0.9	92.5	65.0	25.0		68.8	89.0	95.0
社会参与	12	参与走出去文化活动	%	41.1			65.9	8.4						68.8	
	13	参与认同构建文化活动	%				44.1							67.3	
	14	其他文化包容性程度	%	77.0	88.7		93.2	A	75.8			89.3		92.7	57.1
	15	人际信任度	%	21.9	14.7	7.7	20.5	16.6	8.5		12.0	17.5	9.0	30.9	52.1
	16	自主自由	0～10	5.4	4.9		8.1	6.8	7.1			7.1		7.5	6.7
性别平等	17	性别平等目标输出指数	0～1		0.5	0.6	0.6	0.9	0.3		0.8	0.8	0.4	0.7	0.7
	18	性别平等积极感知程度	%	65.8	45.8				45.7	48.7		77.0		80.7	53.4
沟通	19	言论自由指数	30～100	48.0	42.0	63.0	55.0		28.0	39.0	32.0	43.0		26.0	84.0
	20	接入和互联网使用	%	61.0	2.6	3.1	40.4	31.4	14.1	66.3	12.0	38.2	20.8	51.4	35.1
	21	公共电视上虚拟内容的多样性	%		27.3	23.7	33.5	6.0	24.7	4.1	12.2		32.4		46.8

来源：CDIS 全球数据库，www.unesco.org/creativity/cdis。

别成功实现公平目标的情况，或需要关注的区域差异问题。在特殊情况下需要按人头评估的此类变量可能包括：图书馆、剧院、美术馆、文化中心等文化设施的相对可用性；为文化部门当地新创企业提供财政支持；提供互联网接入等基础设施，以便区域文化生产者推广其产品，并进入国际市场。

将文化纳入可持续发展的国家指标示例

为了解释可用于监测促进文化在可持续发展中的作用（如公约第13条所规定）的策略实施情况的指标，我们将介绍UNESCO 2009年发起的文化促进发展指标（CDIS）项目，以便为各国测量文化在国家发展过程中的作用提供一种方法。CDIS由一系列指标构成，其将体现文化部门不同维度的突出特点，及其对发展的贡献。CDIS在构建过程中考虑了中低收入国家的特殊需求和现实，以提供可行的、有效的、具有成本效益的相关数据系统整合方法，帮助这些国家制定文化政策。在这些基本指标中，CDIS确定了以下维度：经济、教育、管理、社会、性别和沟通。在每个维度下，又确定了多个具体指标，其中许多与本章讨论的文化可持续发展的各个方面有关。

例如，经济维度包含三项基本指标：文化活动对GDP的贡献；文化就业；家庭文化产品、服务和活动支出。

许多国家对CDIS进行了检验。表8.1为近几年来参与CDIS项目的12个发展中国家汇总了以上维度相关的指标。这些变量按照百分比或反映程度或强度的0～1尺度（0表示最低，1表示最高）来测量。各国之间的差异很明显。

CDIS表明了系统的数据收集和组织方法如何为监测第13条的某些影响提供相关信息。尽管CDIS并不是完善的系统，但其的确可帮助统计能力不足的国家采取一些措施，为政策目的制定更系统的文化统计数据收集方法。为此，CDIS可帮助整合相关数据，用于监测文化对可持续发展的作用。

捐助国国际指标

一般支持措施

可制定将文化纳入捐助国ODA计划和策略相关的输入和成果指标。对于输入指标，某一特定捐助国的相关指标可能包括。

- ODA总经费中的文化支出额（总支出及捐助国人均支出）；
- 文化在ODA总经费中比例；
- 目标国家数量；

表8.2a

2013年文化ODA前十大捐助国*

单位：百万美元

捐助国	2013年提供的文化ODA数量
法国	91.96
德国	61.81
挪威	21.71
西班牙	19.46
日本	12.16
韩国	11.65
丹麦	10.68
荷兰	9.07
瑞典	5.40
意大利	4.87

* OECD发展援助委员会捐助国。
来源：OECD, http://stats.oecd.org/。

表8.2b

2013年文化ODA前十大受援国*

单位：百万美元

受援国	2013年获得的文化ODA数量
巴西	15.48
印度	10.47
中国	9.53
南非	8.85
阿富汗	8.13
摩洛哥	7.93
埃及	6.06
巴勒斯坦	5.61
阿根廷	5.50
墨西哥	5.20

* OECD发展援助委员会捐助国。
来源：OECD, http://stats.oecd.org/。

- 在文化部门发起的联合项目数量。

与此相类似，受援国可汇总其获得的文化 ODA 金额和比例。

为了进一步进行解释说明，表 8.2（a 和 b）给出了 OECD 发展援助委员会（DAC）前十大捐助国 2013 年提供的文化和娱乐 ODA 数量，及 2013 年前十大受援国获得的此类援助数量。③ 尽管涉及大量的资金转移，其在 ODA 总流量中的比重不足 1%。此外，自 2007 年达到峰值水平后，文化在提供和获得的 ODA 总量中的比重一直保持稳定下降趋势，如图 8.1 的捐助国和图 8.2 的受援国所表明。

与编制汇总统计数据相比，监测通过各国 ODA 计划下的文化支持措施实现的实际成果的指标可能更复杂，因为此类措施带来的效益可能具有分散性和普遍性。

以下给出了仅可定性衡量的一些相关指标，以实现计划目标的成功程度来表示。

技术援助措施

如前文所述，这一类措施尤其关注技术和相关专业知识的转移。这里的相关指标可能涉及输入或干预成果。其中，输入指标可能包括：

- 开展的项目数量；
- 为 ICT 发展提供的资金；

③ 详情参见 http://stats.oecd.org。

图 8.1

文化 ODA 在捐助国提供的 ODA 总量中的比重（2005 ~ 2013 年）
来源：OECD, http://stats.oecd.org/。

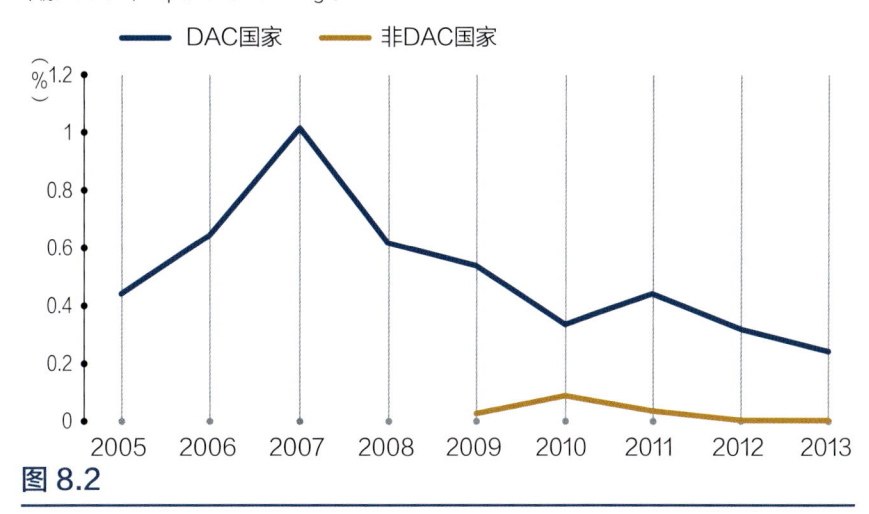

图 8.2

文化 ODA 在发展中国家获得的 ODA 总量中的比重（2005 ~ 2013 年）
来源：OECD, http://stats.oecd.org/。

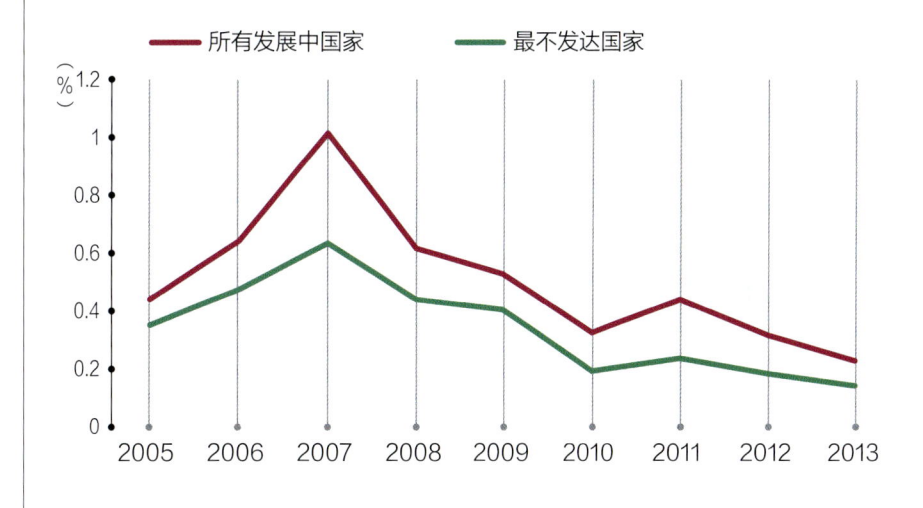

- 提供技术专业知识和支持的工时。

成果指标可能与以下变量有关：文化部门中小企业计算能力的提高，或互联性的改善。

就更广泛的援助措施而言，应为具体策略制定指标。例如，可能评估 ODA 措施对受援国文化创意产业生产力、效率和就业水平的影响。

> *自 2007 年达到峰值水平后，文化在提供和获得的 ODA 总量中的比重一直保持稳定下降趋势。*

第八章 · 将文化纳入可持续发展 149

为激发创造力提供财政支持

在这一类别下，可为 ODA 措施提出各种指标。相关指标可能包括某一 ODA 计划项目为受援国文化提供的公私资金额。很明显的一组指标与捐助国对 IFCD 提供的捐资有关，以绝对值及国家总支出在 ODA 或其 GDP 中的比例表示。为了进一步进行解释说明，图 8.3 显示了自 2007 年起（公约生效时）IFCD 获得的捐资总额，而图 8.4 列出了同期为 IFCD 捐赠 1 万美元以上的缔约方。[④] 需要注意的是，这些数据为现价累计值，不考虑这一期间的价格和汇率变化。与此同时，图 8.4 列出的各国相对捐资额不考虑各国成为公约缔约方的时限。

基本指标与验证手段

本报告的"制定监测框架"章节中给出了监测公约实施的指标框架。根据以上框架，我们提出了将文化纳入可持续发展中的一系列基本指标。在本节中，我们汇总了这些基本指标，并提出了潜在的验证手段。

④ 详情参见 http://en.unesco.org/ creativity/ifcd/fundraising/donations/parties。

图 8.3

文化多样性国际基金获得的捐资总额（2007 ~ 2014 年）
来源：http://en.unesco.org/creativity/ifcd/fundraising/donations/parties。

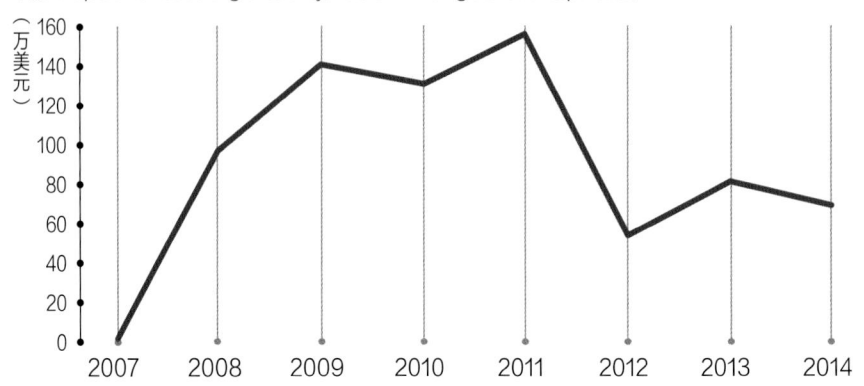

图 8.4

为 IFCD 捐赠 1 万美元以上的缔约方（2007 ~ 2015 年）
来源：http://en.unesco.org/creativity/ifcd/fundraising/donations/parties。

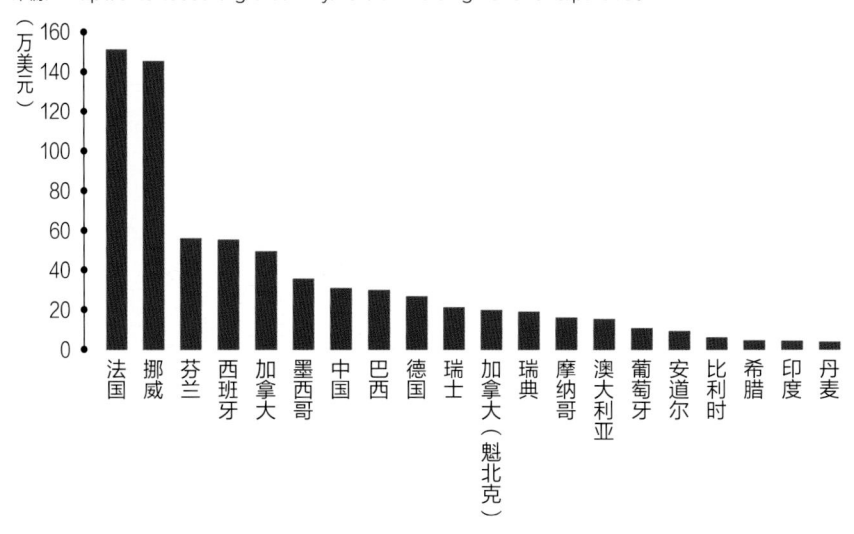

1. 将文化纳入国家可持续发展政策和计划

基本指标8.1.1

1）建立；2）评估；3）实施包含文化的国家可持续发展政策和计划

验证手段

- 短、长期国家增长与发展政策和计划包含文化内容，承认其潜在的经济、社会和环境效益
- 建立不同部门相关主管当局与各级政府之间的协调机制
- 包含文化方面的国家可持续发展政策和计划影响评估报告

基本指标8.1.2

1）建立；2）评估；3）实施支持区域文化资源分配公平的政策措施

验证手段

- 包含文化方面的区域和/或农村发展计划
- 针对不利区域和/或农村地区文化设施（如，电影院）、基础设施（如，互联网接入）和当地文化企业（如，出版社）的财政支持机制
- 支持文化产业主导的区域和/或农村复兴项目（如，创造就业和投资机会、促进社会融合与环境可持续性）
- 为独立艺术家和文化专业人员提供基础设施机制支持（文化中心，为独立专业人员提供空间、资源和设备的集群）
- 支持区域文化资源分配公平的政策措施影响评估报告

基本指标8.1.3

1）建立；2）评估；3）实施支持社区弱势群体公平享有文化资源的政策措施

验证手段

- 促进弱势群体充分享有参与艺术和文化生活权利的计划
- 为具有艺术和社会价值的社区项目提供支持
- 开展调研，评估个人参与文化活动的情况或未参与的原因，及其对文化活动种类和质量的满意程度
- 支持弱势群体公平享有文化资源的政策措施影响评估报告

2. 加强文化创意产业的国际可持续发展计划

基本指标8.2.1

1）建立；2）评估；3）实施包含文化的国际可持续发展计划

验证手段

- 在国际可持续发展计划中有促进文化的策略证据
- 国际可持续发展战略和计划影响评估报告

基本指标8.2.2

1）建立；2）评估；3）实施旨在加强发展中国家文化创意产业人力和制度能力的技术援助计划

验证手段

- 促进文化创意产业政策制定与实施、中小微型企业发展（如，使用技术、通过技能培养来提高创业和经营能力）、文化产业专业人员交流信息与构建专业网络的国际技术援助计划证据
- 技术援助计划影响评估报告

基本指标8.2.3

1）建立；2）评估；3）实施支持发展中国家创造力的财政援助

验证手段

- 将文化纳入捐助国官方发展援助计划和战略（如，ODA文化比重、目标国家数量、捐助国人均文化总支出）
- 对文化多样性国际基金的年度捐资
- 提供低息贷款、补助金和其他融资机制
- 支持发展中国家创造力的财政援助影响评估报告

结论

自公约2007年生效以来的八年间，我们积累了诸多经验教训。在此期间，缔约方报告的将文化纳入其可持续发展或ODA活动中的各种政策、计划和策略出现显著增加。本章中提及的许多努力对实现文化可持续发展产生了积极影响，同时帮助积累了相关政策领域的丰富经验。

从当前国际文化政策制定的关键趋势来看，这一经验尤为宝贵。这一关键趋势指的是 UNESCO 及其他机构组织开展的提升文化在联合国 2015 年后可持续发展议程中的地位的活动。这一趋势及相关讨论和跨部门对话为实施 2005 年公约的可持续发展条款带来了直接启示。公约不仅为成员国制定合理、有效的文化政策提供了综合政策框架，同时也指出了实现将文化纳入可持续发展过程的目标的手段。本章讨论的世界各国已经或仍在实施的策略和措施将为包含文化部门的可持续发展战略的问题和可能性提供依据。

然而，尽管前景一片光明，也存在一些重大挑战。其中最重要的挑战或许是，将文化可持续发展模式的一般概念（如第13条所指出）转化为可向规划者和决策者证明文化部门可为以下国家目标的实现做出贡献的实际条款中遇到的困难：经济增长、社会融合、文化满足、个人和集体福祉及环境可持续性。在富裕的发达国家中，可通过促进艺术、社会福利、教育、城市和区域发展、行业、贸易及环境等领域的不同行政管理部门参与制定综合文化政策来应对这些挑战。在南方国家中，在尝试将文化纳入国家发展规划框架中很可能遇到此类挑战。为此，如本章所讨论，实现进展的关键在于承认文化创意产业及中小企业的发展潜力。

"

文化部门高效、合理运行的完善管理基础对于确保通过可持续发展政策实现有益成果至关重要。

另外一个挑战在于，一些国家需要处理为文化提供的制度、法律和管理支持中的不足。文化部门高效、合理运行的完善管理基础对于确保通过可持续发展政策实现有益成果至关重要。一些国家利用其可持续发展计划来解决这些问题，如为文化提供各种新的或更新的基础设施支持，包括玻利维亚、蒙古、纳米比亚、巴拉圭、秘鲁、波兰、葡萄牙、斯洛文尼亚和乌拉圭。然而，许多国家在知识产权保护和版权执行等领域仍存在差距。

"

未来履约监测将严重受限，除非国家和次国家层面的数据收集工作取得进一步进展。

最后，必须强调的是，未来履约监测将严重受限，除非国家和次国家层面的数据收集工作取得进一步进展。可靠、相关及全面的数据对于追踪公约影响、识别其运行中的优缺点至关重要（Mikić, 2012）。通过参考 UIS 文化统计数据框架及 UNESCO 文化促进发展指标，可规范数据收集流程。各国可建立数据库，如阿根廷的文化信息系统（SINCA），基于阿根廷各省数据形成的全国最大的电子文化信息数据库。就文化创意产业而言，有必要说服国家统计机构规范和完善其国民核算和就业统计中的文化产业和文化职业分类机制，以便准确监测可持续发展政策的经济表现。为此，鼓励更多国家效仿已经开展或构想类似项目的国家，研究建立文化卫星账户。

相应地，我们基于当前分析提出了以下主要建议。

- 将文化纳入可持续发展策略中的一个主要领域是国家规划过程；应竭力向规划者证明承认实施发展计划的文化背景的重要性，同时强调文化创意产业在实现国家经济、社会目标中可发挥的动态作用。

- 通过文化创意产业促进可持续发展的一些最重要措施包括支持中小企业的措施。这些中小企业是推动增长和就业的巨大力量。然而，为了确保中小企业发挥其最大潜力，需要制定政策来处理可能抑制其发展的主要约束因素，包括资金不可用、创业技能不足、难以获取新信息通信技术等。

- 文化可持续发展的一个基本原则是，确保社会弱势群体获得公平待遇；坚持这一原则不仅需要制定专门的策略来克服文化参与劣势，同时也需要注意确保其他领域的文化政策不产生负面影响。

> 我很高兴地发现，在我们的社会中，关于艺术家和艺术创意所起的重要作用正越来越被人们所认识，采取各种措施确保艺术家的声音不会归于沉寂也越来越有力。文化表现不仅具有娱乐功能；也能激发社会讨论，更能引起我们思考。

Farida Shaheed
联合国前文化权利特别报告员

目标 4

促进人权和基本自由

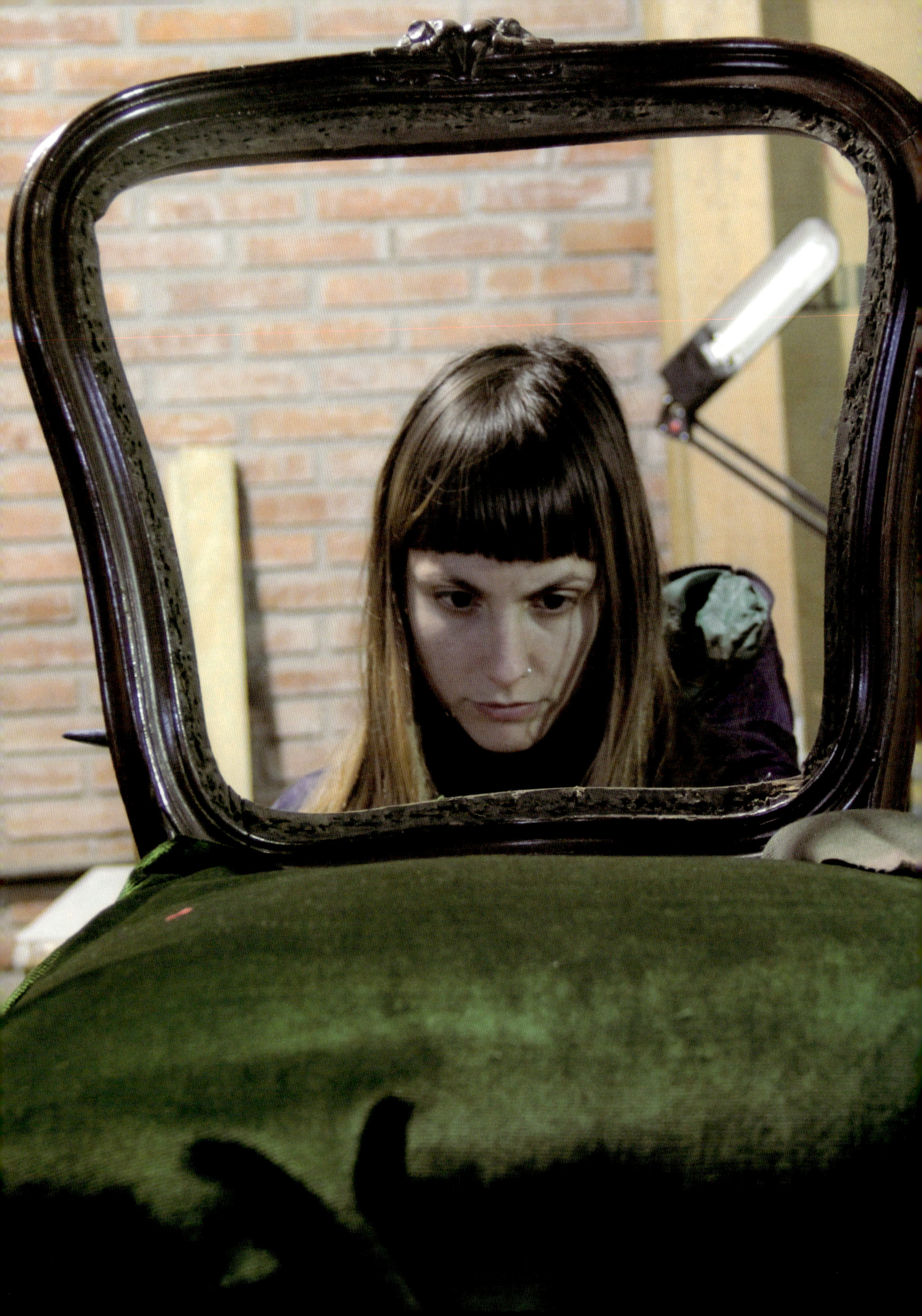

第九章

作为创作者的女性：性别平等

Ammu Joseph [1]

关键信息

» 尽管女性在世界大部分地区的创意产业中具有很突出的表现，但是仍然在很多文化组织和行业中，占据很少专业和决策岗位。

» 女性在努力参与文化事业之路上面临多重障碍，这不仅对其不公平，还违背了其文化权利。这一情况削弱了文化多样性，使得人们无法见证艺术界一半女性的创造力潜能。

» 许多国家已采取措施为女性提供更多机会，甚至激励女性对创意经济做出贡献。然而，确保文化产业性别平等的问题仍未得到充分解决。

» 解决文化领域性别不平衡问题所面临的一大障碍是按性别分列统计数据不足。然而，只有基于信息的方法才可有效解决现有性别偏见和障碍问题。

» 认识性别平等、文化权利与文化多样性之间的共生关系的综合方法也同样很重要。如果不将性别平等视为必须纳入实现这一目标的所有行动中的核心问题，则无法完成保护和促进文化表现形式多样性的使命。

» 2005年公约文书和精神均将性别平等原则视为人权和文化权利的基础。该公约明确呼吁采取促进性别平等、承认和支持作为艺术家与文化产品和服务生产者的女性的政策措施。

[1] 记者、作家、媒体观察员，印度班加罗尔。

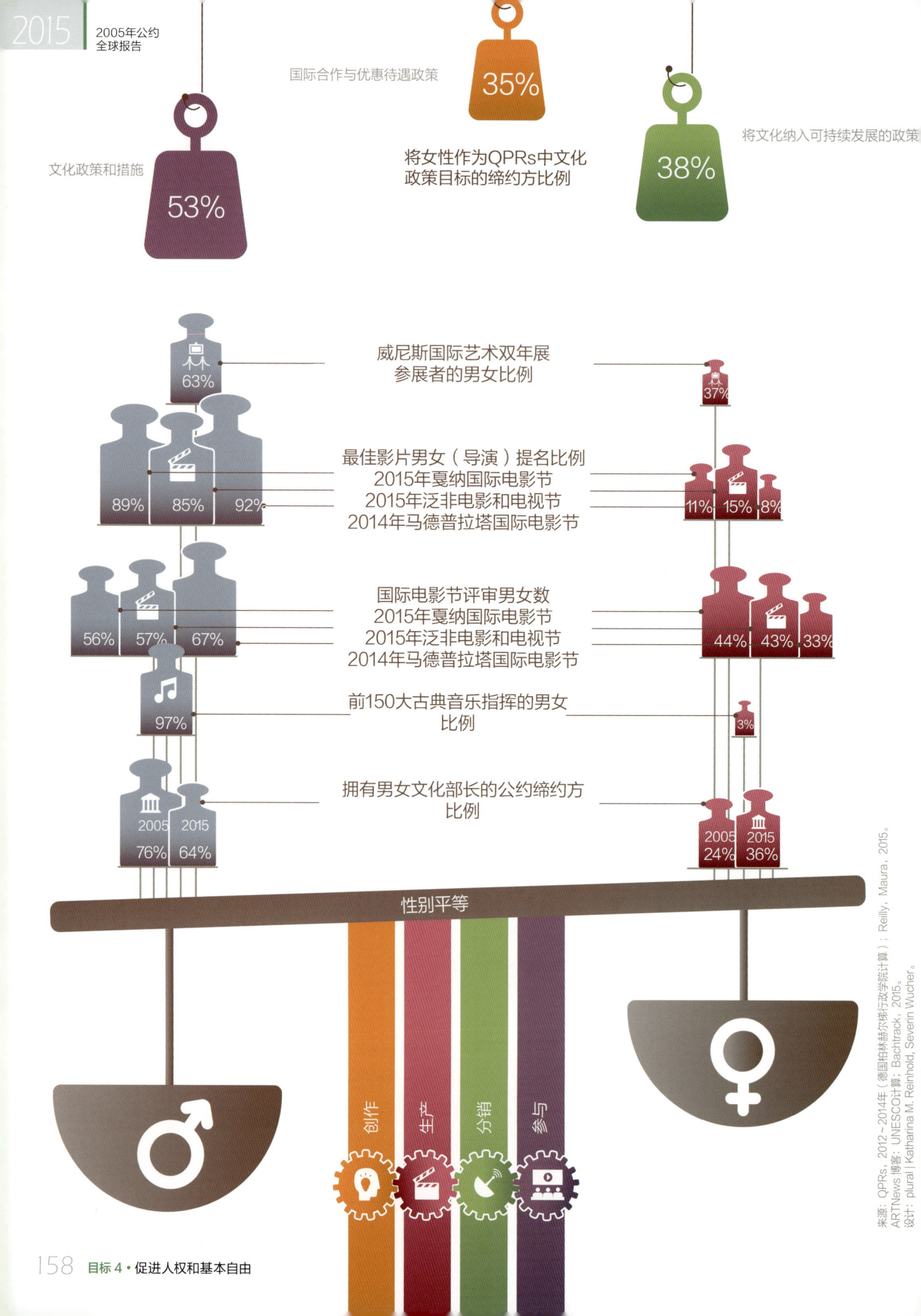

2015 2005年公约全球报告

文化政策和措施 53%

国际合作与优惠待遇政策 35%

将女性作为QPRs中文化政策目标的缔约方比例 38%

将文化纳入可持续发展的政策

性别平等

项目	男	女
威尼斯国际艺术双年展参展者的男女比例	63%	37%
最佳影片男女（导演）提名比例 2015年戛纳国际电影节 2015年泛非电影和电视节 2014年马德普拉塔国际电影节	89% / 85% / 92%	11% / 15% / 8%
国际电影节评审男女数 2015年戛纳国际电影节 2015年泛非电影和电视节 2014年马德普拉塔国际电影节	56% / 57% / 67%	44% / 43% / 33%
前150大古典音乐指挥的男女比例	97%	3%
拥有男女文化部长的公约缔约方比例	2005: 76% / 2015: 64%	2005: 24% / 2015: 36%

创作 · 生产 · 分销 · 参与

来源：QPRs, 2012-2014年（德国柏林赫尔梯行政学院计算）；Reilly, Maura, 2015, ARTNews 博客；UNESCO计算；Bachtrack, 2015。
设计：plural | Katharina M. Reinhold, Severin Wucher。

158　目标 4 · 促进人权和基本自由

2015年2月在洛杉矶举办的第87届奥斯卡颁奖典礼受到全球数百万观众的关注，其中好莱坞女星帕特丽夏·阿奎特（Patricia Arquette）在接受美国电影艺术与科学学会（AMPAS）颁发的奥斯卡最佳女配角奖时强烈呼吁性别和薪酬平等。国际著名影星梅丽尔·斯特里普（Meryl Streep）、詹妮弗·洛佩兹（Jennifer Lopez）和莎莉·麦克琳（Shirley MacLaine）也在录像片段中强烈支持阿奎特有关"薪酬平等"及"女性平等权利"的呼吁。几个月前，通过黑客邮件揭露的詹妮佛·劳伦斯（Jennifer Lawrence，另一位成功的奥斯卡女演员）与同片男星之间的巨大片酬差异在现场所有人的脑海中仍历历在目。

我们将目光转移到印度的宝莱坞，这里的女影星也开始公开声讨男女演员巨大的薪酬差异。有人认为，这一差距将缩小，甚至最终会消失，因为在这些电影中，往往由女演员担任主角，而此类电影也变得越来越受欢迎。这类电影有很大的发展前景，因为印度近期的多部以女性为题材的影片均很卖座。

然而，即便美国、印度及世界其他地区的女影星最终在这场薪酬平等的战役中赢得胜利，电影业女性平等权利的战争绝不会因此而落下帷幕。全球许多其他领域及电影制作环节也存在明显的性别不平等问题（图9.1）。

> *20多年来，担任编剧、导演和制片人这三大主要创造性角色的女性比例有所降低。*

近期对1994~2013年各年度100部最卖座的美国大片开展的一份工作人员性别报告表明，在过去20多年的2000部最高票房电影的剧组成员中，不到1/4（22.6%）的剧组成员为女性（Follows，2014）。

男性在电影拍摄的大多数领域均占据主导地位，而女性剪辑师、编剧和导演的比例仅分别为13%、10%和5%。此外，女性在视觉效果（大多数主要影片的最大部门）和音乐中的代表性也极其不足，平均比例分别为17.5%和16%。道具场工部门平均95%为男性。只有化妆、服装和角色分派部门的女性比例较高，而这些部门传统上也被视为"女性"领域。

Fellows（2014）报告中观察的趋势也十分令人头疼。1994~2013年，剧组女性职员的整体比例几乎没有增长。与此同时，女性的工作也发生了改变：尽管化妆、美工和服装部门的女性比例有所增长，但其在剪辑和动画领

图 9.1

电影业的女性比例（2014年）

来源：无国界的性别偏见，2014。

国家	导演	编剧	制片人
澳大利亚	8	33	29
巴西	9	31	47
中国	17	21	25
法国	—	7	14
德国	7	22	24
印度	9	12	15
日本	—	23	8
韩国	—	15	20
俄罗斯	—	14	18
英国	27	59	22
美国	12	—	30

域（技术性不断提高）的比例有所下降。值得关注的是，20多年来，担任编剧、导演和制片人这三大主要创造性角色的女性比例有所降低。

好莱坞在这一问题上也不例外。近期对全球11个国家②的120部受欢迎影片开展的一项研究表明，在参与这些项目的近1500位电影制作人员中，仅有1/5（20.5%）为可辨认的女性（Smith等，2014）。女性导演比例仅为7%；女性编剧和女性制片人的比重分别为19.7%和22.7%。对金砖国家③电影业的女性参与情况开展的分析表明，在巴西、印度和中国国内电影节放映的电影中，女性导演拍摄的电影比例为19.2%~20.9%，而在俄罗斯和南非国内电影节放映的电影中，女性导演拍摄的电影比例约为26.8%、27.3%（Gatto 和 Peters-Harrison，2014，图9.2）。

图 9.2

国内电影节女性导演的电影比例（2013年）

来源：UNESCO, 2014f。

电影节	比例(%)
巴西 格拉马杜电影节	19.9
俄罗斯 Kinotayr电影节	27.3
印度 孟买电影节	20.9
中国 北京电影节	19.2
南非 德班电影节	26.8

② 澳大利亚、巴西、中国、法国、德国、印度、日本、韩国、俄罗斯、英国及美国。
③ 巴西、俄罗斯、印度、中国和南非。

法国的表现似乎优于许多其他国家，但女性在2012年公认的导演中的比例仍不到1/4（23%），且其指导拍摄的电影往往预算较少（Pellerin，2014）。此外，女性导演、演员和摄像的平均薪酬比其男性同行低30%。

与此同时，在印度，最高法院必须采取干预措施，确立女性担任化妆师的工作权利。2014年11月，被多个国家的职业协会拒绝录用的女性化妆师向法院提起了诉讼，最高法院在裁决中描述道，印度电影业55年仅允许男性担任化妆师的传统是"违宪、违法及最严重的性别歧视行为"（Nair，2014）。

在确保多样性和性别平等问题上，全球的电影业仍有很长的路要走。然而，电影业绝非是存在性别不平等问题的唯一创意领域。女性在现代和古典音乐领域的代表性也严重不足。

图 9.3

全球150大音乐指挥家

来源：Bachtrack, 2015。

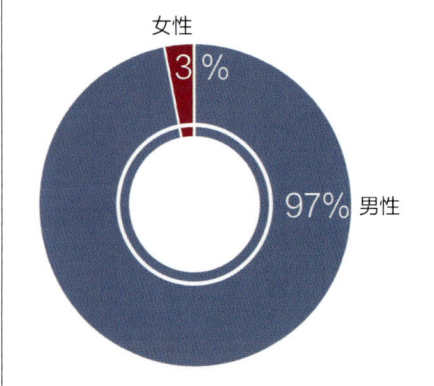

女性 3%
男性 97%

2012年的一份报告表明，英国音乐产业三分之二以上（68%）的工作人员为男性（创意蓝图，2012）。很明显，这时英国创意和文化产业整体的性别比例并非存在很大差异，女性比例约为39%。2014年，对古典音乐会、歌剧及舞蹈表演在线全球指南中25000多份目录的分析表明，在全球150大音乐指挥名单中（图9.3），仅有五位为女性（Bachtrack，2015）。2009~2010年，在美国前15大管弦乐队中，女性表演家的比例约为三分之一（35%），与1990年的比例（36%）相差无几（Phelps，2010）。这一比例在过去的二十多年间均未得到提高的一个可能原因是，音乐器材的一直具有性别化特征，其中铜管乐器、打击乐器和弦贝斯的性别化特征尤为突出，即使不是全部，也是绝大多数为男性演奏家。尽管一些报告表明，欧洲的这一情况更好些，欧洲一些管弦乐队中的女性表演家人数多于男性表演家，但其他管弦乐队中的音乐内容也存在性别差异问题，女作曲家的作品很少出现在音乐厅、歌剧院和音乐节的节目清单中（Adkins Chiti，2003）。

在现代音乐制作和表演领域，女性的代表性显然也没有更好。近期与节日演出、唱片发行及在各种"百强"名单中女性出现率相关的国际统计数据（涵盖四个大陆56个国家的1185位艺术家）表明，在这些领域中，10%的女性艺术家高于正常水平（女性压力，2013）。④

在图书领域，女性似乎也处于劣势地位。自2010年以来，年度VIDA计数（对知名英美文学期刊中的书评进行审查）一直在揭露评论者和评论作家性别比例中的重大失衡（VIDA，2014）。VIDA计划于2009年发起，旨在探究多项重要图书奖和"百强"名单中的性别比例，及多年来获得著名文学奖项的男女历史数值。对四大国际文学小说出版商（其书籍常常出现在文学杂志中）2011年出版的所有书籍进行的分析表明，其出版物的性别模式几乎与VIDA计数中的期刊书籍相一致（《赫芬顿邮报》，2012）。

> 在世界大部分地区，女性是文化产品的主要消费者，是文学相关大学课程的主要就读者，且在一些文化职业中具有很强的代表性。然而，女性在从事多种文化事业及担任文化部门许多领域的决策职务中仍面临着各种无形的障碍。

2005年对欧洲出版业女性开展的一项研究表明，以出版作为其基本活动的五大媒体综合企业的管理层中男性占据着主导地位。不同层级的多个董事会中仅包含一到两位象征性的女性成员。最高管理层

图9.4
欧盟国家参与各种文化活动的男女比例

来源：欧盟统计局和欧洲晴雨表。

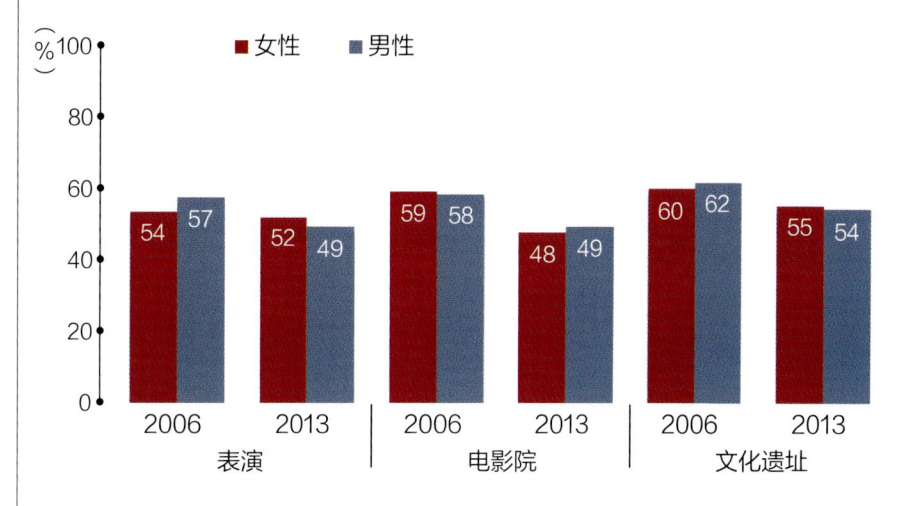

活动	年份	女性	男性
表演	2006	54	57
表演	2013	52	49
电影院	2006	59	58
电影院	2013	48	49
文化遗址	2006	60	62
文化遗址	2013	55	54

中也极少有女性成员：只有五分之一的最高决策者为女性。然而，同一项研究表明，欧盟出版业中有近50%的职员为女性。《出版人周刊》开展的年度薪酬调查表明，2013年美国出版业的男女薪酬差异明显（Milliot，2014）。这一薪酬差异至少部分归因于这样一个事实：尽管女性在美国出版业职员中的比例达到74%，但其在管理职务中的比例仅达到50%。

这些从世界不同地区系统收集的信息表明的遗憾事实对以下乐观假设提出了质疑：创意和文化职业与社会其他部门相比更开放和灵活。这些事实证明，全球的许多文化创意产业一直存在各种性别歧视和障碍。

在世界大部分地区，女性是文化产品的主要消费者（图9.4），是文学相关大学课程的主要就读者，且在一些文化职业中具有很强的代表性。然而，女性在从事多种文化事业及担任文化部门许多领域的决策职务中仍面临着各种无形的障碍。

这一遗憾事实很明显有违男女及所有性别认同和性取向人群享有的基本人权（LGBTQI）。⑤ 为了承认迫切需要改善这一局面，2005年《保护和促进文化表现形式多样性公约》中包含了以下相关的一系列条款：鼓励采纳支持女性作为文化表现形式的创作者、生产者、分销者和消费者的政策措施和计划。

2005年公约与女性

如《UNESCO 2014～2021年中期策略》战略目标8所指出，创意经济已经成为一种新的发展模式。2005年公约对于实现这一目

---
④ 参见2013年国际三八妇女节新闻稿，www.femalepressure.net/pressrelease.html#english。

⑤ 女同性恋、男同性恋、双性恋、变性、伪娘、雌雄同体。

第九章·作为创作者的女性：性别平等

标至关重要。要想提高全球社会的创造力和创新能力，我们就必须消除文化生活参与、文化创意表现形式及多元化文化产品和服务可用性等方面的障碍。

为了实现这一目标，确保不同性别的所有创作者和艺术家参与文化事业、享有更好的社会经济条件及自由流动，性别是需要考虑的一个重要因素。

如果无法认识到性别不平等是继续限制文化生活参与、妨碍文化创意表现形式的一个关键问题，则文化表现形式的多样性将一直为遥不可及的目标。

2005年公约认识到了这一事实。在强调文化对社会凝聚力的重要性的同时，2005年公约序言还强调了提高妇女的社会地位、发挥其社会作用所具有的潜在影响力。此外，2005年公约的第一个指导原则是尊重人权和基本自由，这一原则被视为是创造和分销多样化文化表现形式的一个前提条件。1993年世界人权大会上明确承认和认可了女性权利也是人权的一部分。

值得指出的是，2005年公约第7条"促进文化表现形式的措施"中，明确提及了对妇女给予应有的重视。此外，《第7条操作指南》中也明确指出，促进文化表现形式多样性的文化政策和措施应促进所有社会成员的充分参与，尤其是妇女及少数民族和原有居住者。

对于民间社会参与及在实施2005年公约中所发挥的作用（第11条），《操作指南》中指出，民间社会可通过"倾听妇女及少数民族和原住民的声音来促进特定文化表现形式"。对于2005年公约第13条的规定，《操作指南》也明确指出，将文化纳入可持续发展政策中需要承认妇女及其他社会群体和边缘化人群的需求。关于确保将文化纳入可持续发展政策中的措施，《操作指南》鼓励缔约方考虑文化部门所有相关艺术家、专业人员和从业人员的需求，特别关注妇女、其他社会群体及弱势群体的需求，以便为创造力的培养创造条件。

> 在强调文化对社会凝聚力的重要性的同时，2005年公约的序言还强调了提高妇女的社会地位、发挥其社会作用所具有的潜在影响力。

因此，2005年公约明确呼吁采取促进性别平等、承认和支持女性作为艺术家及文化产品和服务的生产者的政策措施。相应地，整个2005年公约中均暗示有必要重视女性。当2005年公约呼吁"所有利益相关方，尤其是民间社会参与"时，很明显缔约方应确保承认女性的地位，将其视为利益相关方及民间社会成员之一。当2005年公约倡导"转移信息和专业知识，以帮助文化专业人员及文化产业获得从新技术中充分获益所需的知识和技能"时，毫无疑问，有必要确保女性专业人员、女孩和年轻女性获得必要的教育和培训。在制定保护面临威胁的文化表现形式的措施时，绝对有必要铭记，女性的文化表现形式往往首先面临威胁。

换言之，2005年公约文书和精神均将性别平等原则视为人权和文化权利的基础。此外，2005年公约倡导各级层面均采取行动，确保包括女性在内的弱势群体不仅能够充分参与社会文化生活，同时还能够创造、生产、传播、分销及享有自己的文化表现形式。这些问题和工作重点反映了全球社会逐渐认识到文化领域性别平等的重要性。

性别平等与文化权利

几十年来，世界大部分地区普遍将性别平等视为一项基本人权。尽管性别平等本身就是一项目标，其也被视为是实现可持续、公平和以人为本的发展，及基本发展目标的一个前提条件。UNESCO 2008年将性别平等作为一项全球工作重点，"性别平等"一词代表着男人和女性、男孩和女孩享有平等的权利、责任和机会（UNESCO，2014g）。倡导性别平等意味着同等重视男女及少数性别群体的利益、需求，同时承认和解决这些群体的多样性。

在文化领域，性别平等意味着男女及其他性别人群必须平等享有参与文化生活并为其做出贡献的权利。在承认和奖励女性对文化的贡献的同时，还必须鼓励和加强女性参与文化活动，包括文化表现形式及享有文化产品和服务，且应扫除女性进行创造性活动的一切障碍。在这种情况下，尊重女性平等和女性权利，包括言论自由（文化表现形式是其重要组成部分），促进女性参与文化领域的决策过程及担任相关决策职务的文化政策十分重要。

联合国通过的、世界各国批准的多份具有里程碑意义的文件中强调了女性的文化权利，包括1948年《世界人权宣言》、1966年《经济、社会及文化权利国际公约》（ICESCR）、1979年《消除对妇女一切形式歧视公约》（CEDAW）及1995年第四次世界妇女大会上通过的《北京行动纲领》（BPfA）。

> 在文化领域，性别平等意味着男女及其他性别人群必须平等享有参与文化生活并为其做出贡献的权利。

联合国文化权利领域的特别报告员 Farida Shaheed 2012 年发表的一份报告尤为重要（OHCHR，2012）。[6] 与以往不同，该报告呼吁"从将文化视为女性权利障碍的模式，转变为力求确保平等享有文化权利的模式"，声称"此类方法是实

---

[6] 《文化权利领域的特别报告员报告》第67届联合国大会，2012年8月10日，http://www.ohchr.org/EN/Issues/CulturalRights/Pages/Culturalrightsofwomen.aspx，访问日期：2015年5月30日。

© Aida Muluneh, *Darkness Give Way to Light*, Lumières d'Afrique Exhibition, 2015, Ethiopia

> 作为一位出生在贝宁的女性，我具有很强的非洲认同感，但作为一位在全球各地演出的艺术家，我同样深感到自己是一个世界公民。但这并不影响我作为贝宁人或非洲人的身份，这里是我的家乡。
>
> 在 Miriam Makeba 的鼓舞下，我对全球文化的贡献源于传承来自祖国和非洲大陆的遗产，并将其推广到世界各地。对此，我感到十分自豪。任何形式的文化都是没有国界的，音乐当然是世界最通用的语言。
>
> 作为一位欧洲女性，创作者及 UNICEF 大使，我每天都思考着性别差距问题。我们代表世界一半以上的人口，但我们的声音被淹没，贡献被忽略。可以采取许多措施来改善这一局面，文化就是其中一种途径。
>
> UNESCO《保护和促进文化表现形式多样性公约》可帮助实现这一目标，其承认和支持女性作为文化表现形式的创作者和生产者。它是帮助各国政府促进女性参与和艺术自由的一项强大工具。
>
> 倾听女性的声音，解放女性自由，帮助其到达新领域，赋予其自信，鼓励其创造，尊重女性并公平对待女性。这些简单的态度便能改变女性的日常感触。这一赋权将显著改善其世界观，并鼓舞年轻女性像我一样做自己想做的事情，发现自己的声音，为本国的文化遗产感到自豪，为复兴文化做出贡献，并与世界分享本国的文化遗产。这将惠及整个人类，进而共创美好世界。

Angélique Kidjo
歌手，国际作者与作曲家协会联合会（CISAC）副会长

第九章·作为创作者的女性：性别平等

现所有人权的一项重要工具"。该报告指出，尽管实现女性的文化权利在很大程度上取决于其他权利的享有，反之亦然：平等的文化权利将产生变革性作用，其将为实现其他人权提供重要机会。

尽管强调女性参与文化生活的各个方面并为其做出贡献的权利，但报告指出，女性在文化、艺术和科学领域的代表性仍不足，即便是在有着相对悠久的正式和法律平等传统的国家。特别报告员指出，女性视角和贡献必须从文化生活的边缘转移到创造、解释和塑造文化过程的中心位置。为了确保社会的主流文化基于性别平等原则，必须克服忽视女性问题及其看法的倾向，同时还必须消除女性平等参与公共生活的障碍，提高其在影响社区文化的机构和过程中的代表性。

这也是2005年公约可帮助实现的目标，但前提是该公约缔约方更多地承认和认可性别平等对于实现保护和促进文化表现形式多样性的目标的重要性。

性别平等与2005年公约的实施

详细审查2005年公约缔约方2012～2013年提交的四年一次定期报告（QPRs）[⑦]后发现，55%的报告中至少提及了一项旨在确保性别平等和/或女性赋权的政策和/或

[⑦] 四年一次定期报告可登录以下网站查看，http://en.unesco.org/creativity/monitoring-reporting/ periodic-reports。

措施（Guixe，2014）。这一审查表明，一些缔约方采取了一些措施来促进女性享有文化权利，其中包括将性别平等原则纳入国家文化政策；采取措施促进女性享有文化产品和服务；及采取措施提高女性创造文化表现形式的能力。毫无疑问，其他缔约方可参照这些举措来开展未来行动。

> 公约可帮助实现性别平等，但前提是2005年该公约缔约方更多地承认和认可性别平等对于实现保护和促进文化表现形式多样性的目标的重要性。

然而，这一审查也表明，缔约方采取的干预类型及在促进女性平等享有参与和享受文化生活并为其做贡献的权利的程度上存在很大差异。此外，大多数缔约方没有设计和实施政策或法律框架，及采取综合措施来保障、捍卫和促进女性和女孩平等参与文化生活及为其做贡献的基本权利。这也是许多国家未能制定政策或法律框架，及出台切实的措施来支持女性和女孩充分参与文化活动的权利的潜在原因。

根据审查，其中一个可能的原因是，缔约方对文化及文化多样性中"性别"含义的理解有限。这至少部分源于许多国家的国家妇女赋权机构及民间社会妇女组织在促进公约宗旨和目标过程中的参与不足。与此相类似，拥有妇女权利和性别平等领域专业知识和经验的个人和机构较少参与地方层面的履约过程，因此许多性别相关的现实可能被忽略。

这一缺失的环节也可解释这样一个事实：影响女性参与文化生活及从事文化职业的能力的一系列问题在持续的履约工作中尚未得到充分重视。例如，由于性别歧视分工导致的大多数女性承受的双重（甚至是三重）负担，尤其是社会角色和家庭责任，往往将限制其职业选择，尤其是在往往涉及较长、较晚和/或不定时工作的文化领域。

在促进文化领域的性别平等中必须考虑的另外一个现实是，女性由于年龄、残疾、种族/种姓、地理位置及其他因素而遭受各种形式的歧视。此外，很少有国家拥有文化生活及创意职业参与相关的性别分类数据，这也为解决文化领域的性别差异问题造成了另一大障碍。

2014年对QPRs的审查表明，有一些并没有考虑到所有女性，甚至当她们被宣称"社会"性别主流化。此外，尽管许多缔约方已经采取措施促进民间社会组织参与保护和促进文化表现形式的多样性，但很少有缔约方认识到，妇女组织也是民间社会的一部分，应鼓励其帮助履约。

对部分近期QPRs的分析进一步证实了2014年的审查结果。近期提交的多份QPRs中根本没有提及女性，尽管其强调了"性别主流

图 9.5

按照政策措施类型将女性作为政策目标的缔约方比例

来源：QPRs, 2012~2014。

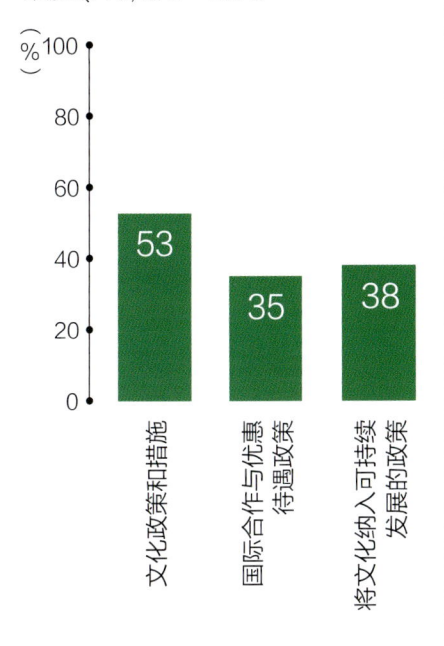

政策领域	比例(%)
文化政策和措施	53
国际合作与优惠待遇政策	35
将文化纳入可持续发展的政策	38

化"需求。其他 QPRs 则指出女性应包含在公约相关政策措施的目标群体之内，但也并未做进一步解释或提及涉及女性的其他行动。

即便是介绍综合履约方法（涉及不同部委和其他机构，如性别平等与家庭事务部）的报告中也没有将女性和性别问题纳入许多拟定项目的设计中。例如，多个项目描述中并未提及女性或者性别问题，即便其可能提到种族、年龄、阶层、文化背景和地理位置等因素，还可能提及老年人、残疾人、社会边缘化人群及少数性别人群。与此相类似，为边缘化年轻人提供的项目未提及女孩和年轻女性。

对 QPRs 中列出的政策措施展开的单独、独立统计分析向我们表明了有多少国家及哪些国家按照公约要求在三大政策领域中包含了女性（图9.5）：文化政策和措施、国际合作与优惠待遇政策、将文化纳入可持续发展的政策。结果发现，有 21 个国家（即 31%）将女性作为这三大政策领域的政策措施目标。当然，如更定性的分析所表明，仅仅消除对女性的障碍并不一定能确保女性必然从这些政策措施中获益：这在很大程度上取决于如何通过以下步骤确保实现既定意图：与女性建立实际联系，确定其状况，确保实施相关政策措施来解决女性享有文化权利所面临的重重障碍。

UNESCO 经修改的信息共享和透明度（第9条）操作指南草案为未来的 QPRs 提供了更新框架，其旨在改善未来报告中有关"促进作为文化表现形式的创作者和生产者的女性的享有和参与，及促进女性参与社会文化生活的措施"的报告。

> *除了帮助提高未来 QPRs 中的性别商数，新框架应帮助各国设计更多考虑性别的政策和措施，以有效实现公约宗旨和目标。*

首先，报告的格式和内容部分援引了 UNESCO 提出的全球关注性别平等的内容，并指出 QPRs 中必须包含旨在解决差异和促进平等的措施的相关信息。修改后的新框架在内容上更详细，其中提出了需要解决的一系列关键问题，包括措施是否专门针对"个人"（如女性）和/或社会群体，如公约第 7 条所界定的"少数民族和原住民"。民间社会部分呼吁"向政府主管部门传达市民、协会和企业问题，包括女性及少数民族等弱势群体"。新框架还强调了跨领域问题及 UNESCO 工作重点，包括性别平等。此外，补充数据、信息及统计部分呼吁收集人们参与文化活动的性别分类数据。除了帮助提高未来 QPRs 中的性别商数，新框架应帮助各国设计更多考虑性别的政策和措施，以有效实现公约宗旨和目标。

文化多样性国际基金与性别平等

文化多样性国际基金（IFCD）是按照公约第 18 条规定，为支持可帮助实现公约目标的项目，尤其是出台保护和促进文化表现形式的多样性、培养或加强新的创意文化产业（尤其是发展中国家）的政策，而建立的多方捐赠基金。

对 IFCD 2010~2013 年赞助的 71 个项目的审查结果表明，只有 13 个（18%）项目与性别平等或女性赋权有关（Guixe, 2014）。IFCD 在这三年间划拨的近四分之一的资金被投入到这些项目当中。然而，在获得资金的所有组织中，仅一家为妇女协会（不到1%），且仅有四分之一的赞助项目由女性负责开展。这一审查强调了制定性别敏感项目提案、报告格式及可帮助申请者确定如何自初期阶段开始便在其项目中考虑性别问题的注释指南的重要性。

在评估2014年资助期的提案时，这一审查结果的有效性就变得很明显。例如，一份关注中美洲国家弱势背景市民的项目提案中明确指出了目标社区内存在的许多性别相关问题，但并未就项目是否可以及如何通过项目来解决这些问题展开详细讨论。申请者很明显意识到了相关社区面临的性别问题，但是他们却不知道如何着手解决这些问题。

> 如果不采取深思熟虑、系统和持续的努力来帮助申请者将性别问题纳入项目构思、设计及实施过程中，那么在回复中例行性（或义务性）地提及性别和女性往往不太可能转化为相关有意义的行动。

2013年和2014年资助期的许多其他提案也主要在有关促进性别平等及其他重点领域的申请表部分提及了女性。这当然表明了这一问题的重要性，有必要在促进多样性的过程中重视性别平等问题。然而，如果不采取深思熟虑、系统和持续的努力来帮助申请者将性别问题纳入项目构思、设计及实施过程中，那么在回复中例行性（或义务性）地提及性别和女性往往不太可能转化为相关有意义的行动。

修改后的IFCD申请表（自2015年融资期起开始使用）做出了一些变更，这些变更预期将鼓励申请者思考如何通过项目来促进性别平等。例如，目标部分（4.4）要求解释其如何促进性别平等，而项目活动和预期成果部分（5.2）要求提供签证受益人的详细信息，包括按照性别划分的定量和定性信息。密切监测这些修改的影响，同时提供一些指导，将帮助提高未来项目中的性别商数。

促进平等和多样性的良好实践

联合国文化权利领域的特别报告员2012年发表的报告表明，难以收集到国家层面的最佳实践信息（由政府主管部门和非政府组织编制），以加速实现男女平等享有文化权利的目标。报告员对此表示担忧，并指出这反映了各国对这一问题的普遍忽视，尽管实现女性文化权利具有很大的前景。

然而，2014年对IFCD 2010~2013年支持的项目开展的审查结果表明，确实开展了大量优秀项目来促进女性参与文化事业，改善其社会、经济状况（专栏9.1和9.2）。例如，该审查识别了与以下主题相关的性别敏感研究领域的一些最佳实践：文化表现形式的多样性；性别敏感政策和指南；性别培训；改善女性的经济状况；促进女性参与男性为主的文化领域；为个体女性艺术家提供直接支持。

此外，IFCD支持的一些项目特别关注弱势女性的需求，如残疾女性及女性原住民，这些弱势女性往往难以获取和控制资源。其中，非洲非政府组织发起的一个项目致力于通过艺术职业改善残疾女性的状况。除了为年轻的残疾女性提供设计、艺术和手工艺相关的专业培训，该项目还力求帮助其培养创业技能，同时提高公众对当地艺术和手工艺部门社会经济价值的认识。[8]

专栏 9.1 · 赋权非洲年轻人

IFCD 2014年资助期的"赋权非洲年轻人，充分发挥作为发展驱动力的音乐部门的潜力"项目因其明确的包容性承诺而脱颖而出。该项目由国际音乐理事会提出，包含将在多个非洲国家开展的一系列活动。整个项目提案中的性别意识很明显，其认识到女性在音乐部门的代表性不足，且女性在保守社会，尤其是农村地区难以被认可为艺术家或音乐专业人员。项目的长期目标是，赋权年轻女性，使其在音乐产业中享有应有的地位。年轻人和女性是该项目的第一大和第二大目标人群。其中特别关注通过实习、考察访问和工作安置等方式赋权年轻女性。该项目提案不仅指明了每项活动将包含的女性数量，还提出了表明此类包容程度的指标。

来源：www.imc-cim.org/。

[8] 为喀麦隆文化产业中的残疾女性提供机会，喀麦隆残疾妇女协会（Association des Femmes Handicapées Actives du Cameroun），参见 https://en.unesco.org/creativity/ifcd/rojectdescription/ offering-opportunities-women-disabilities。

监测性别平等与文化多样性

在大数据时代,当大多数生活方面的重要决定都需要依靠信息来做出时,文化活动及女性参与创意事业的相关统计数据的缺乏将引起人们的严重关切。当各国开始意识到文化在促进可持续发展中的作用,将文化视为一种有助于消除贫困、不平等和歧视的资产,并力求建立新的文化策略来推动惠及其市民、社会及经济的转型变革时,很明显各国必然需要获得不同文化方面及文化多样性的可靠信息。在公约背景下,缔约方需要信息来识别保护和促进文化表现形式多样性的途径和方法,同时评估相关政策和措施的影响。

要想促进文化领域性别平等的政策措施能够解决实际问题并带来必要的变革,各国就必须收集以下相关的信息:女性对文化生活的贡献;女性参与文化活动的情况;及女性享有文化权利所面临的障碍。与此同时,还需要数据来帮助各国评估其以下工作进展:1)确保承认、保护、保障、加强和展示女性的各种文化表现形式;2)确保适当支持女性(作为创意个体)参与文化产品、服务和活动的创造、生产、分销和传播,及适当支持女性(作为市民/公众成员)享有文化产品、服务和活动。

2014年对缔约方2012~2013年周期提交的QPRs开展的审查结果表明,很少有国家拥有文化领域的性别分类统计数据(Guixe, 2014)。如审查所指出:

"文化领域性别差异和性别分类分析数据的不足对有效认识和解决性别问题构成了一大障碍。此外,有效的政策干预应以具有充分论据的研究为基础,而包含性别视角的统计数据对于了解公约缔约方女性的实际状况及倡导性别平等至关重要"。

该报告表明,克服数据不足问题将是未来面临的一大挑战。

毫无疑问,目前,以下相关的信息更为稀少:少数性别人群对文化生活的贡献,其参与文化活动的情况,及其享有文化权利所面临的障碍。

> *文化活动及女性参与创意事业的相关统计数据的缺乏将引起人们的严重关切。*

解决国家层面文化表现形式多样性相关的性别问题及收集性别分类数据的第一步是,在文化部设立性别平等联络点,其负责与公约联络点及其他政府和非政府部门取得

专栏 9.2 · 为女性文化创业者提供培训

作为欧盟-UNESCO"加强发展中国家文化管理制度的专家基金"技术援助项目的一部分,2012年在马拉维开展的一个项目专门致力于为女性文化创业者提供培训。该项目意识到,文化领域的女性往往遭遇与性别相关的各种障碍,要不是考虑到时间和空间约束,其不仅会识别相关问题,而且还将找到相应解决方案,并采取行动来克服这些障碍。

该项目涉及电影、戏剧、音乐、摄影、艺术和设计领域的国家文化经营者协会的女性领导人,及女性会展经理、承办者、广播员和文化官员。这一培训项目将帮助提升意识,并帮助人们认识到这样一个事实:尽管对文化领域的女性存在诸多偏见,尤其是表演艺术部门的女性,我们必须承认的是,女性是最具禀赋的、最成功的艺术创作者、文化创业者、文化实业家及国家文化遗产传承人。

该项目带领来自不同文化活动领域的女性创建一个共同平台网络。他们采纳了一个六条策略来加强女性文化创业者的职业发展,并决定建立两个女性创意中心。该项目的预期成果包括:建立一个网站,以展示马拉维的女性文化事业;开展一项合作项目,拍摄一部涉及电影制作所有关键领域的女性的影片。

来源:www.unesco.org/new/en/culture/themes/cultural-diversity/cultural-expressions/programmes/technical-assistance/missions/.

联系，帮助提高履约过程中的性别意识。性别平等联络点需要执行的首要任务是，识别文化领域女性及其经验和需求的现有信息来源；为现有数据建立数据交换所。

在此背景下，有必要承认文化领域的信息传递者的存在，及其对女性从事文化职业的影响程度。这些信息传递者往往是公私部门及非营利性部门文化机构组织结构内的人员，其占据着关键决策职位，拥有地位和权力来决定文化表现形式创作者和生产者的命运（Cliché 和 Wiesand，2003）。他们也可以是不附属于任何特定机构或组织的富有影响力的个人。目前，人们普遍认识到，信息传递过程将管制言论自由，促进或妨碍多样化创意、价值观或信念的传播。与此同时，人们也逐渐认识到性别与信息传递之间的关系，相关研究和持续实践经验也逐渐指向机构内外性别歧视问题。

缔约方在国家层面启动必要的信息收集过程的一种重要途径是，分析其内部结构和系统下的信息传递过程和机制。一些数据可帮助我们了解官方安排的性别意识程度，这样一来，各国政府（可能通过性别平等联络点）便可轻松汇总相关行动。例如，批准公约的各国文化部在性别平等方面取得了显著进展（图9.6）。

> 有必要承认文化领域的信息传递者的存在，及其对女性从事文化职业的影响程度。

例如，女性在文化相关部委/国家机构及公共文化机构（包括公共服务广播公司、文化教育/培训机构及文化领域的监管机构）决策职务中的代表性如何？女性的文化表现形式在公共文化机构（如，博物馆、美术馆）、官方赞助展览、回顾展和艺术展及同等艺术、文学及其他文化表现形式相关机构和机会中的代表性如何？文化领域的女性获得的创意表现形式（如，电影、戏剧、音乐和舞蹈表演）的公共资金比例是多少？

来自文化部委与国家/公共文化组织的性别分类数据（涵盖不同领域及文化表现形式）可帮助我们了解以下内容：女性参与官方组织或推广的文化项目的程度；女性享有文化部委和国家文化组织提供的奖学金、助学金、节日游览、出行和工作补助、佣金及派驻等机会的情况；及女性获得官方文化贡献和成果表彰（相关奖项）的比例。政府还可自行或委托分析其文化及女性发展与赋权相关的政策，以确定这两种政策在多大程度上反映了对女性参与、获取及为文化表现形式做贡献的关注。

收集其他类型的信息，尤其是有关作为文化表现形式的创作者和生产者及作为参与文化生活的市民的女性现状的信息，可能需要更多的时间和资源，但这对于缔约方系统、渐进地履行公约义务而言也同样很重要。执行这一任务的一种方法是，激励文化创意产业机构及民间社会组织（包括大学和科研院所）带领或加入生成必要数据的工作中。

例如，建议编制以下相关的统计数据：女性参与各级文化创意产业的情况；女性在私营部门文化创意产业组织及非营利性文化组织决策职务中的代表性。此外，还可收集以下相关的数据：女性在不同文化产业产出中的比重（如，某一国家女性导演的电影的比例）；其在某一产业不同职务中的代表性；教育和培训机构的女学生参与文化产业的比例；不同文化活动受众及文化产品和服务消费者中的女性比例。

图 9.6

拥有男性或女性文化部长的缔约方比例

来源：UNESCO 编制，2015。

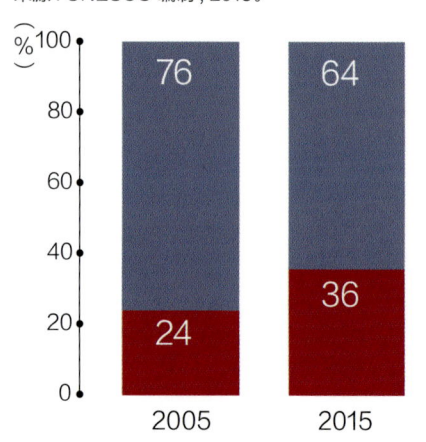

	2005	2015
男性	76	64
女性	24	36

> 从事文化职业的女性组织、协会和网络在收集此类数据中可发挥重要作用。

不同文化产业男女薪酬差异及不同文化产业或文化活动领域性别隔离的问题可能更难以解决，但是，正如本章引言部分的研究所表明，有必要也有可能解决这一问题。从事文化职业的女性组织、协会和网络在收集此类数据中可发挥重要作用。

在认识到文化数据，尤其是按照性别分类的文化数据的不足问题后，UNESCO采取了一些措施来纠正这一问题，例如，通过UNESCO统计研究所（UIS）在文化就业和文化参与方面的持续工作。UNESCO文化促进发展指标推动的其他研究预计也将提供文化发展与性别平等之间的关系的信息，同时还将生成可用于测量文化对发展的贡献的性别分类指标。

然而，很明显，国家层面也需要采取行动来制定不同文化活动领域的性别分类统计数据，包括文化创意产业。在初期阶段，各国政府可启动收集和编制性别分类文化数据的程序，这里将给出一些建议。此外，本章引言部分援引的用于强调不同文化领域性别失衡问题的数据也可为我们带来各种信息生成方法（通过一次和二次研究）的启示。

基本指标与验证手段

指标可帮助各国政府及其他利益相关方确定文化领域的性别平等现状，追踪确保女性文化权利的动态，及强调在这一背景下进一步促进和保护文化表现形式的多样性的必要行动。作为当前行动的核心要素之一，本报告的"制定监测框架"章节中给出了监测公约实施的指标框架。作为记录和评估履行公约性别相关义务进展的第一步，以下提出了一系列基本指标及相关的验证手段。

基本指标 9.1

存在确保文化领域性别平等的法律框架

验证手段

- 批准相关具有约束力的国际文书，支持与女性一般基本人权和文化权利相关的世界宣言和建议
- 特别承认和支持女性文化权利，包括其创造性表达权的法律（和/或法律修正案）
- 促进一般及文化领域性别平等的法律（如议会）论坛

基本指标 9.2

存在承认和支持女性作为文化产品和服务创作者和生产者的政策措施

验证手段

- 特别承认和强调女性通过创造力和艺术活动享有、参与和促进文化生活的权利的政策
- 提升女性在文化相关部委/国家机构、公共文化机构/组织及文化产业决策职务中的代表性的措施
- 改善女性机会的机制（包括但不限于提供资金），承认其对文化生活的贡献，支持其成为创意产业专业人员和/或文化企业家
- 通过预算分配和其他可用手段，提供资金支持和促进女性成为文化产品和服务的创作者和生产者

基本指标9.3

存在承认和促进女性享有文化活动、产品和服务，参与文化生活的政策措施

验证手段

- 特别承认和强调女性通过参与文化活动，使用文化产品和服务，成为艺术赞助人，享有、参与和促进文化生活的权利的政策
- 鼓励和改善女性享有文化活动、产品和服务的措施
- 培养和增加女性参与并促进各种文化活动的机制和预算

结论

在许多方面，"文化生活参与自由站在了自由的核心位置"（Sunder, 2012）。

正如联合国文化权利领域的特别报告员所指出（Shaheed, 2014）：

"文化，体现为个人和集体自我表现形式，渗透在生活的各方各面中，因此也必然存在性别化问题。通过界定社会交往界限，文化影响着规范标准与不同性别群体的角色，以及违反这些标准的惩罚。为此，实现女性文化权利是实现其一般人权的关键。"

文化权利的一个关键方面是，享有、参与和为文化生活做贡献的权利。文化生活的一个日渐重要的部分是文化表现形式。因此，女性的创意表现权利对于实现其文化权利至关重要。与此同时，女性或多或少地被排除在创意职业之外，这无疑将对全球文化表现形式多样性目标的实现产生不利影响。

尽管女性在创意部门的不同层面、不同角色及不同职业中具有很强的代表性，然而，女性在充分发挥其聪明才智、利用创意经济带来的艺术机会中仍面临着各种无形的障碍。为此，女性在诸多文化领域，尤其是某些创意职业及大多数文化产业和组织的决策职务中仍代表不足。与此同时，女性也往往难以获得与男性相同的薪酬。

公约为各国严肃处理满足女性文化权利所面临的性别障碍提供了独特的机会。有必要承认的是，此类障碍不仅将阻碍多样化创意领域的女性艺术家，还将导致文化贫困，剥夺全人类享受艺术界一半女性的创造力潜能的机会。

近期对支持不同价值链阶段女性的政策措施开展的审查结果显示，多个国家确实存在一些引人注目的举措（UNESCO, 2014f）。然而，该审查也发现，尽管许多国家将充分利用女性对创意经济的贡献作为一项重点工作，但大多数国家尚未充分设定确保文化部门性别平等的目标。根据该审查，这一领域取得缓慢进展的一个主要原因是，知识和数据不足。

> *公约为各国严肃处理满足女性文化权利所面临的性别障碍提供了独特的机会。*

很明显，除非这些法律、监管和制度措施以系统收集的可靠信息为基础，否则这些措施将难以发挥作用。由于缺乏按照性别分类的文化数据，加强文化部门的政策往往不考虑性别问题，且未承认和解决现有的性别偏见和障碍（这些性别偏见和障碍造成了文化部门的诸多不平等现象）。在这种情况下，多个缔约方在2013年8月发放给所有UNESCO成员国的性别平等和文化调查问卷回复中，强调了性别分类信息、数据和分析的必要性，这一点着实令人有些欣慰。

根据本章分析结果，我们提出了以下主要建议。

- 要想在履约过程中有效解决性别问题，则缔约方需要执行的最紧迫任务是，收集、梳理和评估女性参与、享有及为文化生活做贡献的各个方面的性别分类数据。

- 基于信息的方法还将帮助缔约方改善促进性别平等工作的报告，这一点在公约、UNESCO操作指南修订草案及修改的未来QPRs框架中均有所提及。此外，这种基于信息的方法还将有助于将性别问题纳入提交给IFCD的项目构思、设计及实施过程中。

- 综合履约方法同样也很重要，其承认性别平等、文化权利与文化多样性之间的共生关系，且认识到，如果不承认和解决文化领域的性别差异问题，则保护和促进文化表现形式多样性的目标将无法实现。性别问题不容忽视，也不可仅将其视为通过少数援助女性的项目便可得到解决的小问题。相反，我们应将其视为威胁和削弱文化多样性的重大障碍，并采取各种措施来解决这一问题。

- 综合方法将确保制定政策、法律框架和实际措施来保障、捍卫和促进女性和女孩平等参与文化生活并为其做出贡献的基本权利。

- 综合方法还涉及将性别问题纳入

不同履约环节中，包括国际合作、在特殊情况下保护文化表现形式及将文化纳入可持续发展政策等看似性别中立的事宜。

- 综合方法将需要广泛的利益相关方参与履约过程，包括国家女性赋权机构及其他拥有女性权利和性别平等领域专业知识和经验的机构、组织和个人。此外，综合方法还需要承认社会中女性的多样性，在起草政策和设计项目时，考虑因阶层、信条、种族/种姓、年龄、残疾、性取向、位置等受到歧视的人群的特殊需求。

如联合国文化权利领域的特别报告员在其2012年报告所指出，底线是"女性视角和贡献必须从文化生活的边缘转移到创造、解释和塑造文化过程的中心位置"。

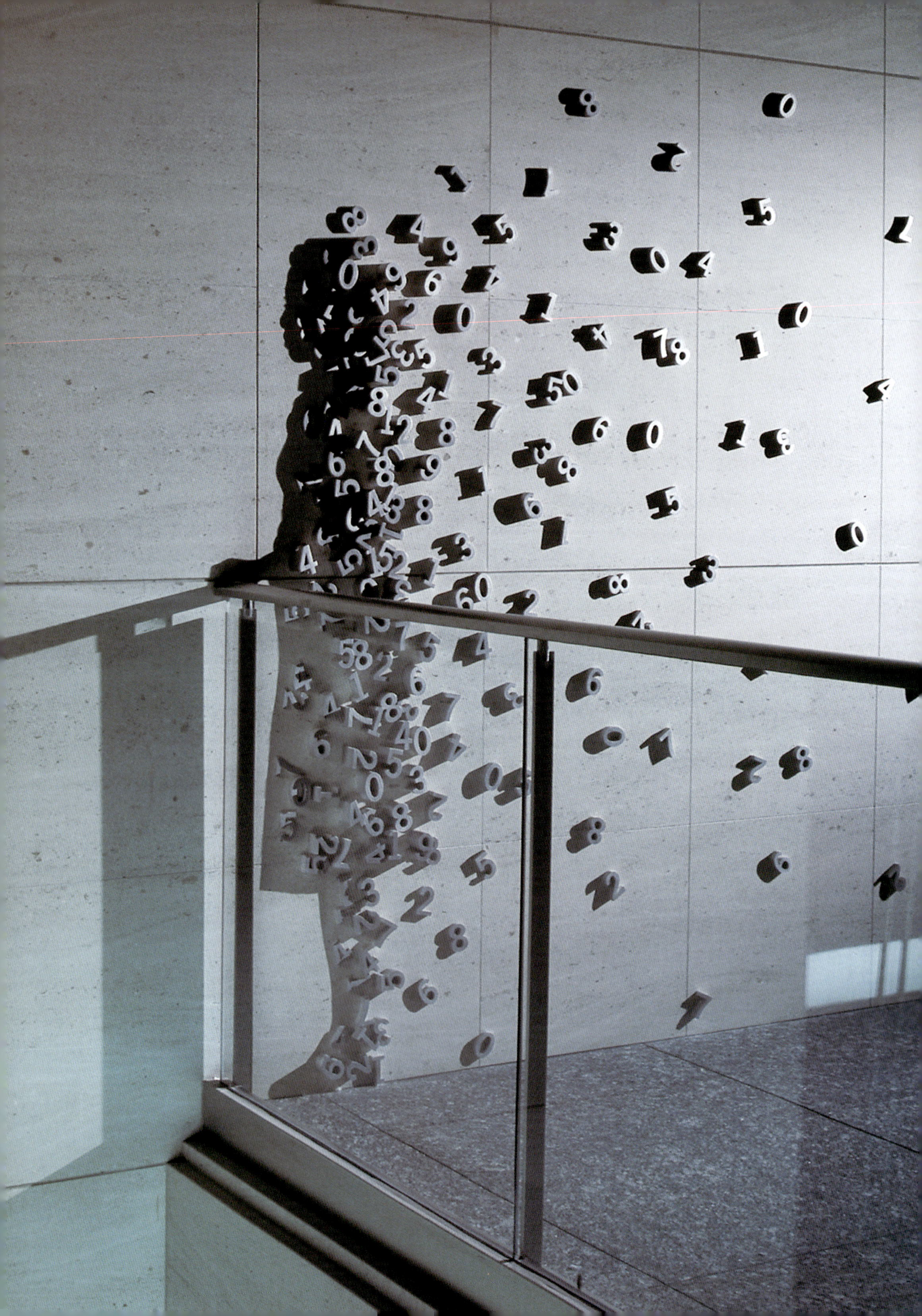

第十章

艺术自由挑战

Ole Reitov [1]

关键信息

》 承认和保护艺术自由不仅与艺术家的生命和创意实践密切相关,也与所有文化专业人员的权利密切相关。

》 在动态的社会发展中,为了确保艺术和文化创意产业部门的稳定性,艺术自由是对市民和全体社会福祉至关重要的基本自由的一个方面。

》 艺术自由及获取艺术表现形式所面临的限制将造成重大的文化、社会和经济损失,剥夺艺术家表达和谋生的机会,为参与艺术活动的人员及其受众带来不安全的环境。

》 2014 年,Freemuse 记录有 237 起艺术表现形式攻击案件。然而,与记者及其他媒体专业人员面临的威胁相比,艺术自由面临的威胁往往报告较少。这便导致难以全面把握创意自由表现所面临的实际挑战,尤其是社会艺术家和从业人员面临的人身威胁。

[1] Freemuse 执行理事,丹麦哥本哈根。

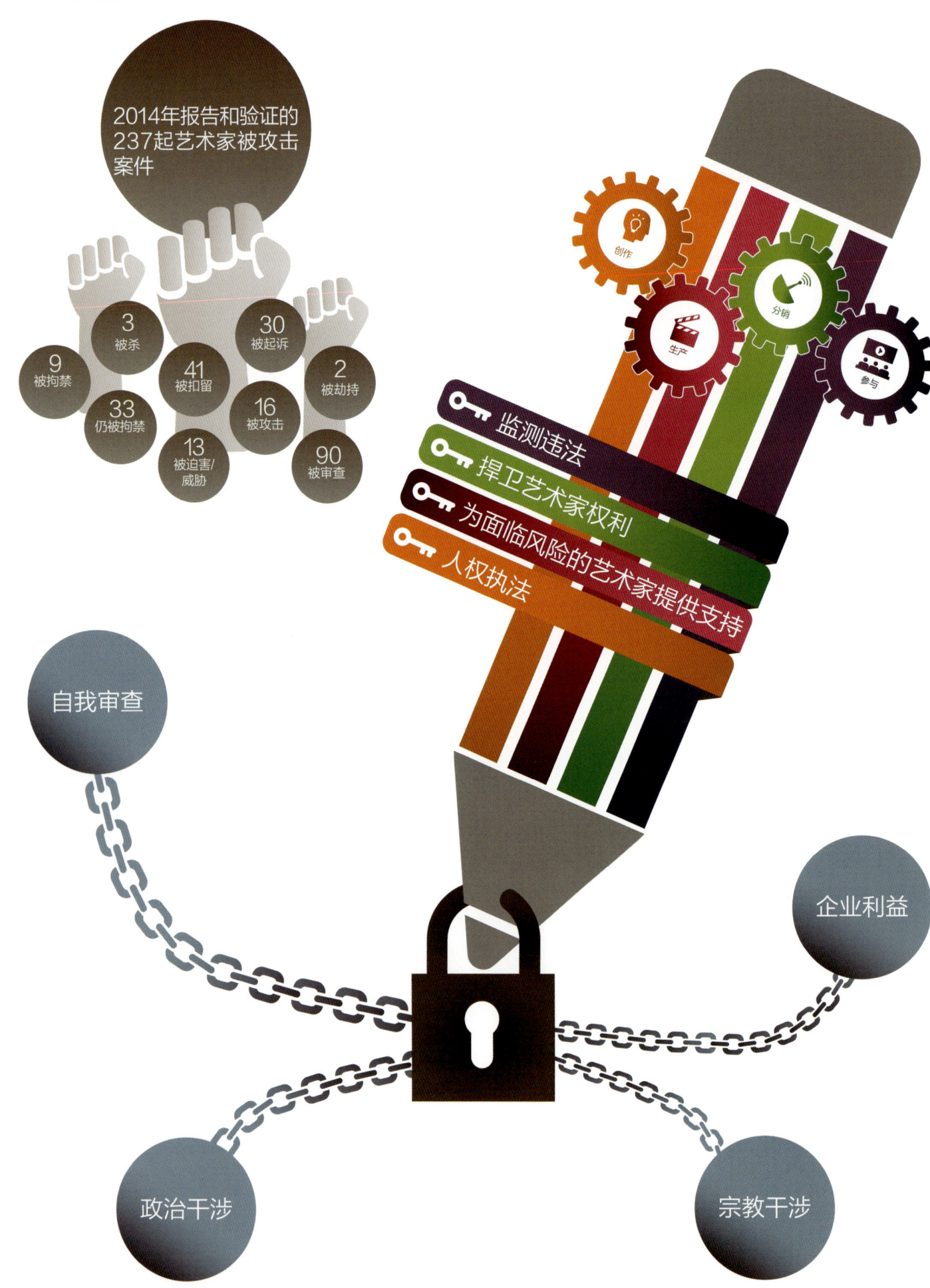

2015 2005年公约 全球报告

2014年报告和验证的237起艺术家被攻击案件

- 3 被杀
- 9 被拘禁
- 33 仍被拘禁
- 41 被扣留
- 13 被迫害/威胁
- 30 被起诉
- 16 被攻击
- 2 被劫持
- 90 被审查

创作 | 生产 | 分销 | 参与

- 监测违法
- 捍卫艺术家权利
- 为面临风险的艺术家提供支持
- 人权执法

自我审查

企业利益

政治干涉

宗教干涉

174　目标 4・促进人权和基本自由

当前，艺术自由面临的威胁获得高度关注。然而，截至目前，2005年《保护和促进文化表现形式多样性公约》缔约方所提交的报告中，并未包括保护艺术自由的内容。为此，从缔约方递交的四年一次定期报告（QPRs）[②]中，我们无法获得相关信息，本章将侧重于解释该问题的重要性，体现围绕该问题形成的越来越高涨的国际意识（政府和非政府），然后将倡导缔约方在履约过程中更系统地监测艺术自由，同时在缔约方提交的报告中更关注这一议题。

在公约《第2条操作指南》中，首要原则就是确认，"只有言论、信息和沟通自由等人权和基本自由及个人选择文化表现形式的能力得到保障，才可保护和促进文化多样性"。艺术自由是基本自由之一，为此，本章将论证，缔约方未来几年提交的报告中应更关注这一问题。[③]为了提出充分论据，本章将探究约束艺术自由的一些因素。本章将回顾联合国就这一问题展开的讨论（使得这一问题得到国际社会的关注）。本章还将描述政府和民间社会实体为促成这一领域的良好实践而付出的一些努力。最后，本章为未来履约过程中的艺术自由监测制度提出了一些建议。

[②] 四年一次定期报告可登录以下网站查看，http://en.unesco.org/creativity/monitoring-reporting/periodic-reports。
[③] 如联合国文化权利特别报告员所指出，倡导艺术自由不仅指的是"应承认艺术家的额外权利。人人享有言论和创造自由、参与文化生活及享受艺术的权利。所有表现形式，包括艺术表现形式作为一种言论自由均应得到保护"（Shaheed, 2013）。

> *当受众或公众可自由参加公共艺术活动，且在其家中可欣赏艺术作品而不用担心受到妨碍和干涉时，则个人和社会的生活水平便有望提高。*

承认和保护艺术自由不仅与艺术家的生命和创意实践密切相关，也与所有文化专业人员的权利密切相关。在动态的社会发展中，为了确保艺术和文化创意产业部门的稳定性，艺术自由是对市民和全体社会福祉至关重要的基本自由的一个方面。在尊重和保护艺术表达自由及健全知识产权保护机制的国家中，艺术和文化创意产业部门的发展往往十分惊人。在不受政府审查（政治干预或非国家主体施加的压力）的前提下构思、创造和分配，能允许艺术家和艺术创作者将精力放在公约所呼吁的创作、生产、分销和传播的过程中。当受众或公众可自由参加公共艺术活动，且在其家中可欣赏艺术作品而不用担心受到妨碍或干涉时，则个人和社会的生活水平便有望提高。

艺术表现形式多种多样，涉及文学、表演艺术（如音乐、舞蹈和戏剧）、动态影像及各种形式的视觉艺术（包括街头艺术）。它们可能出现在印刷图书或雕塑等实体产品中，也可能出现在流媒体电影或音乐文化等数字产品及音乐会或戏剧等表演中。一些艺术表现形式仅供娱乐和诉诸我们的情感；也有一些艺术表现形式发人深思，引发讨论，尤其当其带有不满或发泄情绪时。在后一种情况下，某些利益群体可能希望对这种艺术表现形式进行管制或审查。然而，各国从原则上来说有义务保护艺术家的言论自由，即促进艺术自由。

2005年公约中的艺术自由

尽管艺术自由一词本身并未出现在公约正文中，但很明显，上文提及的《第2条操作指南》充分反映了这样一种信念，即有必要保护不同文化领域的言论自由。值得指出的是，公约序言部分也重申道："思想、表达和信息自由以及传媒多样性使各种文化表现形式得以在社会中繁荣发展。"这里提及传媒多样性十分重要，因为艺术家扮演的社会角色与记者、媒体工作人员及媒体机构所扮演的角色同等重要，只不过，他们在不同的渠道中工作。正如一位音乐家所说，"说唱歌手是街头CNN"。事实上，寻求适当的工具来监测公约背景下对艺术自由尊重，可效仿媒体领域的类似工具。此类工具将包括尊重艺术创作、传播自由和艺术表现形式自由。

值得指出的是，公约第7.2条指出，"缔约方还应努力承认艺术家、参与创作活动的其他人员、文化界以及支持他们工作的有关组织的重要贡献，以及他们在培育文化表现形式多样性方面的核心作用。"

如我们下文所指出，一些缔约方也采取了促进艺术自由的措施。其中一些措施可能直接或间接与公约有关，而另外一些措施可能是为了响应世界民间社会组织（CSOs）不断增加的举措（倡导在面临普遍威胁时捍卫艺术自由），及响应联合国的相关论调。

审查制度及其缺憾

全球艺术家的自由表达权利受到威胁，尤其当艺术表现形式对抗或批判政治意识形态、宗教信仰及文化和社会偏好时，不同利益群体可能希望管制和控制艺术表现形式。数据显示，每年都有不同的艺术表现形式（图书、电影、音乐流派或绘画）遭受审查或遭到攻击，而其创作者也被告上法庭，遭到攻击、拘禁、劫持甚至谋杀（Freemuse，2014）。2014 年，Freemuse 记录有 237 起艺术自由攻击和违法案件（图 10.1）。[4]

尽管各国政府批准了许多保障言论自由的条约和宣言，但世界各国仍实施各种形式的审查，审查方不仅仅是缔约方，还包括宗教团体、企业利益主体及非国家主体。这些行为出现在国家内部，而非国家之间。它们往往体现了特殊社会群体或势力对公共领域表现形式的控制或主宰。一些国家常常出现受到政治利益驱动的审查和迫害的情况，尤其当以警察暴力、贪腐或滥用职权为主题的艺术作品被视为"反国家利益"（而非对民主对话做出的巨大贡献）时。在一些国家，信息或文化部门直接干涉与广播和艺术机构相关的事宜，在生产者和场馆发放"通告"或"黑名单"，以禁止展示"不良艺术家"的作品。

许多国家设有审查委员会。在某些情况下，这些委员会完全听从于国家的政治指令。在另外一些情况下，文化产业本身将建立"自我监管"机构，如电影审查机构或认证委员会（其可能由行业专业人员及民间社会代表组成）。预审查可能包括十分复杂耗时的程序，多个部门将参与发放剧本、表演、展览等的许可证明。审查委员会的活动则往往不透明；其中一些活动很明显受到外部利益团体和政府部委的影响。

非国家主体也参与其中。如我们所熟知的，宗教团体对艺术创作进行审判，其希望阻止或审查不同的艺术表现形式；不同的原教旨主义团体、游击队和民兵（尽管其有时受到政府势力的操控）以"亵渎神明和玷污宗教"为由来攻击世界各地的艺术家。

企业利益也可能限制艺术自由。

图 10.1
按照不同部门和不同违法行为划分的言论自由违法案件总数（2014 年）

来源：Freemuse, 2014。

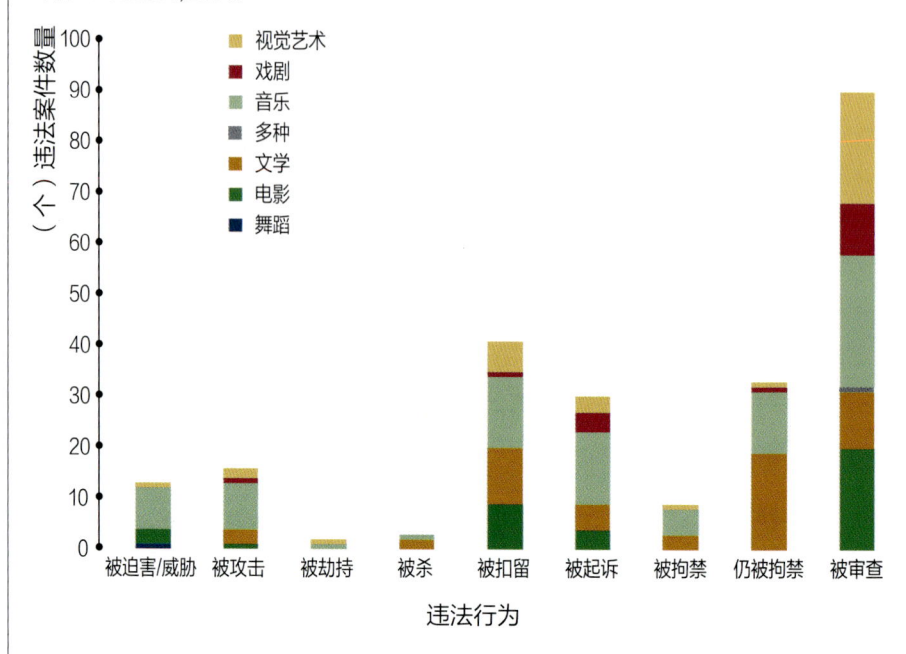

[图：堆叠条形图，纵轴为违法案件数量（个），范围 0-100；横轴为违法行为，包括：被迫害/威胁、被攻击、被劫持、被杀、被扣留、被起诉、被拘禁、仍被拘禁、被审查。图例：视觉艺术、戏剧、音乐、多种、文学、电影、舞蹈。]

---

[4] 这一统计数据反映了 Freemuse 在 artsfreedom.org 上发布的 2014 年案件，包括对作家、音乐家、电影制片人、视觉艺术家等人的攻击，但不包括被视为媒体工作人员的漫画家和记者的攻击和谋杀案件，这些案件由其他组织负责监测。Freemuse 统计数据并未完整调研，不代表全球的整个现状。许多艺术自由违法行为并未公之于众，且在许多国家，信息获取受到限制。只有这些记录在案且经过验证的审查案件及对个人、活动、艺术场馆、商铺和艺术作品的攻击案件才包含在 Freemuse 统计数据中。政府预审查实践及艺术家的自我审查无法以数值测量。参见 http://artsfreedom.org/?p=8615。

潜在动机包括：希望阻止艺术家对企业的批判或阻止其打着自己的旗号，但企业也可能主宰市场；一些企业利益可能与政治或宗教利益有关。UNESCO 2006 年开展的一项研究（"保护和促进音乐多样性"研究）描述了这一情况：

"音乐多样性可能受到各种各样的威胁。尤其是在音乐领域，在巨大市场预算的推动下，全球化使得相对单一的西方流行音乐迅速传播开来。这种音乐可能取代地方音乐传统（Letts，2006）。"

自我审查也可能产生问题。艺术家和艺术生产者/场馆（节日、美术馆、电影院等）可能出于各种原因进行自我审查，包括担心引起争议或违法及担心失去财政支持等。自我审查也可能源于不同信仰的宗教团体带来的实际威胁，情报部门的监管以及极端分子、贩毒集团及其他犯罪团体的威胁。因此，难以，甚至不可能衡量或确定自我审查程度，且很少人愿意承认进行自我审查。

> 全球艺术家的自由表达权利受到威胁，尤其当艺术表现形式对抗或批判政治意识形态、宗教信仰及文化和社会偏好时。

这些各种形式的审查将影响价值链的各个方面：从创作到享有。在传播前对任何艺术表现形式实施

© Ebtisam Abdulaziz / The Third Line, Women's Circles, 2010, UAE

> **想**象一个没有艺术家、没有诚实表达、没有光、没有美好、没有真相的世界。我们生活在如果没有艺术家、记者或任何自由表达的文化声音的世界。
>
> 在我 33 年的 CNN 工作生涯里，我目睹语言和视觉的力量逐渐成为民主、健康民间社会及生活水平的最重要支柱。
>
> 与其他形式的艺术或文化一样，新闻不仅仅是关于言论自由，更重要的是关于思想自由，而且关系文化表现形式的多样性的提升。真正的艺术将直面国家的意识形态宣传，抵制从众心理。然而，当前，我们看到世界许多地方将记者和艺术家视为仇敌。这一民族主义和身份认同政治的崛起使得我们身陷困境之中。
>
> 我相信，大多数的记者和艺术家将负责任地利用自己的声音和平台，意识到我们必须坚持揭露真相，无论其是否令人愉快。千万不要让任何人蛊惑我们，让我们认为他们有权垄断真相，也千万不要惧怕权力，而是不断地追究其责任。
>
> 想象一下没有人愿意再做抗争的世界。
>
> **Christiane Amanpour**
> *CNN 首席国际记者与教科文自由表达和记者安全亲善大使*

第十章・艺术自由挑战　177

预审查的国家已经在创作者心中根植了自我审查的过滤器（政治、社会、文化、宗教等）。这一过滤器将限制创意过程，或迫使创意过程局限于艺术家所认为的审查人员将会认可的内容。例如，一个电影制片人被获批拍摄一部基于详细位置描述的剧本，则该电影制片人可能在拍摄阶段必须考虑，在完成电影拍摄后，某些拍摄角度、建筑使用、图像和文字组合等是否可能引发进一步的审查。即便电影通过审查员的详细审查，电影也可能在以下方面受限：流通、分销时长及年龄限制。考虑到这些局限，电影制片人可能会避免触及一些"敏感"问题，如性别、少数民族、语言和国家文化认同。

> 艺术自由及获取艺术表现形式所面临的限制将造成重大的文化、社会和经济损失，并会剥夺艺术家的表达和谋生手段。

尽管审查影响可从艺术家被拘禁或被杀的案件中看出，但限制艺术表现形式自由及获取艺术表现形式的社会和经济因素则更难衡量。然而，毫无疑问的是，艺术自由及获取艺术表现形式所面临的限制将造成重大的文化、社会和经济损失，剥夺艺术家表达和谋生手段，为参与艺术活动的人员及其受众带来不安全的环境。艺术自由侵权将影响不同年龄群体；在许多社会中，艺术表达自由的限制和审查尤其针对少数民族、女性艺术家和女性受众。许多社会坚持限制女性行使其权利，而在一些社会中，许多以艺术谋生的女性艺术家遭到排斥和放逐。

专栏 10.1 · 104 EX/3.3 UNESCO 有关人权和基本自由的程序

1978 年，UNESCO 执行委员会建立了一项保密程序来审查 UNESCO 收到的相关领域违反人权的起诉，即教育、科学、文化和信息等领域。执行委员会 104 EX/3.3 决议中规定了这一程度，由公约与建议委员会负责实施。

这一程序的目的是，为 UNESCO 收到的起诉案件找到适当的解决方案。

- 通过与相关政府建立对话，在 UNESCO 职权范围内，秘密评估可采取哪些措施来促进人权；
- "本着国际合作、调解和共识精神……重申 UNESCO 不应发挥国际司法机构的作用"，以此为基础开展合作（104 EX/决议3.3 第 7 段）。

1978 ~ 2013 年，公约与建议委员会审议了 586 份起诉。这一期间受害者（或受害者群体）相关的处理结果详情如下。

- 释放 / 无罪开释：221
- 刑满后释放：16
- 授权离开相关国家：21
- 授权回到相关国家：35
- 能够恢复就业或开展活动：29
- 能够恢复被禁出版物或广播节目：14
- 在中断威胁后能够恢复正常生活：5
- 能够从某些歧视少数民族或少数宗教团体的教育法变革中获益：10
- 宗教少数派团体能够获得护照和（或）补助，或证书：12
- 能够恢复学习：9
- 解决的起诉案件总数：372

（另外有 214 起起诉案件未获得承认或其审查被暂停或仍在进行当中。）

来源：http://portal.unesco.org/en/ev.php-URL_ID=27969&URL_DO=DO_TOPIC&URL_SECTION=201.html。

联合国艺术自由相关讨论

作为一项基本人权,言论自由一直是联合国的一项核心议题。许多场合和论坛都对这一议题展开了讨论,尤其是与政治控制和宗教情感相关的讨论。当前,在"后9·11时代"的国际政治背景下,对宗教艺术或意识形态的质疑引起了国内外的热烈讨论。在此背景下,经过多年的激烈争论后,联合国人权理事会于2011年7月发布了对《公民权利和政治权利国际公约》第19条(言论和表达自由)的一般性意见,其中指出:"禁止表达不尊重宗教或其他信仰体系,包括亵渎法的意见和看法不符合公约意旨"。

UNESCO也展开了艺术自由相关的讨论。早在1980年,UNESCO成员国便通过了《关于艺术家地位的建议》,规定"言论和沟通自由是所有艺术活动的基本前提",要求成员国"认识到,艺术家受到国际和国家人权法律的明确保护"(UNESCO,2015b)。这一建议中包含的问题包括:艺术家教育;劳动和社会权利,包括建立独立工会的权利;艺术家的国际自由流动;刺激对艺术家活动成果的公私需求。

更近期地,艺术表达和创造相关自由是联合国人权理事会2013年3月发布的首份艺术表达和创造自由报告的主题。在该报告中,联合国文化权利领域的特别报告员Farida Shaheed女士阐述了艺术表达和创造相关自由可能遭到剥夺的多种方式。她强调艺术声音通过不同手段和方式被淹没的这一事实已经引起了全球社会的广泛关注。她在报告中确定了限制艺术自由的法律法规及影响此类自由的经济和财政问题。报告指出,潜在动机往往是政治、宗教、文化或道德因素,或者经济利益。因此,她呼吁各国批判性地审查本国限制艺术表达和创造自由的法律和实践,考虑其尊重、保护和履行这一权利的义务。在一些国家中,公开批判政府的艺术家仍受到系统的迫害,将其作品指控为宣扬"分裂主义"、"恐怖主义"或"不爱国"。特别报告员建议成员国废除"预审查机构或制度",指出"预审查应作为一种极端特例措施,仅可用于避免对人身财产造成的重大威胁"。最重要的是,她劝告政策制定者,包括法官,考虑"艺术创造性质(与其价值相对),及艺术家提出异议,使用政治、宗教和经济符号来反驳主导势力话语,及表达信念和世界观的权利"。她还提醒各国遵守其保护艺术家及所有参与艺术活动或传播艺术表现形式和创作的人员免受第三方暴力的义务,并补充道,"各国应减缓冲突,保持法治,保护艺术自由"。

自联合国特别报告员的报告发布以来,联合国人权理事会在日内瓦召开的例会上将举行边会活动,邀请艺术家嘉宾畅谈其经验。2015年6~7月,联合国人权理事会再一次讨论了艺术自由议题。贝宁、拉脱维亚、乌拉圭和美国提出了一项有关"言论自由权,包括艺术形式"的决议。这一决议得到热烈讨论,但最后由于未得到其他成员国的大多数支持,这一决议还是未获得通过。

此外,联合国人权理事会的联合国普遍定期审议(UPR)[5]将为民间社会组织和成员国提供审查、评论及对《联合国人权宣言》的各个方面提出建议的机会,其目前正开始接收艺术自由违法行为相关的报告,而这在UPR第一期中几乎是没有的。这是因为,在2014~2015年,国际民间社会组织Freemuse将与合作伙伴提交关注艺术自由的UPRs报告作为一项工作重点,并与国家、区域和国际合作伙伴合作编制了白俄罗斯、埃及、伊朗、黎巴嫩、土耳其、美国和津巴布韦艺术自由现状的7份报告(Freemuse,2015)。这些UPRs报告提供艺术自由相关的各种问题信息,包括法律框架和法律(宪法、安全和反恐法)、结社和集会自由、女性艺术家表达和创作自由、审查执法透明度等。

---

[5] UPR涉及评估各国的人权记录,处理人权违法行为。UPR将评估各国尊重以下文书中规定的人权义务的程度:(1)《联合国宪章》;(2)《世界人权宣言》;(3)国家签署的人权文书(即相关国家批准的人权条约);(4)国家做出的自愿承诺(如,国家实施的人权政策和/或项目);(5)适用的国际人道主义法。

四年一次定期报告中的艺术自由

尽管公约缔约方并未要求报告艺术自由的内容，但有 12 个缔约方在其 QPRs 中明确提及了艺术表达的自由，另外 6 个缔约方也明确提及了言论自由（表 10.1）。8 个国家提及了两者。

有 7 份报告指出言论自由受到法律保护，其中 5 份报告指出艺术或创意表达也受到法律保护。

尽管 QPRs 中较少提及与部委在司法或法律事务中开展的合作，但其多次提及了与部委开展的外交事务合作，尽管通常采用国际文化交流形式。作为新的文化和发展策略的一部分，多个国家的外交部和（或）国际发展机构制订了新计划来促进言论自由，以及"文化和艺术自由"。因此，瑞典 QPR 指出，"文化在瑞典促进民主和言论自由的援助中发挥了核心作用，而这是瑞典发展合作的一项工作重点"。其中大多数此类工作均通过瑞典国际发展合作署（SIDA）来完成，瑞典国际发展合作署为众多组织提供资金支持，帮助其促进艺术表达自由。瑞典外交部下属的瑞典对外交流委员会为人权，尤其是言论自由交流提供了对话平台。瑞典艺术委员会也积极支持确保艺术家安全的城市系统的建立。

多份 QPRs 中提及理解公约意图也是一项挑战。例如，奥地利在其报告中指出，公约留下了"很大的解释空间"，且"公约涵盖的广泛主题既是优点，也是缺点：允许根据各国具体情况界定工作重点，同时又缺乏明显的指标来评估实施进展"。可以这么说，理解艺术表达自由的概念同样留下了很大的解释空间。拉脱维亚在其报告中提出，其打算"特别关注捍卫艺术家的社会权利，并界定艺术家的地位"。所有报告均提及了促进 CSOs 的参与。除了丹麦，其他缔约方提交的报告均未明确此类参与是否与艺术自由问题有关（参见以下 CSOs 章节）。

> 政府间组织或主要国际人权组织均未系统监测、记录或处理侵害艺术家言论自由的违法行为。

很少有报告提及促进言论自由的具体活动，其中亚美尼亚、立陶宛、墨西哥和葡萄牙报告提及了文化部委支持的关注言论自由的研讨会、奖项及其他活动。这些活动往往在艺术节等重大节日中举办。

基于 QPRs 以外来源的研究表明，一些国家通过艺术委员会（国家层面）或发展组织或外交部下属机构（国际层面）来支持艺术自由，但这并未体现在其报告中。例如，丹麦外交部通过以下两种方式将文化纳入可持续发展政策：赞助合作伙伴国的民间社会组织和发展计划。丹麦文化和发展中心（CKU）负责实施外交部的政策，支持非洲、亚洲和中东的艺术、文化和创意产业。CKU 与丹麦大使馆和办事处开展紧密合作，积极实施丹麦文化和发展战略"艺术和文化权利"（丹麦国际开发署，2013）。CKU 的其中一项战略重点是，确保艺术家和文化主体的言论自由。另外一个示例是挪威，其是国际收容城市网络（ICORN）国际秘书处所在国，且为其提供资金支持。ICORN 包含

表 10.1
QPRs 中特别提及了艺术表达自由和一般自由表达的国家（2012 ~ 2014 年）

地区	艺术表达自由	自由表达
亚美尼亚	●	●
中国	●	
科特迪瓦	●	
丹麦	●	●
多米尼加	●	
埃及	●	●
德国	●	●
拉脱维亚	●	
立陶宛		●
墨西哥	●	●
纳米比亚	●	
秘鲁	●	
葡萄牙		●
塞尔维亚	●	●
瑞典	●	●
突尼斯	●	●
乌克兰	●	
乌拉圭		●

注：大多数提及仅限于提及法律保护，自由表达活动，存在避难所及政府部委提供支持，较少介绍具体活动。

来源：QPRs, 2012 ~ 2014。

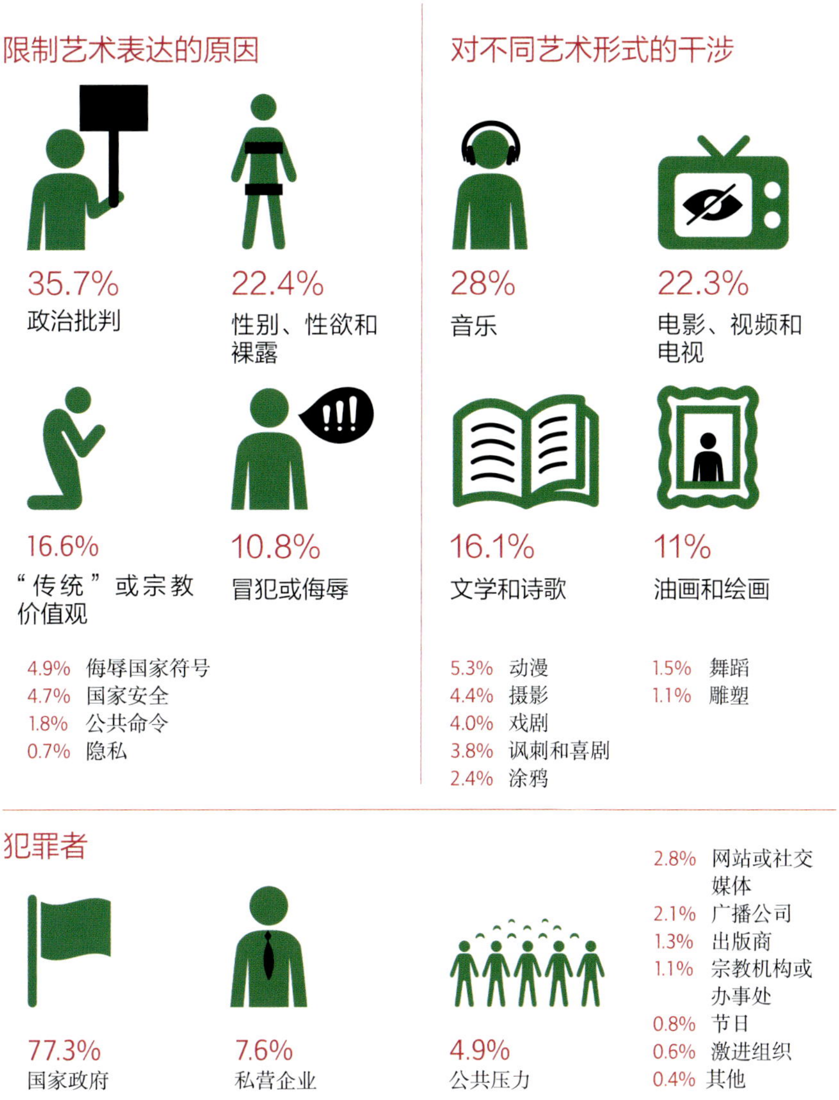

收容面临风险的艺术家的十几个丹麦城市及欧洲和其他地区的30多个城市。挪威外交部文化合作资助计划如是描述其"整体目标……加强南方国家的文化部门，进而加强民间社会，帮助其促进变革，推动创建更透明和民主的社会"（挪威外交部，2010）。促进言论自由的项目也是重点工作之一，其为国际和地方言论自由民间社会组织提供资金支持。

大多数国家支持各种艺术表现形式。一些国家，尤其是北半球的一些国家，在不受直接政治影响的前提下提供此类支持。这往往通过半政府或"非政府公共机构"来完成，其重点关注走在艺术表达前沿的非主流艺术家。多个国家通过民间社会组织（CSOs）支持文化交流计划。一些计划为海外 CSOs 提供援助，但这些 CSOs 往往处于边缘化地位，或无法得到本国艺术委员会的支持。相关支持将面向展览、节日音乐表演及研讨会等活动，或通过"艺术家派驻"计划来提供。

在全球经济越来越受到商业利益控制的背景下，与市场力量相比，国家支持可能更能提高艺术家所享有的自由度。事实上，联合国特别报告员如是表达了其观点："公共机构应为不面向企业赞助方的计划提供资金支持，原因是企业赞助方不得干预内容。"一些国家采用艺术家的作品或对其给予资助。当艺术家可在不受政治干涉的前提下自由构思、制作和传播其艺术时，确保艺术家的社会地位也可视为一种艺术自由支持。

图 10.2

艺术表达自由违法行为（2010～2013年）

来源：第19条，2010～2013。

限制艺术表达的原因

- **35.7%** 政治批判
- **22.4%** 性别、性欲和裸露
- **16.6%** "传统"或宗教价值观
- **10.8%** 冒犯或侮辱
- 4.9% 侮辱国家符号
- 4.7% 国家安全
- 1.8% 公共命令
- 0.7% 隐私

对不同艺术形式的干涉

- **28%** 音乐
- **22.3%** 电影、视频和电视
- **16.1%** 文学和诗歌
- **11%** 油画和绘画
- 5.3% 动漫
- 4.4% 摄影
- 4.0% 戏剧
- 3.8% 讽刺和喜剧
- 2.4% 涂鸦

犯罪者

- **77.3%** 国家政府
- **7.6%** 私营企业
- **4.9%** 公共压力
- 2.8% 网站或社交媒体
- 2.1% 广播公司
- 1.3% 出版商
- 1.1% 宗教机构或办事处
- 0.8% 节日
- 0.6% 激进组织
- 0.4% 其他

民间社会组织（CSOS）监测艺术自由

这里将介绍民间社会组织在这一领域的角色（专栏10.2）。政府间组织或主要国际人权组织均未系统监测、记录或处理限制艺术家言论自由的违法行为。侧重监测言论自由的国际人权违法行为报告大多仅关注媒体自由，较少甚至未提及艺术家和艺术作品遭到审查和迫害的情况。

不是所有国家都提供在"审议"阶段受到预审查、禁令或暂停的作

专栏 10.2 · 倡导艺术自由的艺术和艺术家组织

Artsfex，一家关注艺术家言论自由权利的国际 CSO 网络，专注于发布攻击艺术自由的相关资讯。其成员有时会联合申诉，一些网络成员则参与联合项目。

ArtistSafety.net（以前称为"freeDimensional"）是一家为因赋权社区和"揭露真相"而面临风险的艺术家、文化工作者和通信员提供案件管理和信息服务的国际自愿网络。

Arts Rights Justice（ARJ），一家欧洲艺术组织网络，负责收集信息，为艺术群体提供培训，包括编制工具包和网站。

Artwatch Africa，泛非 CSO 主网络的一部分，旨在"维护、促进和捍卫非洲艺术家的权利及艺术家和文化从业人员的创意表达自由"。这主要通过培训课程、研讨会、活动及监测来实现。2014 年，Artwatch Africa 发布了首份"监测创意表达自由"报告，其中汇总了 32 个非洲国家创意表达自由的现状。

Freemuse，致力于记录、监测和捍卫音乐表达自由的首个国际 CSO 组织，其出版了影响音乐审查机制的国家的主题报告及书籍。自 2012 年以来，其一直致力于记录和监测艺术自由违法行为，并在线发布相关案件。Freemuse 参与法庭案件和监狱探访，为面临风险的艺术家提供建议，并协调组织年度音乐自由日。Freemuse 为联合国提供咨询，包括文化权利特别报告员及 UNESCO。

Index on Censorship 就热门问题起草详细的报告，与专家评论员介绍受压迫人员的现状。

国际教育协会（IIE）2015 年发起了奖学金计划，为面临风险的艺术家提供援助。

国际收容城市网络（ICORN），由为面临风险的艺术家提供安全住房和是安全城市的全球 50 个城市组成。

国家反审查联盟（NCAC）实施了一项艺术倡议计划，直接与个体艺术家和传承人合作处理美国的审查争端。

PEN International"狱中作家"委员会六十多年来一直致力于监测和和拥护作家，其是 100 多个国家 140 多个中心组成的广泛网络。其为 UNESCO 和联合国提供咨询，在不同场合发挥积极的作用。其活动包括：游说，组织文化活动上的专家讨论，编制受到威胁的作品选集，为风险个体计划筹集应急资金。

SafeMUSE，挪威音乐家和作曲家协会及赫尔辛基国际艺术家计划（HIAB）发起的项目，为音乐创作人和艺术家提供短期派驻。

Siyah Bant 创建了一个网站，记录土耳其的艺术审查活动，发布与以下主题相关的出版物：土耳其艺术审查案例研究，艺术家权利，土耳其艺术自由相关的法律框架及适用方式。

Freemuse、Index 和 ARJ 编制了法律框架及其对艺术自由影响的相关指南。一些指南解释艺术家如何组织活动，与倡导艺术自由的国际网络建立联系。

品的年度统计数据。考虑到自我审查的隐秘性质，统计数据并无法告诉我们艺术家们受到压制的情况。

全球艺术家组织和协会倾向于倡导保护作家权利及艺术家的社会地位。全球艺术自由倡议及艺术自由违法行为系统监测主要由两大民间社会组织开展，即 PEN International 和 Freemuse。[6] 其他组织则将第 19 条（包括艺术表达自由）作为其更广泛的自由表达工作的一部分（图 10.2）。

国际言论自由交流（尽管大多代表新闻自由团体）有时也包括其成员发布的攻击艺术家的文章。少数专注于记录和倡导艺术自由的组织的能力有限，尤其是在新闻自由重视程度及用于捍卫新闻自由的资源方面。关注艺术表达自由的 Artsfex 网络成员组织指出了以下挑战。

- 尚未建立文化部门言论自由积极分子"互联群体"；
- 与记者和其他媒体专业人员面临的威胁相比，艺术自由面临的威胁报告不足；
- 往往不恰当地仅关注某一国家而忽视其他国家；
- 这导致难以把握创意自由表达所面临的挑战规模，尤其是社会艺术家和从业人员面临的人身威胁。

---

[6] Freemuse 在 2012 年发起和联合组织了首届世界艺术自由大会："所有禁止的也是所期望的"，参见 http://artsfreedom.org。

从统计数据来看，PEN International 发布了大量的作家和记者遭受攻击的事件，每年约有900起[⑦]；Freemuse 则发布年度音乐家和艺术自由攻击事件。2014 年，Freemuse 记录有 237 起艺术表达攻击事件，如图 10.1 所示。2014 年的案件记录中给出了与第 19 条相关的案件信息，其中表明，音乐是最受迫害的艺术形式，政治批判导致了更多的迫害和禁令，而国家政府是最主要的犯罪者（欧洲文化行动，2015）。

PEN International 狱中作家委员会每年将发布两次因其作品或和平政治活动而遭到拘禁、审批或迫害的全球作家案例清单。

> 音乐是最受迫害的艺术形式。

对于 PEN International 而言，"作家"一词包括报刊和互联网记者、博主、非小说作家和散文家、诗人、剧作家、小说家、出版人和译者（以下指代为"文学从业人员或专业人员"）及歌曲创作人。在某些情况下，难以评估某一文学从业人员或专业人员或编曲家是否因其文学作品或歌词，或政治活动而受到迫害。此外，许多文学从业人员或专业人员将其文化作品与新闻、博客或时事评论结合起来。

然而，对 2014 年 PEN International 案件清单开展的分析表明，2014 年，约有 26 位文学从业人员或专业人员或编曲家因其文学作品而遭到拘禁、审判或迫害。其中大多数来自亚洲和中东地区（62%）；区域分布如下：亚太（10）；中东（6）；非洲（4）；欧洲（4）；美洲（2）（图 10.3）。这 26 位人员的职业如下：歌曲创作人（7）；小说家（5）；诗人（5）；出版人（2）；译者（2）；剧作家（1）；多个类别（4）（图 10.4）。其中，有 3 位为女性，剩余的则为男性。

2014 年，作为泛非 CSO 主网络的一部分，Artwatch Africa 发布了首份"监测创意表达自由"报告，其中汇总了 32 个非洲国家创意表达自由的现状（Artwatch Africa, 2013）。该报告指出，"某些国家的艺术家仍然面临重大风险，宗教和社会团体往往尝试进行干涉，压制不同的观点。非洲大陆存在十分严重的违反和限制创意表达自由的行为"。尽管国家审查是艺术自由面临的一大障碍，该报告指出，在分析这一问题时，惯例和习俗等因素也不容忽视。尤其在某些社会中，女性不得表达自己的观点，也不得积极参与文化生活。该报告还指出，常常出现错误地使用国家支持来控制艺术表现形式的情况，且"尽管大多数国家采纳了文化政策框架，但很少制定配套的政策实施和监测机制"。尽管艺术家是主要的审查目标，该报告指出，艺术表达自由的障碍不仅将影响艺术家，还将影响"参与艺术作品创作、生产、分销和传播的不同利益相关方"。

尽管难以衡量对创造力和经济造成的负面影响，该报告总结称"审查活动仍面向艺术创作的不同阶段"。2014 年，Artwatch Africa 记录了 20 多起审查、恐吓、威胁、监禁事件，其中有 9 起与音乐部门

图 10.3

2014 年不同地区因文学或音乐作品而受拘禁、审判或迫害的艺术家比例

来源：PEN International 案例清单，2014。

- 美洲 2
- 亚太 10
- 中东 6
- 非洲 4
- 欧洲 4
- 总计 26

图 10.4

2014 年不同职业因文学或音乐作品而受拘禁、审判或迫害的艺术家比例

来源：PEN International 案例清单，2014。

- 多个类别 4
- 剧作家 1
- 译者 2
- 出版人 2
- 诗人 5
- 小说家 5
- 歌曲创作人 7
- 总计 26

[⑦] 参见 Pen International, www.pen-international.org/.

有关，6起与电影领域有关，5起与文学有关，2起与视觉艺术有关。然而，这并不能充分反映现实情况。Artwatch认为，许多遭到审查或骚扰的艺术家更倾向于保持沉默，由于害怕镇压而不愿意透露其案件内容。此外，报告并未涉及自我审查内容，这也是在非洲受到镇压的一个主要方面。

未来展望

基于本章分析，我们提出了以下主要建议。

- 很明显需要多方面的策略来支持艺术自由，包括为艺术家和文化主体提供直接支持；构建网络，促进参与记录、监测和倡导艺术自由；建立对话平台；及实施现有法律。为艺术家创造安全的空间越来越重要，但首先必须确保法治。因其作品而对艺术家提起的诉讼应进行公正审理，并遵循普遍人权标准。

- 透明度和开放性也很重要。这包括以媒体和国际观察员身份参与审判听证会，获取法庭文件。法律机构和审查委员会应指明开展审查的原因和方式，介绍申诉制度并发布决议。

- 国家政府应关注促进和保护言论自由，尤其是艺术自由的CSOs。与此相类似，应支持这些CSOs的工作，并将其用于制定国家文化策略。国家人权机构也可帮助国家政府与致力于保护艺术家权利的国家和国际CSOs开展合作，共同记录和监测艺术自由。

- 记录和监测艺术自由十分重要。鼓励缔约方借鉴现有媒体监测工具。UNESCO文化促进发展指标手册建议，拥有相关统计数据资源的国家应考虑提供言论自由感知相关的额外指标，其可描述为"感知本国言论自由得到充分保障的人口比例"（UNESCO，2014a）。然而，UNESCO在国际交流发展计划下制定的"媒体发展指标"比这更先进。实际上可对这一指标框架进行调整，以促进艺术自由评估、传播和保护。适用于艺术自由的指南要素包括。

a）依法保障艺术表达自由，在实践中尊重艺术表达自由；

b）通过监管体系来确保艺术多元化、言论和信息自由；

c）国家政府不对艺术表达施予莫须有的法律限制；

d）从法律和实践来看，艺术表现形式无须接受预审查。

基本指标与验证手段

根据以上依据、讨论的问题及监测指标框架（参见"制定监测框架"章节），可针对本章主题提出以下基本指标及验证手段。

基本指标10.1

1）依法确保言论自由的法律基础；
2）在实践中尊重这一原则

验证手段

- 国家批准的，或相关内容和原则纳入国家法律中的，影响言论自由的具有约束力的主要文书、通用建议和宣言证据

- 违反言论自由行为的证据

基本指标10.2

1）建立；2）评估；3）实施支持和保护艺术自由的政策措施

验证手段

- 承认和支持艺术家创作、传播和/或表演其艺术作品的权利的政策和策略证据

- 承认和支持所有市民公开和私下自由享有艺术作品、自由参与文化生活的权利的政策和策略证据

- 建立独立机构来接收投诉，监测违反艺术自由的行为（如，审查机构）

- 政府支持透明融资/拨款/授予决策的证据（如，通过独立委员会和/或独立机构）

- 国家和CSOs采取的保护面临风险的艺术家的举措，如，提供安全住房、安全城市、指导和培训等

基本指标10.3

1）建立；2）评估；3）实施承认和促进艺术家社会和经济权利的政策措施

验证手段

- 考虑艺术家地位的社会保障措施证据（如，社会保障、医疗保险、退休津贴等）
- 考虑艺术家地位的经济措施证据（如，就业、收入、税收框架）
- 艺术家有权参与可代表和捍卫其成员利益的工会或专业组织

结论

本章指出，促进和保护艺术自由将确保惠及全人类的创意多样性。本章还分析了艺术自由受到国家政府、民间社会压力团体、激进组织及商业企业的威胁，甚至被其剥夺的方式。这些威胁与《世界人权宣言》和《联合国宪章》倡导的尊重人权和基本自由背道而驰。上述机构和组织还将阻碍公约以下目标的实现：创造和维持鼓励言论自由的环境，同时创造条件，保障艺术家和文化工作者的社会的经济权利。为此，应考虑与艺术自由相关的数据（按照以上指标进行测量），以加强公约监测和实施。

© Cheick Diallo, *Fauteuil Sansa bleu*, 2010, Mali

> 艺术表达并不是奢侈品而是必需品，是人类的一项基本要素，也是促使所有人（个人或集体）培养和表达其世界观的一项基本人权。《经济、社会及文化权利国际公约》《公民权利和政治权利国际公约》及《世界人权宣言》中明确提及了艺术自由，但其在人权论坛中较少获得关注，直到我在2013年提出这一问题。艺术家和艺术表现形式受到的威胁很明显，但很少有艺术家参与联合国人权体系建设。
>
> 随着对这一问题展开的持续讨论，我很高兴地注意到，全球社会逐渐意识到艺术家和艺术创作的重要作用，且各国也开始致力于确保艺术声音不因任何手段而淹没。文化表现形式不仅具有娱乐功能；它们也有助于推动社会讨论，引发思考。令人欣慰的是，越来越多的艺术自由利益相关方参与进来。然而，我们仍需要付出更大努力，确保享有和参与艺术活动，尤其是公共空间的艺术活动。通过激发对我们所选择的"认同、价值观和意义"进行持续的批判性思考，艺术表现形式和创造力可在许多领域发挥重要作用，从社会调和过程到日常生活。为此，本章有关艺术家地位的内容将帮助我们指导这一领域的未来行动。
>
> **Farida Shaheed**
> *联合国前文化权利特别报告员*

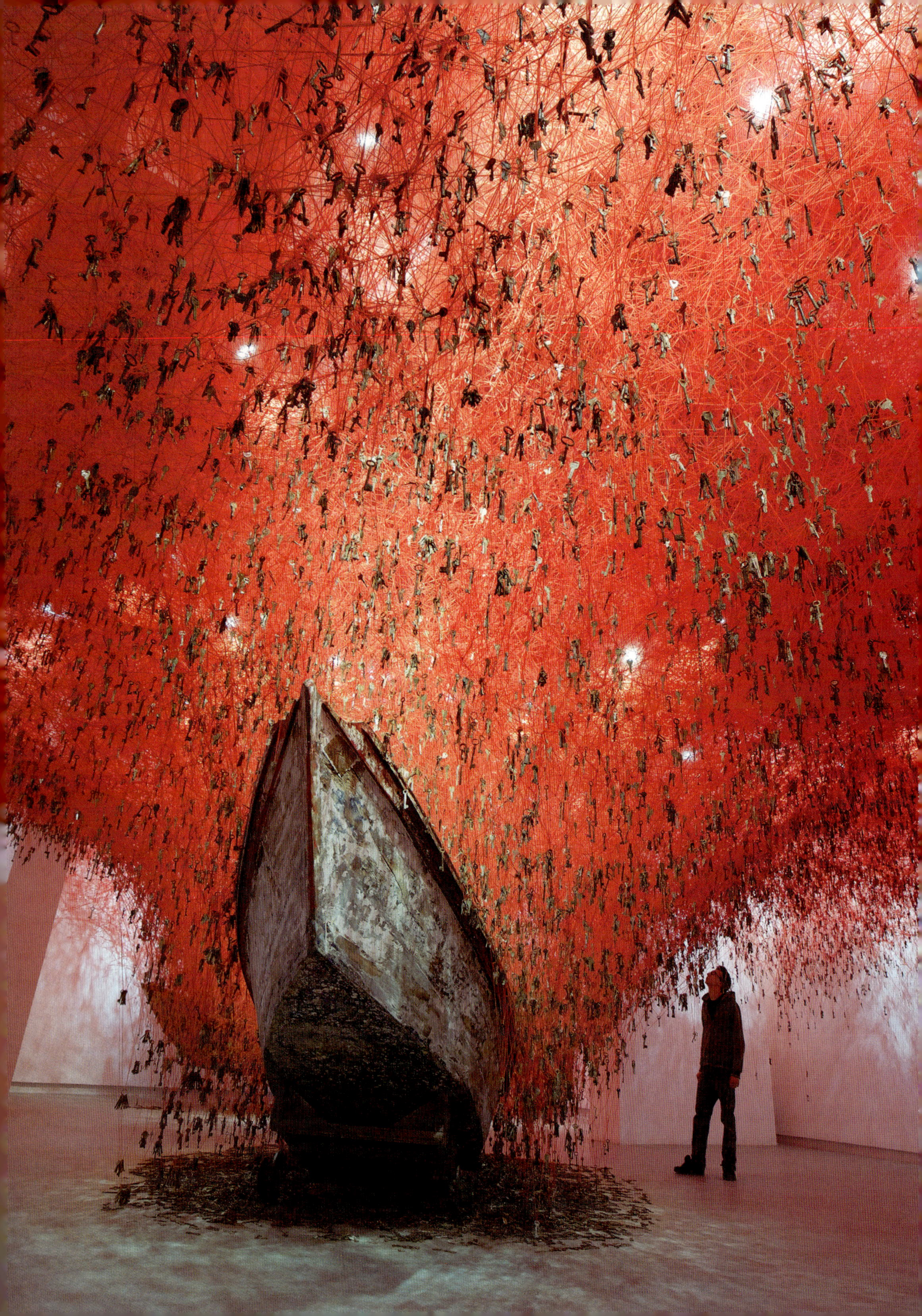

结语
2005 年公约实施现状

Danielle Cliche[①] 和 *Yudhishthir Raj Isar*[②]

[①] 2005 年《保护和促进文化表现形式多样性公约》秘书。
[②] 巴黎美国大学文化政策研究教授 & 西悉尼大学社会和文化研究所副教授。

本报告引言部分指明了本报告的三大目标：提升公约意识；促进对当前面临的挑战和机会的讨论；提出监测公约长期影响力的方法。为此，在历史回顾章节中，瑞典文化政策活动家和学者Carl-Johan Kleberg与瑞典文化部长高级顾问Mikael Schultz表达了其对本报告的期望："其可能成为推进世界文化政策研究的里程碑事件。"随后，独立专家编写的十个分析章节均力求直面这一挑战，显著加强国际知识建设和共享过程，这是公约的核心，且在公约第9条和第19条中得到明确说明。

本报告的基本内容以2011年缔约方大会上批准的四年一次定期报告（QPR）为基础。每位作者都查阅了缔约方截至目前提交的71份QPRs，以此作为其基本论据，但同时也提及了作者自己的专家经验，并采用了其他非官方来源的数据。结语章节的目的是汇总所学到的经验教训。这里有必要概括作者提出的最重要观点。为此，我们应分析缔约方如何成功实现了引言中列出的四大目标。然而，在此之前，我们需要解决指标构建和数据收集方面的挑战。

QPRs中反映的最突出挑战是，地方、区域和国家层面缺乏数据来设计、实施和评估基于证据的政策。由于没有此类数据，因此很难设计出可用于评估促进文化表现形式多样性的政策措施影响的充分指标。缩小这一知识差距是Helmut K. Anheier处理的挑战的核心，其在自己编写的章节中列出了可有效回答引言中提出的问题的指标框架。作者将这些问题扩展为以下四个问题。

- 公约是否引发了国家层面的政策变更，包括制定新的保护和促进文化表现形式多样性的政策措施，或者修改现有政策措施？
- 这些政策措施是否得到有效实施？
- 这些政策措施是否直接或间接促进文化表现形式多样性政策制定的改善？
- 这些政策措施是否带来了人类发展方面的有利成果？

这些问题的答案是监测政策制定的关键，是了解积极改革措施，确定优缺点，指明前进方向及促进缔约方之间的建设性讨论与交流提供基本的指标体系的概念框架。带着这些问题，Anheier教授在请教秘书处及其他作者后，编制了有利于后续章节内容编写的指标框架。重要的是，Anheier教授还审查了所有现有数据来源，最后指出，这些数据仍不足以帮助完成构建专门的指标体系的任务。因此，有必要持续、系统地收集每个指标数据，同时评估数据覆盖范围、周期性和质量。和作者一样，我们完全清楚此类数据一时仍无法获得。然而，我们必须怀有这份希冀，这样公约才能够在实现前景与透明度方面均取得引人瞩目的成果。

在有关公约可持续发展条款的章节中，David Throsby教授也提醒我们"如果国家和次国家层面的数据收集工作无法取得显著进展，则未来的履约监测将严重受限。可靠、相关、全面的数据是追踪公约影响、识别其运行优缺点的关键"。Throsby教授还指出，通过参考UIS文化统计数据框架及UNESCO文化促进发展指标，可规范数据收集流程。就文化创意产业而言，有必要说服国家统计机构规范和完善其国民核算和就业统计中的文化产业和文化职业分类机制，以便准确监测可持续发展政策的经济表现。为此，鼓励更多国家效仿已经开展或建立类似项目的国家，研究建立文化卫星账户核算机制。

接下来，我们将分析剩余章节中介绍缔约方在实现公约四大目标中所取得的进展的具体问题。

> 通过基于知情、透明和参与式流程的制理制度，出台促进多样化文化产品和服务的创作、生产、分销和享有的国家政策措施，支持可持续的文化治理制度。

在"政策制定的新趋势"章节中，Nina Obuljen Koržinek 分析了缔约方采纳和实施的政策措施如何帮助加强了公约第5、6、7条及第7条操作指南中构想的创作、生产、分销/传播和享有价值链。因此，她强调了确保此类措施和机制必须具有多重性质，覆盖不同政府责任领域和社会部门，而这要求缔约方履行采纳和实施此类"联合"策略的任务。那么，这些策略又是如何成功满足和解决全球不同背景下的文化表现形式创作者和生产者面临的需求和现实问题？总而言之，这一分析表明我们取得了一些进展，但仍存在以下问题。

- 有利法律及配套监管和管理机制不足；
- 实施结构和组织不足；能力和技能不足；
- 由许多不同微型企业组成的文化产业领域在需求方面存在很大差异；
- 国际市场准入不足。

为此，我们得出的一个关键教训是，必须由独立专家和研究人员与部委和艺术机构官员开展相互协作，各国才能建立知情的文化管理制度。作者指出，此类协作是欧洲理事会、欧洲比较文化研究所及来自44个国家研究人员和政策制定者团体联合制定和实施的"欧洲文化政策与趋势纲要"项目的核心内容。她认为，为了确保QPRs为政策监测和影响评估提供充分的证据，有必要建立民间社会与公共部门官员之间的合作伙伴模式。事实上，许多国家报告了积极转变和发展，包括新政策框架的采纳。但是，不仅需要维持，还需要加快实施步调，以便确保下一轮的监测过程报告可帮助我们进一步靠近公约的宏伟目标。

公约的一个重要贡献是，扩展了政策领域范围，这些政策领域被视为是文化表现形式多样性的重要驱动力。缔约方将公共服务媒体和数字技术视为这种有待探究的新领域。正如 Christine M. Merkel 指出，媒体，尤其是公共服务媒体，构成了对于文化表现形式多样性至关重要的一个技术领域。Merkel 在其编写的章节中分析了缔约方及其他利益相关方采取的，支持创作、生产和分销高品质内容、处理数字化和媒体融合及涉及新主体（如，市民记者、博主及业余电影制片人）的政策措施。尽管第6.2条要求缔约方采取"旨在加强媒体多样性的措施，包括运用公共广播服务"，该条款仅包含缔约方基于其具体情况和需求采取的政策措施清单。QPRs 中并未强调这一问题。然而，如 Merkel 所指出，考虑到媒体多样性与文化表现形式多样性的相互依赖性，要想有效履行公约，就应将高品质媒体内容多样性的实现作为一项基本要求。事实上，近几年来世界各国视听媒体的迅速发展正为这一目标做出巨大贡献。

就快速演化的媒体格局来看，Merkel 审查了不断发展的私人互联网中介机构等因素的影响，这里提及了按照未来技术发展来优先关注文化内容的第4.1条。当前，媒体融合在日常生活中越来越普遍，主要政策挑战是垂直整合，其中大型媒体公司同时拥有广播电视台、报纸及互联网平台。例如，除了"必须"义务，确保网络中立性也将是在融合媒体背景下促进所有权和内容多样性的一个关键要素，正如UNESCO《2014年言论自由与媒体发展世界趋势报告》所指出。然而，大多数地区的传统媒体机构仍是媒体和公众传播的主要议程制定者。但是，传统媒体深陷于数字化革命当中，其命运与数字化革命息息相关。公约之所以优先考虑公共服务媒体，是因为这些公共政策决定着其范围、角色与主旨。此类系统的目的是，提供多样性的、具有代表性的内容，确保充分赞助公共服务媒体，同时享有充分的编辑独立性。在过去的六年间，人们对公共服务媒体的组织和经济模式展开了持续争论。

许多国家仍不存在公共广播服务（有别于政府控制的广播）的编辑独立性，这主要是因为缺乏充足的法律、监管框架，及政府部门放权不足。在公私结构下，支持独立公共广播服务与社区媒体（多元化媒体格局的要素）方面取得的进展普遍不足。总之，媒体多样性与文化表现形式多样性之间存在相互依存性，其中一个的繁荣可确保另一个的繁荣。

Merkel 正确地认识到，在过去的十年间，文化产品和服务的整个价值链逐渐与数字领域紧密关联。因此，文化政策不可忽略数字技术维度。Octavio Kulesz 在相关章节中如是提醒我们，公约具有"技术中立性"，并未直接提及互联网或数字数据，而仅提及了"信息通信技术"与"新技术"。然而，十一年前给出的暗示表明了文化多样性必然与技术领域的变革紧密相关。新技术将带来巨大的发展机会，但其同时也将带来障碍。缔约方实施了各种措施来利用相关机会，并力图克服相关障碍，例如，发起 ICT 基础设施、数字知识相关计划，或者促进电子艺术，推动文化产业的现代化。但数字技术也带来了威胁：这些新风险往往被忽略。旨在解决机会、障碍和威胁这三个方面的措施对于在数字时代促进文化表现形式的多样性至关重要。

基于 QPRs 中给出的信息，Kulesz 将直接或间接提及数字问题的内容划分为以下五个基本主题或节点：1）获取文化；2）创造力；3）文化产业；4）公众意识与民间社会参与；5）文化数据与统计。Kulesz 的逐一分析表明，数字的影响可能是多种多样的。尽管可采取许多举措来处理这些问题，但关键策略在于综合而非单独看待数字领域。与许多其他文化政策领域一样，这一过程必须涉及不同的政府责任领域，如 ICT 和经济/工业部委。此外，在某一特定节点内，有必要采取综合措施：例如，获取项目不应仅限于单一要素：基础设施、设备、平台或内容，而应考虑最多的要素。

Kulesz 最后指出，现在对现状得出一个确切的结论仍为时尚早。由于数据缺乏、来源高度分散，或许需要花费数年的时间来制定稳定的指标。随着新信息的逐渐纳入，现有框架将得到进一步完善，以包含更复杂的现象。不管怎样，如果要想优化数字技术对公约最终目标（即通过支持可持续的管理制度来促进文化表现形式的多样性）的影响，我们就必须采用综合的数字领域方法。

为了实现这一目标，公约条款共同呼吁实施知情、透明和参与式管制制度。我们已经提到了这一重要需求。参与式管理制度意味着促进所有公约利益相关方参与全球或国家层面的整体履约过程。

事实上，公约有别于其他国际条约的特殊性在于，民间社会组织和领导人在公约编制中发挥的作用，及其对民间社会参与的重视，正如公约第 11 条所体现。QPR 过程已经表明了民间社会与政府之间的各种关系，其将影响民间社会参与实现公约目标的性质。在一些国家中，民间社会组织已经参与制定、实施、监测和评估文化政策，也有一些国家持续缺乏沟通和信任，进而阻碍了民间社会的参与。秘书处识别的、民间社会发挥更大作用的特定领域包括：1）改善艺术家的地位和状况；2）数据收集和统计数据编制，以为文化政策提供有用输入；3）倾听弱势群体的声音。

Helmut Anheier 教授（缔约方熟知其在政府间委员会框架下的早期相关主题研究和著作）与同事 Olga Kononykhina 合作编写的章节充实了这一知识基础。他们从一开始便提出了三大问题。首先，公约是否为参与式管理创造了空间，换而言之，公约是否促进了民间社会更大地参与政策制定过程？他们经调查发现，大多数国家都促进民间社会组织参与政策制定过程，但也有些缔约方报告了国家与地方政府在政策制定合作能力上的差距，融资和具备相关资质的人力资源不足，民间社会对公约的认识不足等问题。其次，通过民间社会实体有意义地参与 QPR 过程，公约是否创建了知情管理实践？作者发现，各种民间社会组织参与报告编制和磋商及报告编写过程；且大多数组织为代表不同文化群体的网络或协会。然而，作者认为，可从性别、少数群体、青年和文化创业等角度来改善这些组织的多样性。对于公约是否提高了文化政策制定的透明度问题，作者分析发现，许多现有的文化多样性联盟发挥了重要作用，但仍有待加强。

在此分析基础上，作者建议，民间社会主体应接受 QPR 流程要求的相关培训，以便为其做出更大贡献。与此同时，鼓励民间社会组织以其可控格式或使用社交媒体提交报告。拟议的新指标框架不应忽略简单但有用的包含民间社会参与标准的通用框架的重要性。整体而言，仍需要显著提高民间社会对公约的认识。这就需要大大缩小政府官员、民间社会主体及文化界之间的不信任和"实施差距"。最后，作者建议，缔约方应开展横向跨境合作（南北国家的政府与政府、民间社会与民间社会合作），以提高能力，促进创意产品和服务交易。

> 通过为个人和机构提供优惠待遇的措施，承认文化产品和服务不仅仅是商品或交易消费品的国际、区域和双边贸易协定，实现文化产品和服务的平衡流动，促进全球艺术家和文化专业人员的自由流动。

公约第 16 条规定，"发达国家应通过适当的机构和法律框架，为发展中国家的艺术家和其他文化专业人员及从业人员，以及那里的文化产品和文化服务提供优惠待遇，促进与这些国家的文化交流"。剧作家和文化活动家 Mike van Graan 多年来一直致力于追踪这一领域的实施进展，在与 Sophia Sanan 合作编写的章节中，Mike van Graan 更新了以往对 QPRs 的分析。在这一章节中，作者使用"南方国家"和"北方国家"来分别指代"发展中国家"和"发达国家"。这一章节的依据主要来自递交了四年一次定期报告（QPRs）及回复了 1980 年《关于艺术家地位的建议》实施情况全球调研的北方国家。秘书处从 QPRs 中注意到，促进发展中国家的艺术家流动是缔约方报告的公约优惠待遇条款相关的主要目标之一。从资金和当前安全因素来看，这也是最大的挑战之一。因此，作为公约缔约方的发达国家的趋势是，就为发展中国家的艺术家提供签证事宜，发起与不同国家利益相关方的宣传讨论，包括民间社会和相关部委。

如 van Graan 和 Sanan 所指出，这一领域也缺乏实证数据。尽管来自南方国家的轶事经验证据和信息将为这一讨论提供有用信息，但此类证据和信息一般以口头形式存在，因此难以将其包含其中，因为这些来源、证据或信息难以或者无法独立得到证实。在识别的积极成果中，大多来自北方国家，包括以下举措：跨部门委员会简化签证和工作许可证申请流程；提供艺术流动基金和流程相关的信息；及消除重复征税。所有这些措施都将大受欢迎。然而，这一分析也表明，许多可能因进入北方市场而获益的南方国家并没有充足的文化创意产业来参与此类市场中的竞争。在这种情况下，为其文化专业人员进入国际市场提供支持并不会成为这些国家的一项工作重点。此外，一些国家可能实施独裁政权，它们不支持文化表达自由或艺术家的国际流动，因此其可能在国际平台上表达反对意见。

流动资金也与经济福祉挂钩，因此当经济衰退盛行时，国家和跨国文化流动基金必然将受到负面影响。在南方国家中，资金及相关问题愿景的缺乏（不包括出于文化外交事业目的而为艺术家提供功利性拨款）意味着艺术家必须依赖北方国家的资金来源来实现流动。伴随着这种依赖性，往往存在不言而喻的权力关系影响着各种艺术合作，北方国家的艺术家或承办方拥有最终的艺术和相关决策权，为此，尽管南方国的艺术家可能从国际出行中获益，但其在这一过程中可能被剥夺各种形式的艺术或专业权利。为此，南北方国家改变这一情况所采取的具体措施可能不同。作者提出了一系列措施建议。然而，在采纳相关措施前，必须谨慎思考，这提醒我们，安全问题、不稳定的经济状况及对限制移民施加的政治压力等问题均阻碍了这些相对简单的具体措施的实施。为此，作者最后指出，仍需要付出更多努力来克服这些障碍。

公约在第16条中规定，应为发展中国家的文化产品和服务提供优惠待遇。Lydia Deloumeaux分析了QPRs及其他来源中关于缔约方如何实施公约第16条的证据。QPRs表明，倾向于为位于相同或邻近地理区域的国家（如，多个欧盟成员国指出，它们为东欧及东南欧国家提供支持和优惠待遇，但不一定为南方国家提供此类支持）及存在文化、语言和/或殖民关系的国家提供优惠待遇。从缔约方的回复中，作者指出此类措施将产生制度或组织影响，即提高文化企业和组织促进文化部门经济贸易发展的能力，或通过特定贸易协定及其他政策框架在行业环境中发挥作用。在其他信息来源的基础上，Deloumeaux发现，与2004年相比，2013年文化产品交流的整体平衡更有利于发展中国家。然而，主要的受益方为少数强大的出口国，尤其是中国和印度。然而，数据也反映了一些发展中国家在视觉艺术领域的活力、创造力和优势。遗憾的是，发展中国家的这些文化产品市场仍大多被排除在发达国家之外；发展中国家之间的文化产品交流并未出现任何进展。此外，发达国家在文化服务方面仍占据主导地位（占全球总出口量的95%以上）。

然而，难以实现准确测量，因为技术进展推动了许多文化实践和生产的数字化，盗版问题在很大程度上使得数据集结果有些偏差。因此，文化服务相关的统计数据不足以准确监测进展，有必要建立新的经济和非经济测量体系，以评估文化服务流动的平衡性。与此同时，亟须提供能力建设支持，尤其是支持收集和分析相关统计数据及其他证据。从制度和组织层面来看，很明显政府需要促进文化产品和服务的更自由发展和获取，以便其充分参与区域和/或国际市场。尽管公约似乎对缔约方的贸易政策产生了积极的影响，但这些政策反过来将对实现全球文化产品和服务的平衡流动的产生的影响尚不清楚。

尽管缔约方主要从国家层面来关注文化政策和措施，公约在国际层面上面临的一个关键挑战是，其将对不断变化的国际法律环境产生多大影响，以补充缔约方的国家行动。从这一点来看，全球社会均应承担起保护和促进文化表现形式多样性的责任，也包括加强国际合作来提高发展中国家的能力，重新平衡文化贸易。

因此，问题在于，随着各国和/或国家集团制定或达成其他领域的国际条约或协定，公约将产生何种影响。换而言之，如Véronique Guèvremont所强调，缔约方应具备能力和政治意愿来拒绝其他条约下可能限制其采纳保护和促进文化表现形式多样性的政策的权利的任何承诺。如Guèvremont所指出，在过去的十年间，缔约方积极在涉足文化领域的国际组织中倡导公约目标和原则。然而，在其他场合，成果仍十分有限，尽管一些贸易协定中取得了显著进展，尤其是欧盟与多个缔约方缔结的协定。此外，文化豁免的使用有所增加。但是在电信、知识产权、人权、可持续发展等其他领域，仍然存在一些挑战。无论其在何种场合开展合作，缔约方均必须加大相关工作力度，以便继续推动文化表现形式的多样性。

> 将文化纳入可持续发展框架，出台政策措施来促进文化产业的发展（其不仅将带来经济成果，还将带来社会、文化和环境成果）；文化资源分配公平；公平、公正及非歧视地进行文化参与。

从发展角度保护和促进文化表现形式的多样性是公约的基础之一，如公约第 13 条（将文化纳入可持续发展）和第 14 条（为发展而合作）所体现。QPRs 表明，尽管取得了一些进展，但这一领域仍面临巨大的挑战。如秘书处 2012 年的分析所指出，缔约方正致力于开展以下相关工作：可持续发展；同等关注经济和社会成果；及明确认识公平、无歧视的文化资源分配的重要性。与此同时，对文化产品和服务价值链的发展潜力的认识不足。David Throsby 的调查发现对这一分析进行了补充。他重申了"文化可持续发展"的三大原则：代际公平，保障后代享有文化资源、满足其文化需求的能力；代内公平，发展必须确保所有社会成员公平进行文化生产、参与和享有，因为正如生态可持续发展需要保护生物多样性，经济、社会和文化发展过程中也应考虑文化多样性的价值。

在对 QPRs 及其他信息来源进行全面分析的基础上，Throsby 指出，自公约生效后，可总结出许多经验教训。缔约方报告的，为将文化纳入本国可持续发展或其国际发展援助活动中所采取的政策、计划或策略范围有所扩大。其中许多工作取得了积极成果，有助于积累将文化纳入可持续发展的有效政策方面的丰富经验。从国际文化政策制定的关键趋势来看，这一经验尤为宝贵，这一趋势指的是 UNESCO 及其他机构和组织开展的旨在提高文化在联合国 2030 年可持续发展议程中的地位的活动。这些活动，加之相关讨论和跨机构对话，将对公约可持续发展条款的实施带来直接启示。尽管证据也表明存在一些重要挑战。Throsby 认为，其中最重要的挑战或许是，将文化可持续发展模式的一般概念（如第 13 条所指出）转化为实际条款中遇到的困难。换而言之，将一般概念转化为向规划者和决策者证明文化产品和服务价值链可为以下国家目标的实现做出贡献的实际条款：经济增长、社会融合、文化满足、个人和集体福祉及环境可持续性。在富裕的发达国家中，可通过促进艺术、社会福利、教育、城市和区域发展、行业、贸易及环境等领域的不同行政管理部门参与制定综合文化政策来应对这些挑战。

在南方国家中，在尝试将文化纳入国家发展规划框架中很可能遇到此类挑战。为此，实现进展的关键在于承认文化创意产业及中小企业的发展潜力。与此同时，还需要填补宪法、法律和行政条款方面的缺口。完善的管理基础对于确保通过可持续发展政策实现有益成果至关重要。尽管这一章节表明，一些国家利用其可持续发展计划来解决这些问题，但许多国家在知识产权保护和版权执行等领域仍存在显著差距。

> 促进尊重人权和基本言论、信息和沟通自由是创造、分销和享有多样化文化表现形式的前提条件。可通过实施国际和国家法律来促进艺术家和作为文化产品和服务的创作者和生产者的女性的艺术自由及社会经济权利，及促进其享有文化产品、服务和活动。

如果无法认识到性别不平等是限制全民充分享有和参与文化生活的一个关键问题，则文化表现形式的多样性将一直为遥不可及的目标。2005年公约充分认识到了这一事实：公约序言强调了提高妇女的社会地位、发挥其社会作用所具有的潜在影响力，而第7条明确提及了对妇女给予应有的重视。相关操作指南也明确指出，促进文化表现形式多样性的文化政策和措施应促进所有社会成员的充分参与，尤其是妇女及少数民族和原有居住者。然而，即便如此，Ammu Joseph（记者＆作家）在相关章节中明确指出，性别问题在公约实施过程中并未得到充分的重视。她强调，公约"明确呼吁采取促进性别平等、承认和支持作为艺术家与文化产品和服务生产者的女性的政策措施"。她提醒道，公约还倡导各级层面采取行动，以确保包括女性在内的弱势群体不仅能够充分参与社会和文化生活，还能够创作、生产、传播、分销和享有自己的文化表现形式。这些问题反映了全球社会逐渐认识到女性平等在文化领域的重要性。

Joseph对QPRs的分析及UNESCO近期对支持不同价值链阶段女性的政策措施开展的审查结果显示，多个国家确实存在一些引人注目的举措，但大多数国家尚未充分解决确保性别平等的挑战（UNESCO, 2014f）。造成这一现象的其中一个原因无疑是，文化表现形式多样性相关的知识和数据不足，这也是这一领域尤其需要系统收集的可靠信息的原因。如Joseph所指出，"由于缺乏按照性别分类的文化数据，加强文化部门的政策往往不考虑性别问题，且未承认和解决现有的性别偏见和障碍（这些性别偏见和障碍造成了文化部门的诸多不平等现象）"。为此，缔约方需要执行的最紧迫任务是，收集、梳理和评估女性参与、享有及为文化生活做贡献的各个方面的性别分类数据。综合履约方法同样也很重要，其承认性别平等、文化权利与文化多样性之间的共生关系，且认识到，如果不承认和解决文化领域的性别差异问题，则保护和促进文化表现形式多样性的目标将无法实现。这种综合方法将确保制定政策、法律框架和实际措施来保障、捍卫和促进女性和女孩平等参与文化生活并为其做出贡献的基本权利。这种综合方法还涉及将性别问题纳入不同履约环节中，包括国际合作、在特殊情况下保护文化表现形式及将文化纳入可持续发展政策等看似性别中立的事宜。此外，综合方法将需要广泛的利益相关方参与履约过程，包括国家女性赋权机构及其他拥有女性权利和性别平等领域专业知识和经验的机构、组织和个人。Joseph认为，正如联合国文化权利领域的特别报告员Farida Shaheed女士所指出，底线是"女性视角和贡献必须从文化生活的边缘转移到创造、解释和塑造文化过程的中心位置"（Shaheed, 2012）。

近几年来受到高度关注的艺术自由问题也是履约中尚未受到重视的另一个领域。在相关章节中，Freemuse（世界音乐和审查论坛）执行理事Ole Reitov全面阐述了艺术自由的重要性。由于尚未要求缔约方专门报告保护艺术自由相关的议题，Reitov的分析侧重于界定这一问题，展示围绕该问题形成的越来越高的国际意识（政府和非政府），介绍政府和民间社会实体在这一领域的良好实践，然后倡导缔约方在履约过程中更系统地监测艺术自由。Reitov提醒道，公约的《第2条操作指南》确认，"只有言论、信息和沟通自由等人权和基本自由及个人选择文化表现形式的能力得到保障，才可保护和促进文化多样性"。承认和保护艺术自由不仅与艺术家的生命和创意实践密切相关，也与所有文化专业人员的权利密切相关。

此外，在动态的社会发展中，

为了确保艺术和文化创意产业部门的稳定性，艺术自由是对于市民和全体社会福祉至关重要的基本自由的一个方面。在尊重和保护艺术表达自由及为艺术家和生产者公平薪酬建立了知识产权机制的国家中，艺术和文化创意产业部门的发展往往十分惊人。在不受政府审查（政治干预或非国家主体施加的压力）的前提下构思、创造和分配的能力，将允许艺术家和艺术创作者将精力放在公约所呼吁的创作、生产、分销和传播过程中。当作为受众或公众成员的市民可自由参加公共艺术活动，在其家中享受艺术作品而不用担心受到干涉，则个人和社会的生活水平便有望提高。

在此分析基础上，Reitov 总结道，全球面临的许多艺术自由威胁与《世界人权宣言》和《联合国宪章》倡导的尊重人权和基本自由背道而驰。它们还将阻碍公约以下目标的实现：创造和维持鼓励言论自由的环境，同时创造条件，促进艺术家和文化工作者社会经济权利的繁荣发展。为此，应考虑艺术自由及其安全保障相关的数据，以加强公约监测和实施。

目标实现进展如何？

缔约方在实现这些目标方面的进展如何？取得了哪些重大成果？存在哪些持续调整及缺乏进展的领域？如引言所述，在公约通过十年后编制本报告将是系统监测公约影响的第一步。然而，收集的证据将允许我们就相关议题得出一些大体的结论，具体汇总如下。

目标1
支持可持续的文化治理制度

- 在过去的十年间，缔约方实施了新的文化政策、措施和机制来支持多样化文化产品和服务的创作、生产、分销和享有。技术将为新的声音和人才及新形式的市民参与提供新渠道，其将重新界定价值链各环节之间的边界，对新政策措施的设计提出新的问题。

- 就作为文化表现形式多样性的重要驱动力的两大新兴政策领域（公共服务媒体和数字技术）来看，很明显需要扩大政策，甚至公约的法律范围，以包含信息自由法、电信政策、电子商务问题及互联网管理等内容。

- 从管理制度来看，多方民间社会利益相关方参与政策设计和实施过程十分重要。民间社会的"文化监督"角色仍不足，民间社会声音的多样性也不足，这两者均有待加强。民间社会与公共部门官员需要建立合作伙伴关系，以为世界许多地区的知情政策监测和影响评估提供可靠证据。

目标2
实现文化产品和服务的平衡流动，提高艺术家和文化专业人员的流动性

- 全球各国正积极采取行动来支持创意部门的发展和增长。新政策正通过行动计划、融资和新结构来设计，并由其提供支持。然而，从全球层面来看，在实现文化产品和服务平衡流动的目标上仍有很长的路要走。UNESCO 统计研究所（UIS）编制的新数据表明，2013 年的全球文化产品出口额达到 2128 亿美元，其中发展中国家占 46.7%。然而，如果将中国和印度剔除在外，大多数的发展中国家在文化产品出口中仅发挥着微小的作用。数据还表明，同期的文化服务出口额达到 1285 亿美元，其中包括从互联网上下载的电影、音乐或图书，舞蹈或音乐表演等。发展中国家的比重微乎其微，仅达到 1.66%！为此，在实现公约目标前，各国亟须出台优惠待遇政策。

- 尽管一些国家采取了措施来放松对创意专业人员的限制，在世界某些国家中，艺术家仍无法实现自由流动。这一情况阻碍了文化产品和服务的平衡流动。为此，鼓励艺术家及其他文化专业人员，尤其是来自发展中国家的艺术家

及其他文化专业人员流动的政策十分重要，因为其将帮助这些人员进入新市场，抓住合作机会。

- 在过去的十年间，公约似乎对新贸易框架和协定的实施产生了积极的影响，即随附于贸易协定的文化合作协议，其承认文化产品和服务的特殊性，并致力于推动发展中国家的文化产品和服务进入区域和国际市场。然而，这些文化合作协议对实现全球文化产品和服务平衡流动的目标的影响尚不清楚。

目标3

将文化纳入可持续发展框架

- 2005年公约及近期采纳的《2030年可持续发展议程》均承诺为包容性和可持续经济增长、共同繁荣与全民享有体面工作创造条件。

- 文化创意产业可能成为环境和文化可持续发展政策的重要驱动力。支持文化创意产业增长的政策也可能带来显著的长期社会、文化和环境效益，促进文化资源的公平分配，及确保公平、公正和无歧视地进行文化参与。

- 然而，自2005年起，通过国际发展援助框架和计划为文化提供的支持有所减少，因此，这也构成了一项全球挑战。

目标4

促进人权和基本自由

- 支持和捍卫艺术家和文化专业人员的基本言论、信息和沟通自由是创作、分销和享有多样化文化表现形式的前提，2014年，Freemuse记录有237起艺术表现形式攻击案件。

- 艺术自由及获取艺术表现形式所面临的限制将造成重大的文化、社会和经济损失，剥夺艺术家表达和谋生手段，为参与艺术活动的人员及其受众带来不安全的环境。

- 尽管女性在世界大部分地区的创意产业中具有很强的代表性，其仍很少在文化组织和行业中从事许多文化职业和决策职务。因此，缔约方需要制定和实施承认、支持和促进作为文化表现形式的创作者和生产者及参与文化生活的市民的女性的新的政策和措施。

总而言之，从整体来看，缔约方的报告及本报告中的分析表明，2005年公约丰富了有利于文化表现形式多样性的政策制定过程，即便一些缔约方在新条约生效之前就已经制定了完善的文化政策框架。

本报告还表明，履约义务刺激了新框架和/或机制的制定。这些成果和创新将产生很大的影响力，但仍存在不足。仍需要实现更大的进展，但这需要所有利益相关方的广泛参与和协作，此外，需要借鉴现有实践中积累的经验教训，尤其是落实数据收集和指标构建相关的建议，以便实现更有意义的监测、评价和评估。

ID # 附录

作者简介
2005 年公约
缩略语表
参考文献
照片引用

作者简介

Helmut K. Anheier
德国柏林赫尔梯行政学院院长

制定监测框架
第四章 · 与民间社会合作

Helmut K. Anheier 是德国柏林赫尔梯行政学院董事长兼院长。他创立和领导了伦敦经济学院公平社会中心，加州大学洛杉矶分校民间社会中心及海德尔堡社会投资中心。他发表、出版了 400 多篇（部）论文和著作，是柏林赫尔梯行政学院年度管理报告的主要学术带头人。Helmut 目前正专注于指标研究、社会创新及慈善事业成败相关的项目。

Lydia Deloumeaux
加拿大UNESCO统计研究所文化统计助理项目专家

第六章 · 确保平衡：文化产品和服务的流动

Lydia Deloumeaux是一位从事文化统计的经济学家和历史学家。她参与编写了 2009 年《UNESCO 文化统计框架》（FCS），为发展中国家提供了 FCS 使用及编制国家文化统计数据方面的培训和技术援助。

Mike van Graan
南非非洲艺术学院执行理事

第五章 · 关注差距：促进流动性

Mike van Graan 是总部位于开普敦的非洲艺术学院（AFAI）的执行理事，其主要负责帮助培训非洲创意部门的领导人，为非洲艺术家及其创意作品构建区域市场，孵化区域文化/艺术网络，制定基于非洲模式的文化政策，推动促进人权和民主的公共艺术计划。他是主网络的创始秘书长，主网络指的是由非洲创意部门的艺术家、文化活动家、创意企业等构成的旨在促进人权、民主和发展的泛非洲网络。

Véronique Guèvremont
加拿大拉瓦尔大学法学院国际法教授

第七章 · 在国际场合倡导公约

Véronique Guèvremont教授关注文化、文化多样性及可持续发展的国际法和国际经济法课程。作为贸易和文化政策领域的专家，她积极参与协商 2005 年《保护和促进文化表现形式多样性公约》。她还参与制定了 2011 年通过的《魁北克 21 世纪文化议程》，是国际文化表现形式多样性律师网络（RIJDEC）的联合创始人。

Yudhishthir Raj Isar

巴黎美国大学文化政策研究教授、西悉尼大学社会和文化研究所副教授

主编

Yudhishthir Raj Isar 是各种文化政策问题的分析师、顾问和公共发言人。他是巴黎美国大学文化政策研究教授、西悉尼大学社会和文化研究所副教授，是五卷本《文化与全球化》系列报告的联合主编。2013 年，他是《创意经济报告 2013》（专刊）的首席研究员和首席作家。

Ammu Joseph

印度记者、作家、媒体观察员

第九章 • 作为创作者的女性：性别平等

Ammu Joseph 是一名班加罗尔记者，关注性别、人类发展和媒体相关问题。她编写了多本女性和媒体书籍，并为大量的主流出版物和网络媒体撰稿。

Carl-Johan Kleberg

教授、瑞典艺术委员会前副理事

评估文化政策：回顾性思考

Carl-Johan Kleberg 自 20 世纪 60 年代以来，一直积极参与国内外文化政策的制定工作。他在瑞典教育和文化部工作，曾担任瑞典艺术委员会副理事。

Olga Kononykhina

柏林赫尔梯行政学院助理研究员

第四章 • 与民间社会合作

Olga Kononykhina 是柏林赫尔梯行政学院的一位定量社会学家和数据科学家。她曾参与学术界（德国柏林赫尔梯行政学院；德国海德堡大学 CSI；美国约翰·霍普金斯大学；俄罗斯 HSE）与非政府组织（南非 CIVICUS）开展的艺术、文化、民间社会、非营利性部门、管理和发展等领域的各种国家和国际数据研究项目。她持有社会学学士学位、应用数学和计算机科学硕士学位，目前正在海德堡大学攻读博士学位。

Octavio Kulesz

阿根廷Editorial Teseo创始人和出版总监

第三章 • 数字时代的挑战

Octavio Kulesz 是阿根廷布宜诺斯艾利斯的一位数字出版专家。其在出版业拥有 15 年的工作经验，2007 年创立了 Teseo（拉丁美洲首批电子图书项目之一）。Kulesz 还专注于研究电子图书、社交媒体及新兴经济体数字文化等主题。2011 年，他发布了备受欢迎的"发展中国家数字出版业"报告（在线免费提供西班牙语、法语、英语和中文版本）。自 2012 年以来，他一直担任巴黎国际独立出版商联盟数字实验室的协调员。

Christine M. Merkel
UNESCO德国委员会，世界文化、传播与记忆处处长

第二章 • **新声音：鼓励媒体多样性**
Christine M. Merkel是UNESCO德国委员会，世界文化、传播与记忆处处长。她的专业领域包括基金会和公共机构的组织发展、民间社会领导人和年轻专家能力建设、法律和技术框架评估及资源策略。她是与世界不同地区文化管理问题与文化政策制定相关的战略多方利益相关方政策对话的召集人。此外，她还出版了许多有关2005年公约的著作。

Nina Obuljen Koržinek
克罗地亚萨格勒布发展与国际关系研究所（IRMO）研究员

第一章 • **政策制定的新趋势**
Nina Obuljen Koržinek是克罗地亚前国务大臣（2008～2011年）及克罗地亚文化部前部长助理（2006～2008年），负责文化和媒体事宜。她持有萨格勒布大学的博士学位，研究领域是文化和媒体政策，特别关注文化多样性和国际文化关系与合作。她还参与编写了2006年发布的《UNESCO保护和促进文化表现形式多样性公约：让其发挥作用》。

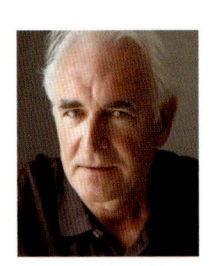

Ole Reitov
丹麦Freemuse执行理事

第十章 • **艺术自由挑战**
Ole Reitov是Freemuse的执行理事和联合创始人，Freemuse是一家致力于捍卫和倡导音乐家和艺术家言论自由权利的国际组织。他曾在40多个国家从事了30多年的广播员工作，曾为丹麦文化与发展中心CKU的文化顾问，并为丹麦政府和欧洲艺术家理事会提供实施2005年公约的相关建议。2012～2013年，他还担任联合国文化权利特别报告员顾问。

Sophia Sanan
南非非洲艺术学院研究经理

第五章 • **关注差距：促进流动性**
Sophia Olivia Sanan持有社会学硕士学位，拥有哲学和视觉艺术相关的学术背景，曾为视觉文化和艺术教育领域的讲师和作家。她在南非开展一系列基于社区的艺术和设计项目。其研究领域包括艺术教育，本地化机构转型及德国、南非和印度的非洲移民。她目前是非洲艺术学院的研究经理。

Mikael Schultz
瑞典文化部国际协调主管/高级顾问

评估文化政策：回顾性思考

Mikael Schultz 曾为一位职业舞蹈家，持有斯德哥尔摩经济学院学士学位。其目前是瑞典文化部国际协调主管。他也为瑞典艺术委员会及瑞典对外交流委员会工作。在举行第一轮 2005 年公约谈判前，他曾参与国际文化政策网络（INCP）工作。

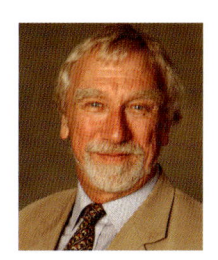

David Throsby
澳大利亚麦考瑞大学经济系特聘教授

第八章 • 将文化纳入可持续发展

David Throsby 是澳大利亚麦考瑞大学经济系特聘教授。其研究领域包括文化在经济发展中的作用、个体艺术家的经济状况、表演艺术经济学、创意产业及文化和经济政策之间的关系。他编写了《经济学与文化》及《文化政策经济学》，并合作编写了《艺术和文化经济学手册：第1卷》及《超越价格：文化、经济学与艺术的价值》。

2005年公约

保护和促进文化表现形式多样性公约

（2005年10月20日联合国教育、科学及文化组织第三十三届会议通过）

（中文本）

序言

联合国教育、科学及文化组织大会于2005年10月3日至21日在巴黎举行第三十三届会议。

（一）确认文化多样性是人类的一项基本特性；

（二）认识到文化多样性是人类的共同遗产，应当为了全人类的利益对其加以珍爱和维护；

（三）意识到文化多样性创造了一个多姿多彩的世界，它使人类有了更多的选择，得以提高自己的能力和形成价值观，并因此成为各社区、各民族和各国可持续发展的一股主要推动力；

（四）重申在民主、宽容、社会公正以及各民族和各文化间相互尊重的环境中繁荣发展起来的文化多样性对于地方、国家和国际层面的和平与安全是不可或缺的；

（五）颂扬文化多样性对充分实现《世界人权宣言》和其他公认的文书主张的人权和基本自由所具有的重要意义；

（六）强调需要把文化作为一个战略要素纳入国家和国际发展政策，以及国际发展合作之中，同时也要考虑特别强调消除贫困的《联合国千年宣言》（2000年）；

（七）考虑到文化在不同时间和空间具有多样形式，这种多样性体现为人类各民族和各社会文化特征和文化表现形式的独特性和多元性；

（八）承认作为非物质和物质财富来源的传统知识的重要性，特别是原住民知识体系的重要性，其对可持续发展的积极贡献，及其得到充分保护和促进的需要；

（九）认识到需要采取措施保护文化表现形式连同其内容的多样性，特别是当文化表现形式有可能遭到灭绝或受到严重损害时；

（十）强调文化对社会凝聚力的重要性，尤其是对提高妇女的社会地位、发挥其社会作用所具有的潜在影响力；

（十一）意识到文化多样性通过思想的自由交流得到加强，通过文化间的不断交流和互动得到滋养；

（十二）重申思想、表达和信息自由以及传媒多样性使各种文化表现形式得以在社会中繁荣发展；

（十三）认识到文化表现形式，包括传统文化表现形式的多样性，是个人和各民族能够表达并同他人分享自己的思想和价值观的重要因素；

（十四）重申语言多样性是文化多样性的基本要素之一，并重申教育在保护和促进文化表现形式中发挥着重要作用；

（十五）考虑到文化活力的重要性，包括对少数民族和原住民人群中的个体的重要性，这种重要的活力体现为创造、传播、销售及获取其传统文化表现形式的自由，以有益于他们自身的发展；

（十六）强调文化互动和文化创造力对滋养和革新文化表现形式所发挥的关键作用，他们也会增强那些为社会整体进步而参与文化发展的人们所发挥的作用；

（十七）认识到知识产权对支持文化创造的参与者具有重要意义；

（十八）确信传递着文化特征、价值观和意义的文化活动、产品与服务具有经济和文化双重性质，故不应视为仅具商业价值；

（十九）注意到信息和传播技术飞速发展所推动

的全球化进程为加强各种文化互动创造了前所未有的条件，但同时也对文化多样性构成挑战，尤其是可能在富国与穷国之间造成种种失衡；

（二十）意识到联合国教科文组织肩负的特殊使命，即确保对文化多样性的尊重以及建议签订有助于推动通过语言和图像进行自由思想交流的各种国际协定；

（二十一）根据联合国教科文组织通过的有关文化多样性和行使文化权利的各种国际文书的条款，特别是2001年通过的《世界文化多样性宣言》，于2005年10月20日通过本公约。

第一章　目标与指导原则

第一条　目标

本公约的目标是：

（一）保护和促进文化表现形式的多样性；

（二）以互利的方式为各种文化的繁荣发展和自由互动创造条件；

（三）鼓励不同文化间的对话，以保证世界上的文化交流更广泛和均衡，促进不同文化间的相互尊重与和平文化建设；

（四）加强文化间性，本着在各民族间架设桥梁的精神开展文化互动；

（五）促进地方、国家和国际层面对文化表现形式多样性的尊重，并提高对其价值的认识；

（六）确认文化与发展之间的联系对所有国家，特别是对发展中国家的重要性，并支持为确保承认这种联系的真正价值而在国内和国际采取行动；

（七）承认文化活动、产品与服务具有传递文化特征、价值观和意义的特殊性；

（八）重申各国拥有在其领土上维持、采取和实施他们认为合适的保护和促进文化表现形式多样性的政策和措施的主权；

（九）本着伙伴精神，加强国际合作与团结，特别是要提高发展中国家保护和促进文化表现形式多样性的能力。

第二条　指导原则

一、尊重人权和基本自由原则

只有确保人权，以及表达、信息和交流等基本自由，并确保个人可以选择文化表现形式，才能保护和促进文化多样性。任何人都不得援引本公约的规定侵犯《世界人权宣言》规定的或受到国际法保障的人权和基本自由或限制其适用范围。

二、主权原则

根据《联合国宪章》和国际法原则，各国拥有在其境内采取保护和促进文化表现形式多样性措施和政策的主权。

三、所有文化同等尊严和尊重原则

保护与促进文化表现形式多样性的前提是承认所有文化，包括少数民族和原住民的文化在内，具有同等尊严，并应受到同等尊重。

四、国际团结与合作原则

国际合作与团结的目的应当是使各个国家，尤其是使发展中国家都有能力在地方、国家和国际层面上创建和加强其文化表现手段，包括其新兴的或成熟的文化产业。

五、经济和文化发展互补原则

文化是发展的主要推动力之一，所以文化的发展与经济的发展同样重要，且所有个人和民族都有权参与两者的发展并从中获益。

六、可持续发展原则

文化多样性是个人和社会的一种财富。保护、促进和维护文化多样性是当代和后代的可持续发展的一项基本要求。

七、平等享有原则

平等享有全世界丰富多样的文化表现形式，所有文化享有各种表现形式和传播手段，是增进文化多样性和促进相互理解的要素。

八、开放和平衡原则

在采取措施维护文化表现形式多样性时，各国应寻求以适当的方式促进向世界其他文化开放，并确保这些措施符合本公约的目标。

第二章 适用范围

第三条 公约的适用范围

本公约适用于缔约方采取的有关保护和促进文化表现形式多样性的政策和措施。

第三章 定义

第四条 定义

在本公约中，应作如下理解：

（一）文化多样性。

"文化多样性"指各群体和社会借以表现其文化的多种不同形式。这些表现形式在他们内部及其间传承。

文化多样性不仅体现在人类文化遗产通过丰富多彩的文化表现形式来表达、弘扬和传承的多种方式，也体现在借助各种方式和技术进行的艺术创造、生产、传播、销售和消费的多种方式。

（二）文化内容。

"文化内容"指源于文化特征或表现文化特征的象征意义、艺术特色和文化价值。

（三）文化表现形式。

"文化表现形式"指个人、群体和社会创造的具有文化内容的表现形式。

（四）文化活动、产品与服务。

"文化活动、产品与服务"是指从其具有的特殊属性、用途或目的考虑时，体现或传达文化表现形式的活动、产品与服务，无论他们是否具有商业价值。文化活动可能以自身为目的，也可能是为文化产品与服务的生产提供帮助。

（五）文化产业。

"文化产业"指生产和销售上述第（四）项所述的文化产品或服务的产业。

（六）文化政策和措施。

"文化政策和措施"指地方、国家、区域或国际层面上针对文化本身或为了对个人、群体或社会的文化表现形式产生直接影响的各项政策和措施，包括与创作、生产、传播、销售和享有文化活动、产品与服务相关的政策和措施。

（七）保护。

名词"保护"意指为保存、卫护和加强文化表现形式多样性而采取措施。

动词"保护"意指采取这类措施。

（八）文化间性。

"文化间性"指不同文化的存在与平等互动，以及通过对话和相互尊重产生共同文化表现形式的可能性。

第四章 缔约方的权利和义务

第五条 权利和义务的一般规则

一、缔约方根据《联合国宪章》、国际法原则及国际公认的人权文书，重申拥有为实现本公约的宗旨而制定和实施其文化政策、采取措施以保护和促进文化表现形式多样性及加强国际合作的主权。

二、当缔约方在其境内实施政策和采取措施以保护和促进文化表现形式的多样性时，这些政策和措施应与本公约的规定相符。

第六条 缔约方在本国的权利

一、各缔约方可在第四条第（六）项所定义的文化政策和措施范围内，根据自身的特殊情况和需求，在其境内采取措施保护和促进文化表现形式的多样性。

二、这类措施可包括：

（一）为了保护和促进文化表现形式的多样性所采取的管理性措施；

（二）以适当方式在本国境内的所有文化活动、产品与服务中为本国的文化活动、产品与服务提供创作、生产、传播、销售和享有的机会的措施，包括规定上述活动、产品与服务所使用的语言；

（三）为国内独立的文化产业和非正规产业部门活动能有效获取生产、传播和销售文化活动、产品与服务的手段采取的措施；

（四）提供公共财政资助的措施；

（五）鼓励非营利组织以及公共和私人机构、艺术家及其他文化专业人员发展和促进思想、文化表现形式、文化活动、产品与服务的自由交流和流通，以及在这些活动中激励创新精神和积极进取精神的措施；

（六）建立并适当支持公共机构的措施；

（七）培育并支持参与文化表现形式创作活动的艺术家和其他人员的措施；

（八）旨在加强媒体多样性的措施，包括运用公共广播服务。

第七条 促进文化表现形式的措施

一、缔约方应努力在其境内创造环境，鼓励个人和社会群体：

（一）创作、生产、传播、销售和获取他们自己的文化表现形式，同时对妇女及不同社会群体，包括少数民族和原住民的特殊情况和需求给予应有的重视；

（二）获取本国境内及世界其他国家的各种不同的文化表现形式。

二、缔约方还应努力承认艺术家、参与创作活动的其他人员、文化界以及支持他们工作的有关组织的重要贡献，以及他们在培育文化表现形式多样性方面的核心作用。

第八条 保护文化表现形式的措施

一、在不影响第五条和第六条规定的前提下，缔约一方可以确定其领土上哪些文化表现形式属于面临消亡危险、受到严重威胁，或是需要紧急保护的情况。

二、缔约方可通过与本公约的规定相符的方式，采取一切恰当的措施保护处于第一款所述情况下的文化表现形式。

三、缔约方应向政府间委员会报告为应对这类紧急情况所采取的所有措施，该委员会则可以对此提出合适的建议。

第九条 信息共享和透明度

缔约方应：

（一）在向联合国教科文组织四年一度的报告中，提供其在本国境内和国际层面为保护和促进文化表现形式多样性所采取的措施的适当信息；

（二）指定一处联络点，负责共享有关本公约的信息；

（三）共享和交流有关保护和促进文化表现形式多样性的信息。

第十条 教育和公众认知

缔约方应：

（一）鼓励和提高对保护和促进文化表现形式多样性重要意义的理解，尤其是通过教育和提高公众认知的计划；

（二）为实现本条的宗旨与其他缔约方和相关国际组织及地区组织开展合作；

（三）通过制订文化产业方面的教育、培训和交流计划，致力于鼓励创作和提高生产能力，但所采取的措施不能对传统生产形式产生负面影响。

第十一条 民间社会的参与

缔约方承认民间社会在保护和促进文化表现形式多样性方面的重要作用。缔约方应鼓励民间社会积极参与其为实现本公约各项目标所做的努力。

第十二条 促进国际合作

缔约方应致力于加强双边、区域和国际合作，创造有利于促进文化表现形式多样性的条件，同时特别考虑第八条和第十七条所述情况，以便着重：

（一）促进缔约方之间开展文化政策和措施的对话；

（二）通过开展专业和国际文化交流及有关成功经验的交流，增强公共文化部门战略管理能力；

（三）加强与民间社会、非政府组织和私人部门及其内部的伙伴关系，以鼓励和促进文化表现形式的多样性；

（四）提倡应用新技术，鼓励发展伙伴关系以加强信息共享和文化理解，促进文化表现形式的多样性；

（五）鼓励缔结共同生产和共同销售的协定。

第十三条 将文化纳入可持续发展

缔约方应致力于将文化纳入其各级发展政策，创造有利于可持续发展的条件，并在此框架内完善与保护和促进文化表现形式多样性相关的各个环节。

第十四条 为发展而合作

缔约方应致力于支持为促进可持续发展和减轻贫困而开展合作，尤其要关注发展中国家的特殊需要，主要通过以下途径来推动形成富有活力的文化部门：

（一）通过以下方式加强发展中国家的文化产业：

1. 建立和加强发展中国家文化生产和销售能力；

2. 推动其文化活动、产品与服务更多地进入全球市场和国际销售网络；

3. 促使形成有活力的地方市场和区域市场；

4. 尽可能在发达国家采取适当措施，为发展中国家的文化活动、产品与服务进入这些国家提供方便；

5. 尽可能支持发展中国家艺术家的创作，促进他们的流动；

6. 鼓励发达国家与发展中国家之间开展适当的协作，特别是在音乐和电影领域。

（二）通过在发展中国家开展信息、经验和专业知识交流以及人力资源培训，加强公共和私人部门的能力建设，尤其是在战略管理能力、政策制定和实施、文化表现形式的促进和推广、中小企业和微型企业的发展、技术的应用及技能开发与转让等方面。

（三）通过采取适当的鼓励措施来推动技术和专门知识的转让，尤其是在文化产业和文化企业领域。

（四）通过以下方式提供财政支持：

1. 根据第十八条的规定设立文化多样性国际基金；

2. 提供官方发展援助，必要时包括提供技术援助，以激励和支持创作；

3. 提供其他形式的财政援助，比如提供低息贷款、赠款以及其他资金机制。

第十五条　协作安排

缔约方应鼓励在公共、私人部门和非营利组织之间及其内部发展伙伴关系，以便与发展中国家合作，增强他们在保护和促进文化表现形式多样性方面的能力。这类新型伙伴关系应根据发展中国家的实际需求，注重基础设施建设、人力资源开发和政策制定，以及文化活动、产品与服务的交流。

第十六条　对发展中国家的优惠待遇

发达国家应通过适当的机构和法律框架，为发展中国家的艺术家和其他文化专业人员及从业人员，以及那里的文化产品和文化服务提供优惠待遇，促进与这些国家的文化交流。

第十七条　在文化表现形式受到严重威胁情况下的国际合作

在第八条所述情况下，缔约方应开展合作，相互提供援助，特别要援助发展中国家。

第十八条　文化多样性国际基金

一、兹建立"文化多样性国际基金"（以下简称基金）。

二、根据教科文组织《财务条例》，此项基金为信托基金。

三、基金的资金来源为：

（一）缔约方的自愿捐款；

（二）教科文组织大会为此划拨的资金；

（三）其他国家、联合国系统组织和计划署、其他地区和国际组织、公共和私人部门以及个人的捐款、赠款和遗赠；

（四）基金产生的利息；

（五）为基金组织募捐或其他活动的收入；

（六）基金条例许可的所有其他资金来源。

四、政府间委员会应根据缔约方大会确定的指导方针决定基金资金的使用。

五、对已获政府间委员会批准的具体项目，政府间委员会可以接受为实现这些项目的整体目标或具体目标而提供的捐款及其他形式的援助。

六、捐赠不得附带任何与本公约目标不相符的政治、经济或其他条件。

七、缔约方应努力定期为实施本公约提供自愿捐款。

第十九条　信息交流、分析和传播

一、缔约方同意，就有关文化表现形式多样性以及对其保护和促进方面的先进经验的数据收集和统计，开展信息交流和共享专业知识。

二、教科文组织应利用秘书处现有的机制，促进各种相关的信息、统计数据和先进经验的收集、分析和传播。

三、教科文组织还应建立一个文化表现形式领域内各类部门和政府组织、私人及非营利组织的数据库，并更新其内容。

四、为了便于收集数据，教科文组织应特别重视申请援助的缔约方的能力建设和专业知识积累。

五、本条涉及的信息收集应作为第九条规定的信息收集的补充。

第五章 与其他法律文书的关系

第二十条 与其他条约的关系：相互支持，互为补充和不隶属

一、缔约方承认，他们应善意履行其在本公约及其为缔约方的其他所有条约中的义务。因此，在本公约不隶属于其他条约的情况下：

（一）缔约方应促使本公约与其为缔约方的其他条约相互支持；

（二）缔约方解释和实施其为缔约方的其他条约或承担其他国际义务时应考虑到本公约的相关规定。

二、本公约的任何规定不得解释为变更缔约方在其为缔约方的其他条约中的权利和义务。

第二十一条 国际磋商与协调

缔约方承诺在其他国际场合倡导本公约的宗旨和原则。为此，缔约方在需要时应进行相互磋商，并牢记这些目标与原则。

第六章 公约的机构

第二十二条 缔约方大会

一、应设立一个缔约方大会。缔约方大会应为本公约的全会和最高权力机构。

二、缔约方大会全会每两年一次，尽可能与联合国教科文组织大会同期举行。缔约方大会做出决定，或政府间委员会收到至少三分之一缔约方的请求，缔约方大会可召开特别会议。

三、缔约方大会应通过自己的议事规则。

四、缔约方大会的职能应主要包括以下方面：

（一）选举政府间委员会的成员；

（二）接受并审议由政府间委员会转交的缔约方报告；

（三）核准政府间委员会根据缔约方大会的要求拟订的操作指南；

（四）采取其认为有必要的其他措施来推进本公约的目标。

第二十三条 政府间委员会

一、应在联合国教科文组织内设立"保护与促进文化表现形式多样性政府间委员会"（以下简称政府间委员会）。政府间委员会由缔约方大会在本公约根据其第二十九条规定生效后选出的18个本公约缔约国的代表组成，任期四年。

二、政府间委员会每年举行一次会议。

三、政府间委员会根据缔约方大会的授权和在其指导下运作并向其负责。

四、一旦公约缔约方数目达到50个，政府间委员会的成员应增至24名。

五、政府间委员会成员的选举应遵循公平的地理代表性以及轮换的原则。

六、在不影响本公约赋予它的其他职责的前提下，政府间委员会的职责如下：

（一）促进本公约目标，鼓励并监督公约的实施；

（二）应缔约方大会要求，起草并提交缔约方大会核准履行和实施公约条款的操作指南；

（三）向缔约方大会转交公约缔约方的报告，并随附评论及报告内容概要；

（四）根据公约的有关规定，特别是第八条规定，对公约缔约方提请关注的情况提出适当的建议；

（五）建立磋商程序和其他机制，以在其他国际场合倡导本公约的目标和原则；

（六）执行缔约方大会可能要求的其他任务。

七、政府间委员会根据其议事规则，可随时邀请公共或私人组织或个人参加就具体问题举行的磋商会议。

八、政府间委员会应制定并提交缔约方大会核准自己的议事规则。

第二十四条　联合国教科文组织秘书处

一、联合国教科文组织秘书处应为本公约的有关机构提供协助。

二、秘书处编制缔约方大会和政府间委员会的文件及其会议的议程，协助实施会议的决定，并报告缔约方大会决定的实施情况。

第七章　最后条款

第二十五条　争端的解决

一、公约缔约方之间关于本公约的解释或实施产生的争端，应通过谈判寻求解决。

二、如果有关各方不能通过谈判达成一致，可共同寻求第三方斡旋或要求第三方调停。

三、如果没有进行斡旋或调停，或者协商、斡旋或调停均未能解决争端，一方可根据本公约附件所列的程序要求调解。相关各方应善意考虑调解委员会为解决争端提出的建议。

四、任何缔约方均可在批准、接受、核准或加入本公约时，声明不承认上述调解程序。任何发表这一声明的缔约方，可随时通知教科文组织总干事，宣布撤回该声明。

第二十六条　会员国批准、接受、核准或加入

一、联合国教科文组织会员国依据各自的宪法程序批准、接受、核准或加入本公约。

二、批准书、接受书、核准书或加入书应交联合国教科文组织总干事保存。

第二十七条　加入

一、所有非联合国教科文组织会员国，但为联合国或其任何一个专门机构成员的国家，经联合国教科文组织大会邀请，均可加入本公约。

二、任何经联合国承认享有充分内部自治，并有权处理本公约范围内的事宜，包括有权就这些事宜签署协议，但按联合国大会第1514（XV）号决议没有完全独立的地区，也可以加入本公约。

三、对区域经济一体化组织适用如下规定：

（一）任何一个区域经济一体化组织均可加入本公约，除以下各项规定外，这类组织应以与缔约国相同的方式，完全受本公约规定的约束；

（二）如果这类组织的一个或数个成员国也是本公约的缔约国，该组织与这一或这些成员国应确定在履行公约规定的义务上各自承担的责任。责任的分担应在完成第（三）项规定的书面通知程序后生效，该组织与成员国无权同时行使公约规定的权利。此外，经济一体化组织在其权限范围内，行使与其参加本公约的成员国数目相同的表决权。如果其任何一个成员国行使其表决权，此类组织则不应行使表决权，反之亦然。

（三）同意按照第（二）项规定分担责任的区域经济一体化组织及其一个或数个成员国，应按以下方式将所建议的责任分担通知各缔约方：

1.该组织在加入书内，应具体声明对本公约管辖事项责任的分担；

2.在各自承担的责任变更时，该经济一体化组织应将拟议的责任变更通知保管人，保管人应将此变更通报各缔约方。

（四）已成为本公约缔约国的区域经济一体化组织的成员国在其没有明确声明或通知保管人将管辖权转给该组织的所有领域，应被推定为仍然享有管辖权。

（五）"区域经济一体化组织"，系指由作为联合国或其任何一个专门机构成员国的主权国家组成的组织，这些国家已将其在本公约所辖领域的权限转移给该组织，并且该组织已按其内部程序获得适当授权成为本公约的缔约方。

四、加入书应交存联合国教科文组织总干事处。

第二十八条　联络点

在成为本公约缔约方时，每一缔约方应指定第九条所述的联络点。

第二十九条　生效

一、本公约在第三十份批准书、接受书、核准书或加入书交存之日起的三个月后生效，但只针对在该日或该日之前交存批准书、接受书、核准书或加入书的国家或区域经济一体化组织。对其他缔约方，本公约则在其批准书、接受书、核准书或加入书交存之日起的三个月之后生效。

二、就本条而言，一个区域经济一体化组织交存的任何文书不得在该组织成员国已交存文书之外另行计算。

第三十条　联邦制或非单一立宪制

鉴于国际协定对无论采取何种立宪制度的缔约方具有同等约束力，对实行联邦制或非单一立宪制的缔约方实行下述规定：

（一）对于在联邦或中央立法机构的法律管辖下实施的本公约各项条款，联邦或中央政府的义务与非联邦国家的缔约方的义务相同；

（二）对于在构成联邦，但按照联邦立宪制无须采取立法手段的单位，如州、成员国、省或行政区的法律管辖下实施的本公约各项条款，联邦政府须将这些条款连同其关于采用这些条款的建议一并通知各个州、成员国、省或行政区等单位的主管当局。

第三十一条　退约

一、本公约各缔约方均可宣布退出本公约。

二、退约决定须以书面形式通知，有关文件交存联合国教科文组织总干事处。

三、退约在收到退约书十二个月后开始生效。退约国在退约生效之前的财政义务不受任何影响。

第三十二条　保管职责

联合国教科文组织总干事作为本公约的保管人，应将第二十六条和第二十七条规定的所有批准书、接受书、核准书或加入书和第三十一条规定的退约书的交存情况通告本组织各会员国、第二十七条提到的非会员国和区域经济一体化组织以及联合国。

第三十三条　修正

一、本公约缔约方可通过给总干事的书面函件，提出对本公约的修正。总干事应将此类函件周知全体缔约方。如果通知发出的六个月内对上述要求做出积极反应的成员国不少于半数，总干事则可将公约修正建议提交下一届缔约方大会进行讨论或通过。

二、对公约的修正须经出席并参加表决的缔约方三分之二多数票通过。

三、对本公约的修正一旦获得通过，须交各缔约方批准、接受、核准或加入。

四、对于批准、接受、核准或加入修正案的缔约方来说，本公约修正案在三分之二的缔约方递交本条第三款所提及的文件之日起三个月后生效。此后，对任何批准、接受、核准或加入该公约修正案的缔约方来说，在其递交批准书、接受书、核准书或加入书之日起三个月之后，本公约修正案生效。

五、第三款及第四款所述程序不适用第二十三条所述政府间委员会成员国数目的修改。该类修改一经通过即生效。

六、在公约修正案按本条第四款生效之后加入本公约的那些第二十七条所指的国家或区域经济一体化组织，如未表示异议，则应：

（一）被视为经修正的本公约的缔约方；

（二）但在与不受修正案约束的任何缔约方的关系中，仍被视为未经修正的公约的缔约方。

第三十四条　有效文本

本公约用阿拉伯文、中文、英文、法文、俄文和西班牙文制定，六种文本具有同等效力。

第三十五条　登记

根据《联合国宪章》第一百〇二条的规定，本公约将应联合国教科文组织总干事的要求交联合国秘书处登记。

附件：调解程序

第一条　调解委员会

应争议一方的请求成立调解委员会。除非各方另有约定，委员会应由5名成员组成，有关各方各指定其中2名，受指定的成员再共同选定1名主席。

第二条　委员会成员

如果争议当事方超过两方，利益一致的各方应共同协商指定代表自己的委员会成员。如果两方或更多方利益各不相同，或对是否拥有一致利益无法达成共识，则各方应分别指定代表自己的委员会成员。

第三条 成员的任命

在提出成立调解委员会请求之日起的两个月内,如果某一方未指定其委员会成员,联合国教科文组织总干事可在提出调解请求一方的要求下,在随后的两个月内做出任命。

第四条 委员会主席

如果调解委员会在最后一名成员获得任命后的两个月内未选定主席,联合国教科文组织总干事可在一方要求下,在随后的两个月内指定一位主席。

第五条 决定

调解委员会根据其成员的多数表决票做出决定。除非争议各方另有约定,委员会应确定自己的议事规则。委员会应就解决争议提出建议,争议各方应善意考虑委员会提出的建议。

第六条 分歧

对是否属于调解委员会的权限出现分歧时,由委员会做出决定。

缩略语表

ACP	非洲-加勒比-太平洋		EEI	有利环境指数
AMPAS	美国电影艺术与科学学会		EFTA	欧洲自由贸易联盟
ANDEAN	安第斯共同体		EPA	经济伙伴关系协定
APF	国际法语议员大会		ERICARTS	欧洲比较文化研究所
APPAS	喀麦隆促进视听和现场表演协会		EU	欧盟
ASEAN	东南亚国家联盟		FATS	外国附属机构服务贸易统计数据
ASEF	亚欧基金会		FCS	文化统计框架
ASEM	亚欧首脑会议		FDI	外国直接投资数据
AV	视听		FESPACO	布基纳法索国际电影节
BEMA	非洲音乐出口局		GATS	《服务贸易总协定》
BIMAC	非洲影像数据库		GATT	《关税及贸易总协定》
BPfA	《北京行动纲领》		GD	国内生产总值
BRICS	巴西、俄罗斯、印度、中国和南非		GMMP	全球媒体监测项目
BSCIC	孟加拉国小型和家庭工业公司		GNI	国民总收入
CACM	中美洲共同市场		IATA	国际航空运输协会
CARIFORUM	非洲、加勒比和太平洋国家集团论坛		IBERESCENA	El Fondo Iberoamerican de ayuda Iberescena
CDIS	文化促进发展指标		IBERMEDIA	El Espacio Audiovisual Iberoamericano
CEDAW	《消除对妇女一切形式歧视公约》		ICESCR	《经济、社会及文化权利国际公约》
CELAC	拉美及加勒比国家共同体		ICORN	国际收容城市网络
CETA	《综合经济和贸易协定》		ICT	信息通信技术
CIS	独联体		ICTS	知识产权、信息和通信技术
CISAC	国际作者与作曲家协会联合会		IFACCA	国际艺术理事会及文化机构联合会
CJEU	欧盟法院		IFCCD	国际文化多样性联盟联合会
CKU	丹麦文化和发展中心		IFCD	文化多样性国际基金
COMESA	东南非共同市场			
COTED	贸易和经济发展委员会			
CPLC	葡萄牙语国家共同体			
CSO	民间社会组织			
DSB	争端解决机构（WTO）			
EBOPS	扩大的国际收支			
EC	欧委会			
ECOWAS	西非国家经济共同体			

IFPI	国际唱片业协会		SAFTA	南亚自由贸易协定
IGF	互联网管理论坛		SIDA	瑞典国际发展合作署
INCD	国际文化多样性网络		SINCA	阿根廷文化信息系统
INCP	国际文化政策网络		SME	中小企业
IPD	机构资料数据库		TFEU	《欧盟运作条约》
ITU	国际电信联盟		TTIP	《跨大西洋贸易与投资伙伴关系协定》
LDC	最不发达国家		UCLG	城市与地方政府联合会
LGBTQI	女同性恋、男同性恋、双性恋、变性、伪娘、雌雄同体		UGC	用户生产内容
MDG	千年发展目标		UIS	UNESCO统计研究所
MEDIS	地中海分销网络		UN	联合国
MENA	中东和北非地区		UNCTAD	联合国贸易和发展会议
NERCOSUR	南方共同市场		UNDP	联合国开发计划署
MICA	阿根廷文化产业市场		UNESCO	联合国教育、科学及文化组织
NAFTA	北美自由贸易协定		UNFPA	联合国人口基金
NCCD	文化多样性国家联盟		UNIDO	联合国工业发展组织
NGO	非政府组织		UNSD	联合国统计司
ODA	官方发展援助		UPR	普遍定期审议
OECD	经济合作与发展组织		UTECA	Unión de Televisiones Comerciales Asociadas
OHCHR	联合国人权事务高级专员办事处		VAT	附加值
OIF	国际法语国家组织		VOD	视频点播
PAFTA	泛阿拉伯自由贸易区		WIPO	世界知识产权组织
PCC	文化合作协议		WSIS	信息社会世界峰会
PRC	皮尤研究中心		WTO	世界贸易组织
PSM	公共服务媒体			
QPR	四年一次定期报告			
RTP	葡萄牙广播电视台			

参考文献

Adams, T., Ahonen, P. and Fisher, R. 2004. *An International Evaluation of the Finnish System of Arts Councils.* Helsinki, Ministry of Education.

Adkins Chiti, P. 2003. *Secret Agendas in Orchestral Programming.* ERICarts Institute, CultureGates: Exposing Professional `Gate-Keeping` Processes in Music and New Media Arts. Bonn. ArcultMedia.

Anheier, H.K. 2004. *Civil Society: Measurement and Policy Dialogue.* London, Earthscan.

Anheier, H.K. and Isar, Y. R. 2008. *The Cultural Economy.* London, Sage Publications. (The Cultures and Globalization Series, 2.)

Anheier, H.K. and Isar, Y. R. 2010. *Cultural Expression, Creativity & Innovation.* London, Sage Publications. (The Cultures and Globalization Series, 3.)

Anheier, H.K. and Isar, Y. R. 2012. *Cities, Cultural Policy and Governance.* London, Sage Publications. (The Cultures and Globalization Series, 5.)

Anheier, H.K., Stanig, P. and Kayser, M. 2013. Introducing a new generation of governance indicators. The Hertie School of Governance (ed.), *The Governance Report 2013.* Oxford, Oxford University Press, pp.117-48.

Arthur, L. 2013. *What Is Big Data?* Jersey City, NJ. Forbes. www.forbes.com/sites/lisaarthur/2013/08/15/what-is-big-data/. (Accessed 7 September, 2015.)

ArtWatch Africa. 2013. *Monitoring Freedom of Creative Expression.* Arterial Network Report 2013. South Africa, ArtWatch Africa. www.arterialnetwork.org/system/artwatch_promoteds/downloads/000/000/002/original/ArtwatchAfricaReport.pdf. (Accessed 28 June 2015.)

Bachtrack. 2015. *2014 in Classical Music Statistics: A Changing of the Guard.* London, Bachtrack. http://bachtrack.com/classical-music-statistics-2014. (Accessed 29 May 2015.)

Baltà, J. 2010. *The Implementation of the UNESCO Convention on the Diversity of Cultural Expressions in the EU's External Policies.* Report. Brussels, European Parliament.

Baltà, J. 2014. (or UNESCO. 2014b) *Evaluation of UNESCO's Standard-setting Work of the Culture Sector Part IV – 2005 Convention on the Protection and Promotion of the Diversity of Cultural Expressions.* Paris, UNESCO.

Basiago, A.D. 1999. Economic, social and environmental sustainability in development theory and urban planning practice. *The Environmentalist*, Vol. 19, pp. 145-61.

Bernier, I .2012. Article 6, Rights of Parties at the national level. Drafting history, wording, conclusion. von Schorlemer, S. and P.T. Stoll, (eds), *The UNESCO Convention on the Protection and Promotion of the Diversity of Cultural Expressions: Explanatory Notes.* Heidelberg, Germany, Springer Verlag, pp. 179-98.

Brown, B. and Corbett, T. 1997. *Social Indicators and Public Policy in the Age of Devolution.* Madison, Wisc., IRP Publications. (Institute for Research on Poverty, Special Report No. 71.)

Burri, M. 2014. The UNESCO Convention on Cultural Diversity: An appraisal five years after its entry into force. *International Journal of Cultural Property*, Vol. 20, pp. 357-80.

CARICOM. 2011. *Strategic Policy Directions proposed by the Regional Task Force on Cultural Industries at Promoting CARIFORUM Creative Industries*, Project Closing Workshop, CARICOM, Guyana.

CISAC. 2015. *Activity Report 2014.* Neuilly-sur-Seine, France, CISAC. www.cisac.org/Cisac-University/Materials/Activity-Reports. (Accessed 7 September, 2015.)

Civicus. 2015. *Civicus Civil Society Index phase II [2008-2011].* Johannesburg, CIVICUS www.civicus.org/csi/. (Accessed 1 April 2015.)

Clayton Powell, A. 2012. *Bigger Cities, Smaller Screens: Urbanization, Mobile Phones, and Digital Media Trends in Africa.* Washington, Center for International Media Assistance.

Cliche, D. 2006. Monitoring the Convention worldwide. Obuljen, N. and J. Smiers (eds). *UNESCO's Convention on the Protection and Promotion of the Diversity of Cultural Expressions: Making It Work.* Zagreb, Culturelink. pp. 179-92.

Cliche, D and Wiesand, A. 2003. Exposing and opening gates. ERICarts Institute (ed), *Culture-Gates: Exposing Professional 'Gate-Keeping' Processes in Music and New Media Arts.* Bonn, ArcultMedia.

Comité d'histoire du ministère de la Culture. 2011. *Le fil de l'esprit, Augustin Girard, un parcours entre recherche et action.* Paris, Comité d'histoire du ministère de la Culture. (Travaux et documents, no. 29.)

Coppedge, M., Gerring, J., Lindberg, S.I., Teorell, J., Altman, D., Bernhard, M., Fish, S., Glynn, A., Hicken, A., Knutsen, C.H., McMann, K., Pemstein, D., Reif, M., Skaaning, S.E., Staton, J., Tzelgov, E., Wang, Y. and Zimmerman, B. 2015. *Varieties of Democracy.* Gothemburg, V-Dem. https://v-dem.net/en/analysis/analysis/. (Accessed 1 April 2015.)

Creative Blueprint. 2012. *The Creative and Cultural Industries: Music.* UK, Creative Blueprint. http://creative-blueprint.co.uk/statistics/reports/industry-statistics#sthash.e1oLzg9A.dpuf. (Accessed 29 May 2015.)

Creative New Zealand. 2013. *Pacific Arts Report*. Wellington, Creative New Zealand.

Culture Action Europe. 2015. *Training-the-Trainers: A Toolkit on Artists' Rights*. Brussels, Culture Action Europe. http://cultureactioneurope.org/milestone/arj-arts-rights-justice/toolkit/arj_toolkit_part123_2015/. (Accessed 15 August 2015.)

DANIDA International Development Cooperation. 2013. *The Right to Art and Culture: Strategic Framework for Culture and Development*. Copenhagen, Ministry of Foreign Affairs of Denmark.

Dato Talib, F. 2014. Regions Cooperation in Services Trade. *International Trade Forum, Trade in services*, No.1, pp. 28-29.

De Beukelaer, C. 2014. Creative industries in 'developing' countries: questioning country classifications in the UNCTAD creative economy reports. *Cultural Trends*, Vol. 23, No. 4, pp. 232-51.

Deloitte. 2014. *The smartphone generation gap: over-55? there's no app for that*. London, Deloitte. www2.deloitte.com/content/dam/Deloitte/global/Documents/Technology-Media-Telecommunications/gx-tmt-2014prediction-smartphone.pdf. (Accessed 7 September 2015.)

Deutsch, K.W. 1963. *The Nerves of Government: Models of Political Communication and Control*. New York, The Free Press.

Dupré, C. 2015. *Cinéma malgache : la renaissance passe par l'animation*. Bry-sur-Marne, France INAglobal. www.inaglobal.fr/cinema/article/cinema-malgache-la-renaissance-passe-par-l-animation-8197. (Accessed 7 September 2015.)

ERICarts Institute. 2008. *Mobility Matters Programmes and Schemes to Support the Mobility of Artists and Cultural Professionals Final Report*. Study for the Directorate-General for Education and Culture. Brussels, European Commission.

European Audiovisual Observatory. 2014. *Yearbook in Television, cinema, video and on-demand audiovisual services*. Strasbourg, European Audiovisual Observatory.

European Commission. 2013. *Green Paper, Preparing for a Fully Converged Audiovisual World: Growth, Creation and Values*. Brussels, European Commission. https://ec.europa.eu/digital-agenda/sites/digital-agenda/files/convergence_green_paper_en_0.pdf. (Accessed 4 September 2015.)

European Parliament. 2014. *Resolution of 12 March 2014 on Preparing for a Fully Converged Audiovisual World (2013/2180(INI))*. Strasbourg, European Parliament. www.europarl.europa.eu/sides/getDoc.do?pubRef=-//EP//TEXT+TA+P7-TA-2014-0232+0+DOC+XML+V0//EN. (Accessed 4 September 2015.)

EUROSTAT. 2015. *Intra-EU Trade in Goods – Recent Trend: Statistics Explained*. Luxembourg, EUROSTAT. http://ec.europa.eu/eurostat/statistics-explained/index.php/Intra-EU_trade_in_goods_-_recent_trends. (Accessed 2 February 2015.)

Female:Pressure. 2013. *Female Pressure Report 03/2013*. Vienna, female:pressure. www.femalepressure.net/PDFs/fempressreport-03-2013.pdf. (Accessed 28 May 2015.)

Fioramonti, L. and Kononykhina, O. 2015. Measuring the enabling environment of civil society: a global capability index. *Voluntas*. Vol. 26, No. 2, pp. 466-87.

Follows, S. 2014. *Gender within film crews*. London, Stephen Follows. http://stephenfollows.com/hg4h4/Gender_Within_Film_Crews-stephenfollows_com.pdf. (Accessed 28 May 2015.)

Freemuse. 2014. *Violations on Artistic Freedom of Expression in 2014*. Copenhagen, Freemuse. http://artsfreedom.org/?p=8615. (Accessed 28 June 2015.)

Freemuse. 2015. *Universal Periodic Reviews*. Copenhagen, Freemuse. http://artsfreedom.org/?cat=266 (Accessed 28 June 2015.)

Gatto, M.L. and Peters-Harrison, S. 2014. Women's empowerment and cultural production across the BRICS. UNESCO (ed.), *Gender Equality – Heritage and Creativity*. Paris, UNESCO, pp. 121-33.

Girard, A. 1972. *Cultural Development: Experience and Policies*. Paris, UNESCO.

Gordon, C. 2001. Cultural Policy Reviews. *European Perspectives on Cultural Policy*. Paris, UNESCO.

Guixe, I. 2014. *Gender and Diversity of Cultural Expressions. Review of the Periodic Reports submitted by Parties to the Convention in 2012-2013*. Paris, UNESCO. (unpublished)

Henley and Partners. 2014. *Visa Restrictions Index*. Jersey, Henley and Partners. www.henleyglobal.com/international-visa-restrictions/ (Accessed 8 September 2015.)

Huffington Post. 2012. Are book publishers to blame for gender discrimination? *Huffington Post*, 13 March.

IFCD. 2013. *Investments and Culture; the More Diverse, the Better: Success Stories, Facts, Figures and Performance Results. (International Fund for Cultural Diversity, No.2.)* Paris, UNESCO.

IFPI. 2015. *Digital Music Report*. London, IFPI. www.ifpi.org/downloads/Digital-Music-Report-2015.pdf. (Accessed 7 September 2015.)

IMF. 2012. *Burkina Faso: Strategy for Accelerated Growth and Sustainable Development 2011-2015*. Washington DC, IMF. (IMF Country Report, No. 12/123.)

ITU. 2013. *Doubling Digital Opportunities: Enhancing the Inclusion of Women & Girls in the Information Society*. Geneva, ITU. www.broadbandcommission.org/Documents/working-groups/bb-doubling-digital-2013.pdf. (Accessed 7 September 2015.)

ITU. 2014. *Facts and Figures*. Geneva, ITU. www.itu.int/en/ITU-D/Statistics/Documents/facts/ICTFactsFigures2014-e.pdf. (Accessed 7 September 2015.)

Kabanda, P. 2014. *The Creative Wealth of Nations: How the Performing Arts Can Advance Development and Human Progress*. Washington DC, World Bank. (World Bank Policy Research, Working Paper 7118.)

KEA European Affairs. 2011. *Implementing Cultural Provisions of CARIFORUM-EU EPA. How do they Benefit the Caribbean?* (Discussion paper, 118.) Maastricht, ECDPM.

Kleberg, C.J. 2008. *The Dream of a Policy Oriented View of World Cultures*. Nordisk kulturpolitisk tidskrift, Stockholm, Sweden.

Letts, R. 2006. *The Protection and Promotion of Musical Diversity*. Paris. UNESCO.

Martin, L. 2013. *L'enjeu culturel. La réflexion internationale sur les politiques culturelles 1963-1993*. Paris, La Documentation Française.

McComb, J. F. 2012. *Development and Marketing Strategies for Pacific Cultural Industries*. Suva, Fiji, Secretariat of the Pacific Community.

Melchior, A. 2014. Who needs special and differential treatment. *International Trade Forum*, No. 2, pp. 10-11.

Merkel, C. 2012. Article 11: Participation of civil society. Schorlemer, S.and P.T Stoll. (eds), *The UNESCO Convention on the Protection and Promotion of the Diversity of Cultural Expressions: Explanatory Notes*. Heidelberg, Germany. Springer Verlag, pp. 307-52.

Mikić, H. 2012. *Measuring the Economic Contribution of the Cultural Industries: A Review and Assessment of Current Methodological Approaches*. Montreal, UNESCO Institute of Statistics.

Milliot, J. 2014. *Publishing's Holding Pattern: 2014 Salary Survey*. New York, Publishers Weekly. http://www.publishersweekly.com/pw/by-topic/industry-news/publisher-news/article/64083-publishing-s-holding-pattern-2013-salary-survey.html. (Accessed 31 May 2015.)

Miβling, S. and Scherer, B. M. 2012. Article 7, Measures to promote cultural expressions. von Schorlemer, S. and P.T. Stoll (eds), *The UNESCO Convention on the Protection and Promotion of the Diversity of Cultural Expressions: Explanatory Notes*. Heidelberg,Germany, Springer Verlag, pp. 199-222.

Murphy Paul, A. 2014. *Educational Technology Isn't Leveling the Playing Field, The Hechinger Report*. New York, The Hechinger Report. http://hechingerreport.org/content/educational-technology-isnt-leveling-playingfield_16499/. (Accessed 7 September 2015.)

Nair, H.V. 2014. Supreme Court fumes at gender bias in film industry. *India Today*, 04 November.

Neumayer, E. 2005. Do international human rights treaties improve respect for human rights? *Journal of Conflict Resolution*. Vol. 49, No. 6, pp. 925-53.

Norwegian Ministry of Foreign Affairs. 2010. *Grant Scheme Rules Cultural Cooperation with Countries in the South*. Oslo, Norwegian Ministry of Foreign Affairs. www.regjeringen.no/globalassets/upload/ud/vedlegg/tilskudd/rules_south.pdf. (Accessed 28 June 2015.)

Nurse, K. 2012. *The UNESCO Convention and Preferential Treatment: Lessons and Insights from the CARIFORUM-EU Economic Partnership Agreement*. Paris, UNESCO. (unpublished.)

Obuljen, N. 2006. From our creative diversity to the Convention on cultural diversity: introduction to the debate. Obuljen and Smiers (eds.), *UNESCO Convention on the Protection and Promotion of the Diversity of Cultural Expressions: Making it Work*. Zagreb, Culturelink, p. 20.

Obuljen, N. and Smiers, J. (eds.). 2006. *UNESCO Convention on the Protection and Promotion of the Diversity of Cultural Expressions: Making it Work*. Zagreb, Culturelink, p.3.

OHCHR. 2012. *Report of the Special Rapporteur in the Field of Cultural Rights UN General Assembly – 67th Session*. www.ohchr.org/EN/Issues/CulturalRights/Pages/Culturalrightsofwomen.aspx. (Accessed 30 May 2015.)

Pellerin, F. 2014. Towards equality between women and men in the cultural sector. UNESCO (ed.), *Gender Equality – Heritage and Creativity*. Paris, UNESCO Publishing, pp. 92-96.

Phelps, A. L. 2010. *Beyond auditions: gender discrimination in America's top orchestras*. Essay, University of Iowa, USA.

Pignataro, G. 2003. Performance indicators. R. Towse (ed.), *A Handbook of Cultural Economics*. Cheltenham, UK, Edward Elgar.

Pratt, A. C. 2008. The music industry and its potential role in local economic development: the case of Senegal. Barrowclough, D and Z. Kozul-Wright (eds), *Creative Industries and Developing Countries: Voice, Choice and Economic Growth*. London. Routledge, pp. 130-45.

PRC (Pew Research Centre). 2014. *Emerging Nations Embrace Internet, Mobile Technology*. Washington, PRC. www.pewglobal.org/2014/02/13/selected-age-break-tables/. (Accessed 7 September 2015.)

PRC (Pew Research Centre). 2015. *Internet seen as positive influence on education but negative on morality in emerging and developing nations*. Washington, PRC. www.pewglobal.org/2015/03/19/internet-seen-as-positive-influence-on-education-but-negative-influence-on-morality-in-emerging-and-developing-nations/. (Accessed 7 September 2015.)

Reitov, O. and Hjorth, H. 2008. *VISAS /The Discordant Note: A White Paper on Visa Issues, Europe & Artists' Mobility*. Copenhagen, Freemuse, ELMF, ECA. www.touring-artists.info/fileadmin/user_upload/Visa_ShortCuts/VisaWhitePaper_freemuse.pdf. (Accessed 8 September 2015.)

Shaheed, F. 2013. *Report of the Special Rapporteur in the Field of Cultural Rights, The right to freedom of artistic expression and creativity.* Geneva, Human Rights Council http://daccess-dds-ny.un.org/doc/UNDOC/GEN/G13/118/44/PDF/G1311844.pdf?OpenElement. (Accessed 10 September 2015.)

Shaheed, F. 2014. Foreword. UNESCO (ed.), *Gender Equality - Heritage and Creativity.* Paris, UNESCO Publishing, pp. 5-7.

Smith, S.L., Choueiti, M. and Pieper, K. 2014. *Gender Bias without Borders: An Investigation of Female Characters in Popular Films across 11 Countries.* Los Angeles, University of Southern California. http://seejane.org/wp-content/uploads/gender-bias-without-borders-full-report.pdf. (Accessed 28 May 2015.)

Sunder, M. 2012. *From Goods to a Good Life: Intellectual Property and Global Justice.* New Haven, USA, Yale University Press.

Surman, M., Gardner, C. and Ascher, D. 2014. Local Content, Smartphones, and Digital Inclusion. *Innovations.* Vol.9, No.3-4, pp. 63-74.

Swedish Ministry of Education and Cultural Affairs. 1986. *Methods for Evaluation of National Cultural policies: Report from a Seminar in Stockholm, Sweden, April 16-18, 1985.* Stockholm, Ministry of Education and Cultural Affairs.

Throsby, D. 1999. Cultural capital. *Journal of Cultural Economics*, Vol. 23, No. 1, pp.3-12.

Throsby, D. 2008. Linking cultural and ecological sustainability. *The International Journal of Diversity in Organisations, Communities & Nations*, Vol. 8, No.1, pp. 15-20.

Throsby, D. 2012. Article 13: Integration of culture in sustainable development. von Schorlemer, S. and P.T. Stoll (eds), *The UNESCO Convention on the Protection and Promotion of the Diversity of Cultural Expressions: Explanatory* Notes. Heidelberg, Germany, Springer Verlag, pp. 361-70.

UN, EUROSTAT, IMF, OECD, UNCTAD, UNWTO, WTO. 2012. *Manual on Statistics of International Trade in Services 2010.* Geneva, Luxembourg, Madrid New York, Paris and Washington, Department of Economic and Social Affairs.

UNDP. 2004. *Human Development Report 2004: Cultural Liberty in Today's Diverse World.* New York, UNDP.

UNESCO. 1968. *Round Table Meeting on Cultural Policies. (1967: Monaco)* Paris, UNESCO.

UNESCO. 1969. *Cultural Policy, a Preliminary Study.* Paris, UNESCO. (Studies and documents on cultural policies, 1.)

UNESCO. 1998a. *Final Report of the Intergovernmental Conference on Cultural Policies for Development: The Power of Culture, Stockholm 30 March- 2 April.* Paris, UNESCO.

UNESCO. 1998b. *World Culture Report: Culture, Creativity and Markets.* Paris, UNESCO.

UNESCO. 2000. *World Culture Report: Cultural Diversity, Conflict and Pluralism.* Paris, UNESCO.

UNESCO. 2004. *Third Meeting of Experts (category VI) on the Preliminary Draft of the Convention on the Protection of the Diversity of Cultural Contents and Artistic Expressions.* Paris, UNESCO. www.unesco.org/culture/culturaldiversity/docs_pre_2007/clt_cpd_2004_603_5_en_23062004.pdf (Accessed 14 April 2014.)

UNESCO. 2010. *Media Development Indicators: A Framework for Assessing Media Development.* Paris, UNESCO.

UNESCO. 2012. *Quadrennial Periodic Reports Analysis to the Intergovernmental Committee for the Protection and Promotion of the Diversity of Cultural Expressions. (CE/12/6.IGC/4)* Paris, UNESCO. http://unesdoc.unesco.org/images/0022/002210/221062e.pdf (Accessed 14 April 2015.)

UNESCO. 2013a. *Strengthening the Governance of Culture to Unlock Development Opportunities.* Paris, UNESCO.

UNESCO. 2013b. *Basic Texts of the 2005 Convention on the Protection and Promotion of the Diversity of Cultural Expressions.* Paris, UNESCO.

UNESCO. 2014a. *Culture for Development Indicators: Methodology Manual.* Paris, UNESCO.

UNESCO. 2014b (or Balta, J. 2014). *Evaluation of UNESCO's Standard-setting Work of the Culture Sector Part IV – 2005 Convention on the Protection and Promotion of the Diversity of Cultural Expressions.* Paris, UNESCO. http://unesdoc.unesco.org/images/0022/002269/226932E.pdf. (Accessed 3 September 2015.)

UNESCO. 2014c. *World Trends in Freedom of Expression and Media Development* . Paris, UNESCO.

UNESCO. 2014d. *Good Practices on the Involvement of Civil Society.* Available at: http://en.unesco.org/creativity/mr/periodic-reports/innovative-examples/civil-society.

UNESCO. 2014e. *Report on the Implementation and Impact of Articles 16 and 21 of the Convention (2005-2014).* Annex III. Paris, UNESCO. http://en.unesco.org/creativity/sites/creativity/files/8IGC_11_impact_articles_16_et_21_fr_EN.pdf (Accessed 8 September 2015.)

UNESCO. 2014f. *Gender Equality – Heritage and Creativity.* Paris, UNESCO Publishing.

UNESCO. 2014g. *UNESCO's Promise: Gender Equality – a Global Priority.* Paris, UNESCO. http://unesdoc.unesco.org/images/0022/002269/226923m.pdf. (Accessed 9 September 2015.)

UNESCO. 2014h. *Fostering Freedom Online: The Role of Internet Intermediaries.* Paris, UNESCO. http://unesdoc.unesco.org/images/0023/002311/231162e.pdf. (Accessed 9 September 2015.)

UNESCO. 2015a. *International Fund for Cultural Diversity.* Paris,

UNESCO. www.unesco.org/new/en/culture/themes/cultural-diversity/cultural-expressions/international-fund/. (Accessed 3 September 2015.)

UNESCO. 2015b. *Analytic Report on the implementation of the UNESCO 1980 Recommendation concerning the Status of the Artist.* Paris, UNESCO.

UNESCO-UIS. 2009. *2009 UNESCO Framework for Cultural Statistics.* Montreal, UIS.

UNESCO-UIS. 2011. *Measuring the Diversity of Cultural Expressions: Applying the Stirling Model of Diversity in Culture.* Montreal, UIS.

UNESCO-UNDP. 2013. *United Nations Creative Economy Report 2013: Widening Local Development Pathways.* New York, UNDP.

UNIDO. 2014. *Foreign Direct Investment, Employment and Wages in sub-Saharan Africa.* Working paper: Vol. 05. Geneva, UNIDO.

van Graan, M. 2012. Participation of civil society in awareness-raising, and implementation of the Convention on the Protection and Promotion of the Diversity of Cultural Expressions. Final Draft of the Study, Paris, UNESCO. (unpublished)

VIDA. 2014. VIDA – *Women in Literary Arts.* VIDA. www.vidaweb.org/ (Accessed 28 May 2015.)

von Schorlemer, S. and P.T. Stoll (eds). 2012. *The UNESCO Convention on the Protection and Promotion of the Diversity of Cultural Expressions: Explanatory Notes.* Heidelberg, Springer Verlag.

World Bank. 2014. Internet access, yes, but in my mother language! Washington, The World Bank. www.worldbank.org/en/news/feature/2014/07/03/internet-access-yes-but-in-my-mother-language. (Accessed 7 September 2015.)

World Commission on Culture and Development. 1996. *Our Creative Diversity.* Paris, UNESCO.

World Commission on Environment and Development. 1987. *Our Common Future.* Oxford, Oxford University Press.

照片引用

Cover photo:	© Anh Sang-soo,"第559个韩文日"海报,2005年,韩国
p. 14（见摘要）	© Pascal Victor / ArtComArt,惊讶之谷,法国
p. 11	© Cité de la Mode et du Design / Art en Direct,Happening Fluo,法国
p. 14	© WeWantToLearn.net / Toby Burgess和Arthur Mamou-Mani威斯敏斯特大学工作室,学生:William Garforth-Bless,发光的水,英国
p. 28	© Ed Jansen,Arne Quinze-Violette Uur,23-3-12 [特写],2012年,荷兰
p. 30	© Tadashi Kawamata,多伦多花园大厦,2013年,照片:Jackman Chiu,艺术家和kamel mennour 提供,法国巴黎
p. 38	© 法兰克福图书展,法兰克福图书展,照片:Marc Jacquemin,2015年,德国
p. 43	© Miljenko Hegedic,萨格勒布舞蹈中心,克罗地亚
p. 44	© Martine Doyon,Le Quartier des Spectacles Montréal,2012年,加拿大
p. 51	© Blackwood 画廊 / Darsha Hewitt,Electrostatic Bell Choir,2012年,照片 Toni Hafkenscheid,加拿大
p. 57	© 文化多样性国际基金,Kër Thiossane,2014年,塞内加尔
p. 58	© Ed Jansen,Mariska de Groot,Dieter Vandoren‐皮影戏,2013年,荷兰
p. 69	© Ed Jansen,Anarchy Dance Theatre + UltraCombos‐第七感,2012年,荷兰
p. 72	© V. Paul Virtucio,舞蹈革命,明尼苏达大学,2009年,美国
p. 77	© Brian Auer,涂鸦艺术家,2008年,美国
p. 87	© Inés Esnal / studio Esnal,棱镜,西班牙/美国
p. 88	© 签证音乐,非洲-中东音乐会议,2012年,摩洛哥
p. 95	© Chiharu Shiota,累积-寻找目的地,2015年,图片:Sunhi Mang,日本
p. 101	© Luanda Smith,U40网络 文化多样性,2030年,墨西哥
p. 104	© Garry Knight,Udderbelly售票处,2014年,英国
p. 111	© Asim Waqif,控制标准,2013-2014年,印度
p. 118	© Catherine Marinet,2010年,法国
p. 127	© Anh Sang-soo,"第559个韩文日"海报,2005年,韩国
p. 133	© Jaime Rojo,El Anatsui体现了纽约的"庄重与优美"‐Ink Splash,2013年,美国/加纳
p. 134	© Sanna Kannisto,私人收藏,2003年,芬兰
p. 143	© Tim Green,知识之殿,Jaume Plensa雕塑作品,英国
p. 155	© 阿拉伯艺术和文化基金,"零以上",Ossama Halal,2014年,突尼斯
p. 156	© Leandra Jasa,Fundacion Teatro Argentino de la Plata,阿根廷
p. 163	© Aïda Muluneh,光明将战胜黑暗,Lumières d'Afrique Exhibition,2015年,埃塞俄比亚
p. 172	© Kumi Yamashita,城市视角,2003年,日本
p. 177	© Ebtisam Abdulaziz /第三条线,女性圈,2010年,阿联酋
p. 185	© Cheick Diallo,Fauteuil Sansa bleu,2010年,马里
p. 186	© Chiharu Shiota,手中的钥匙,第56届威尼斯双年展日本馆,2015年,照片:Sunhi Mang,意大利/日本

	指导原则	各国拥有在其境内采取和实施促进文化表现形式多样性政策的主权，这些政策基于知情、透明和参与式流程与的治理制度			
监测 2005《保护和促进文化表现形式多样性公约》	目标	支持可持续的文化治理制度			
	预期成果	实施国家政策措施，有效促进多样化文化产品和服务的创作、生产、分销和享有，促进知情、透明和参与式文化治理制度的形成			
	监测领域	文化政策	公共服务媒体	数字环境	与民间社会合作
	基本指标	支持创作、生产、分销和享有多样化文化产品和服务的国家文化政策	支持媒体自由和多样性的法律基础	支持全民享有互联网的法律基础	支持民间社会的立法和财政基础
		多个政府机构参与促进政策制定过程	从法律上界定及确保公共服务媒体目标	实施鼓励数字环境下数字创造力及促进民间社会参与度的政策措施	民间社会参与促进政策设计及实施
		缔约方积极支持知情政策制定过程	满足不同社会群体需求的公共服务媒体政策和措施	支持有活力和多样化的数字文化产业市场的政策措施	民间社会积极参与批准和促进公约

平等享有文化产品和服务,确保文化产品和服务流动的开放性与平衡,及艺术家和文化专业人员的自由流动	承认可持续发展经济和文化发展的互补性	尊重人权和基本言论、信息和沟通的自由,这是创作、分销和享有多样化文化表现形式的前提
实现文化产品和服务的平衡流动,提高艺术家和文化专业人员的流动性	**将文化纳入可持续发展框架**	**促进人权和基本自由**
实行优惠待遇,以促进文化产品和服务的平衡流动,以及全球艺术家和文化专业人员的流动	可持续发展政策和国际援助计划中包含的文化内容	实施与国际和国家人权和基本自由相关的法律,促进艺术自由与艺术家的社会,经济权利

艺术家和文化专业人员的流动	文化产品和服务的流动	条约和协定	国家可持续发展政策和计划	国际可持续发展计划	性别平等	艺术自由
确保侨民和外国人出入境自由的法律基础	促进文化产品和服务流动的法律基础	缔约方在其他国际和区域场合倡导公约目标和原则	将文化纳入国家可持续发展政策和计划	将文化纳入国际可持续发展计划	确保文化领域性别平等的法律框架	支持言论自由的法律基础
支持发展中国家艺术家和文化专业人员流动的政策措施	支持文化产品国际流动的政策措施	国际和区域条约和协定明确提及公约	支持区域文化资源分配公平的政策措施	加强发展中国家文化创意产业人力和制度能力的技术援助计划	承认和支持女性作为文化产品和服务创作者和生产者的政策措施	促进和保护艺术自由的政策措施
促进发展中国家艺术家和文化专业人员流动的非政府举措	支持文化服务国际流动的政策措施	实施提及公约的国际和区域条约和协定的政策措施	支持社区弱势群体公平享有文化资源的政策措施	支持发展中国家创造力的财政援助	承认和促进女性享有文化活动、产品和服务,参与文化生活的政策措施	促进艺术家社会和经济权利的政策措施

图书在版编目(CIP)数据

重塑文化政策：为发展而推动文化多样性的十年 /
联合国教科文组织编. -- 北京：社会科学文献出版社,
2016.6
 书名原文：Re|Shaping Cultural Policies : a
Decade Promoting the Diversity of Cultural
Expressions for Development
 ISBN 978-7-5097-9109-7

 Ⅰ.①重… Ⅱ.①联… Ⅲ.①文化-多样性-研究-
世界 Ⅳ.①G112

中国版本图书馆CIP数据核字（2016）第098318号

重塑文化政策
为发展而推动文化多样性的十年

编　　者 /	联合国教科文组织
译　　者 /	意　娜
审　　校 /	张晓明
出 版 人 /	谢寿光
项目统筹 /	邓泳红　郑庆寰
责任编辑 /	郑庆寰
出　　版 /	社会科学文献出版社·皮书出版分社（010）59367127 地址：北京市北三环中路甲29号院华龙大厦　邮编：100029 网址：www.ssap.com.cn
发　　行 /	市场营销中心（010）59367081　59367018
印　　装 /	三河市东方印刷有限公司
规　　格 /	开　本：889mm×1194mm 1/16 印　张：15.5　字　数：419千字
版　　次 /	2016年6月第1版　2016年6月第1次印刷
书　　号 /	ISBN 978-7-5097-9109-7
著作权合同 登 记 号 /	图字01-2016-3935号
定　　价 /	398.00元

本书如有印装质量问题，请与读者服务中心（010-59367028）联系

▲ 版权所有 翻印必究